O QUE VOCÊ AINDA NÃO SABE SOBRE 1964
IDEOLOGIA & POLARIZAÇÃO NA GUERRA FRIA DO BRASIL

Editora Appris Ltda.
1.ª Edição - Copyright© 2025 do autor
Direitos de Edição Reservados à Editora Appris Ltda.

Nenhuma parte desta obra poderá ser utilizada indevidamente, sem estar de acordo com a Lei nº 9.610/98. Se incorreções forem encontradas, serão de exclusiva responsabilidade de seus organizadores. Foi realizado o Depósito Legal na Fundação Biblioteca Nacional, de acordo com as Leis nᵒˢ 10.994, de 14/12/2004, e 12.192, de 14/01/2010.

Catalogação na Fonte
Elaborado por: Josefina A. S. Guedes
Bibliotecária CRB 9/870

B458q 2025	Bender, Juan O que você ainda não sabe sobre 1964: ideologia & polarização na Guerra Fria do Brasil / Juan Bender. – 1. ed. – Curitiba: Appris, 2025. 319p.; 23 cm. – (Ciências sociais). Inclui bibliografias. ISBN 978-65-250-7336-1 1. Brasil – História, 1964-1985. 2. Governo militar – Brasil. 3. Guerra Fria – Brasil. 4. Brasil – Forças armadas. 5. Ciência política – Brasil. 6. Comunismo - Brasil. 7. Ditadura – Brasil. I. Título. II. Série. CDD – 981.063

Livro de acordo com a normalização técnica da ABNT

Appris editorial

Editora e Livraria Appris Ltda.
Av. Manoel Ribas, 2265 – Mercês
Curitiba/PR – CEP: 80810-002
Tel. (41) 3156 - 4731
www.editoraappris.com.br

Printed in Brazil
Impresso no Brasil

Juan Bender

O QUE VOCÊ AINDA NÃO SABE SOBRE 1964
IDEOLOGIA & POLARIZAÇÃO NA GUERRA FRIA DO BRASIL

Appris
editora

Curitiba, PR
2025

FICHA TÉCNICA

EDITORIAL
Augusto Coelho
Sara C. de Andrade Coelho

COMITÊ EDITORIAL
Ana El Achkar (Universo/RJ)
Andréa Barbosa Gouveia (UFPR)
Antonio Evangelista de Souza Netto (PUC-SP)
Belinda Cunha (UFPB)
Délton Winter de Carvalho (FMP)
Edson da Silva (UFVJM)
Eliete Correia dos Santos (UEPB)
Erineu Foerste (Ufes)
Fabiano Santos (UERJ-IESP)
Francinete Fernandes de Sousa (UEPB)
Francisco Carlos Duarte (PUCPR)
Francisco de Assis (Fiam-Faam-SP-Brasil)
Gláucia Figueiredo (UNIPAMPA/ UDELAR)
Jacques de Lima Ferreira (UNOESC)
Jean Carlos Gonçalves (UFPR)
José Wálter Nunes (UnB)
Junia de Vilhena (PUC-RIO)

Lucas Mesquita (UNILA)
Márcia Gonçalves (Unitau)
Maria Aparecida Barbosa (USP)
Maria Margarida de Andrade (Umack)
Marilda A. Behrens (PUCPR)
Marília Andrade Torales Campos (UFPR)
Marli Caetano
Patrícia L. Torres (PUCPR)
Paula Costa Mosca Macedo (UNIFESP)
Ramon Blanco (UNILA)
Roberta Ecleide Kelly (NEPE)
Roque Ismael da Costa Güllich (UFFS)
Sergio Gomes (UFRJ)
Tiago Gagliano Pinto Alberto (PUCPR)
Toni Reis (UP)
Valdomiro de Oliveira (UFPR)

SUPERVISORA EDITORIAL
Renata C. Lopes

PRODUÇÃO EDITORIAL
Adrieli Pinheiro

REVISÃO
Luiz Fernando Huf

DIAGRAMAÇÃO
Amélia Lopes

CAPA
Mateus Porfírio

REVISÃO DE PROVA
Bruna Santos

COMITÊ CIENTÍFICO DA COLEÇÃO CIÊNCIAS SOCIAIS

DIREÇÃO CIENTÍFICA Fabiano Santos (UERJ-IESP)

CONSULTORES
Alícia Ferreira Gonçalves (UFPB)
Artur Perrusi (UFPB)
Carlos Xavier de Azevedo Netto (UFPB)
Charles Pessanha (UFRJ)
Flávio Munhoz Sofiati (UFG)
Elisandro Pires Frigo (UFPR-Palotina)
Gabriel Augusto Miranda Setti (UnB)
Helcimara de Souza Telles (UFMG)
Iraneide Soares da Silva (UFC-UFPI)
João Feres Junior (Uerj)

Jordão Horta Nunes (UFG)
José Henrique Artigas de Godoy (UFPB)
Josilene Pinheiro Mariz (UFCG)
Leticia Andrade (UEMS)
Luiz Gonzaga Teixeira (USP)
Marcelo Almeida Peloggio (UFC)
Maurício Novaes Souza (IF Sudeste-MG)
Michelle Sato Frigo (UFPR-Palotina)
Revalino Freitas (UFG)
Simone Wolff (UEL)

*Em memória de minha avó, que encontrou refúgio
na leitura e me inspirou a fazer o mesmo.*

À minha mãe, por suas orações que pavimentam o caminho.

À minha esposa, pelo suporte incondicional.

*Aos meus filhos, cujas brincadeiras ecoaram
como trilha sonora dessas "notas de subsolo".*

Caro leitor,

Obrigado por adquirir este livro. Espero que a jornada por estas páginas enriqueça sua compreensão sobre os temas aqui explorados.

Se isso acontecer, convido-te a recomendar ou compartilhar uma imagem desta obra em suas redes sociais. Esta é uma poderosa forma de, juntos, ampliarmos o debate e incentivarmos a busca por conhecimento.

Agradeço sinceramente por seu apoio e desejo uma excelente leitura!

Aquele foi o melhor dos tempos, foi o pior dos tempos; foi a estação da Luz, a estação das Trevas, a primavera da esperança, o inverno do desespero; tínhamos tudo diante de nós, tínhamos nada diante de nós, íamos todos para o Paraíso, íamos todos no sentido contrário.

(Charles Dickens)[1]

---

[1] Texto com supressões de DICKENS, Charles. **Um conto de duas cidades**. São Paulo: Editora Nova Cultura, 2011.

APRESENTAÇÃO

Welcome to the soldier's side.
(System of a Down)[2]

O ano de 2009 mudou a minha vida. Era chegada a hora do serviço militar obrigatório: um terreno no qual adentrei, supostamente consciente e preparado para a lavagem cerebral que, eu imaginava, me seria imposta. Na época, o meu entendimento sobre o Exército não poderia ser outro senão aquele transmitido na escola (além dos filmes e novelas): eu penetrava o covil dos bandidos e torturadores de 1964.

Antes de mim, outros percorreram o mesmo caminho, e muitos — como o meu tio — haviam se deixado levar pelo "discurso fascista de exaltar um hino e uma concepção abstrata de pátria". Comigo seria diferente. Eu só queria o salário. Armas jamais seduziriam um jovem guitarrista, fã de *System of a Down*. O sistema não é páreo para a juventude — e eu era a juventude.

Sim, eu estava psicologicamente preparado. Assim como os estudantes corajosos que, no passado, haviam pegado em armas contra a ditadura e contra o imperialismo norte-americano. No entanto, como um sopro, o ano de serviço militar acabou e a esperada lavagem cerebral não aconteceu. Ou teria acontecido? Sim, eu havia feito as pazes com o Hino Nacional, confesso — como não se emocionar ao entoar "verás que um filho teu não foge à luta"? — Porém, nada, absolutamente nada me foi dito sobre regime, ditadura ou revolução de 1964, para citar três denominações sobre a versão brasileira da idade das trevas. "Deve ser porque sou recruta", pensei. "Talvez eu não fosse digno de assuntos reservados... ainda".

No final de 2009, licenciado das fileiras do Exército, retornei à vida civil. O tempo passou, mas a curiosidade acerca da perspectiva militar sobre 1964 não diminuiu. Memórias, cenas, exemplos de liderança haviam ficado em minha mente. Novos hábitos, como a prática de atividade física, foram incorporados. Havia algo de errado. Aquele não era o Exército dos livros de História. Eu precisava enxergar além.

---

[2] Trecho da música "Soldier Side", da banda System of a Down. Tradução: "Bem-vindo ao lado do soldado".

Resolvi estudar para ingressar na Escola de Sargentos das Armas (ESA) e, assim, com uma questão de matemática anulada no concurso público, quis a vida que o jovem, guitarrista, fã de *System of a Down*, dono do mundo, se tornasse sargento.

Dois anos de formação na ESA e, a despeito de uma grade curricular que incluía Patrulha, Topografia e História Militar, mais uma vez nada de significativo me foi dito sobre 1964. A História Militar nos era transmitida em estrito alinhamento ao Anexo I do Regulamento Disciplinar do Exército (RDE), que prevê, entre outras restrições, o distanciamento dos assuntos políticos. Ainda que o Exército exaltasse eventos históricos como Guararapes e Monte Castelo, essa mesma instituição, tradicionalista e glorificadora de seu passado, simplesmente não me falava sobre o episódio histórico que eu queria ouvir.

Finalmente, em 2013, o último ano do Curso de Formação de Sargentos, assisti a uma palestra ministrada por um major, então chefe da Divisão de Ensino, no tradicional Auditório Coronel Catunda da ESA. Nessa ocasião, após ser questionado por este curioso aluno sobre os motivos para o silêncio das Forças Armadas acerca de 1964, o major respondeu algo como: "o silêncio é também uma técnica de comunicação social. Mesmo com a versão hoje disseminada, ainda somos a instituição de maior credibilidade do país. Nossa missão é a defesa da pátria e não nos cabe protagonizar debates na mídia". Ainda que não fosse a resposta esperada, havia motivos para comemorar: eu finalmente obtive uma resposta e, por algum tempo, eu me contentaria com ela.

Já em 2016, três anos após a palestra no auditório da ESA, o aluno curioso, agora sargento, retomava sua graduação em História, após sete longos meses de missão no Haiti. Foi então que um fato curioso surgiu no fórum de discussões do curso de licenciatura, dedicado aos "malefícios da Ditadura Militar na educação brasileira".

Naquele espaço on-line, destinado à construção do conhecimento por alunos e docentes, resolvi humildemente citar o livro de autoria do coronel Ustra, como sugestão de complemento ao estudo. Como resposta, testemunhei a fúria de uma professora inconformada. "Inadmissível", dizia ela, "que um aluno de História trate um torturador como fonte, chamando-o, ainda por cima, de brilhante".

Por um momento fiquei perplexo. Minha professora, doutora em História, entendeu que eu estava chamando o autor de "brilhante". Ela não sabia que Brilhante, na verdade, era o sobrenome de Ustra, um dos mais conhecidos personagens do Regime Militar instaurado em 1964, por ter sido, até agora, o único condenado na justiça pelo crime de tortura. Para aquela senhora, que outrora nos afirmara ser a função do historiador comparável à de um detetive, o testemunho daquele agente histórico não era bem-vindo ao debate. Considerando que, para ela, Ustra não passava de um torturador, poderia eu então supor que os relatos de outros personagens históricos e perversos, como Hitler, Stalin e Che Guevara, não mais deveriam ser considerados? Acrescento que os dois últimos são, não raramente, venerados em alguns círculos acadêmicos.

Minha conclusão era inescapável: havia algo de errado com o tema que me era negado nos quartéis e me entregue recortado na universidade. Toda história é multifacetada, porém a história de 1964 parecia ser contada de uma única perspectiva. O historiador Oliveira Torres escreve que, em nosso país, é negado às ideias contrárias o direito de existir.[3] Foi convencido pela necessidade de um aprofundamento mais refinado sobre o tema que o presente trabalho começou a ser desenvolvido.

Este livro jamais seria escrito se, entre 2012 e 2023, houvesse respostas acessíveis ao alcance de minhas perguntas. Foi necessário buscá-las. Compartilho, assim, uma pesquisa que é, antes de mais nada, fruto de um impulso existencial. Dedico-a a todos que, por respeito à verdade ou ao difamado, procuram conhecer o outro lado da história, reconhecendo, afinal, que todos podemos ser vilões em uma história mal contada.

---

[3] Torres, 2018, p. 465.

SUMÁRIO

INTRODUÇÃO 19

PARTE 1
GENEALOGIA DE 1964

1
BRASIL, MARÇO DE 1964 25

2
GÊNESE MILITAR DO BRASIL: DE CABRAL A RONDON 31
Brasil Colonial: Nascimento 31
Brasil Império: Estruturação 35
Brasil vs. Paraguai: Emancipação................................. 39
Marechal Rondon: Integração 42

3
CONCEPÇÕES DE DITADURA EM 1964: MARX VERSUS COMTE 45
A ideia de Ditadura 46
Ditadura em Comte e Marx 47
Brasil República: Alvorecer na Era dos Extremos.................. 50
Doutrina da intervenção militar.................................. 53
Nasce o País Vermelho 56
Capítulos de guerra e polarização 57
A solução ditatorial marxista em 1964 60
A solução ditatorial positivista em 1964 62
Ditadura (ou regime?) Militar no Brasil 65

4
INTENTONA SOVIÉTICA: O BRASIL DA GUERRA FRIA ANTECIPADA 71
O rádio operador de Moscou 71
Infiltração silenciosa 72
Estudo do alvo 73
Levantamento das vulnerabilidades 74
Hierarquia e disciplina: um alvo compensador 75
A execução do plano 77

Insurreição no Nordeste 79

Insurreição no Rio de Janeiro 82

Exploração dos fatos 84

Os erros do Capitão 86

Os ecos da Intentona 88

PARTE 2
GUERRA FRIA PARA ALÉM DOS LIVROS DIDÁTICOS

5
AS OUTRAS PEÇAS DO TABULEIRO: RÚSSIA, CHINA E CUBA 93

Guerra Fria no mundo 93

O fator soviético 96

O fator Cuba 104

O fator China 113

6
RADICALIZAÇÃO NA ANTESSALA DO COLAPSO 123

O enigma Goulart 124

Hierarquia e indisciplina 131

Cronologia da ruptura 138

7
O XEQUE-MATE 149

O movimento de tropas 149

D+1 154

O fator EUA 157

Os ecos de março de 1964 159

8
LUTA ARMADA: AÇÃO 163

As sementes da Guerrilha 166

Guerrilha de Três Passos 169

Guerrilha de Caparaó 171

Recrutamento estudantil 172

1968: a marcha rumo ao AI-5 175

9

LUTA ARMADA: REAÇÃO 185

Guerra irregular 185

O milagre dos anos de chumbo 188

A vida no DOI-CODI 191

Tortura 195

Da Guerrilha do Araguaia ao Comando Vermelho 202

PARTE 3
ENSAIOS SOBRE GUERRA CULTURAL

10
A HIPÓTESE DO PODER MODERADOR MILITAR:
DE 1964 A JANEIRO DE 2023 213

Passagem de encargos: do Imperador ao Presidente 215

Os militares na Constituição 217

O caso de 1964 220

O caso de 2023 221

11
DAS ARMAS AOS LIVROS 225

Narrativa e desinformação 225

Intelectuais e Guerra Cultural 226

Weber e o marxismo contestado 230

Frankfurt e o marxismo revisado 232

Gramsci e o marxismo cultural 234

Guerra Cultural na Guerra Fria 238

12
DOS LIVROS AO PLANALTO 245

A revolução de Gutemberg 245

O paradoxo da censura 246

O paradoxo da cultura 251

História "crítica" de um livro didático 253

E a Guerra Cultural de direita? 256

Epílogo 259

CONSIDERAÇÕES FINAIS 269

REFERÊNCIAS 275

APÊNDICE
NARRATIVAS EM DISPUTA 299
    Golpe e contragolpe 299
    Revolução: história de uma ideia 302
    Revolução verde-oliva 304
    Revolução vermelha 307
    Contrarrevolução 309
    Veredicto: o caso de 1964 311

AGRADECIMENTOS 317

INTRODUÇÃO

> *Se a historiografia sobre o período militar fosse menos ideológica,*
> *talvez já tivéssemos respostas mais consistentes.*
> *(Rodorval Ramalho)[4]*

Para o filósofo grego Protágoras (490–420 a.C.), nunca houve e jamais haverá uma verdade única: um mesmo fato pode ser interpretado sob múltiplos ângulos, e todas as perspectivas podem ser validadas. Ele afirmava ser capaz de "transformar o argumento mais fraco em mais forte", provando não o valor do argumento em si, mas a persuasão de quem o defende. Essa concepção sofista — que equipara pró e contra como lados igualmente defensáveis — seria criticada por Sócrates (470–399 a.C.), para quem a verdade não é relativa, mas um ideal a ser alcançado pelo questionamento e pelo diálogo.

Séculos mais tarde, esse embate filosófico ressoa em novas arenas de disputa, refletindo as complexidades e os desafios que permeiam o Brasil contemporâneo. Quando, em meados de 2019, eu me dedicava às pesquisas que dariam origem a este livro, a expressão "Guerra Cultural" parecia se popularizar entre círculos à direita e à esquerda do espectro político. Enquanto o primeiro grupo buscava as raízes da hegemonia esquerdista no aparato cultural, o segundo desenvolvia teorias no intuito de explicar o crescimento da direita no país. Ainda que minha análise dialogue mais com os questionamentos do primeiro grupo, um marco histórico parece consensual para o estudo de ambos: o conflito político-ideológico que marcou a segunda metade do século XX e que chamamos Guerra Fria.

Transcendendo os campos de batalha convencionais, a Guerra Fria fez emergir uma nova modalidade de disputa, situada no terreno da psicologia das massas, da memória e da narrativa. Uma modalidade que Agustín Laje, cientista político, denominaria como Guerra Cultural.[5]

O paradigma do Brasil de 1964 — regime ou ditadura, golpe ou contragolpe, revolução ou contrarrevolução — é um caso exemplar. Como pode um evento tão recente suscitar narrativas tão opostas? Essa foi a pergunta norteadora da pesquisa que me levou à constatação de

---

[4] Ver Ramalho, 2022, p. 19.
[5] Ver Laje, 2023, p. 129.

que as diferentes versões sobre o nosso regime (ou ditadura?) talvez não sejam tão antagônicas como nossa polarização sugere. São, em vez disso, complementares.

O historiador Marc Bloch alertava que a História se desenvolve, gostemos ou não, a partir de recortes arbitrários e da seleção de fontes que compõem uma narrativa dentre outras possíveis sobre um mesmo fato.[6] Foi assim que parte considerável da historiografia sobre 1964 consagrou o anticomunismo da Guerra Fria como um delírio coletivo, estimulado por uma direita retrógrada e sedenta pela tomada do poder. Amparados nessa visão, filmes e novelas disseminaram uma versão caricata, segundo a qual o Brasil foi palco de uma luta entre uma esquerda democrática e militares, marionetes do imperialismo norte-americano.

Como discípulo de Heródoto, patrono da História, e de Caxias, patrono do Exército, procuro fundamentar minha análise em historiadores como Rodrigo Motta[7] e militares como o General Villas Bôas.[8] Apesar das divergências, ambos convergem em um ponto essencial: é impossível compreender o ano de 1964 sem considerar os imperativos geopolíticos da expansão do comunismo em sua manifestação prática.

Neste livro, percorro esses imperativos adotando uma revisão narrativa estruturada em 12 capítulos, organizados em três partes. A primeira, "Genealogia de 1964", apresenta uma visão panorâmica da História do Brasil, ressaltando tópicos que considero prévios ao objeto de estudo. Entre eles: a ascensão política do Exército e a origem de correntes filosóficas como o positivismo e o marxismo. Essa primeira parte se encerra com uma imersão nos eventos de 1935, quando se dá a primeira investida armada de caráter comunista no país.

É a partir da segunda parte, "Guerra Fria para além dos livros didáticos", que o leitor adentra o Regime Militar propriamente dito. Nessas páginas, examino a influência estrangeira em solo brasileiro, não apenas dos Estados Unidos, mas também de Cuba, China e União Soviética, expondo a solidez de uma ameaça por vezes retratada como teoria da conspiração. Não me furtarei, neste livro, a abordar temas espinhosos, como o terro-

---

[6] Escreve Bloch (2002, p. 147): "É preciso que nossa análise pratique recortes, pois a natureza de nosso espírito nos proíbe de aprender até mesmo o mais contínuo dos movimentos, se não o dividirmos por balizas. Como fixar, ao longo do tempo, as da história? Elas serão sempre, num sentido, arbitrárias".

[7] Motta, 2020, p. 15.

[8] Ver Castro, 2021, p. 49.

rismo praticado pelas organizações clandestinas de esquerda e a tortura cometida contra seus integrantes, nos chamados porões da ditadura.

Para a terceira e última parte, "Ensaios sobre Guerra Cultural", reservei um estudo sobre a batalha pela memória de 1964; a hipótese do poder moderador das Forças Armadas; e, por meio de um apêndice, um ensaio sobre as complexas e ponderáveis terminologias de golpe, contragolpe, revolução e contrarrevolução — expressões propositalmente evitadas ao longo de toda obra, para serem discutidas no momento oportuno.

Durante o percurso, conceitos multifacetados como "marxismo", "liberalismo" e "positivismo" serão apresentados de forma introdutória, sem pretensão de análise exaustiva. É também o caso de "direita" e "esquerda", utilizados no sentido pedagógico proposto por Norberto Bobbio,[9] reconhecendo suas limitações. Quanto à locução "Forças Armadas", embora esta também englobe Marinha e Aeronáutica, informo que frequentemente a utilizo como sinônimo de Exército, refletindo o protagonismo desta força nos eventos analisados. Para um aprofundamento, o livro inclui uma lista com cerca de duzentas fontes bibliográficas, abrangendo todos os temas discutidos.

Por fim, antes de iniciarmos, esclareço que, embora siga uma estrutura acadêmica, optei por deixar de lado algumas formalidades da ABNT, a fim de priorizar a fluidez do texto e o esforço por uma leitura agradável. Sem a pretensão de me fazer porta-voz das Forças Armadas e longe de querer apresentar uma verdade definitiva sobre 1964, priorizei, como critério de inescapável recorte, a abordagem dos eventos que considero preteridos — ou mesmo excluídos — do debate público acerca do assunto. Dessa forma, as páginas a seguir visam ampliar, e não substituir, acrescentar, e não descartar o que já foi produzido até aqui. O objetivo é que, ao final, o leitor tenha adquirido uma visão mais ampla sobre as complexidades da Guerra Fria no Brasil, situando os eventos de 1964 em sua devida conjuntura histórica e reconhecendo seus reflexos no presente. O leitor julgará se a missão foi cumprida.

---

[9] Ver Bobbio, 2011, p. 83.

PARTE 1

GENEALOGIA DE 1964

O simples bater das asas de uma borboleta no Brasil pode gerar um furacão no Texas. Teoria do caos.
(Edward Lorenz)[10]

---

[10] Metáfora utilizada pelo meteorologista Edward Lorenz para explicar a Teoria do Caos, segundo a qual as mínimas mudanças no início de um evento podem gerar profundas e imprevisíveis alterações futuras.

BRASIL, MARÇO DE 1964

Necessitamos da história integral para ver
se conseguimos escapar dela, não reincidir nela.
(José Ortega y Gasset)[11]

"O Exército inteiro virá sobre mim e me esmagará. Vivo, eles não me apanham. É quase certo que não nos vejamos nunca mais. Adeus, Maria. Agradeço os dias bons que você me deu". Mourão Filho se despediu da esposa na manhã de terça-feira, 31 de março. Apesar do tom fúnebre, o momento era de realização: fora pensado e articulado pelo general desde exatos "dois anos, dois meses e 23 dias", conforme escrito em seu diário. Durante esse período, Mourão viveu incertezas, preocupado com a antecipação de um possível golpe de Estado que, assim acreditava, seria desferido por ninguém menos que o chefe supremo das Forças Armadas: o presidente João Goulart. Naquele momento, no entanto, 39 dias antes de ir para a reserva remunerada, o oficial que acabara de rebelar a 4ª Região e a 4ª Divisão de Infantaria, ambas situadas em Minas Gerais, pode enfim afirmar: "Eu era o homem mais feliz do mundo. Boa hora para morrer".

A cerca de 2 mil quilômetros dali, na mesma noite, em Santa Maria, Rio Grande do Sul, uma esposa, acompanhada de seu filho, aguardava o retorno do marido ao lar. A tensão não cessaria com a chegada do major, que, ao retornar, permaneceria em casa por apenas alguns minutos. Informou ter recebido a missão de percorrer quartéis no interior do estado a fim de apurar a adesão a um movimento que, naquele momento, eclodia no país. Pediu à esposa e ao filho pequeno que não abrissem a porta para ninguém, pois seu nome fora encontrado em uma relação de possíveis alvos do "Grupo dos Onze", elaborada em nome do ex-governador do estado, Leonel Brizola. Antes de se despedir, entregou um revólver para que a esposa pudesse se proteger. Era a primeira vez que ela segurava

---

[11] Ver Ortega y Gasset, 2006, p. 119.

uma arma.[12] A cena marcaria a memória do filho e então menino Eduardo Villas Boas,[13] futuro comandante do Exército, que a tudo assistia, perplexo.

Corta para Deodoro, Rio de Janeiro, sete horas da manhã do dia seguinte.[14] Naquela cidade, no 1º Grupo de Canhões 90 Antiaéreos, um jovem capitão de artilharia repassava os avisos matinais à sua subunidade quando foi interrompido pelo toque de clarim que o convocava para uma reunião de oficiais. Uma hora depois, o mesmo capitão se deslocaria em comboio com a missão de integrar o movimento de tropas que rumava a São Paulo. Após ponderar com seu comandante acerca do emprego indevido de canhões 90 mm para o objetivo proposto, o jovem, ignorado mas disciplinado, partiu com seus subordinados levando os canhões, o armamento e um "catanho" contendo banana, pão, mortadela, mariola e cantil pleno.

Cinco anos depois, casado com uma professora, pai de duas filhas e dono de um Volkswagen,[15] o ex-capitão e agora major seria designado para comandar um Destacamento de Operações e Informações, popular-mente conhecido como DOI-CODI,[16] em uma pioneira integração entre Forças Armadas e Forças de Segurança Pública. Naquele momento, sob o entendimento de que fora convocado à guerra por sua nação — e que os destinos do Brasil por ela seriam traçados —, o major não poderia ima-ginar que se tornaria o primeiro oficial condenado por tortura cometida durante o que se convencionou chamar ditadura militar. Já coronel da reserva, com ajuda da esposa ele relatou a sua versão dos fatos em um livro que batizou de *A Verdade Sufocada – A história que a esquerda não quer que o Brasil conheça.*

Sentado no banco dos réus, em cinco de maio de 2013, o ex-coman-dante do DOI alegou ter combatido mais de 40 organizações terroristas, quatro integradas pela então presidente da República. "Quem deveria estar sentado aqui é o Exército Brasileiro, não eu"[17] — afirmou o coronel Carlos Alberto Brilhante Ustra.

---

[12] Ver Castro, 2021, p. 50.

[13] Comandante do Exército entre os anos 2015 e 2019.

[14] Ver Ustra, 2007, p. 96.

[15] Ver Gaspari, 2014b, p. 189.

[16] DOI-CODI, na verdade, refere-se a dois diferentes órgãos complementares: o Destacamento de Operações de Informações, de caráter operacional; e o Centro de Operações de Defesa Interna, de caráter estratégico.

[17] Ver Paraná, 2013.

***

É um desafio traçar as raízes do efeito borboleta que envolveu as Forças Armadas na polarização do país. O fato é que esse fenômeno não começa, mas certamente perpassa o ano de 1964.

Em 15 de abril daquele ano, quando o marechal Humberto de Alencar Castello Branco assumiu a Presidência da República e, com isso, a chefia suprema das Forças Armadas, ele encontrou uma instituição muito diferente da atual, em termos de unidade. Ainda que naqueles anos os fragmentos da Guerra Fria ecoassem na caserna, o problema da "política nos quartéis" era antigo e tomara contornos próprios desde 1920, quando o II Congresso da Internacional Comunista (IC), em Moscou, decidiu que a exportação da ideologia se daria por meio da infiltração política em setores estratégicos, entre eles sindicatos e quartéis.[18] A lendária Coluna Miguel-Prestes, expressão do movimento militar rebelde que sacudiu o Brasil na década de 1920, não escaparia do olhar de círculos soviéticos, interessados na influência do tenentismo e de seu líder, Luís Carlos Prestes.[19]

Na primeira metade da década de 1930, panfletos clandestinos circulariam pelos quartéis, pregando a analogia entre hierarquia militar e luta de classes.[20] Assim, facilitada pela fragmentação das Forças Armadas, deu-se a chamada Intentona Comunista de 1935: uma tentativa de tomada de poder que, eclodida no interior de quartéis, deixou um saldo que, segundo Glauco Carneiro, pode ter chegado a mais de 700 mortes, entre militares e civis.[21] Os fragmentos desse episódio, financiado pela União Soviética, alcançaram diferentes gerações de militares. Nenhuma, no entanto, foi mais impactada do que aquela que o testemunhou: a geração dos futuros generais, presidentes de 1964.

Se a Batalha de Guararapes forneceu a origem mítica do Exército e a Guerra do Paraguai forneceu os patronos, a Intentona de 1935 forneceu ao Exército um inimigo: nascia o "país vermelho" na doutrina militar. Quando em 1945 o mundo se dividiu em ideologias antagônicas, não foi difícil — embora não tenha sido unânime — escolher entre os EUA, aliado da Segunda Guerra, ou a URSS, patrocinadora da tomada do poder no país.

---

[18] Ver Aragão, 1973, p. 18.
[19] Ver Waack, 1993, p. 55.
[20] Ver Motta, 2020, p. 201.
[21] Ver Carneiro, 1989, p. 347

Ainda que o fracasso da Intentona tenha sido uma repetição de tentativas esparsas anteriores,[22] o projeto de expansão comunista evidenciar-se-ia exitoso com o advento da Guerra Fria, figurando como principais vitórias a divisão da Coreia de 1948, a Revolução Chinesa de 1949, a Guerra do Vietnã de 1955 e, por fim, a Revolução Cubana de 1959.

Quando em 1964 o Brasil, influenciado por essa conjuntura, se viu imerso em ameaças de golpes — no plural — internos e externos, à esquerda e à direita,[23] a caserna mais uma vez não passou ilesa à guerra político-ideológica. O general R1 Flávio Oscar Mauer relata a realidade de um quartel de São Leopoldo (RS), o 19º RI, às vésperas do 31 de março:

> Como fazer quando você estava de oficial de dia? Procurava-se, primeiro, saber qual a posição do Adjunto, bem como do Comandante da Guarda e, depois, dos Sargentos de Dia das subunidades para se ter um pouco mais de tranquilidade ou, quem sabe, mais tensão. Dormir no quarto do oficial de dia, jamais. O Oficial de dia entrava no quarto, chaveava a porta, abria a janela, saltava-a e ia passar o resto da noite em outro lugar.[24]

De acordo com o jornalista Elio Gaspari,[25] desde 1961, quando sargentos foram empregados para garantir a posse do presidente João Goulart, algumas Organizações Militares viviam "sob uma espécie de duplo comando", com sargentos que não cumpriam suas escalas de guarda e administravam "paióis particulares". Segundo o historiador Marco Villa,[26] não havia semana sem que um militar fosse preso por razões de ordem política.

Para uma parcela da oficialidade, nos diz o historiador Jacob Gorender,[27] essa indisciplina crescente colocava em questão a própria sobrevivência da instituição. Não por acaso, os últimos oficiais a aderirem à articulação para deposição de Jango o fizeram quando enfim convencidos de que o presidente estaria, de fato, semeando a subversão da hierarquia em

---

[22] Tentativas empreendidas na Bulgária e Alemanha em 1923; Indonésia em 1926 e China em 1927. Sobre o assunto, ver Hobsbawm, 1995, p. 77.

[23] Ver Ferreira; Gomes, 2014, p. 136.

[24] Citado por Ustra, 2007, p. 106.

[25] Ver Gaspari, 2014, p. 93.

[26] Ver Villa, 2004, p. 137.

[27] Ver Gorender, 2014, p. 61.

prol de projetos políticos.[28] Entre os fatos que alimentaram essa hipótese se encontram a inação do presidente perante eventos como a Revolta dos Sargentos,[29] em setembro de 1963, e a Revolta dos Marinheiros, em 25 de março de 1964,[30] bem como a ocorrência de fatos ainda não totalmente esclarecidos, como a suposta tentativa de Jango de empregar a Brigada Paraquedista na prisão de seu adversário político, Carlos Lacerda.[31] Segundo defende o brasilianista Alfred Stepan,[32] Goulart não queria os militares fora da política, queria-os em prol de *sua* política. Cabe ainda considerar as suposições acerca de um possível autogolpe, materializado na tentativa frustrada de Jango de decretar o estado de sítio em 4 de outubro de 1963.[33]

Esses acenos, somados a problemas de ordem econômica, bem como à recusa em apoiar os EUA na crise dos mísseis,[34] ao mesmo tempo em que se omitia perante o financiamento cubano na fomentação de guerrilhas em solo brasileiro,[35] fizeram esquentar a temperatura da Guerra Fria.

Em resposta, um dia após a Marcha da Família com Deus pela Liberdade — que colocou meio milhão de pessoas nas ruas de São Paulo[36] em protesto contra o governo — o então chefe do Estado-Maior do Exército emitiu uma circular em que afirmava:

> Os meios militares nacionais e permanentes não são para defender programas de governo, mas para garantir os poderes constitucionais, o seu funcionamento e aplicação da lei. Não sendo milícia, as forças armadas não são armas

---

[28] Todos os militares entrevistados pelo Centro de Pesquisa e Documentação de História Contemporânea do Brasil (CPDOC) foram unânimes em apontar esse fator como estopim para o movimento que eclodiu em 31 de março. Ver Motta, 2020, p. 294.

[29] Quando centros estratégicos da capital federal foram ocupados durante 12 horas por sargentos e cabos da Aeronáutica e da Marinha, em protesto contra a inelegibilidade de praças.

[30] Quando um protesto por reformas na Marinha, liderado por José Anselmo dos Santos, levou 2 mil marinheiros, sendo 1.400 sócios da Associação de Marinheiros e Fuzileiros Navais do Brasil, a rebelarem-se no prédio do sindicato dos metalúrgicos do Rio de Janeiro. De acordo com Carneiro (1989, p. 469) as consequências do motim se fariam sentir em outras guarnições.

[31] O caso da tentativa de prisão de Lacerda, a mando de João Goulart, é mencionado em, pelo menos, três fontes diferentes. Entre elas: Motta (2003, p. 244-249), Stepan (1975, p. 56) e Villa (2004, p. 123-124).

[32] Ver Stepan, 1975, p. 54

[33] A hipótese do possível golpe janguista, bem como as fontes acerca do assunto, será apresentada no capítulo seis.

[34] Ver Lobato, 2019, p. 47.

[35] Ver Sales, 2007, p. 49.

[36] Para Lilia Schwarcz e Heloisa Starling (2018, p. 444), além da "resposta ao comício da Central do Brasil", a marcha tinha, de fato, a proposta de projetar o pedido da sociedade à intervenção das Forças Armadas.

para empreendimentos antidemocráticos. Destinam-se a garantir os poderes constitucionais e a sua coexistência.[37]

Se a Guerra Fria pode ser caracterizada como um conflito político ideológico que dividiu o mundo sob o paradoxo de uma guerra incerta e iminente, o 31 de março, no Brasil, é um marco típico e igualmente antecedido pela tensão e incerteza sobre quando e qual lado poderia desferir o golpe primeiro. Sem diminuir o peso da conjuntura, o golpe (ou contragolpe?) de março de 1964 é também o ápice de um longo processo histórico de participação de militares[38] na resolução — ou causa — de crises políticas.

Inicialmente aclamada por amplos setores da sociedade civil, ratificada pelo Congresso e amparada em discussões sobre o hipotético poder moderador das Forças Armadas,[39] a deposição de João Goulart foi concretizada por um movimento de tropas que, relembra o general Villas Boas,[40] não pode ser compreendido fora de seu contexto.

Percorrer as peças que compõem esse contexto é, em suma, a jornada que o leitor fará ao longo das próximas páginas.

---

[37] Ver Lobato, 2019, p. 25.

[38] Podemos citar entre elas: Proclamação da República (1889); Revolta da Vacina (1904); Revolta de Copacabana (1922); Revolta Paulista (1924); Coluna Prestes (1925-1927); Revolução Liberal (1930); Intentona Comunista (1935); Implantação do Estado Novo (1937); deposição de Vargas (1945); Revolta Militar de Jacareacanga (1956); Novembrada (1955) e implantação do parlamentarismo (1961).

[39] A hipótese do poder moderador das Forças Armadas será abordada no capítulo dez.

[40] Ver Castro, 2021, p. 49.

2

GÊNESE MILITAR DO BRASIL:
DE CABRAL A RONDON

Dentro da tendência ao equilíbrio de antagonismos, característica da formação brasileira, o Exército se tem, quase sempre, mantido, entre nós, como força de coordenação de contrários.
(Gilberto Freyre)[41]

Brasil Colonial: Nascimento

Não é exagero atribuir ao fator militar uma posição de destaque na construção do Brasil, uma vez que a história do país se confunde com sua própria formação militar. Um olhar às nossas raízes nos revela uma miscigenação de povos ligados ao combate.

Séculos antes da chegada de Cabral[42] no sul da Bahia, cristãos miscigenados reconquistaram a região ibérica da posse dos árabes mouros, dando origem à nação portuguesa.

Antes da fundação de Portugal, os indígenas que habitavam as terras brasileiras travavam seus próprios conflitos, e continuariam a fazê-lo após a chegada dos europeus, ora aliados, ora contra estes.

Por fim, os africanos trazidos como cativos, sobretudo da Guiné e de Angola, trouxeram com eles suas tradições de resistência, aqui manifestadas na forma de quilombos e rebeliões, como parte de uma luta incessante por sobrevivência e liberdade.

Antes que toda essa diversidade étnica, forjada sob sangue e suor, constituísse uma só nação brasileira, os primeiros 30 anos de colônia seriam marcados pela vinda de sucessivas expedições militares, encarregadas do patrulhamento da costa.

---

[41] Ver Freyre, 2019, p. 18.

[42] A própria função de capitão-mor, desempenhada por Pedro Álvares Cabral na ocasião do desembarque ao Brasil, continha um papel "mais militar do que diplomático", ressalta Pedro Calmon (2023, p. 88) em História do Brasil.

A investida dos países "excluídos do atestado de Adão"[43] levaria Portugal a articular a montagem de uma estrutura militar na costa brasileira.[44] É significativo que o donatário das Capitanias Hereditárias não tenha apenas recebido poderes civis sobre o seu pedaço de chão, mas também o ônus da defesa, tornando-se, com isso, governador e capitão.[45] Igualmente expressivo é o fato de que todos os governadores gerais, a partir de Tomé de Sousa, possuíam encargos militares.

Para além da ameaça externa, o perigo permanente de ataques indígenas fez com que, na colônia, "ocupar, povoar e trabalhar" fossem atividades permeadas sempre pela vigilância armada. Inicialmente, porém, segundo o historiador Werneck Sodré,[46] o contato com o indígena não foi de luta, mas de aliança: uma relação laborativa que logo se configura em pacto militar, até finalmente resultar em conflitos como a da Confederação dos Tamoios.[47]

Vêm do indígena as técnicas de guerrilha[48] que seriam absorvidas pelos bandeirantes e, mais tarde, amplamente empregadas no Brasil da Guerra Fria. A guerrilha também esteve presente na Insurreição Pernambucana contra o invasor holandês, quando portugueses, indígenas e negros, unidos em torno de um objetivo comum, empregaram táticas irregulares de exploração do terreno. Foi o caso das batalhas nos Montes Guararapes, região montanhosa e coberta de vegetação nos arredores de Recife, em Pernambuco. O confronto, ocorrido em 19 de abril de 1648, contou com lideranças como o indígena Filipe Camarão, o negro Henrique Dias e o luso-brasileiro Vidal de Negreiros, além do português latifundiário Fernandes Vieira, proporcionando a gênese ontológica de nossa força terrestre.

Com o tempo, as distintas organizações militares seriam divididas em regulares, semirregulares e irregulares.[49] As primeiras, oriundas do reino português, desembarcavam com os governadores-gerais ou eram

---

[43] Francisco I da França, ao questionar o Tratado de Tordesilhas, teria dito: "Gostaria de ver a cláusula do testamento de Adão que dividiu o mundo entre Portugal e Espanha e me excluiu da partilha".

[44] Ver Sodré, 1965, p. 23.

[45] Ver Sodré, 1965, p. 18.

[46] Ver Sodré, 1965, p. 25.

[47] Ensejada pela aliança com os franceses instalados na baía de Guanabara, reuniu, entre os anos de 1563 e 1567, Tupinambás, Carijós, Goitacás e Aimorés na luta contra os portugueses e os indígenas que os apoiavam, em sua maioria Tupiniquins e Temiminós, liderados por Arariboia. Ver Ribeiro, 2022, p. 28.

[48] Ver Sodré, 1965, p. 29.

[49] Ver Sodré, 1965, p. 24.

formadas sob demanda, a fim de combater invasões maiores como as ocorridas no Nordeste. Já as tropas semirregulares eram compostas não por soldados, mas por civis, moradores da colônia, impelidos diante das ameaças ao território. Esse emprego se amparava nas Cartas de Doação e de Foral, concedidas ao donatário e institucionalizando, com isso, os chamados *Serviços de Ordenanças*. Por fim, as tropas irregulares eram constituídas também por moradores locais, porém, organizados à margem da legislação ou da autoridade portuguesa, a fim de atender interesses próprios. Como exemplo, figuram os bandeirantes: exploradores que violavam os limites do Tratado de Tordesilhas em busca de metais preciosos, terras e indígenas para escravizar.[50]

Sendo o colono naturalmente um invasor e, com isso, acossado não só por indígenas, mas também por outros invasores, a propriedade e o engenho foram igualmente pensados enquanto fortaleza, casa-forte e fortificação.[51] A vida nesses lugares, segundo a descrição que Nelson Sodré apresenta em *História Militar do Brasil*,[52] carregava similaridades com os atuais Pelotões de Fronteira (PEF),[53] em que defesa e rotina se confundem, não isentando nem as esposas de um lugar no Plano de Defesa do Aquartelamento (PDA).

Assim, fortificações dariam origem a povoações que dariam origem a cidades, como foi o caso do Rio de Janeiro, fundado durante a expulsão dos franceses, com apoio de grupos armados de São Vicente, atual São Paulo, berço dos bandeirantes.

Com a descoberta do ouro nas Minas Gerais e a consequente mudança da sede do governo de Salvador para o Rio de Janeiro, as demandas militares transcenderam a defesa da costa, estendendo-se a questões internas e problemas relativos à região do Prata.[54] Quanto ao método empregado para o recrutamento, escreve Gustavo Barroso: "Violento e curioso o sis-

---

[50] Foi o caso, por exemplo, da bandeira de Raposo Tavares, que chegou ao Peru e chegou a reunir cerca de 3.000 homens. Ver Sodré, 1965, p. 29.

[51] Ver Sodré, 1965, p. 25.

[52] Ver Sodré, 1965, p. 32.

[53] Pelotões do Exército, posicionados em regiões isoladas na Amazônia, para onde militares são designados, muitas vezes acompanhados pela família.

[54] Esse deslocamento político-estratégico do Nordeste para o Sul resultou na criação da 1ª Companhia de Cavalaria da Guarda dos Vice-reis, os futuros Dragões da Independência, e no estabelecimento dos primeiros regimentos metropolitanos. Segundo Sodré (1965, p. 47, 57), é nesse momento que a organização militar se torna uma força de vigilância e repressão contra manifestações de rebeldia. Quanto aos conflitos no Prata, tratam-se, em especial, da disputa fronteiriça entre América Espanhola e Portuguesa, iniciada em 1680 e concluída com o Tratado de Santo Idelfonso, de 1777. Ver Barroso, 2019, p. 20; e Sodré, 1965, p. 57 e p. 75-76.

tema de recrutamento. Há certa hora, prendiam-se todos os homens que se encontravam na cidade. Depois, entre eles, as autoridades escolhiam os que deviam assentar praça".[55]

Na medida em que o Brasil se expande, aumentam-se as milícias. Na medida em que se burocratiza, aumentam-se as tropas regulares.[56] A formação destas atendia padrões da metrópole[57] e pouco atendia aos problemas locais, melhor enfrentados pelas forças irregulares, gestadas no próprio ambiente regional. Dessa conjugação, surge ora o conflito, ora a cooperação e até fusão entre tropas irregulares, regulares e milícias,[58] situação militar diferente da ocorrida no Sul, onde, segundo Sodré, uma tropa profissional e comandada por estancieiros foi forjada pelas condições locais, tornando-se, com o tempo, insubstituível nos misteres da guerra.

Da província do Rio Grande do Sul sairiam líderes militares como Rafael Pinto Bandeira, Manuel Luís Osório e Andrade Neves.

> Sobre essa ordem natural, gerada das condições locais, é que se vai apoiar o governo metropolitano, quando se trata de operações de maior envergadura, a invasão de Zevallos, a campanha de 1801, a campanha de 1811, a campanha de 1816, as peripécias em torno da Colônia do Sacramento, ao longo de muitos anos.[59]

Não é outra a razão de, durante o período regencial, Luís Alves de Lima e Silva, o futuro Duque de Caxias, buscar a reconciliação com os "farrapos", separados do Império por quase dez anos.[60]

Evidenciando a inevitabilidade de uma história do Brasil interligada à conjuntura mundial, as guerras napoleônicas na Europa atuaram como um catalisador para a formação e estruturação das nossas forças militares. Foi fugindo da guerra que a família real portuguesa desembarcou no Brasil, em 1808, elevando a colônia à condição de sede administrativa do Reino de Portugal.

---

[55] Ver Barroso, 2019, p. 25.

[56] Ver Sodré, 1965, p. 48.

[57] E com isso, visando a artilharia e, depois, arquitetura das fortificações. Ver Sodré, 1965, p. 54-55.

[58] Eis uma sutil analogia entre a contemporânea formação do militar de carreira com a do temporário, este formado e crescido no próprio local onde irá atuar e, portanto, conhecedor das nuances regionais.

[59] Ver Sodré, 1965, p. 56.

[60] A chamada Revolução Farroupilha (1835-1845) foi uma revolta no Rio Grande do Sul contra o governo imperial brasileiro, liderada por estancieiros que buscavam maior autonomia e protestavam contra altas taxas. O movimento resultou na Proclamação da República Rio-Grandense, que durou até sua pacificação em 1845.

Surgem nesse momento uma série de iniciativas como o decreto que organiza o Corpo da Brigada Real do Brasil e a criação da Real Fábrica de Pólvora. Em 1810[61] seria criada, ainda, a Academia Real Militar que, incorporando a Escola de Artilharia e Fortificações de 1792,[62] lançava os fundamentos de um ensino militar no Brasil.

Ao longo da história, esse estabelecimento seria transferido para o Largo de São Francisco,[63] para a Escola Militar da Praia Vermelha,[64] para o bairro do Realengo[65] e, finalmente, para Resende, onde permanece hoje como Academia Militar das Agulhas Negras (Aman).[66]

Brasil Império: Estruturação

Com a derrota de Napoleão e o subsequente regresso da família real, o Brasil havia criado as condições para sua independência. É nesse momento que, institucionalmente falando, ocorre, enfim, o nascimento de um Exército Nacional, ainda que com ressalvas: dos 217 generais e brigadeiros, mais da metade haviam nascido em Portugal e, como escreveu D. Pedro, "o povo andava desconfiado de tropa que não fosse brasileira".[67]

Não apenas a presença de portugueses contrários à independência, mas também a existência de brasileiros descontentes com o modelo de independência levaram o imperador a buscar uma solução ocasional contra o fantasma da desintegração que acometia o continente: a contratação de mercenários estrangeiros.[68] Assim, enquanto as independências na América Espanhola resultaram na formação de pequenas repúblicas, o recém-nascido Império Brasileiro conseguiu preservar seu território.

A estrutura militar do país foi ratificada na Constituição, outorgada em 1824, adequada ao modelo colonial pré-existente: ao Exército coube a defesa das fronteiras, enquanto as milícias e ordenanças proveriam, respectivamente, a ordem pública nas comarcas e a segurança dos indivíduos, perseguindo e prendendo os criminosos. Todos poderiam ser

---

[61] De acordo com Werneck Sodré a criação foi em 1814. Ver Sodré, 1965, p. 57.

[62] Localizada na Casa do Trem, atual Museu Histórico Nacional, no Rio de Janeiro.

[63] Atual Instituto de História, Ciências e Filosofia da UFRJ.

[64] Lá funcionou de 1858 a 1904 sob forte influência do positivismo nos currículos militares.

[65] Local em que permaneceu de 1910 a 1944.

[66] Ver Brasil, 2023.

[67] Ver Sodré, 1965, p. 88.

[68] Ver Sodré, 1965, p. 58

empregados em caso de invasão estrangeira, desde que aprovado pela Assembleia Geral. Um decreto de 1º de dezembro de 1824 organizou, enfim, o exército em Infantaria, Cavalaria e Artilharia.[69]

Quanto à Marinha, ainda que a maioria de sua oficialidade lusa tenha aderido à independência, o retorno da família real provocou também o retorno de grande parte da frota naval. Foi José Bonifácio, patriarca da independência, quem lançou as bases para a organização de uma nova força dos mares, recorrendo, para isso, à contratação de mercenários do Chile e da Inglaterra.[70] Firmava-se, com isso, o status de nobreza de que desfrutaria a Marinha em detrimento do Exército, essencialmente constituído por camadas populares.

A independência foi consolidada após lutas travadas nas províncias rebeldes do Maranhão, Piauí, Grão-Pará, Bahia[71] e Cisplatina, atual Uruguai. Este último território, incorporado ao Brasil poucos anos antes, se levantaria, pouco depois, para uma nova guerra, cujo ônus levou à crise de popularidade do imperador. É nesse contexto que se dá a Noite das Garrafadas, episódio típico de nossa tradição ideologicamente bipolar, quando portugueses que apoiavam D. Pedro I e brasileiros que faziam oposição ao imperador entraram em confronto no centro do Rio de Janeiro.

A presença de mercenários nas tropas perdurou até a abdicação de D. Pedro I, em 7 de abril de 1831, quando os estrangeiros contratados, oficiais ou praças, foram dispensados de seus serviços pelo ministro da Guerra.

O mesmo ano de 1831 assistiria à criação da Guarda Nacional em substituição às milícias, ordenanças e guardas municipais. De acordo com Sodré, embora a lei de criação da Guarda Nacional a colocasse como força auxiliar do Exército, na prática, ela representou uma repartição subordinada às Câmaras Municipais e juízes de paz, representados, em sua maioria, pela classe dos proprietários de terras. O posto de coronel, mais alta patente na hierarquia da Guarda, foi concedido aos chefes rurais locais, de forma que a Guarda acabou servindo mais "as manobras eleitorais de interesses oligárquicos do que à defesa nacional interna a que se destinava".[72]

---

[69] Ver Sodré, 1965, p. 89-90.

[70] Ver Sodré, 1965, p. 93.

[71] Onde se dá não somente o batismo de fogo do tenente Luiz Alves de Lima, futuro Duque de Caxias, mas também a participação de Maria Quitéria que, alistando-se disfarçada de homem, tornou-se a primeira mulher a integrar o Exército Brasileiro. Ver Carvalho, 1978, p. 17 e 20.

[72] Ver Sodré, 1965, p. 119-120 e 131.

O período que se segue, entre a abdicação de D. Pedro I e a assunção do menino D. Pedro II, é o da intensa convulsão política e social que pôs à prova a unidade territorial do Brasil. Entre os conflitos conhecidos na historiografia como "revoltas regenciais" estão a Revolta dos Malês (1935) e a Sabinada (1937), na Bahia; a Cabanagem, no Pará (1935-1940); a Balaiada, no Maranhão (1838-1841); e a Farroupilha, no Rio Grande do Sul e Santa Catarina (1835 a 1845).

Segundo Sodré,[73] o Exército foi relegado a um plano secundário em favor da Guarda Nacional porque as autoridades ligadas ao latifúndio não confiavam na tropa, uma vez que "a inquietação das ruas tinha ressonância nos quartéis".[74] De fato, se antes da independência as ideias políticas vindas da Europa eram discutidas secretamente nas lojas maçônicas, com a independência, surgem as primeiras tentativas de grupos políticos — conservadores, moderados ou exaltados — de instigar os quartéis contra a ordem vigente.[75]

Esse estado de coisas foi possivelmente facilitado pelo fato de que as guarnições militares possuíam um cunho político-partidário,[76] sendo chefiadas por um "comandante de armas", sujeito ao presidente da província, que ligava a tropa ao Ministério da Guerra.

A sucessão de insurgências por motivos diversos, incluindo atrasos de salário e castigos físicos, levou o jornalista conservador Evaristo da Veiga a propor a extinção progressiva do Exército,[77] reforçando o argumento dos liberais segundo os quais "um grande exército permanente poderia levar ao surgimento de pequenos Bonapartes".[78]

Assim, sob o comando do Padre Diogo Feijó, então ministro da Justiça, dois terços do Exército foram substituídos pela Guarda Nacional.[79] A subordinação dessa guarda ao próprio ministro da Justiça, diferente do Exército que era subordinado ao ministro da Guerra, materializa o

---

[73] Ver Sodré, 1965, p. 106.

[74] Ver Sodré, 1965, p. 111.

[75] Ver Sodré, 1965, p. 115 e Caldeira, 2015, p. 103.

[76] Ver Torres, 2018, p. 129.

[77] Ver Sodré, 1965, p. 113.

[78] Ver Fausto, 2008, p. 230.

[79] O efetivo do Exército passou de 30 mil homens em 1830, para 14.342 em 1831, ano da abdicação de Dom Pedro I. As despesas do Ministério da Guerra, durante esse período, foram reduzidas em 17%. Ver Moraes, 1991, p. 28 e Caldeira, 2015, p. 104.

fortalecimento do poder local e agrário em detrimento do poder central do imperador.

O sucateamento das tropas retroalimentou o estado de convulsão, com soldos que chegavam a um ano de atraso e deserções que chegavam ao número de 200 por mês.[80] Às vésperas do fim da Revolução Farroupilha, escrevia Caxias ao ministro da Fazenda:

> Achando-se o exército em campanha com uma dívida de mais de 6 meses de seus vencimentos [...] e tendo o exército de operações se aproximado da fronteira do Rio Grande, resolvi mandar à mesma cidade o 1º escriturário da Caixa Militar, Antônio José de Campos, autorizado a sacar contra o Tesouro Nacional, a quantia necessária para fazer face ao menos à metade dessa dívida [...] Os apuros em que me tenho visto na campanha, pela falta de recursos, e a aproximação do inverno, que muito dificulta as comunicações com a capital, justificam esta minha deliberação, que espero mereça a aprovação de Sua Majestade, o Imperador.[81]

A situação precária afetava o alistamento, de forma que, para preencher suas fileiras, tanto o Exército quanto a Marinha precisavam recorrer à "caça" dos desocupados; ex-escravizados libertos ou doados por seus donos; indígenas, preferencialmente do vale do Amazonas, quando não "os vagabundos que perturbavam o sono da burguesia com as suas noitadas de álcool", escreve Sodré.[82] Um ingresso diferente, portanto, dos oficiais, realizado de forma espontânea na Academia Militar, por jovens de classe média, no caso do Exército, e da classe dominante, no caso da Marinha.[83]

As dificuldades no recrutamento ressaltam a importância que o Exército atribuirá ao poeta Olavo Bilac, que, durante a Primeira Guerra Mundial, usará de seu prestígio para incentivar o alistamento no Brasil, tornando-se, assim, patrono do serviço militar. Embora as isenções tenham sido ampliadas em 1837, 1841, 1848 e 1852, a relevância do alistamento se tornou evidente quando a Guerra do Paraguai bateu à porta — momento em que o próprio imperador D. Pedro II se deslocou a Uruguaiana e se alistou como o primeiro voluntário da pátria.

---

[80] Ver Sodré, 1965, p. 122.

[81] Transcrito por Sodré, 1965, p. 124.

[82] Ver Sodré, 1965, p. 128-130.

[83] Ver Sodré, 1965, p. 128 e 133.

Brasil vs. Paraguai: Emancipação

Em janeiro de 1865, diante da maior guerra da América Latina, o governo imperial atendeu enfim às necessidades impositivas do cenário beligerante.[84] O vínculo forçado entre o Exército e as camadas populares, intensificado pelas precárias condições do front, acabou por se configurar elemento na construção de um Exército em que, diferente da Marinha, mulatos e negros subiam na hierarquia.[85] A Guerra do Paraguai, mais uma vez protagonizada por negros, indígenas e brancos, definiria não apenas a estrutura social da instituição mas o próprio papel do Exército na vida nacional.

Até a Guerra do Paraguai a participação de militares na política, como Caxias e Osório, ambos situados em partidos antagônicos, jamais foi entendida como intromissão militar na vida política. O polímata Sílvio Romero escreve que Partido Conservador, Liberal ou Republicano, todos tiveram em seu seio militares das Forças Armadas durante o Império.[86] Outrora politicamente marginalizado, porém, o Exército regresso da guerra "não se contentará mais com um papel subalterno na vida nacional".[87] Intensificam-se, assim, os acenos "À Classe Militar", nome de uma seção do jornal *A República*, que criticava o descaso desprendido pelo Império aos, agora, heróis da pátria. Em mais um episódio de nossa tradição político-bipolar,[88] a sede do jornal acabou depredada por monarquistas.

A tentativa de atração dos militares às pautas políticas receberia endosso com a eclosão da chamada Questão Militar, quando a imprensa tornou pública uma série de divergências entre militares e políticos governistas.

Dentre os casos, repercutiu a punição do tenente-coronel Sena Madureira, abolicionista convicto e veterano da Guerra do Paraguai, que havia homenageado, na Escola de Tiro do Rio de Janeiro, o jangadeiro Fran-

---

[84] Junto à lei que previu a organização dos corpos de Voluntários da Pátria, constituídos por cidadãos entre 18 e 50 anos, instituiu-se o soldo comum às praças. Aos combatentes da guerra se somariam: "500 réis diários, gratificação de 300 mil réis ao darem baixa no fim da guerra, 'um prazo de terras de 22.500 braças quadradas, nas colônias miliares e agrícolas', todas as promoções por bravura, invalidez com meio soldo, pensão de meio soldo também a herdeiro indicado à vontade". Eis o conjunto que, segundo Sodré (1965, p. 143) faria acorrer às fileiras milhares de cidadãos que, nas condições anteriores, teriam se eximido do serviço.

[85] Ver Sodré, 1965, p. 134.

[86] Ver Romero, 1894.

[87] Ver Sodré, 1965, p. 141.

[88] Ver Sodré, 1965, p. 144.

cisco do Nascimento, conhecido como Dragão do Mar, por ter impedido o transporte de escravizados do Ceará, após a abolição pioneira naquela província. A visita foi amplamente noticiada pela imprensa e entendida como um ato de indisciplina pelo governo ainda escravocrata. O confronto público entre o ministro da Guerra e o tenente-coronel rendeu a Madureira uma punição, mas também o apoio da tropa.

A crise acabou envolvendo o marechal Deodoro da Fonseca, herói da Guerra do Paraguai e então presidente da província do Rio Grande do Sul, para onde Madureira fora transferido. Deodoro defendeu publicamente o subordinado, sendo, com isso, alçado a posição de liderança perante a chamada mocidade militar.[89] De acordo com Werneck Sodré:

> Um pouco mais de atenção permitiria verificar que, de um lado, estavam militares, e de outro, estavam políticos. Mas havia algo mais que isso: de um lado estavam militares cujas tendências eram para a abolição do trabalho escravo, a alteração do regime; e, de outro lado, políticos que representavam as intransigências mais retrógradas do escravismo agonizante e da monarquia em liquidação. [...] Tratava-se de questão de essência: o aparelho militar não serviria mais à classe dominante escravista.[90]

A questão militar teve como uma de suas consequências a união de grupos ideologicamente distintos do Exército: positivistas, identificados com a ideia de República, e veteranos de guerra como Deodoro, não necessariamente republicanos, mas ressentidos com o governo monárquico. Dessa primeira consequência advém a segunda: em junho de 1887 Sena Madureira funda o Clube Militar, uma associação permanente para discussão dos interesses da classe. Para a presidência do clube, foi eleito o próprio Deodoro da Fonseca, cuja primeira ação foi solicitar ao ministro da Guerra que o Exército não mais fosse obrigado a recapturar escravizados fugitivos. O pedido foi recusado, mas a ordem não mais seria cumprida.[91] A terceira e decisiva consequência da Questão Militar foi se fazer complemento na crescente desestabilização política por que passava o regime monárquico, contribuindo, assim, para a Proclamação da República, em 15 de novembro de 1889.

---

[89] Oriundos das escolas militares de Porto Alegre e da Praia Vermelha e formados sob a doutrina positivista de Augusto Comte, esses cadetes enxergavam na monarquia um estágio primitivo e anticientífico a ser superado. A Questão Militar ia ao encontro dessa percepção.

[90] Ver Sodré, 1965, p. 152-153.

[91] Ver Fausto, 2008, p. 234

***

Para Nelson Werneck Sodré,[92] a tese de que o povo assistiu "bestializado" à mudança do regime carece de sentido e visa dissociar a Proclamação da República de seu conteúdo popular. Seria longo, escreve o autor, mostrar como a ideia republicana há muito se mostrava presente nos movimentos de que a colônia foi cenário.[93]

> A República foi o resultado, entre nós, assim, de um século de grandes e profundas lutas, pontilhadas de sacrifícios e de renúncias. Os episódios do 15 de novembro, assim, não foram mais do que o coroamento de longo processo. A república não teve nada de acidental; muito ao contrário, resultou de desenvolvimento progressivo de condições que, no penúltimo decênio do século, tinham se agravado consideravelmente.[94]

Desde o início da década de 1870, quando uma dissidência radical do Partido Liberal publicou o Manifesto Republicano, a pauta se deslocara do âmbito das revoltas para o plano estratégico. Partidos republicanos foram fundados em São Paulo (PRP) e Minas Gerais (PRM); e mais de 20 jornais republicanos passaram a circular, incluindo o já mencionado "A República", dirigido por Júlio de Castilhos, chegando a atingir 8.000 exemplares diários.[95]

Em conferência proferida na Escola de Estado-Maior do Exército, em novembro de 1948, disse o sociólogo Gilberto Freyre: "O Exército fazendo, como fez, o 15 de Novembro, antecipou-se pela violência branca àqueles elementos revolucionários na desejada solução republicana e federalista de problemas de organização política no Brasil".[96]

Como a história se encarregaria de mostrar, não seria a última vez que o Exército, ainda que de forma não homogênea, adotaria a fórmula sintetizada por Freyre.

---

[92] Ver Sodré, 1965, p. 153.

[93] Entre os movimentos em que a ideia foi discutida, segundo Sodré (1965, p. 153) constam a Inconfidência Mineira, Inconfidência Baiana, Insurreição Pernambucana de 1817, Confederação do Equador, Sabinada, Balaiada, Cabanagem, Revolução Farroupilha e Revolução Praieira.

[94] Ver Sodré, 1965, p. 154; 161.

[95] Ver Sodré, 1965, p. 154.

[96] Ver Freyre, 2019, p. 19.

Marechal Rondon: Integração

A guerra contra o Paraguai descortinou uma série de problemas que o Brasil enfrentava. Entre eles estava a deficiência das comunicações brasileiras e a falta de um sentimento unificado de nacionalidade que atingisse populações do Oiapoque ao Chuí. É nesse campo que se destacaria Cândido Mariano da Silva Rondon (1865-1958), personagem militar cuja importância transcende as fronteiras do Exército.

A história de Rondon é também vinculada à Guerra do Paraguai, embora, diferente de Osório, Sampaio e Mallet, não tenha lutado mas nascido durante ela. Caberia ao jovem engenheiro militar a futura missão que resolveria os problemas descobertos pela guerra.

De acordo com Todd Diacon, professor do Departamento de História da Universidade do Tennessee, Knoxville, EUA, o isolamento do interior do Brasil em relação à capital era equiparável, em termos culturais, à distância da Europa. Foram necessárias seis semanas da invasão do Mato Grosso pelo Paraguai até que as autoridades do governo central tomassem conhecimento do que se passava. Vinte e quatro anos depois, os habitantes dessa mesma região descobririam, com um mês de atraso, que a monarquia fora substituída pela República.[97] "Ligar esses dois Brasis seria o desafio de Rondon por toda sua vida",[98] escreve Diacon.

O telégrafo, tecnologia que, em 1852, havia interligado o Palácio Imperial e o quartel-general do Exército, seria, agora, a teia que conectaria o Brasil. Por meio dele, Rondon expandiria linhas da capital até as regiões de Goiás, Mato Grosso e Amazonas, em uma missão de progresso pela unificação territorial do Brasil.[99] De acordo com Morel, as expedições de Rondon:

> [...] mapearam 247 grupos indígenas, coletaram diversos vocabulários e elaboraram uma classificação linguística dos grupos indígenas. No período de 1907 a 1915, foram entregues pelas equipes de Rondon, ao Museu Nacional, 23.107 exemplares de Botânica, Zoologia, Mineralogia, Geologia e Antropologia.[100]

---

[97] Ver Diacon, 2006, p. 25.

[98] Ver Diacon, 2006, p. 19.

[99] Ver Diacon, 2006, p. 27 e 28.

[100] Ver Morel, 2009, p. 48.

O resultado foi não só a classificação de novas plantas e animais como também o levantamento de acidentes geográficos antes conhecidos somente por indígenas. Apenas no estado do Mato Grosso foram 15 rios descobertos.[101]

Esse conjunto de êxitos foi possível, em parte, pelo estudo topográfico que antecedia a construção das mais de 50 estações telegráficas, posicionadas a distâncias nunca inferiores a 90 quilômetros, contendo, anexas, casas para funcionários e, em alguns casos, escolas para os indígenas locais.[102] Os desafios de logística não impediram Rondon de organizar comemorações cívicas, ensinando aos habitantes, indígenas ou não, os símbolos que os conectavam enquanto nação, como a bandeira, o hino e os feriados nacionais. De acordo com Diacon:

> Quando Rondon embrulhava uma criança índia na bandeira brasileira, sua intenção era mostrar que, tanto no sentido literal como no simbólico, o Brasil cobria também aqueles povos. A língua, a religião e o vestuário indicavam, cada vez mais, que a nação e que toda aquela gente pertencia era agora o Brasil.[103]

Cabe ressaltar que, mesmo contando com mais de 600 baixas, por motivos de doenças, acidentes ou ataques indígenas, em décadas de expedições e milhares de quilômetros percorridos, Rondon jamais matou um indígena.[104]

Da abolição de 1888 à República instaurada em 1889, o futuro patrono das Comunicações fez parte de uma geração de militares que ora testemunharam, ora protagonizaram reformas em um curto intervalo de tempo. Esse sentimento de marcha rumo ao progresso encontrou correspondência ideológica na visão de mundo positivista, uma corrente filosófica que, desenvolvida pelo francês Auguste Marie François Xavier Comte, acabaria marcando a gênese do Brasil republicano.

Se para Sodré a doutrina positivista não teve a importância que lhe é atribuída na Proclamação da República, é o historiador Oliveira Torres quem nos dirá o contrário: "o positivismo como filosofia política foi a

---

[101] Ver Morel, 2009, p. 9.

[102] Ver Pillar, 1981, p. 147.

[103] Ver Diacon, 2006, p. 12.

[104] Ver Morel, 2009, p. 44.

principal causa da República".[105] As ideias de Comte se farão presentes ao longo da história que aqui se pretende contar. Ao lado dele, um outro importante personagem influenciará o pensamento político que penetrará não apenas no Brasil do século XX mas também no meio militar: seu nome era Karl Marx.

Conclusão

A estruturação do Exército Brasileiro é tardia em relação ao encontro de portugueses e indígenas. Ela data de 1º de dezembro de 1824, quando o imperador, D. Pedro I, decretou a reformulação das unidades irregulares e fragmentárias que, com sacrifício, garantiram até então a integridade do 5º maior território do mundo.[106] A fim de proporcionar uma origem mítica ao nosso Exército, resgatou-se o episódio épico, ocorrido em terras nordestinas, em 19 de abril de 1648. Em que pese a simbologia em torno de Guararapes, há uma espécie de consenso historiográfico[107] que elege a Guerra do Paraguai (1864-1870), ocorrida dois séculos depois, como o grande episódio que alteraria os rumos da instituição e do Brasil.

Para historiadores como Boris Fausto, Lília Schwarcz e Heloísa Starling,[108] o fim da maior guerra já ocorrida na América Latina fez emergir, das fileiras do Exército, o espaço para a defesa de pautas próprias, como o positivismo,[109] o abolicionismo[110] e a República.

A famosa imagem do nascimento do Exército na Batalha dos Guararapes não por acaso foi pintada por Victor Meirelles somente após a Guerra do Paraguai. O conflito não apenas forneceu à história heróis como Osório, Barroso e Tamandaré como também a representatividade social e política que, instrumentalizada por setores descontentes com o Império, alçaria o Exército à condição de protagonista de uma ruptura adjetivada por Nelson Werneck Sodré como "inevitável": a Proclamação da República. Seria a primeira de uma série de intervenções políticas que culminariam no março de 1964.

---

[105] Ver Torres, 2018, p. 83.

[106] Ver Barroso, 2019, p. 40.

[107] Entre os historiadores que defendem essa abordagem estão Boris Fausto, Lilia M. Schwarcz e Heloisa Starling.

[108] Ver Fausto, 2008, p. 216; Schwarcz e Starling, 2018, p. 298.

[109] Doutrina desenvolvida pelo filósofo francês Augusto Comte (1798-1857) e semeadas, no Brasil, em especial, na Escola Militar da Praia Vermelha, pelo militar e professor Benjamim Constant (Faria, 2015, p. 206).

[110] Em 1887, Deodoro da Fonseca, um dos mais respeitados chefes militares, solicitou à princesa Isabel que o Exército não fosse desviado de suas missões para perseguir escravizados fugitivos (Faria, 2015, p. 206).

3

CONCEPÇÕES DE DITADURA EM 1964: MARX VERSUS COMTE[111]

A democracia no Brasil foi sempre um lamentável mal-entendido.
(Sérgio Buarque de Holanda)[112]

Tendo apresentado uma breve introdução sobre a história militar do Brasil, adentremos agora os anos de República, enfatizando cinco vetores que pavimentam o caminho rumo à Guerra Fria brasileira. São eles: a importação de concepções positivista e marxista de ditadura; o advento do tenentismo; a fundação do Partido Comunista; a assimilação do intervencionismo na doutrina militar — inicialmente sob influência alemã e, depois, francesa — e a aproximação da concepção norte-americana de Segurança Nacional. Todos esses temas continuarão a ser explorados nos capítulos seguintes, sendo aqui introduzidos de forma a concluir o panorama histórico iniciado no capítulo anterior.

O capítulo culmina nos primeiros passos em direção ao nosso objeto de estudo principal: o modelo de governo instaurado em 1964. Pode ele ser enquadrado como uma ditadura? E como o embate armado entre Estado e organizações clandestinas era visto sob o olhar daqueles que o protagonizaram? Para responder essas questões iniciais, convido o leitor para o primeiro de nossos mergulhos na gênese da sociologia, a fim de buscar as raízes das diferentes concepções ideológicas que disputaram espaço na Guerra Fria do Brasil.

Sem negar a essência antidemocrática de uma nação erigida sobre a escravidão, a hipótese apresentada é de que tanto os militares quanto a esquerda armada, lados antagônicos do tabuleiro, cultivaram visões particulares de autoritarismo, explícitas ou implícitas nos escritos de pensadores como Augusto Comte e Karl Marx.

---

[111] Este capítulo é uma transcrição adaptada do Trabalho de Conclusão de Curso do autor, por ocasião de sua pós-graduação em Ciências Humanas: Sociologia, História e Filosofia pela PUCRS.

[112] Ver Holanda, 1995, p. 160.

A ideia de Ditadura

Nos desloquemos por um momento da República do Brasil para a República Romana, em que o conceito de ditadura tem origem, pensado, inicialmente, como uma ferramenta de garantia (pasme!) da democracia. Os romanos da Idade Antiga elegiam o seu próprio ditador, frente a crises de graves proporções, durante um período predeterminado.

A ditadura, portanto, tinha o papel de legitimar a concentração do poder, como uma espécie de contingência para a garantia da ordem e preservação da República. Superada a ameaça, o ditador recolhia-se e o regime político retornava a sua normalidade institucional.

Segundo o doutor e mestre em direito pela PUC/SP Amauri Saad,[113] considerando a característica bélica da grande maioria das ameaças, deu-se a propensão natural para que o ditador eleito fosse um líder capacitado para atuar em caso de guerra. Naturaliza-se, assim, a ligação entre o estado de exceção e o chefe militar.

À luz do liberalismo, a história se encarregaria de proporcionar novos contornos ao conceito de ditadura, designando, com o passar do tempo, os regimes inclinados à violação dos elementos intrínsecos ao estado liberal de direito, tais como os Direitos Humanos ou a tripartição dos poderes. Avancemos alguns séculos.

De acordo com o professor Plínio de Oliveira, no âmbito ideológico, o conceito de ditadura acabou relativizado, designando, hoje, "o bem, para uns; e o mal, para outros".[114] Antes que o século XX emergisse com seu saldo de ditaduras instauradas, o conceito já podia ser encontrado nos escritos de dois teóricos convergentes ao nosso objeto de estudo. São eles o francês Augusto Comte[115] e o alemão de origem judaica Karl Heinrich Marx,[116] nomes cujos escritos originariam, respectivamente, as bases para a doutrina positivista e o conjunto que se convencionou chamar "marxismo".

---

[113] Ver Saad, 2021, p. 34-35.

[114] Ver Oliveira, 2022, p. 51.

[115] Nascido na França, Augusto Comte (1798–1857) foi o criador do termo sociologia e fundador do positivismo, doutrina segundo a qual os fenômenos sociais estavam submetidos a leis invariáveis, da mesma forma que os fenômenos físicos, químicos e biológicos. Essa concepção foi inicialmente disseminada por meio de seu "Curso de filosofia positiva" escrito entre 1830 e 1842. Ver Costa, 2005, p. 72.

[116] Karl Marx (1818–1883), nascido na Prússia, compõe o chamado tripé da Sociologia, junto a Durkheim e Weber. É também considerado, junto a Friedrich Engels, o pai do socialismo científico. Ver Costa, 2005, p. 11.

Ditadura em Comte e Marx

O século XIX foi marcado pela busca de um sistema lógico que explicasse o curso da humanidade sob uma concepção científica.[117] Ainda que sob perspectivas distintas, Comte e depois Marx, ambos parcialmente influenciados pelo socialismo utópico de Saint-Simon,[118] observaram as transformações de que foram contemporâneos, constatando que, à luz da ciência, a história do desenvolvimento humano percorreria uma sucessão de etapas.

Acreditando que o mundo seria ordenado a partir de uma "física social", Comte definiu essas etapas da seguinte forma: um primeiro estágio, denominado teológico ou fictício, caracterizado pelo predomínio das crenças sobrenaturais; um segundo estágio, batizado de metafísico ou abstrato, com predomínio de ideias filosóficas e considerado como estágio de transição; e, por fim, um terceiro estágio, chamado de científico ou positivo, caracterizado pelo culto à ciência e a racionalidade. Para Comte, a sociedade contemporânea caminhava em direção ao terceiro estado. Para intermediar essa transição, o pai da sociologia defendeu, como forma de governo ideal, uma ditadura científica, de caráter republicano.[119]

Eis a base de ideias que, no Brasil da segunda metade do século XIX, foram introduzidas pelo professor Benjamin Constant[120] nos currículos da Escola Militar, influenciando o pensamento de uma classe em plena ascensão desde a Guerra do Paraguai. O positivismo, enquanto filosofia política, não por acaso, teria sido, segundo Torres, o maior dentre os fatores de influência[121] da República proclamada em 1889 pelos militares.

---

[117] De acordo com Costa (2005, p. 59) o "século das ciências" emergiu com a proposta de que os cientistas, os novos magos da civilização, descortinariam a verdade, amparados não mais na religião mas na crença materialista e no poder da ciência. Era o nascimento da sociologia e o positivismo seria sua primeira escola científica.

[118] Claude Henri, o conde de Saint-Simon (1760-1825), foi um filósofo e economista francês, formulador do chamado socialismo utópico. Para a relação entre Comte e Simon ver Soares, 1998, p. 23.

[119] Ver Torres, 2019, p. 44, 81 e 103.

[120] O primeiro vestígio de positivismo no Brasil remete a uma tese de 1844 apresentada na Faculdade de Medicina da Bahia, podendo ser encontrado, ainda, em 1857, nos escritos da pedagoga feminista Nísia Floresta, antes de ser difundido, de fato, pelas ciências exatas da Escola Militar e da Escola Politécnica do Rio de Janeiro. Embora no Brasil o positivismo seja, portanto, anterior a Benjamin Constant — cuja conversão ocorreu em 1857, ano da morte de Comte — foi ele o grande disseminador e intérprete da doutrina, primeiro como professor da Escola Militar e, depois, como Ministro da Guerra e organizador daquela que ficaria conhecida como a "Doutrina do Soldado Cidadão", sintetizada no decreto de 14 de abril de 1890, assinado por Deodoro. Ver Moraes, 1991, p. 77, e Soares, 1998, p. 87 e 89.

[121] Entre outros fatores, constam a abolição da escravatura e a propaganda republicana. Ver Torres, 2018, p. 83.

Ainda que definido como fator de menor importância por pesquisadores como Werneck Sodré e Eliézer de Oliveira,[122] o positivismo influenciou, para muito além de nossa Bandeira Nacional,[123] uma concepção política que, antecipada no Sul, ascenderia nacionalmente com a chamada Revolução de 1930, quando Getúlio Vargas, um positivista heterodoxo,[124] assumiu o controle do país com apoio de militares.

Em seu livro *A ingerência Militar na República e o Positivismo*, Arsenio Corrêa defende que:

> Apesar de o comtismo ser contrário às Forças Armadas permanentes e o Apostolado considerar a doutrina francamente contrária a toda espécie de militarismo, Benjamin Constant acreditava que o Exército brasileiro, por seus feitos, tradição e índole, devia exercer papel de liderança na transição para o estado positivo.[125]

De acordo com Sérgio Buarque de Holanda,[126] durante certo período os positivistas chegaram a formar a aristocracia do pensamento brasileiro, sendo alçados a conselheiros prediletos de governantes. Para Oliveira Torres,[127] o positivismo moldou não somente a interpretação histórica mas também a mentalidade pedagógica do país.

Presente ainda que de forma implícita nos governos de 1964, o positivismo — que teve mais impacto no Brasil do que na própria França, onde nasceu — não chegaria intacto ao final do século XX, sendo hoje limitado à sua vertente religiosa, na Igreja Positivista do Rio de Janeiro, fundada em 1881 por Miguel Lemos, um dos idealizadores da bandeira do Brasil.

Divergindo da concepção comtiana dos estágios evolutivos, Karl Marx não apenas desenvolveu uma teoria própria, mas também propôs uma fórmula fundamentada no materialismo para a transição entre as etapas da humanidade.

---

[122] Para Oliveira (1990, p. 22), é uma armadilha atribuir ao positivismo toda responsabilidade pela República, embora o professor reconheça que a proclamação não pode ser inteiramente compreendida sem o positivismo.

[123] "O lema positivista 'O amor por princípio, o progresso por base e a ordem por fim' foi parcialmente suprimido na Bandeira nacional, adotada pelo Decreto n.º 4, de 19 de novembro de 1889 e projetada por Teixeira Mendes e Miguel Lemos". Ver Soares, 1998, p. 98.

[124] A expressão "positivismo heterodoxo" foi atribuída por Ricardo Vélez ao castilhismo — tradição positivista encontrada no Rio Grande do Sul e pano de fundo da formação do jovem Vargas. Ver Corrêa, 1997, p. 11.

[125] Ver Corrêa, 1997, p. 14.

[126] Ver Holanda, 1995, p. 159.

[127] Ver Torres, 2018, p. 92, 221, 284.

Foi por meio da luta de classes, segundo Marx,[128] que a sociedade feudal cedeu lugar à sociedade capitalista. Restavam ainda duas etapas decisivas: o socialismo, com a centralização dos meios de produção, e, finalmente, o comunismo, com a descentralização desses meios, quando não apenas a sociedade capitalista mas o próprio Estado seriam enfim superados, dando origem a uma sociedade igualitária.

Quem se encarregaria de intermediar esse processo? Para Marx, a ditadura do proletariado,[129] classe que, a depender da corrente marxista, pode ser constituída por operários ou camponeses, guiados, sob uma ótica gramsciana, pela classe de "intelectuais orgânicos".[130] Sobre essa ditadura do proletariado, escreveu o marxista Vladimir Ilyich Ulianov (1870–1924), mais conhecido como Lenin: "A ditadura do proletariado traz uma série de restrições à liberdade dos opressores, dos explorado-res, dos capitalistas. Devemos reprimir-lhes a atividade para libertar a humanidade da escravidão assalariada".[131]

E mais tarde:

> O esmagamento de uma minoria de exploradores pela maioria dos escravos assalariados de ontem é uma coisa relativamente tão fácil, tão simples, tão natural, que custará à humanidade muito menos sangue do que a repressão das revoltas de escravos, de servos e de operários assalariados.[132]

Como veremos, o cálculo de Lenin estava incorreto e o saldo de mortes pelo experimento comunista, ao longo de um século, superaria a catástrofe humana da escravidão.

Apresentando propostas distintas, positivismo e marxismo passa-riam por metamorfoses, originando correntes multifacetadas e oferecendo diferentes chaves de interpretação para os profissionais das Ciências Humanas. Ambas compartilhariam não apenas a ideia de ditadura, mas também a concepção de inevitabilidade histórica: a sociedade estaria destinada a ser regida por leis determinantes. Aderir à opção correta significaria estar, supostamente, do lado certo da História.

---

[128] Ver Marx; Engels, 2012, p. 44.

[129] A concepção de ditadura do proletariado é anterior a Marx, sendo encontrada nos escritos do revolucio-nário utópico francês Louis Auguste Blanqui. Ver Konder, 2003, p. 17.

[130] Antonio Gramsci (1891–1937) foi um filósofo e teórico político italiano, conhecido por suas contribuições ao marxismo e à teoria da hegemonia cultural. Fundador do Partido Comunista Italiano, ele argumentou que o poder das classes dominantes se mantém não pela força, mas por meio da influência cultural e ideológica. Ver Sader, 2005, p. 9.

[131] Ver Lenin, 2011, p. 136-137.

[132] Ver Lenin, 2011, p. 139.

Brasil República: Alvorecer na Era dos Extremos[133]

A história política do Exército não se esgota na Proclamação da República, mas, ao contrário, começa com ela. Iniciada e finalizada sob duas intervenções militares, a Primeira República (1889-1930) é permeada por tópicos que pavimentam a estrada rumo a 1964.[134]

Para positivistas e socialistas, a queda da monarquia e o advento da república representaram uma etapa do progresso.[135] Nesse contexto, o Brasil enfrentaria as contradições de sua transição gradual do rural para o urbano.

Nos grandes centros, o projeto de modernização impôs não apenas a demolição de habitações populares, mas também a vacinação forçada, recebida sob protestos que resultaram em prisões e mortes em confrontos com a polícia. A Revolta da Vacina (1904), como ficaria conhecida, uniu à população revoltosa os cadetes da Escola Militar de Praia Vermelha, entre eles o jovem Eurico Gaspar Dutra, futuro presidente do Brasil. A adesão dos cadetes resultou no fechamento desse estabelecimento de ensino pelo então presidente Afonso Pena.

Em 1917, enquanto Lenin retirava o marxismo do papel e o implementava na Rússia, o Brasil testemunhava um movimento de greves sem precedentes.[136] Naquele ano, entre 50 e 70 mil operários paralisaram seus trabalhos por 30 dias, no Rio de Janeiro e em São Paulo.[137] O controle das massas, disputado por anarquistas e comunistas, acabou levando os primeiros a promoverem uma campanha de desqualificação da experiência russa,[138] fornecendo as primeiras contribuições para o anticomunismo brasileiro.

Simultaneamente à organização sindical, o Exército iniciava sua reestruturação para recuperar a credibilidade abalada pela "vitória sem

---

[133] Expressão com a qual o historiador britânico Eric Hobsbawm denomina o breve século XX, um período caracterizado por intensa polarização ideológica, crises políticas, econômicas e sociais.

[134] Entre eles, o fenômeno político do florianismo, os aprendizados oriundos da vitória — e do fracasso — em Canudos e o desenvolvimento da doutrina militar, inicialmente sob influência alemã e, depois, francesa. O século XX veria, ainda, a aliança entre militares e Getúlio Vargas, a participação nas duas guerras mundiais e a subsequente aproximação com a concepção norte-americana de segurança nacional.

[135] Ver Konder, 2003, p. 33.

[136] Ver Schwarcz; Starling, 2015, p. 336-337.

[137] Ver Fonseca; Araújo, 2022, p. 71.

[138] Ver Motta, 2020, p. 40

glória" da Guerra de Canudos.[139] Esse objetivo, segundo Sant'Anna,[140] começaria a ser atingido na chamada Guerra do Contestado,[141] quando se deu o emprego de artilharia recém-importada da Alemanha e da França, seguido de um bem-sucedido trabalho de propaganda institucional.

Hermes da Fonseca, então ministro da Guerra e responsável pela reestruturação militar, foi eleito presidente em 1910. Seu governo implementou a chamada "Política das Salvações", que consistia no apoio a candidaturas estaduais, sobretudo de militares, em oposição às oligarquias que, sob uma perspectiva positivista, "deturpavam" o projeto idealizado para a República recém-proclamada.[142]

Para Corrêa,[143] havia na Política das Salvações um esforço de retomada da plataforma política de Benjamin Constant, para quem o Exército seria o grande instaurador "industrial e pacífico" do país.

O positivismo ganharia novo impulso em 1912 com a fundação do Colégio Militar de Porto Alegre[144], no momento em que o Rio Grande do Sul vivia, segundo o professor Ricardo Vélez, "a maior experiência positivista já ocorrida no Brasil".[145]

Não é por acaso, relembra Corrêa,[146] que nesse local tenham estudado Getúlio Vargas e os cinco futuros presidentes do Brasil da Guerra Fria: Castello Branco, Costa e Silva, Emílio Médici, Ernesto Geisel e João Figueiredo, uma geração de oficiais cuja visão sobre seus papéis na nação foi moldada pelas intervenções militares de 1930, 1935, 1937, 1945, 1955 e 1961, culminando em 1964. Como alicerce comum a todos, um movimento iniciado em 1922 reuniu oficiais subalternos, contrários à política oligárquica, em torno de uma ideia genérica de reforma política: o tenentismo.

---

[139] Conflito entre o Exército e os habitantes de Canudos, na Bahia, entre 1896–1897. Motivada por tensões sociais e políticas, terminou com a destruição da comunidade e a morte de milhares de cidadãos. Ver Moraes, 1991, p. 72.

[140] Ver Sant'Anna, 2019, p. 23.

[141] Conflito armado ocorrido entre 1912 e 1916, motivado por disputas territoriais, entre posseiros e proprietários de terras contra os governos de Santa Catarina, Paraná e o Governo Federal.

[142] Ver Moraes, 1991, p. 130.

[143] Ver Corrêa, 1997, p. 75.

[144] Somando-se ao Colégio Militar do Rio de Janeiro, fundado em 1889.

[145] Uma influência ancorada em Júlio de Castilhos (1860–1903), autor da Constituição do Rio Grande do Sul, que, sob influência positivista, delegava ao poder Executivo funções administrativas e legislativas. Entre os continuadores do castilhismo esteve Borges de Medeiros, Pinheiro Machado e Getúlio Vargas. Segundo Veléz os castilhistas acreditavam na ideia de ditadura científica. Ver Freixinho, 1997, p. 107; e Corrêa, 1997, p. 153-154-155 e 191.

[146] Ver Corrêa, 1997, p. 142.

Para o general Agnaldo Del Nero, os tenentistas buscavam a "regeneração nacional e a modernização",[147] elegendo como alvo a ser combatido a corrupção e as eleições fraudulentas. Segundo o socialista Leandro Konder,[148] o programa dos tenentes incluía o fim dos impostos exorbitantes, a adoção do voto secreto e a criação de uma legislação social.

Como de praxe, o movimento militar fundou-se sobre uma origem mítica, quando, em 5 de julho de 1922, trezentos militares, entre oficiais e praças, tomaram o Forte de Copacabana, que hoje sedia o Museu Histórico do Exército. Frustrados pela inação das demais unidades envolvidas na conspiração, os trezentos se tornaram 18.[149] Após o confronto com as tropas governistas apenas dois sobreviveram: os tenentes Siqueira Campos e Eduardo Gomes, futuro patrono da Força Aérea.[150]

Dois anos depois, o simbolismo da Revolta dos Dezoito do Forte seria reapropriado para uma nova rebelião tenentista, desta vez em São Paulo.[151] Em termos abstratos, a revolta visava o fim da corrupção, materializada na concentração de poder das elites oligárquicas. Em termos práticos, isso seria alcançado, pensavam os tenentistas, impedindo a posse do candidato Artur Bernardes[152] — o mais novo nome chancelado em um processo eleitoral denunciado como manipulado e ilegítimo.

Barrados pelas forças governistas, os remanescentes se reuniram em Foz de Iguaçu, onde uma nova fase do movimento teria início: a formação da lendária coluna de marcha liderada por Miguel Costa e Carlos Prestes.

Os 24 mil quilômetros percorridos pelos tenentes os posicionam no ranking das marchas históricas: foram quase três vezes a distância percorrida, uma década mais tarde, por Mao Tsé-Tung, na lendária "Longa Marcha", que empurrou a China para o comunismo. Menos da metade,

---

[147] Ver Augusto, 2001, p. 30.

[148] Ver Konder, 2003, p. 53.

[149] "Não éramos dezoito, e sim, doze" — declararia, trinta anos depois, o então candidato pela UDN, Brigadeiro Eduardo Gomes, único sobrevivente da marcha lendária. Questionado pela imprensa sobre o motivo de nunca ter desmentido a versão dos "dezoito", respondeu: "nunca me perguntaram". Ver Freixinho, 1997, p. 173.

[150] Ver Reis, 2014, p. 36-37.

[151] O plano consistia na tomada de posições estratégicas, apostando novamente em uma disseminação por unidades do Rio de Janeiro, Rio Grande do Sul e outros estados. Enquanto Isidoro Lopes e Miguel Costa lideraram a revolta paulista, Carlos Prestes, de Santo Ângelo (RS), mobilizava militares na sublevação das cidades gaúchas de São Luiz Gonzaga, São Borja e Uruguaiana, não conseguindo, porém, empolgar o apoio do Estado. À frente de 800 homens, Prestes marchou ao encontro dos 1400 remanescentes de São Paulo. Ver Reis, 2014, p. 53 e p. 59.

[152] O estopim para a conspiração dos tenentes foi justamente o caso das cartas forjadas, quando uma série de ofensas aos militares foram atribuídas ao candidato à presidência, Artur Bernardes.

porém, do que os 50 mil quilômetros parcelados por Rondon na instalação de linhas telegráficas e demarcação das fronteiras brasileiras.[153]

Ainda que uma série de excessos tenham sido associados à Coluna — para uns, mera difamação governista; para outros, efetiva violência de soldados famintos[154] — o fato é que a marcha, embora fracassada em seus objetivos imediatos, eternizaria o nome de Prestes sob a alcunha de "Cavaleiro da Esperança".[155]

Foi com ar de decepção, portanto, que vinte tenentistas reunidos receberam a carta em que o antigo líder anunciava sua adesão ao marxismo. Uma declaração seria publicada no Correio da Manhã anunciando o rompimento e a substituição de Prestes pela liderança de Juarez Távora.[156]

O movimento tenentista se bifurcava, mas um pensamento em comum acompanharia ambos os lados: a concepção segundo a qual caberia aos militares os destinos do Brasil.[157]

Doutrina da intervenção militar

Embora o legado de Benjamin Constant possa ser identificado no programa tenentista, o positivismo isolado não explica o todo. Um olhar sobre os bastidores da tropa indica que a ideia de um Exército interventor pode ter sido influenciada pela doutrina militar alemã, cujos princípios eram disseminados no Brasil pela revista "A Defesa Nacional".[158] De acordo com Moraes, os defensores dessa doutrina:

> [...] propunham-se a exercer a função de tutores de uma nação ainda infantil, ainda muito distante daquele "grau já elevado de civilização" atingido pelas sociedades que conseguiram "emancipar-se da tutela da força", onde, por conseguinte, a corporação da força armada "se recolhe e se limita à sua verdadeira função".[159]

---

[153] Ver Morel, 2009, p. 5.

[154] Entre os relatos, consta o cometimento de estupros. Ver Trespach, 2017, p. 151.

[155] Apelido dado pelo general Isidoro Dias. Segundo Reis (2014, p. 111), o progressivo ofuscamento de Miguel Costa, general e superior hierárquico a quem Prestes estava subordinado, deve-se a uma dose de corporativismo: "não ficaria bem para oficiais do Exército Nacional serem lembrados pela subordinação a um oficial da Força Auxiliar". Ver Reis, 2014, p. 110-111.

[156] Em novembro do mesmo ano, Prestes emitiria um manifesto, defendendo a socialização dos meios de produção e um governo constituído por operários, camponeses e soldados. O manifesto assinado por Prestes em 6 de novembro de 1930 é citado por Denys (1993, p. 16) e transcrito por Rezende (1990, p. 43).

[157] Ver Corrêa, 1997, p. 189-190.

[158] Fundada em 1913 e ainda hoje vigente. Ver Freixinho, 1997, p. 133; e Carvalho, 2019, p. 49.

[159] Ver Moraes, 1991, p. 87.

Moraes acrescenta que os "jovens turcos",[160] como ficariam conhecidos os adeptos dessa corrente, defendiam a ampliação da função de guerra dos militares para o "papel estabilizador de corrigir as perturbações internas de um país atrasado". Entre os seus representantes estavam Euclides Figueiredo — pai de João Figueiredo, último presidente do Regime Militar — e Bertoldo Klinger, para quem o Exército era a única força "realmente organizada para promover a transformação de que o país necessitava".[161]

É possível reconhecer, aqui, as sementes de uma índole tutelar, implícita na longa tradição de intervenções militares no Brasil.[162] Embora a perspectiva intervencionista nunca tenha sido unânime, seu contraponto surgiu com a derrota alemã na Primeira Guerra e o desembarque, em solo brasileiro, da Missão Militar Francesa (MMF)[163] em 1920, quando passou a ser defendida uma doutrina menos política e mais técnica.[164]

Introduzidos por João Pandiá Calógeras, primeiro civil a assumir o Ministério da Guerra na República, os franceses permaneceriam assessorando a instrução militar até 1940. Sob influência da MMF foram editados, em 1920, regulamentos como o Regulamento Interno de Serviços Gerais (RISG) e o Regulamento Disciplinar do Exército (RDE), além da inauguração de estabelecimentos de ensino até hoje vigentes como a Escola de Aperfeiçoamento de Oficiais (ESAO).

O insólito produto da combinação entre doutrina militar francesa e herança positivista pode ser detectado nos escritos do então general Rondon — a quem foi oferecido o comando das tropas tenentistas que ele próprio combateria em 1924.[165] Considerado um positivista ortodoxo, registra Rondon[166] em suas memórias:

> Somos positivistas e não podemos tomar parte em movimento subversivo, pois o positivismo nos ensina que é preferível um governo retrógrado do que a mais progressista revolução. O Exército como concebem os franceses deve ser

---

[160] O motivo do apelido é a correlação que se faria entre os oficiais brasileiros e os oficiais do exército turco-otomano, também influenciado pelo intervencionismo alemão. Ver Moraes, 1991, p. 86-87.

[161] Freixinho, 1997, p. 138.

[162] Essa ideia é também defendida por José Murilo de Carvalho (2019, p. 25) em *Forças Armadas e Política no Brasil*.

[163] Ver Neto, 2019, p. 80.

[164] Ver Carvalho, 2019, p. 50-51.

[165] Ver Reis, 2014, p. 49.

[166] Segundo Diacon (2006, p. 96), o positivismo moldou a visão de mundo de Rondon, de forma que chamá-lo de positivista era "afirmar algo tão óbvio quanto o fato de o homem ser bípede [...] O positivismo foi tudo para ele".

> o grande mudo, pronto a se sacrificar pelo bem da nação, sem intervir em mesquinhas questões de politicagem.[167]

No embate entre visões de Exército, ações foram tomadas no combate à indisciplina de influência tenentista, de caráter revolucionário. Entre as medidas, segundo Castro,[168] destaca-se a gradual oficialização do culto a Caxias, exaltado, a partir de 1923, não apenas como exemplo de comandante, mas também como o modelo de soldado a ser seguido. Acerca do impacto do tenentismo, contudo, relata Ernesto Geisel: "Daí resultou uma geração quase toda contaminada pelo espírito revolucionário. A grande maioria saía da Escola Militar com o ideal revolucionário. E todos fomos aderir à Revolução de 1930".[169]

A afirmação do ex-presidente evidencia que, a despeito da orientação contrária da Missão Militar Francesa,[170] os militares brasileiros permaneceram vulneráveis às nuances do quadro político nacional. Embora fundamental para a organização de uma doutrina uniforme, a MMF não extinguiu o caráter interventor das Forças Armadas. Entre as possíveis razões estão interpretações diversas sobre a atribuição constitucional dos militares,[171] além de casos paradoxais como o protagonismo de figuras à semelhança de Tasso Fragoso: colaborador da Missão Francesa, seguidor do positivismo de Constant e adepto do aperfeiçoamento técnico-profissional dos "jovens turcos".[172]

Sob influência dos franceses, a formação técnica, promovida em estabelecimentos como a ESAO, fomentou exercícios e manobras de caráter tático e estratégico,[173] em que a Argentina passou a figurar como o inimigo fictício de uma guerra hipotética. O país vizinho, porém, seria em breve substituído pelo "País Vermelho": um inimigo naquele momento pouco conhecido, mas que, do outro lado do mundo, iniciava seus primeiros passos.

---

[167] Ver Viveiros, 2010, p. 458.

[168] Ver Castro, 2002.

[169] Ver D'Araújo; Castro, 1997, p. 42.

[170] Ver Carvalho, 2019, p. 50-51.

[171] Como veremos no capítulo dez, a atribuição das Forças Armadas, nas sucessivas constituições brasileiras, abriu uma margem considerável para interpretações ambíguas.

[172] Ficaria a cargo de Fragoso o comando da Junta Governativa que depôs o presidente Washington Luís e empossou Getúlio Vargas em outubro de 1930. Ver Moraes, 1991, p. 130; e Freixinho, 1997, p. 180 e 202.

[173] Ver Carvalho, 2019, p. 116 e Neto, 2019, p. 66.

Nasce o País Vermelho

A expressão "País Vermelho" seria formalizada somente nos exercícios militares da década de 1960, quando passou a designar as tropas inimigas, no chamado Teatro de Operações.[174] A conotação, entretanto, remonta a 1848, com a publicação do Manifesto Comunista, de Karl Marx e Friedrich Engels, quando o primeiro convite a uma sociedade igualitária passou a circular entre operários, em uma linguagem popular, menos teórica e, portanto, mais acessível. Apresentando uma alternativa ao capitalismo, o documento trazia os princípios basilares do que se convencionaria chamar "marxismo". Entre eles: a história do mundo é a história da luta de classes;[175] a propriedade privada deve ser abolida; a concepção de família deve ser abolida; a concepção de pátria deve ser abolida;[176] o capital em posse da burguesia e os meios de produção devem ser direcionados para as mãos do Estado.[177] Mas, na prática, como fazer tudo isso? A resposta parecia simples, ainda que ousada: intervenções despóticas e forte imposto progressivo[178] — uma fórmula que, como já mencionado, seria aprofundada por marxistas como Vladimir Lenin. Foi ele o líder da Revolução Russa de 1917, fundador da Internacional Comunista em 1919 e idealizador da União das Repúblicas Socialistas Soviéticas (URSS), que, empunhando a bandeira *vermelha*, coordenará a primeira investida armada de caráter comunista no Brasil, em 1935. Quanto à viabilização desse projeto, escrevem as professoras Pellegrino e Prado:

> Em praticamente todos os países da América Latina, os partidos comunistas nasceram nesse período — Argentina, 1918; Brasil, 1922; Cuba, 1925; Colômbia, 1930; Peru, 1930. Eles estavam filiados à Terceira Internacional Comunista, cuja sede estava em Moscou, e que congregava os partidos comunistas de todo o mundo, determinando diretrizes políticas gerais que deviam ser acatadas.[179]

Segundo o professor de ciências políticas da Unesp Marcos Del Roio,[180] os comunistas brasileiros, a fim de obter apoio da União Soviética,

[174] Ver Oliveira, 2017, p. 103.
[175] Ver Marx; Engels, 2012, p. 44.
[176] Ver Marx; Engels, 2012, p. 60.
[177] Ver Marx; Engels, 2012, p. 67.
[178] Ver Marx; Engels, 2012, p. 68.
[179] Ver Pellegrino; Prado, 2021, p. 118.
[180] Ver Roio, 2002, p. 23.

deveriam acatar as 21 condições definidas pelo II Congresso da Internacional, de 1920. Entre elas, uma condição específica influenciaria os rumos de nossa história: o dever de infiltrar-se em setores estratégicos, como sindicatos e quartéis.[181]

Apesar da adesão das classes operária e intelectual — especialmente entre jornalistas, advogados, servidores públicos e profissionais das artes gráficas[182] — a infiltração comunista nos quartéis só teria sucesso a partir da década de 1930, com a adesão do ex-tenentista Luís Carlos Prestes. Sob a orientação de Astrojildo Pereira, fundador do Partido Comunista Brasileiro,[183] Prestes embarcou em 1931 rumo à União Soviética, acompanhado de sua família e do agente comunista alemão Arthur Ernst Ewert, seu companheiro de exílio na Argentina.[184] Dentro de quatro anos, os dois participariam da primeira tentativa armada de implantação do comunismo no Brasil.

Capítulos de guerra e polarização

O caminho antagônico seguido por Prestes em relação aos tenentistas, agora liderados por Távora, faz do tenentismo um dos elementos desencadeadores do choque ideológico de 1964, marcado pela luta armada entre duas concepções de mundo. Sobre essa possível descendência comum escrevem Koshiba e Pereira:

> Apesar do caráter conservador do tenentismo, sua maior influência foi, curiosamente, sobre as organizações da esquerda brasileira. Como em todo o mundo, a vitoriosa Revolução Russa de 1917 teve um impacto sobre o Brasil. Antes de 1917, o cenário das lutas operárias no país era dominado pelo anarquismo, cuja tática era o enfrentamento direto com os patrões. Essa prática foi abandonada em favor de uma organização hierarquizada e disciplinada, de inspiração comunista, num sentido muito próximo aos anseios tenentistas. Isso tornou possível um intercâmbio entre os dois movimentos, cuja expressão máxima foi a adesão de Luís Carlos Prestes ao Partido Comunista e sua

---

[181] Ver Aragão, 1973, p. 18.

[182] Ver Roio, 2002, p. 35-36.

[183] A introdução de Prestes ao marxismo se dá em 1927, quando convive com Astrojildo na Bolívia. Ver Roio, 2002, p. 31, 32 e 35.

[184] Ver Karepovs; Neto, 2002. p. 107.

transformação no mais célebre líder comunista brasileiro. O tenentismo influiu também sobre o conservadorismo militar, do qual o Regime Militar instituído em 1964 pode ser considerado seu produto tardio.[185]

Assim, tenentismo e Partido Comunista, ambos originados em 1922, refletiriam ideologias presentes nos subterrâneos do Brasil República. Entre os tenentistas, estavam não apenas nomes como Odylio Denys e Arthur de Costa e Silva, futuros articuladores do março de 1964, mas também Prestes e Agildo Barata, vetores da infiltração soviética promovida em novembro de 1935 e sobre a qual falaremos no próximo capítulo.

Sobre a década de 1930, por enquanto, nos é suficiente saber que é desse período a chamada falência da democracia liberal,[186] com importação de novas ideologias totalitárias que diversificaram o caldeirão político, entre elas o fascismo, manifestado no Brasil pela criação da Ação Integralista Brasileira (AIB).[187]

Para o coronel e historiador Nilton Freixinho, o integralismo da AIB retomava teses positivistas ao defender uma modernização conservadora, conduzida pelo Estado, dentro da ordem e voltada ao progresso, inspirada pelo êxito econômico dos regimes fascistas implantados na Itália, Portugal e Alemanha.[188]

A historiografia ainda debate em que medida o modelo político conduzido por Vargas na década de 1930 se alinha ao conceito de fascismo. O fato é que as inclinações do governo brasileiro aos regimes de Hitler e Mussolini seriam gradualmente revertidas com acenos econômicos dos EUA, como o financiamento da Companhia Siderúrgica Nacional de Volta Redonda — responsável por fornecer aço aos Aliados durante a

---

[185] Ver Koshiba e Pereira, 2003, p. 413-414.

[186] A chamada falência da democracia liberal está intimamente ligada à crise de 1929, que expôs a fragilidade do sistema capitalista e criou um ambiente propício para a ascensão de regimes autoritários, como o fascismo, o nazismo e o comunismo, em contraste com as democracias.

[187] Segundo o sociólogo David Vega (2017, p. 23), a Ação Integralista Brasileira (AIB) foi o maior movimento de massas já existente no Brasil, chegando a contar com meio milhão de adeptos. De inspiração fascista, condenavam o liberalismo e o comunismo, defendendo um Estado centralizador. Vega frisa que a despeito das relações amistosas com o nacional socialismo alemão, a AIB não cultivava o racismo, tendo sido, na verdade, um dos primeiros movimentos nacionais a se preocupar com a questão do negro e do indígena. Assim como os comunistas de 1935, a AIB protagonizaria sua própria tentativa de tomada no poder, embora de menores proporções e sem apoio estrangeiro. Entre os nomes que passaram pelo integralismo, destacam-se figuras relevantes de 1964, como o general Olympio Mourão Filho, o bispo Dom Hélder Câmara e San Tiago Dantas, futuro ministro de João Goulart.

[188] Ver Freixinho, 1997, p. 307.

guerra — e a criação de uma base norte-americana em Parnamirim, no Rio Grande do Norte.

A efetivação dessa aproximação se concretizou em 9 de agosto de 1943, quando, sob o comando do general Mascarenhas de Morais, a Força Expedicionária Brasileira, composta por 25 mil soldados, elevou o Brasil ao status de única nação sul-americana a combater na Segunda Guerra Mundial.[189]

Entre os enviados estavam dois futuros pivôs de 1964: os então tenentes-coronéis Castello Branco e Amaury Kruel, chefiando, respectivamente, a seção de Inteligência e a seção de Operações.[190] O futuro presidente seria o grande arquiteto da vitória em Monte Castelo, tendo estudado sua topografia em minúcias. Nas palavras de Lira Neto: "Foi Castello Branco contra Monte Castelo".[191]

Em 1945, vencendo o inimigo, a neve e as montanhas, a FEB não apenas conquistou o Monte Castelo como também libertou as regiões de Castelnuovo, em 6 de março, Montese, em 14 de abril, e Camarote, em 18 de setembro. Segundo Claudio Blanc,[192] atuando num setor secundário, mas não menos importante, os soldados da FEB levaram mais de 14 mil alemães à rendição. As missões cumpridas pela recém-fundada Força Aérea Brasileira[193] neutralizaram um total de 85 posições de artilharia e 11 aviões inimigos.[194] O número de baixas contabilizadas no Exército Brasileiro foi de 3.000 feridos e 443 mortes.

Na vida política do Brasil pós-guerra uma contradição restava clara: o sistema totalitário enfrentado pelos pracinhas na Itália em muito se assemelhava ao regime implantado no Brasil por Vargas. "Os desfiles de regresso dos pracinhas ao Brasil provocaram imenso entusiasmo popular, mas para o governo Vargas a FEB se converteu num estorvo, na medida em que sua imagem associava-se à luta pela democracia".[195]

Com o fim da guerra, dois modelos políticos emergiram como opções antagônicas: o Liberalismo, defendido pelos Estados Unidos, com defesa

---

[189] Ver Neto, 2019, p. 122 e Skidmore, 1982, p. 138.

[190] Ao longo do conflito, Castello seria realocado no cargo de chefe do Estado-Maior da FEB. Ver Neto, 2019, p. 124 e p. 138.

[191] Ver Neto, 2019, p. 144.

[192] Ver Blanc, 2020, p. 124.

[193] Foram enviados 48 pilotos e 400 homens da FAB. Ver Blanc, 2020, p. 124.

[194] Para mais sobre os números alcançados pela FAB ver Blanc, 2020, p. 129.

[195] Ver Fausto, 2006, p. 106.

do livre mercado e democracia representativa; e o Socialismo, liderado pela União Soviética, baseado na propriedade coletiva dos meios de produção e no controle estatal da economia.[196] Nas palavras de Getúlio, o primeiro estava fundamentado na desigualdade enquanto o segundo representava a democracia dos trabalhadores.[197] Dessa forma, o astuto presidente, "que tinha sido um perseguidor implacável dos comunistas, passou a ressaltar o valor da URSS, que, 'brutalmente agredida, deu uma esplêndida demonstração de sua capacidade guerreira, defendendo o solo pátrio e esmagando o invasor'".[198]

Em abril de 1945, Getúlio reatou os laços com a URSS — país que, dez anos antes, patrocinara uma invasão ao Brasil. Em seguida, anistiou os líderes dessa tentativa; entre eles, Carlos Prestes.

O Integralismo e demais variantes do fascismo perderiam força após a derrota de Hitler e Mussolini, quando atrocidades como o Holocausto[199] foram reveladas ao mundo. O comunismo, por outro lado, apesar das semelhanças, seria globalmente fortalecido pela vitória soviética na guerra, inaugurando, com isso, o conflito que dividiria o mundo entre EUA e URSS: a Guerra Fria.

A solução ditatorial marxista em 1964

Foi assim que a concepção de ditadura do proletariado, teorizada por Marx e aprofundada por Lenin, voltaria a circular no Brasil da Guerra Fria, reforçada pela adesão ao comunismo por intelectuais como Jorge Amado, Graciliano Ramos, Caio Prado, Oscar Niemeyer, entre outros.

Se a produção intelectual incutiu o marxismo em doses homeopáticas, os escritos da esquerda armada foram direto ao ponto. O historiador Marques Bezerra é categórico ao afirmar que "nenhuma linha, de nenhuma página, de nenhum documento"[200] produzido por essas organizações fez menções elogiosas à democracia ou aos direitos humanos. Na verdade, sob uma ótica marxista, a própria ideia de democracia era entendida como um instrumento "pequeno-burguês". Reunidos por Aarão Reis e Ferreira

---

[196]   Segundo Karl Marx, o socialismo é um regime de transição entre o capitalismo e o comunismo (Sathler, 2021, p. 148).

[197]   Ver Fausto, 2006, p. 161.

[198]   Ver Fausto, 2006, p. 150.

[199]   Genocídio ou assassinato em massa de cerca de 6 milhões de judeus durante a Segunda Guerra Mundial.

[200]   Ver Bezerra, 2019, p. 617.

de Sá, *Os documentos políticos das organizações clandestinas de esquerda dos anos 1961-1971* contradizem, portanto, a narrativa posteriormente difundida de que uma luta por democracia fora travada contra uma ditadura.

Anistiado após se envolver no sequestro do embaixador dos Estados Unidos, Fernando Gabeira, jornalista da Globo News, admite:

> [...] o programa político que nos movia naquele momento, ele era voltado para uma ditadura do proletariado. Então, você não pode voltar atrás, corrigir o seu passado e dizer "Olha, naquele momento eu estava lutando pela democracia". Havia muita gente lutando pela democracia no Brasil, mas não especificamente os grupos armados, que tinham como programa esse processo de chegar a uma ditadura do proletariado".[201]

Inspirada pelas revoluções marxistas na Rússia, China e Cuba,[202] a esquerda brasileira se dividiu em razão das diferentes interpretações sobre a forma como a revolução deveria ocorrer no Brasil. Se para o PCB a primeira etapa da revolução deveria ser encabeçada pela burguesia, grupos como a Ação Libertadora Nacional (ALN), de Marighella, desconfiavam do papel burguês, propondo um "governo popular-revolucionário" com destruição do "Estado burguês-latifundiário".[203]

O caráter imediatamente socialista da revolução era defendido por organizações que enxergavam a etapa burguesa como "já superada". Entre estas figuram a Vanguarda Popular Revolucionária (VPR), a Vanguarda Armada Revolucionária Palmares (VAR-Palmares), o Partido Operário Comunista (POC), o Partido Revolucionário dos Trabalhadores (PRT), o Movimento Revolucionário 8 de Outubro (MR-8), entre outras, herdeiras das teorias formuladas pela Política Operária (POLOP).[204]

Diante de tantas opções, o PCB, que outrora havia articulado as fracassadas insurreições comunistas de 1935 e 1948,[205] tornava-se cada vez mais "fora de moda". Foi na POLOP, por exemplo, que jovens como Dilma Vana Rousseff encontraram vazão para o ímpeto revolucionário. É anedótico o registro segundo o qual a futura presidente teria indagado, em uma reunião de estudos sobre *O capital*: "Afinal de contas, esse Marx

---

[201] Ver Folha; Uol, 2013.

[202] Ver Gaspari, 2014, p. 197-198.

[203] Ver Ridenti, 2010, p. 33-34.

[204] Ver Ridenti, 2010, p. 35-36.

[205] Falaremos sobre as duas nos capítulos quatro e oito, respectivamente.

é contra ou a favor do trabalhador?" Ao longo dos anos 1960, a POLOP se fragmentaria em oito novas organizações, de luta armada ou não.[206]

Não obstante, a despeito das divergências, "ninguém realmente punha em dúvida as possibilidades de êxito da guerra revolucionária", escreveu, anos depois, o ex-integrante do MR-8 e atual professor Daniel Aarão Reis.[207] Além dele, entre os diversos ex-adeptos da luta armada que já se posicionaram sobre o assunto, por meio de vídeos *ainda* disponíveis no Youtube, encontram-se Vera Silvia Magalhães[208] e Eduardo Jorge.[209]

Ao contrário do que geralmente se imagina, contudo, o sonho da revolução marxista não ocupou apenas o imaginário de uma esquerda integrada por jovens imaturos, como admitiria o antropólogo Darcy Ribeiro, ministro da educação do governo João Goulart: acreditava-se que o milagre da Revolução Cubana de fato se repetiria no Brasil.[210] O então professor da USP Fernando Henrique Cardoso não esconde: "aqueles que tinham vontade de mudança, como era o meu caso, tinham na época menos compromisso com a democracia".[211] É nesse contexto pré-revolucionário que se insere a solução ditatorial positivista adotada no Brasil em 1964.

A solução ditatorial positivista em 1964

Além da concepção marxista de ditadura, os resquícios da vertente positivista também marcaram os bastidores da política brasileira durante os anos da Guerra Fria. A alternativa pela modernização autoritária e tec-nocrática, herança do positivismo, foi fortalecida pelo colapso da chamada "República Populista" — termo cunhado por Celso Lafer, em 1971, para descrever um modelo político baseado no carisma e na conexão com as massas. Fadado ao fracasso, como observa Thomas W. Walker,[212] esse modelo seria incapaz de atender às demandas dos diversos participantes do pacto político.

---

[206] Ver Centeno, 2014, p. 46.

[207] Ver Reis, 1989, p. 71.

[208] Ver Magalhães, 2017.

[209] Ver Jorge, 2014.

[210] Entrevista concedida por Darcy Ribeiro a Moraes, 2011, p. 297.

[211] Ver Couto, 1999, p. 45.

[212] Ver Walker, 1978.

Nesse cenário, a guerrilha de Porecatu (1948–1951), o segundo empreendimento armado do PCB, não foi o único projeto simpático à ideia de uma ruptura institucional.

Para a imprensa antigetulista, que tinha como alvo a corrupção do governo, a democracia brasileira estava "doente" e necessitava de "purgativo".[213] Para udenistas,[214] a própria eleição de Vargas, cinco anos após ser deposto, sinalizava uma perversão do processo democrático.[215] As revoltas militares de Jacareacanga (1956), Aragarças (1959)[216] e o próprio "Golpe da Legalidade"[217] liderado por Henrique Lott, independente das justificativas, situam-se todos como exemplos à margem da constitucionalidade.

É significativo que, nesse período, cinco nomes tenham ocupado a presidência em um intervalo de três anos: Getúlio Vargas, que se suicidou em 1954; Café Filho, vice-presidente, que se afastou alegando problemas de saúde; Carlos Luz, presidente da Câmara dos Deputados, destituído pelo parlamento; e Nereu Ramos, presidente do Senado, que finalmente transmitiu a presidência a Juscelino Kubitschek em janeiro de 1956. Os dois presidentes que sucederam Juscelino não completariam seus mandatos.

O esgotamento do populismo produziu a descrença na democracia enquanto regime capaz de atender às necessidades de um Brasil cada vez mais dinâmico. Assim, à esquerda e à direita, um regime autoritário passou a se apresentar como solução. O historiador Marco Villa aponta que dentre os principais nomes no tabuleiro de 1964 — Jango, Brizola, Prestes, a maioria da oficialidade das Forças Armadas, quase toda a UDN, parte do PSD, jornalistas e empresários — todos não apenas desacreditavam da democracia como a consideravam um empecilho ao progresso econômico e um obstáculo para o bom exercício do governo.[218]

---

[213] Ver Skidmore, 1982, p. 174.

[214] A União Democrática Nacional (UDN), surgida entre 1944 e 45, foi, segundo Skidmore (1982, p. 155), o refúgio da classe média.

[215] Ver Skidmore, 1982, p. 160.

[216] As revoltas de Jacareacanga e Aragarças foram insurreições militares contra o governo de Juscelino Kubitschek. Ocorridas, respectivamente, na Amazônia e em Goiás, ambas refletem o colapso gradual da hierarquia e da disciplina das Forças Armadas, sobre o qual trataremos no capítulo seis.

[217] De acordo com Skidmore (1982, p. 194-195), a "fanfarronada" da direita, na figura de Lacerda, dificultava a real avaliação do perigo, de forma que, embora houvesse indícios, não foram reunidas quaisquer provas que justificassem o golpe de Lott. Uma ruptura institucional foi assim promovida sob aplausos dos mesmos grupos que condenariam, anos depois, o 31 de março.

[218] Ver Villa, 2004, p. 195, 240 e 241.

Nesse contexto, um padrão apresentado no segundo capítulo voltaria a se repetir: a busca de grupos políticos pelo apoio das Forças Armadas. Sobre o assunto, escreve Eduardo Chuahy,[219] integrante do gabinete militar de Jango:

> A direita acha que as Forças Armadas têm a incumbência de travar o país. E a esquerda acha que as Forças Armadas vão fazer as reformas. Trata-se de um erro de avaliação. A esquerda devia pregar a neutralidade das Forças Armadas, que têm que cumprir a Constituição e manter o regime. Quem tem que modificar são as forças sociais. E não querer que a vanguarda da luta sejam as Forças Armadas.[220]

Segundo o cientista político norte-americano Alfred Stepan,[221] o apoio militar não foi buscado apenas para implantação de projetos político-ideológicos, mas também por motivações de ordem econômica. A descrença com o populismo foi inversamente proporcional ao entendimento de que o papel dos militares na soberania nacional transcendia a defesa do território. De acordo com o jornalista Wagner William, crescia a concepção segundo a qual caberia às Forças Armadas não somente a defesa da Pátria, mas das leis, dos bens, das riquezas, das instituições democráticas e do "desenvolvimento espiritual".

"Essa filosofia passou a ser aceita pela população e virou regra nos quartéis, tornando natural, devido à total ausência do Estado, a intromissão, indevida ou salvadora, dos militares nos problemas nacionais".[222]

Não por acaso, o primeiro poço de petróleo, descoberto na Era Vargas, foi incorporado sob o pretexto de Segurança Nacional.[223] Já no governo de Juscelino Kubitschek, foram criadas Seções de Segurança Nacional nos ministérios civis, todas subordinadas ao Conselho de Segurança Nacional. Em ambos os governos, cargos estratégicos foram confiados a militares, o que, segundo William,[224] contribuiu para o desempenho de estatais como a SUDENE e a Petrobrás.

---

[219] Ex-capitão, cassado em 1964, ligado a Jango e Brizola, e futuro cofundador do Partido Democrático Trabalhista (PDT).

[220] Ver Moraes, 2011, p. 335.

[221] Ver Stepan, 1975, p. 13.

[222] Ver William, 2005, p. 235.

[223] Ver Marinho, 2023, p. 74.

[224] Ver William, 2005, p. 230 e 239.

Para o brasilianista Stepan, os anos de Guerra Fria fomentaram, de fato, um escopo teórico que defendia a inserção gradual dos militares na administração do Estado.[225] Figurando como um modelo adequado, o Brasil forneceria o "caso teste" para a parcela que advogava experimentar as Forças Armadas, enquanto condutoras da política econômica.[226]

Como se pode observar, a filosofia de Comte, formalmente ausente do ensino militar desde o fechamento da Escola de Praia Vermelha, encontrou nova vida na coalizão de ideias que retomam a ditadura científica como ferramenta para o progresso.[227] Gradualmente incorporada a um modelo de "Segurança Nacional", essa concepção interventora, presente na Proclamação de 1889, impulsionada pela doutrina militar alemã, retomada com tenentistas dos anos 1920 e introduzida no aparato estatal por Vargas, estava prestes a renascer sob nova roupagem.

Ditadura (ou regime?) Militar no Brasil

Segundo Oliveira Torres,[228] foi impressionante para os historiadores da época quando, em 1964, os jovens tenentes de 1922 assumiram o poder, já na velhice, reunidos em torno dos mesmos propósitos que os impulsionaram décadas antes.

Em 31 de março, com o apoio de setores da sociedade civil — como imprensa, Igreja, OAB, empresários e grupos políticos —, tropas militares deixaram os quartéis para depor João Goulart. Entre os motivos declarados estavam a hipótese de uma ameaça comunista e a omissão do presidente diante de seus indícios. Como resposta aos militares, a esquerda armada intensificou a aposta nas guerrilhas, retroalimentando a repressão estatal, consolidada por instrumentos de exceção, como o Ato Institucional n. 5. Inicialmente concebida como uma gestão de transição pelos que a apoiaram, a administração militar se prolongaria por 21 anos, de 1964 a 1985.

Quanto às divergências e convergências acerca do conceito de "ditadura" aplicado ao período, Marco Villa[229] argumenta que nem o

---

[225] Entre os autores citados por Stepan (1975, p. 13) estão Guy Pauker, Lucian W. Pye e John J. Johnson, segundo o qual as Forças Armadas, "durante a próxima década, serão a instituição mais adequada para assegurar continuidade política em seus países. Em alguns casos, estabelecer-se-ão como baluartes da ordem e da segurança em quaisquer outras sociedades anárquicas" (Johnson, 1964, citado por Stepan, 1975, p. 13).

[226] Ver Stepan, 1975, p. 155.

[227] Ver Torres, 2018, p. 44 e 81.

[228] Ver Torres, 2018, p. 300.

[229] Ver Villa, 2014b, p. 25.

autoritarismo que antecede o AI-5, de dezembro de 1968, nem os anos posteriores a "abertura democrática", iniciada em 1979, se enquadram no conceito técnico de ditadura. Para ele, ambos os momentos devem ser interpretados à luz da tradição autoritária brasileira:

> O Regime Militar brasileiro não foi uma ditadura de 21 anos. Não é possível chamar de ditadura o período 1964-1968 — até o Ato Institucional nº 5 (AI-5) —, com toda a movimentação político-cultural que havia no País. Muito menos os anos 1979-1985, com a aprovação da Lei de Anistia e as eleições diretas para os governos estaduais em 1982. Que ditadura no mundo foi assim?[230]

Respaldada em discussões sobre a relatividade da democracia,[231] a posição de Villa se contrapõe à de historiadores como Ronaldo Costa Couto, para quem a expressão "ditadura" é adequada ao período 1964-1985 como um todo.

"O fato é que, acima de aparências ou correções efetuadas, houve mesmo ditadura. Todo o tempo. Principalmente durante a vigência do AI-5 (dezembro de 1968 a dezembro de 1978), mas também antes e depois dele", escreve o autor.[232]

Embora a denominação adequada aos 21 anos de governos militares não seja consensual, é possível notar que, no âmbito da historiografia, não existem discordâncias em relação aos dez anos de vigência do Ato Institucional n. 5, que concedeu aos militares o poder de fechar o Congresso e suprimir garantias como o *habeas corpus*.

Ainda que biografias como as de Castello Branco e Odylio Denys — um dos maiores articuladores confessos da deposição de Jango — evidenciem o esforço em distanciar-se da ideia de ditadura,[233] uma análise do áudio da reunião que precedeu a decretação do AI-5 demonstra que a palavra foi mencionada pelo Conselho Nacional de Segurança. A gravação, encontrada na internet, atesta a ciência, por parte dos militares, de que, por 23 votos a um, uma ditadura estava sendo implantada.

Para o general Agnaldo Del Nero, então agente do Centro de Inteligência do Exército (CIE): "A contrarrevolução se afastou da democracia

---

[230] Ver Villa, 2014b, p. 25.

[231] Para Skidmore (1998, p. 247), por exemplo, mesmo nos períodos democráticos, o Brasil manteve marcas de autoritarismo. O argumento da "democracia relativa" foi curiosamente evocado, em contextos distintos, pelo presidente Geisel, de 1977, e pelo presidente Lula, de 2023.Ver Folha de S. Paulo, 2023.

[232] Ver Couto, 1999 p. 33.

[233] Ver Denys, 1993, p. 56, 63 e 111.

plena para combater a guerra irregular [...] não vivíamos uma ditadura, embora também não se possa caracterizar o regime provisório dos governos militares como democracia pura".[234]

A despeito dos eufemismos e do incômodo de Costa e Silva pelas "violações do regime pelo próprio regime",[235] o conjunto da obra nos permite afirmar: à luz da ciência política, da historiografia, dos autores do AI-5 e de Ernesto Geisel, o quarto dos cinco presidentes militares,[236] uma ditadura vigorou no Brasil da Guerra Fria. Uma ditadura incomparavelmente mais branda do que as demais implantadas na época. Uma ditadura em resposta a outra ditadura. Ainda assim, uma ditadura.

Embora reconheça que o termo adquiriu fins ideológicos, como valor negativo a contrapor polemicamente a democracia, Norberto Bobbio, em seu *Dizionario di politica*,[237] traz como características de uma ditadura moderna a subversão da ordem política preexistente, a extensão do poder além dos limites ordinários e a duração não antecipadamente fixada.

Não obstante, o mesmo dicionário que nos possibilita enquadrar o Brasil de 1964 no conceito de ditadura militar apresenta uma segunda abordagem tecnicamente mais apropriada, ainda que não excludente. Trata-se da classificação pura e simples de Regime Militar: um governo de intervenção institucional, cuja legitimidade foi delegada por civis, visando a estabilidade política e econômica não alcançada pelo governo civil que antecede a intervenção.[238] O dicionário apresenta precisamente o Brasil de 1964 como um caso exemplar.

No final das contas, a designação atribuída ao período fica a cargo do interlocutor. O fato é que, com vistas a uma concepção particular de progresso e em resposta a uma conjuntura considerada nociva, um regime autoritário foi implantado. Um regime de traços ditatoriais que muito se assemelha à velha concepção positivista de ditadura científica.

Conclusão

A história que antecede e permeia a Guerra Fria no Brasil pode ser compreendida pelo choque de ideologias antagônicas, protagonizado por herdeiros do positivismo e adeptos do marxismo.

---

[234] Ver Augusto, 2011, p. 211 e 257.

[235] Ver Rocha, 2023, p. 95.

[236] "Regime de exceção" foram as palavras utilizadas por Geisel para se referir ao período. Quanto à abertura democrática por ele promovida, Geisel a chamaria de "volta à normalidade constitucional". Ver Couto, 1999, p. 33.

[237] Traduzido no Brasil sob coordenação da Universidade de Brasília. Ver Bobbio, 1993, p. 368-372.

[238] Ver Bobbio, 1992, p. 753.

Se o positivismo teve em Benjamin Constant o seu propagador no meio militar brasileiro, o marxismo é aqui impulsionado com a fundação do PCB em 1922, no mesmo contexto de fundação de partidos comunistas pela América Latina.

Para Ricardo Vélez,[239] foi sob Vargas que o Brasil se consolidou como uma nação fundamentada no positivismo, isto é, em um modelo autoritário e tecnocrático. Nesse contexto, o positivismo — mais seguido do que conhecido — incentivou a participação dos militares na política, facilitando sua identificação com as diversas ideologias de intervenção que marcaram a República. Essas intervenções se justificariam sempre que fosse necessário assegurar a ordem ou promover o progresso.[240]

Já na década de 1960, visando o enfrentamento à esquerda armada, os militares recorreram a ferramentas como a instauração do AI-5, institucionalizando não somente o arbítrio, mas empregando o termo, finalmente confesso, da "ditadura", pela primeira vez verbalizado, na reunião de votação do Ato.

Quanto às organizações clandestinas de esquerda, os documentos por elas produzidos, no calor do momento, comprometem o argumento difundido de que a luta armada tinha como objetivo o retorno à normalidade democrática.

A despeito das contradições de ambos os lados, variáveis naturais no âmbito de uma ciência que não se pretende exata, fica levantada a hipótese da herança positivista e marxista enquanto elementos que antecedem e permeiam a Guerra Fria brasileira.

Cabe pontuar que ambos os envolvidos carregavam percepções distintas do processo em curso e ambos possuíam argumentos justificadores das posições que ocupavam no tabuleiro: se na perspectiva de parte da esquerda se tratava de uma luta por justiça social, os militares, por outro lado, como nos lembra Motta, na qualidade de defensores da ordem, visualizaram no comunismo uma ameaça a sua própria atribuição institucional.[241]

Embora ambas as correntes carreguem traços autoritários, é importante destacar que marxismo e positivismo não inauguram os problemas de nossa democracia, mas sim atuam como peças complementares. A

---

[239] Ver Rodriguez, 2005, p. 31 e 38.

[240] Ver Oliveira, 1990, p. 26-27; e Costa, 2005, p. 69.

[241] Ver Motta, 2020, p. 63.

montagem do quebra-cabeças de 1964 perpassa essas peças e se estende para além delas.

No próximo capítulo, analisaremos um evento que se constitui como peça essencial para compreender as particularidades de nossa Guerra Fria. Um evento que materializa, em solo brasileiro, a aposta soviética de infiltração entre as tropas e que, tal como o tenentismo, marcaria para sempre a geração dos futuros generais de 1964: a Intentona Comunista de 1935.

4

INTENTONA SOVIÉTICA: O BRASIL DA GUERRA FRIA ANTECIPADA

O positivismo, a Proclamação da República e as revoluções de 1930 desencadearam eventos com poder de provocar rupturas no seio das Forças. Veio então a Intentona que consolidou o anticomunismo entre os militares.

(General Eduardo Villas Bôas)[242]

O rádio operador de Moscou

Na madrugada de 18 para 19 de novembro de 1935, as festividades ecoavam no interior de um apartamento em Copacabana, Rio de Janeiro. Tratava-se da comemoração pelo serviço, enfim concluído, do rádio operador Victor Allen Baron: um agente de Moscou designado para a montagem do equipamento que conectaria Brasil e União Soviética, naquela que seria a grande missão da vida de Victor. O primeiro contato deveria ter ocorrido em 21 de setembro; contudo, para o desespero do jovem, a recepção audível contrastou com o silêncio do outro lado da rede, indicando falha no estabelecimento do enlace.

De julho a agosto, Baron esteve empenhado na montagem artesanal que aprendera na secreta escola de comunicações de Moscou, então capital do mundo comunista. Considerando a tecnologia da época, parte importante da formação do comunicante soviético consistia na montagem de seu próprio aparelho transceptor, no posto quase sempre isolado em que a ação deveria ocorrer.[243]

O papel decisivo de Baron na operação que se desenvolveria fez de sua tuberculose e sua sífilis alvos de preocupação dos demais integran-

---

[242] Texto com supressões da declaração do general em entrevista à Celso Castro (2021, p. 163).

[243] Waack, 1993, p. 205.

tes da equipe, dado a baixa imunidade perante os "percalços" de uma eventual prisão.

Já era evidente o desgaste físico e mental decorrente da pressão dos rigorosos procedimentos de segurança, como a transmissão em código morse e o uso preciso de grupos cifrados de cinco letras. Para autenticar as mensagens, convencionou-se usar as três primeiras letras de uma página pré-determinada do livro *Man with Talent*, ajustada verticalmente.

Naquela noite de comemorações, porém, as dificuldades pareciam superadas na Estação Rádio de Copacabana. A rede fora finalmente aberta com "saudações revolucionárias" e "abraços bolchevistas". A missão estava por começar. Seria a última da curta vida de Victor Baron.[244]

Infiltração silenciosa

Voltemos mais uma vez a 1922, ano em que o Brasil viu a fundação de seu primeiro partido comunista, o PCB. Entre as 21 diretrizes emitidas pela Internacional Comunista para a admissão de partidos, estava a já mencionada diretriz de infiltração nos quartéis. A 9ª condição exigia a propaganda sistemática nos sindicatos e organizações operárias, enquanto a 14ª determinava apoio incondicional à União Soviética na luta contra as forças contrarrevolucionárias.[245]

Com efeito, panfletagem e eclosão de greves não foram raras entre os círculos mencionados antes e durante os primeiros anos da década de 1930. De abril a dezembro de 1934, categorias como bancários, transportes e correios cruzaram os braços nas principais capitais do país.[246]

Segundo Boris Fausto, o presidente Getúlio Vargas, simpático ao fascismo de Mussolini, lidou com o problema buscando a incorporação do proletariado antes que o comunismo o fizesse. Nesse sentido, a política trabalhista de Vargas,

> [...] teve bem mais a ver com a percepção de que a nascente massa trabalhadora urbana, em vez de se encantar com a sereia do comunismo, poderia ser um trunfo político

---

[244] Relatado em Waack, 1993, p. 207-208.

[245] Entre as 21 diretrizes estavam ainda: 6ª – Todos os Partidos Comunistas devem renunciar não somente ao patriotismo, como também ao pacifismo social, e demonstrar sistematicamente, aos proletários, que, sem a derrubada revolucionária do capitalismo, não haverá desarmamento e paz mundial. Ver Aragão, 1973, p. 18. Para a leitura das diretrizes na íntegra ver: Lima, 2017.

[246] Ver Motta, 2020, p. 201.

importante para o governo se recebesse benefícios e fosse, ao mesmo tempo, controlada de perto.[247]

Anotações no diário de Getúlio, referentes aos seus primeiros anos de governo, indicam preocupação pessoal com o crescimento da "ameaça vermelha".[248] Por motivos óbvios, nenhum dos alvos da infiltração marxista preocuparia mais o governo do que aquela ocorrida nos quartéis,[249] onde, segundo Denys,[250] um grande trabalho de aliciação e propaganda foi empreendido por admiradores do outrora herói tenentista Luís Carlos Prestes.

Estudo do alvo

A influência da Coluna Prestes ultrapassou as fronteiras do Brasil. Sabe-se, pelo trabalho investigativo de Waack,[251] que desde 1927 a Coluna — que atravessou 24 mil quilômetros ao longo de 13 estados — fora monitorada por círculos da Internacional Comunista, que a enxergou como um possível empreendimento estratégico para a causa ideológica.[252] Não por acaso, antes mesmo de ser aceito pelo PCB, em que era visto como um "pequeno-burguês", Carlos Prestes já possuía assento entre os membros do Comitê Executivo da Internacional Comunista ao lado de nomes como Mao Tsé-tung,[253] tornando-se, paradoxalmente, antes um dirigente comunista mundial do que nacional.

O fato é que, embora o PCB deva seu crescimento à projeção de Prestes, foi por imposição da Internacional que o partido aceitou sua filiação[254] — o que, na prática, fortaleceu os laços entre o partido e a União Soviética.

O testemunho da delegação brasileira enviada ao VI Congresso da IC,[255] em 1928, revela que a América Latina fora, na ocasião, anunciada

---

[247] Ver Fausto, 2006, p. 50.

[248] Ver Fausto, 2006, p. 59.

[249] Ver Motta, 2020, p. 201.

[250] Ver Denys, 1993, p. 17

[251] Ver Waack, 1993, p. 55.

[252] Ver Bezerra, 2019, p. 91.

[253] Ver Fausto, 2006, p. 73.

[254] Ver Bezerra, 2019, p. 94 e 97.

[255] Entre as medidas aprovadas no Congresso, constava a revogação da estratégia de aliança com a burguesia progressista, orientação substituída, agora, pelo lançamento imediato à conquista do poder por meio da estratégia de "classe contra classe". Ver Bezerra, 2009, p. 101.

como a nova grande prioridade para a exportação do comunismo. Uma divisão dos países alvos em três grandes grupos fora estabelecida: 1: os de ditadura do proletariado já consolidada; 2: os que necessitavam de ajustes para que a revolução socialista se efetivasse; e, por fim, 3: os países coloniais, semicoloniais ou dependentes, em que a transição à ditadura do proletariado necessitaria ser induzida por meio de etapas preparatórias. No planejamento soviético, o Brasil figurava na terceira opção.[256]

Levantamento das vulnerabilidades

A revolução que inaugurou a década de 1930 e alçou Getúlio Vargas ao poder deixou cicatrizes nos dois pilares da instituição militar: hierarquia e disciplina.

Segundo José Murilo de Carvalho, a falta de um consenso militar em torno da aderência à revolução foi agravada pelo protagonismo de postos e graduações subalternas: "Tanto no Sul como no Nordeste, os tenentes pouco teriam conseguido sem o apoio dos sargentos [...] Negligenciados depois da vitória, frustrados e insatisfeitos, os sargentos e as demais praças se transformaram em base de apoio para outras revoltas".[257]

Visando assegurar a disciplina, Getúlio violou o pilar da hierarquia: promoveu a toque de caixa seu aliado e líder militar da revolução, o tenente-coronel Góes Monteiro. Em dois anos Góes passaria pelos postos de coronel, general de brigada e general de divisão. Segundo o coronel Soriano Neto, essa anomalia hierárquica, produzida com a aliança entre Vargas e tenentes, se prolongaria até 1964:

> É que houve uma ofensa violenta à hierarquia e à disciplina, quando vitoriosa a Revolução de 1930, ocasião em que os "Tenentes" passaram a chefiar superiores hierárquicos, por conta das funções que exerceram, como as de interventores em vários estados. Um dos objetivos da Revolução de 1964 era, em especial, a restauração da disciplina e da hierarquia, fortemente violentadas.[258]

Ciente dos problemas criados e com carta-branca para implantar uma estratégia de defesa nacional, Góes Monteiro se empenhou em com-

---

[256] Ver Karepovs; Neto, 2002, p. 107.

[257] Ver Carvalho, 2019, p. 97 e p. 151

[258] Ver Neto, 2014, p. 10.

bater a cooptação política no interior das Forças Armadas.[259] Na prática, deu-se o contrário: com a dissolução do Legislativo Federal, Estadual e Municipal, a chamada Revolução de 1930 também substituiu os governadores pela figura dos "interventores federais", muitos deles ligados ao movimento tenentista.[260] Enquanto militares ocupavam funções estratégicas no Conselho Nacional do Petróleo e na Companhia Siderúrgica, uma ameaça silenciosa pairava nos bastidores da tropa: beneficiado pelo surto de insatisfação, o PCB assistiria, enfim, os primeiros efeitos do cumprimento da diretriz soviética de infiltração nos quartéis.[261]

De acordo com Del Roio,[262] o ingresso de militares no partido, a partir de 1930, resultou na organização de rebeliões eclodidas já em 1931, como foi o caso do 21º Batalhão de Caçadores, transferido de Recife para Natal.

Em 1933, mesmo ano em que o sargento Fulgêncio Batista assumia o governo cubano por meio de uma revolta de cabos e sargentos,[263] um manifesto de teor marxista circulou pelo interior dos quartéis brasileiros. Intitulado *Em prol da revolução social: aos sargentos do Brasil*, o documento defendia que, sendo os sargentos brasileiros oriundos de classe proletária e, portanto, naturalmente explorada pela classe burguesa, tinham eles por dever "levantarem-se de armas em punho para combater o regime".[264]

Hierarquia e disciplina: um alvo compensador

Como vimos no segundo capítulo, diferente do recrutamento dos oficiais, as praças (soldados, cabos e sargentos) eram historicamente recrutadas entre as camadas populares. Dessa forma, fica fácil compreender como o ordenamento hierárquico das Forças Armadas tornou-se campo fértil para uma perspectiva marxista baseada na dialética da luta de classes.[265] De acordo com Carvalho,

---

[259] Ver Carvalho, 2019, p. 154.

[260] Ver Fausto, 2006, p. 46.

[261] Ver Silveira e Carvalho, 2016, p. 54.

[262] Ver Roio, 2002, p. 46-47.

[263] Fulgencio Batista seria eleito Presidente em 1940 com o apoio do Partido Comunista Cubano. Exilado em 1944, retornaria em 1952 para governar como ditador até sua derrubada por Fidel Castro em 1959. Ver Carvalho, 2019, p. 103; e Paola, 2022, p. 149.

[264] Ver Carvalho, 2019, p. 105.

[265] Segundo Funari e Silva (2008, p. 51), para Karl Marx, os antagonismos de classe e a exploração de uma parte da sociedade por outra são os fatores determinantes para a revolução enquanto força motriz da história. De acordo com Alfred Stepan (1975, p. 119), a ideia de instrumentalização dos sargentos em prol de uma implosão na hierarquia militar seria retomada na década de 1960 por Leonel Brizola.

> Quando trabalhadas por elementos do Partido Comunista, as praças mais facilmente extrapolavam a dominação de que eram vítimas dentro da organização para a sociedade como um todo, alinhando-se com sua classe de origem e identificando os oficiais como inimigos, não só organizacionais, como também de classe.[266]

A liderança de Prestes, em torno do qual se forjou uma promessa de dias melhores, foi fortalecida pelo descontentamento com soldo e redução dos efetivos.[267] Em 5 de julho de 1935, o ex-líder tenentista emitiu um manifesto conclamando as Forças Armadas a apoiar a Aliança Nacional Libertadora (ANL)[268] na implantação de uma "revolução imediata". Como resposta, amparado na recém-criada Lei de Segurança Nacional, Getúlio Vargas decretou a ilegalidade do movimento e o imediato fechamento dos 1,5 mil núcleos estruturados pelo Brasil.

Os documentos apreendidos[269] confirmaram a existência de um golpe de Estado em marcha. A clandestinidade, porém, não afetaria a ligação já estabelecida entre ANL e militares, já que, de acordo com Moraes e Viana:

> Ao examinarmos a atuação da ANL, devemos perceber que o movimento sempre foi ativo dentro das Forças Armadas. O próprio Prestes mais tarde diria: era muito mais fácil construir o partido (comunista) dentro dos quartéis do que nas fábricas. [...] depois do movimento de 30, estabeleceu-se uma grande anarquia nas Forças Armadas. Mas havia uma falha: o trabalho não era feito no sentido de organizar os soldados para apoiar o movimento operário. Era um trabalho meramente agitativo.[270]

Controlada pelo PCB e, por consequência, apoiada pelo Komintern,[271] a ANL — clandestina desde 12 de julho de 1935 — já contava com ramificações em áreas estratégicas como Polícia Militar, Corpo de Bombeiros e Guarda Civil.[272]

---

[266] Ver Carvalho, 2019, p. 105.

[267] Ver Roio, 2002, p. 56.

[268] A ANL surgiu como movimento de oposição ao integralismo de tendência fascista. Fundada em março de 1935, chegou a reunir, segundo Vicentino (2009, p. 359-360) algo em torno de 400 mil membros e tinha como lema "Todo poder à ANL" — o que, para Glauco Carneiro (1989, p. 340), seria uma provável analogia à palavra de ordem de Lênin em 1917: "Todo o poder ao Soviete". Em *Camaradas*, Waack (1993, p. 140) confirma não apenas a analogia do lema como também a orientação direta de Moscou para sua adoção.

[269] Ver Motta, 2020, p. 205-206.

[270] Ver Moraes e Viana, 1982, *apud* Vicentino, 1997, p. 360.

[271] Outra nomenclatura para Internacional Comunista.

[272] Ver Cunha, 2011, p. 7.

A execução do plano

Os panfletos que circulavam nos quartéis continham orientações variadas que iam desde promessas de aumentos de salários até planos de ataques a armazéns para distribuição de mantimentos à população pobre, visando convocá-la para a luta armada.[273] Os panfletos mais extremistas traziam ainda a orientação de cooptar os soldados para a revolução, mas "não poupar a vida de oficiais reacionários". Na documentação apreendida, o famoso cangaceiro Lampião era citado como um símbolo revolucionário equiparável a Prestes[274] — um malabarismo retórico mais tarde empregado com maior êxito sobre a figura de Ernesto Che Guevara.

A leitura do planejamento soviético indica que a Intentona, a princípio, não deveria soar como um movimento comunista, mas parecer uma ação isolada, vinculada aos ideais da Coluna Prestes.[275] De acordo com Waack,[276] para a execução da operação, foi criada uma rede de suporte envolvendo contatos do PCB alocados em Paris, Montevidéu e Buenos Aires. Entre os estrangeiros designados pela Internacional estavam Artur Ernest Ewert, ex-deputado comunista do partido alemão, e Rodolpho Ghioldi, secretário-geral do PC argentino, entre outros funcionários menores. Todavia, a fim de não levantar suspeitas, ressalta Glauco Carneiro: "como esses enviados de Moscou só poderiam agir nas sombras, mobilizou-se Luís Carlos Prestes para, galvanizando seu prestígio, articular o golpe militar apoiado nas massas".[277]

Quanto ao patrocínio soviético, os documentos de Moscou acessados por Waack revelam que os gastos com o Brasil não passaram de 5% do total investido naquele ano por Moscou em operações de espionagem, como na Alemanha, Grã-Bretanha e EUA.[278] A despeito do histórico apelo social da causa comunista, um olhar sobre o salário pago aos envolvidos

---

[273] Ver Aragão, 1973, p. 97

[274] A transcrição completa do documento pode ser encontrada em Aragão, 1973, p. 39-43. Quanto à narrativa que romantizou o cangaço, pintando-o de "guerrilheira de camponeses", esta partira de uma resolução da Comissão Executiva da Internacional Comunista, divulgada em junho de 1933. Assim, para o Komintern, assessorado por Prestes, uma aliança deveria ser estabelecida entre comunistas e os "bandoleiros da caatinga". Começa aí, segundo Bezerra (2019, p. 187-189), a romantização da marginalidade, vista por marxistas brasileiros como uma forma incipiente de revolta social.

[275] Ver Waack, 1993, p. 59.

[276] Ver Waack, 1993, p. 107.

[277] Ver Carneiro, 1989, p. 340.

[278] Ver Waack, 1993, p. 212.

evidencia a disparidade: a Prestes, enquanto líder, foi reservada a exorbitante quantia de um terço de todo o valor destinado ao pessoal.[279]

Em alusão à Revolução Russa de 1917, foi esse mesmo líder quem escolheu, em caráter simbólico,[280] o mês de novembro para a eclosão do que seria a tão aguardada Revolução Brasileira. Para isso, Prestes apostava não apenas em seus militares cooptados, mas também na adesão de civis que seriam armados após a tomada dos quartéis. Essa expectativa se concretizou nas insurreições do Nordeste, mas não se repetiu no Rio de Janeiro, já em estado de alerta pela antecipação em Natal. As razões para a quebra do elemento surpresa possuem diferentes versões: a primeira delas é associada a um erro de código. O dia "D" da Intentona seria originalmente o 5 de dezembro, porém, a falha procedimental que uniu em vez de somar os codinúmeros 2 e 3, acabou precipitando o movimento para 23 de novembro.[281] A segunda versão atesta que o adiantamento do levante se deve, na verdade, ao comando do 21º Batalhão de Caçadores, de Natal, que na segunda-feira, dia 25, resolveu promover a baixa de alguns soldados e cabos ligados ao PCB. Por essa razão, a célula comunista do batalhão teria, por conta própria, optado pela antecipação da Intentona.[282]

O fato é que a insurreição acabou eclodindo em 23 de novembro, em Natal, estendendo-se ao Recife no dia 24 e ao Rio de Janeiro no dia 27. Quanto à quebra do sigilo, sabe-se hoje que não somente as atividades do Komintern na América Latina mas também a presença clandestina de Prestes no Brasil já eram de conhecimento do governo brasileiro pelo menos desde junho de 1935.[283] Entre as possíveis fontes, discute-se a possibilidade de que um dos agentes envolvidos na Intentona, Jonny de Graaf, fosse, na verdade, um duplo espião do serviço de inteligência britânico.[284]

Por fim, a antecipação em Natal não apenas confirmou as previsões como trouxe um novo dilema: de acordo com Del Nero,[285] a dúvida quanto às próximas revoltas não decorria mais do local, dia ou hora, mas sobre quais, entre os militares, estariam envolvidos na revolta a eclodir.

---

[279] Ver Waack, 1993, p. 211.

[280] Ver Carneiro, 1989, p. 341.

[281] Ver Aragão, 1973, p. 48.

[282] Ver Motta, 2020, p. 208.

[283] Ver Motta, 2020, p. 206.

[284] Ver Fausto, 2006, p. 74.

[285] Ver Augusto, 2001, p. 44.

O então sargento Gregório Bezerra, ligado ao PCB, não esconde em sua autobiografia: sendo ele o responsável pela munição, passou a economizá-la para a revolução, que via cada dia mais próxima.[286] Por outro lado, escreve o general Aragão: "O clima que se vivia dentro dos quartéis, principalmente na Vila Militar e em Deodoro, era irrespirável. Havia já um cansaço geral nos oficiais e na tropa, que não dormiam bem, pois a vigília era de vinte e quatro horas".[287]

O relato de Aragão, que como tenente comandou uma linha de fogo contra os revoltosos da Escola de Aviação, não deixa dúvidas: a ameaça pairava no ar.

Insurreição no Nordeste

Natal, Rio Grande do Norte, noite de sábado, 23 de novembro. Tudo começou às 19:30 com a rendição do oficial de dia do 21º Batalhão de Caçadores, que, distraído, acabou desarmado por um sargento que imediatamente disparou para o alto. Era o sinal para a eclosão. Uma multidão de cerca de 200 homens, em trajes civis, penetraram o quartel. Tratava-se, em sua maioria, de elementos da extinta Guarda Civil que, após roubarem as armas e o fardamento do quartel, partiram para atacar o Batalhão de Polícia.[288]

> O músico Quintino, que era soldado, pregou no seu braço, logo após sua posse, as divisas de sargento. Outros se promoveram a tenente e arranjaram às pressas fardas do posto com as quais procuravam se insinuar como defensores do movimento. O indivíduo, Epitácio Guilhermino, vestiu-se de tenente e fardou sua mulher de sargento.[289]

Após a polícia ser rendida, deu-se o saqueamento da cidade[290] e a propagação das notícias,[291] levando o governador do estado a pedir asilo no consulado italiano.[292]

---

[286] Ver Bezerra, 2011, p. 234.

[287] Ver Aragão, 1973, p. 47.

[288] Ver Aragão, 1973, p. 52.

[289] Ver Aragão, 1973, p. 54-55.

[290] Ver Aragão, 1973, p. 54.

[291] João Galvão, o "ministro da viação" designado pelo Comitê Revolucionário afirma que o povo de Natal recebeu a revolução com "farra": o depósito de material do 21 BC foi saqueado e passou-se a andar fantasiado de soldado. Ver Carneiro, 1989, p. 342.

[292] Ver Aragão, 1973, p. 53.

De acordo com Aragão,[293] o primeiro ato do Comitê Popular Revolucionário, integrado por membros do PCB,[294] foi a ordem de arrombamento dos cofres dos bancos, das repartições federais e das companhias particulares para financiar, desde logo, a revolução. A afirmação do general vai ao encontro do que escreve o historiador Glauco Carneiro: "Quase todas as repartições públicas estaduais e federais foram saqueadas e arrombadas; os cofres do Banco do Brasil, Banco do Rio Grande do Norte, Delegacia Fiscal e Recebedoria de Rendas, abertos a maçarico".[295]

Em meio ao caos, a capital do Rio Grande do Norte testemunhou, em 27 de novembro, a circulação do primeiro jornal sob o primeiro governo assumidamente comunista implantado no Brasil.[296]

A revolta em Natal seria contida depois de quatro dias, quando tropas legalistas, compostas pela Polícia da Paraíba e pelo Batalhão de Caçadores, oriundo de Alagoas, penetraram na cidade. Os revoltosos desertores foram mais tarde apanhados nas matas da Penha.[297]

***

Surpreendidos pela antecipação em Natal, os membros do Secretariado do Partido Comunista no Nordeste, sediado em Recife, optaram por antecipar também o seu levante para as 9h do dia seguinte, domingo, 24 de novembro.[298]

A prontidão da polícia, alimentada de informes sobre os eventos em Natal,[299] não foi capaz de impedir o roubo de armas já na manhã de 24, na Secretaria de Segurança e na Cadeia Pública de Olinda.

O próximo alvo seria a reserva de armamento do CPOR[300] da 7ª Região Militar, onde, pouco tempo antes, o sargento Gregório Bezerra havia disparado contra um tenente e declarado a insurreição.[301]

---

[293] Ver Aragão, 1973, p. 54

[294] Ver Motta, 2020, p. 209.

[295] Ver Carneiro, 1989, p. 342.

[296] "Governo Popular Revolucionário" dizia o cabeçalho do primeiro número do jornal oficial *A Liberdade*, cujo conteúdo afirmava, falsamente, a eclosão de movimentos de tomada do poder nos estados da Paraíba, Pernambuco, Alagoas, Espírito Santo, Maranhão, Rio de Janeiro, São Paulo, Pará e Santa Catarina. Ver Aragão, 1973, p. 51; Bezerra, 2019, p. 150; e Carneiro, 1989, p. 341-342.

[297] Ver Aragão, 1973, p. 56.

[298] Ver Motta, 2020, p. 209.

[299] Ver Aragão, 1973, p. 57.

[300] Centro de Preparação de Oficiais da Reserva.

[301] Para as diferentes versões sobre o evento ver Augusto, 2001, p. 43 e Bezerra, 2011, p. 237-238.

Enquanto a cadeia de Olinda era retomada em operação conjunta entre cavalaria e Polícia Militar,[302] uma nova insurreição era declarada pelo comandante de uma das companhias no 29º Batalhão de Caçadores. Após colocar o batalhão contra a legalidade "em nome de Prestes", o oficial extraiu o armamento das subunidades e distribuiu aos revoltosos de Recife.[303] Estima-se que entre mil e 5 mil pessoas tenham sido armadas na ocasião.[304]

Enquanto essa multidão entrava em confronto com a Polícia Militar,[305] batalhões de outras regiões eram mobilizados pela defesa da legalidade. Foram eles o 20º BC de Alagoas, o 21º BC e uma Bateria, ambos da Paraíba.[306] A chegada dessas unidades, somada à atuação da Polícia pelos flancos, pôs os revoltosos em dispersão.[307]

Enquanto o conflito ocorria, um boletim era distribuído pelo Comitê Revolucionário:

> Povo Pernambucano. Por determinação do Diretório Nacional da Aliança Nacional Libertadora e de seu Presidente, o grande e glorioso General anti-imperialista Luís Carlos Prestes, acaba de se desencadear, em todo o Nordeste, com Quartel-General neste Estado, o movimento nacional libertador, tão ansiosa e justamente aguardado pelas amplas massas do povo brasileiro, secularmente oprimido pela mais brutal e nefanda exploração do capitalismo parasitário estrangeiro [...]. O movimento nacional libertador dará imediatamente ao povo nordestino Pão, Terra e Liberdade, implantando em todo o país o Governo Nacional Revolucionário, com Luís Carlos Prestes à frente.[308]

O documento concluía com ofensas ao presidente Getúlio Vargas e "todos os lacaios podres do imperialismo". Nenhum comunista brasileiro poderia, naquele momento, prever a aliança entre Prestes e Vargas dez anos à frente.

---

[302] Ver Aragão, 1973, p. 58.

[303] Ver Aragão, 1973, p. 59.

[304] Ver Motta, 2020, p. 209.

[305] Ver Aragão, 1973, p. 60.

[306] Ver Aragão, 1973, p. 61.

[307] Ver Aragão, 1973, p. 62-63.

[308] Ver Aragão, 1973, p. 66.

Insurreição no Rio de Janeiro

Decretado em 26 de novembro o estado de sítio para todo o país, irrompeu ainda o levante do Rio de Janeiro, então Distrito Federal, por meio da Escola de Aviação Militar, em Campo dos Afonsos, e do 3º Regimento de Infantaria, em Praia Vermelha. Neste local, o comandante, cel. Fernando Afonso Ferreira, cometeu o erro de colocar em prontidão justamente a companhia comandada pelo tenente encarregado de iniciar o levante.[309] Tentativas frustradas ocorreram ainda em unidades da Marinha e da Polícia Municipal.[310]

Segundo Aragão,[311] os levantes do Rio de Janeiro tiveram como característica a forte participação de capitães, o que, para o general, facilitou a difusão das ideias revolucionárias, compensando, em parte, a perda do elemento surpresa: "Vivia o Rio de Janeiro uma atmosfera de enorme expectativa face ao que se estava passando no Nordeste e mais ainda pelos boatos, espalhados nas mesas dos cafés da Avenida".[312]

Durante o dia 26, mensageiros do Comando da Região transportaram informações entre os comandantes das Organizações Militares.[313] Segundo Aragão[314] entre os planos da insurreição no 3º RI, quartel que contava com alta parcela de recrutas recém-incorporados,[315] estava a prisão do comandante e do subcomandante, seguido do fuzilamento em caso de reação. Assim, após vitorioso o levante, caberia ao Regimento prover apoio às demais unidades revoltosas para enfim marcharem rumo ao objetivo: o Palácio do Catete, onde se encontrava o presidente Getúlio Vargas.

As tentativas de saída para a rua, entretanto, foram barradas por tropas comandadas pelo general Gaspar Dutra, e o quartel acabou bombardeado por canhões da Marinha e pela aviação.[316]

---

[309] Ver Carneiro, 1989, p. 349 e Motta, 2020, p. 216.

[310] Ver Motta, 2020, p. 210-211.

[311] Ver Aragão, 1973, p. 89

[312] Ver Aragão, 1973, p. 91.

[313] Ver Aragão, 1973, p. 92.

[314] Ver Aragão, 1973, p. 94.

[315] Ver Aragão, 1973, p. 95.

[316] Ver Fausto, 2006, p. 75.

É do desfecho em Praia Vermelha que resulta a polêmica foto em que oficiais rendem-se sorridentes para serem conduzidos à prisão. De acordo com Motta[317], o otimismo estampado se explica na possível crença de que o tempo corria a favor da revolução: "a história os redimiria e os presos logo seriam libertos pelas massas", pensavam eles.

Figura 1 – Fotografia da rendição dos revoltosos do 3º Regimento de Infantaria

Fonte: Motta, 2020, p. 137

A imagem seria usada como arma na guerra de propaganda, destacando a "crueldade dos militares traidores após matarem seus próprios companheiros".[318] Segundo o *Jornal do Brasil* de 12 de abril de 1936, mais de uma dezena de oficiais do 3º RI seriam reformados, acusados de covardia por não reagirem aos rebeldes.[319]

Por fim, foi na Escola de Aviação Militar, em Campo dos Afonsos que, segundo Carneiro,[320] ocorreu o controverso assassinato de militares

---

[317] Ver Motta, 2020, p. 138.
[318] Ver Motta, 2020, p. 138.
[319] Ver Motta, 2020, p. 219.
[320] Ver Carneiro, 1989, p. 352.

enquanto dormiam.[321] Naquela organização militar, o comandante da guarda, enquadrado por superiores envolvidos no golpe, acabou permitindo a entrada dos revoltosos no quartel.[322] A sublevação da Escola levou projéteis de metralhadoras antiaéreas a atingir civis em uma estação de trem em Deodoro.[323] Ela acabaria sufocada pelo apoio mútuo de três unidades: o Grupo-Escola de Artilharia, o Batalhão-Escola de Infantaria e o Regimento-Escola de Cavalaria.[324]

Por volta das 7:30, os amotinados se puseram em fuga na direção do Realengo, onde muitos seriam aprisionados pelas patrulhas da Escola Militar, comandada pelo coronel Mascarenhas.[325] Aqueles que ficaram na Escola de Aviação — 254 entre civis e militares — foram aprisionados e escoltados, depois, para a Vila Militar.[326]

Entre os comandantes das peças de artilharia que frustraram a decolagem de aviões pelos revoltosos estava o então capitão Ernesto Geisel,[327] futuro presidente do Regime Militar instaurado em 1964.

Exploração dos fatos

Quanto aos depoimentos dos revoltosos capturados, segundo a historiadora Marly Vianna, predominou o esforço pela atenuação das responsabilidades: "recebeu um fuzil e foi obrigado a participar sob ameaça de morte" foi uma das justificativas comuns.[328] Uma série de indicadores, no entanto, permitem supor que a Intentona tinha potencial para um alcance maior caso não tivesse sido precipitada em Natal.[329] Entre os sub-

---

[321] Motta (2020, p. 107) pontua que, nos dias subsequentes aos acontecimentos, raras foram as referências a esse fato na imprensa; o que, para o autor, pode significar que havia dúvida quanto à veracidade dessa versão. Dentre os jornais a disseminá-la estão o *Estado de S. Paulo*, de 29 de novembro de 1935, página 2; e o *Jornal do Brasil* de 3 de dezembro de 1935, página 2. Ainda que questione a possibilidade de militares serem assassinados enquanto dormiam, o professor admite o caso do assassinato do tenente Benedito Bragança, oficial legalista que se encontrava preso e desarmado. Para Motta, a existência da tensão inerente ao estado de prontidão seria um argumento para invalidar a tese de que alguém poderia estar dormindo naquela noite. Quanto ao argumento apresentado pelo professor, cabe lembrar que, pelo menos no que constam os registros históricos, nenhuma Guerra Mundial foi capaz de impedir seres humanos de gozarem dos instantes de sono minimamente necessários.

[322] Ver Aragão, 1973, p. 69-70.

[323] Ver Aragão, 1973, p. 76.

[324] Ver Aragão, 1973, p. 77.

[325] Ver Aragão, 1973, p. 72 e 77.

[326] Ver Aragão, 1973, p. 78.

[327] Ver Aragão, 1973, p. 74-75.

[328] Citado por Bezerra, 2019, p. 161.

[329] Ver Motta, 2020, p. 212.

sídios para tanto constam a panfletagem recolhida e a prisão de diversos militares flagrados na tentativa de provocar agitações em quartéis pelo Brasil.[330] Mais do que isso, Motta observa que a Internacional Comunista deslocou para o Brasil um número de agentes em quantidade superior ao "considerado normal": cerca de dez, dentre eles, especialistas em bombas e em radiotransmissões.[331]

Essa presença de militantes estrangeiros seria um aspecto explorado no meio militar posteriormente. A Ordem do Dia emitida pelo general Sylvio Frota em 27 de novembro de 1974,[332] por exemplo, apresenta a Intentona de 1935 como um rompimento do padrão de espírito patriota encontrado no âmbito de revoltas brasileiras como Cabanagem, Sabinada e Balaiada.[333] Essa interpretação de revolta "fora dos padrões" pode ser observada também na leitura de *Em Guarda contra o Comunismo* (1937), livro publicado no calor do momento pela então Bibliotheca Militar (atual Bibliex) que diferenciava qualitativamente a Intentona de movimentos como Confederação do Equador e Revolução Farroupilha.[334]

Quanto ao inconclusivo saldo de mortes, as estimativas oscilam, a depender da fonte, entre 60 e 450 vítimas, de ambos os lados.[335]

No confronto da capital, segundo Carneiro,[336] as 12 horas de conflito findaram com um saldo de 19 mortos e 167 feridos. Já no Rio Grande do Norte, os mortos "não chegaram a vinte". Foi em Pernambuco, estado designado por Prestes para a sede do Secretariado no Nordeste,[337] que se deu o levante de maior impacto: 720 mortos, entre civis e militares, somente em Recife.[338] Esse número é questionado por Motta,[339] para quem a dispersão dos eventos impossibilita uma apuração exata — embora reconheça que o confronto de metralhadoras no centro da cidade justifique a estimativa. Conclui o professor:

---

[330] No Quartel-General da 1ª Região Militar, o tenente Augusto Paes Barreto foi preso na noite de 26 enquanto aliciava subordinados para a insurreição. O mesmo tenente chegou a proclamar que, a partir daquela data, Prestes liderava a transição do Brasil para o comunismo. Ver Aragão, 1973, p. 78.

[331] Ver Motta, 2020, p. 212.

[332] Transcrita em Noticiário do Exército nº 4.214 de mesma data, conforme Carvalho, 1981, p. 471.

[333] Ver Carvalho, 1981, p. 471-472.

[334] Ver Oliveira, 2010.

[335] Ver Motta, 2020, p. 108.

[336] Ver Carneiro, 1989, p. 354.

[337] Ver Carneiro, 1989, p. 344.

[338] Ver Carneiro, 1989, p. 347.

[339] Ver Motta, 2020, p. 213.

> Considerando que o Estado reconheceu oficialmente 31 militares mortos em defesa da ordem, pode-se concluir, numa estimativa conservadora, que a insurreição de novembro resultou num total aproximado entre 60 e cem mortos, além de algumas centenas de feridos.[340]

Sem especificar números, Aragão,[341] em seu livro *A Intentona Comunista de 1935*, diz que o número de mortos chegou a "algumas dezenas e de feridos foi a quase uma centena". Não há menção de que entre os dados computados esteja, por exemplo, a "queima de arquivo" que atingiu a jovem Elza Fernandes, militante do PCB, morta estrangulada a mando de Prestes em 1936. Sua ossada — inteiramente quebrada para caber num saco — seria encontrada apenas quatro anos depois.[342]

Se esse crime parecia, naquele momento, longe de ser solucionado, a documentação apreendida nas diferentes casas ocupadas por Prestes desde seu retorno ao Brasil levou à reabertura de outro caso já dado como encerrado. Trata-se do assassinato do jovem comunista Tobias Warchavski, cujo cadáver, encontrado decapitado, colocou a população carioca em uma campanha contra a polícia, acusada de perseguir comunistas. A documentação apreendida e as prisões efetuadas no pós-Intentona descortinaram não só a verdade, mas a antecipação de uma tradição muito comum às organizações clandestinas de esquerda que pegariam em armas no pós-1964: a prática do "justiçamento". Tobias Warchavski, descobriu-se, fora assassinado a mando da própria direção do partido, o chamado "Tribunal Vermelho". O motivo: traição à causa. Quando a culpa recaiu sobre a polícia, Tobias tornou-se mártir. A revelação da verdade inconveniente pôs fim às exaltações do herói.

Os erros do Capitão

O fracasso da Intentona de 1935 foi uma repetição das tentativas soviéticas anteriores, tais como as empreendidas na Bulgária e na Alemanha em 1923, na Indonésia em 1926 e na China em 1927.[343] Para Boris Fausto,[344] ainda que a expressão "Intentona" seja considerada desonrosa

---

[340] Ver Motta, 2020, p. 213.

[341] Ver Aragão, 1973, p. 64.

[342] Para informações sobre as cartas trocadas por membros do partido que comprovam o assassinato de Elza, bem como a participação de Prestes, ver Waack, 1993, p. 295; e Trespach, 2017, p. 160.

[343] Ver Hobsbawm, 1995, p. 77.

[344] Ver Fausto, 2006, p. 75.

por setores da esquerda empenhados em vangloriar a ação, a designação é etimologicamente correta, já que "intentona" significa "intento louco, plano insensato", o que, para Fausto, bem corresponde ao episódio.

No caso do fracasso brasileiro, um relatório da KGB[345] de 1969 demonstra que dirigentes do PCB responsabilizariam Prestes por erros cruciais, tais como o vazamento de arquivos secretos do partido, ocorrido não apenas em 1936 como também em 1947 e 1964.[346] Confiscadas pela polícia, as cadernetas armazenadas pelo Cavaleiro da Esperança[347] serviriam de base para o histórico Inquérito Policial Militar 709, de 1965, levando ao indiciamento de 74 militantes e à suspensão de direitos políticos de outros 59 por dez anos.[348]

Durante a eclosão da Intentona, mesmo o assessoramento da agente do serviço militar soviético Olga Benário[349] não foi suficiente para que Prestes deixasse de despachar estafetas para contatar militares dos quais o ex-capitão sequer tinha certeza se estariam dispostos a pegar em armas contra o governo.[350] O rastro de pistas levou a polícia a surpreender Prestes de pijama, na alvorada de 5 de março de 1936. É possível que o informe decisivo tenha sido fornecido por ninguém menos que o rádio operador Victor Baron, antes de suicidar-se, pulando do edifício da Polícia Central do Rio de Janeiro — ao menos segundo a versão fornecida pelas autoridades.[351]

Na ocasião da prisão de Prestes, uma grávida Olga, cumprindo a missão que lhe fora confiada em Moscou, colocou-se diante do comandante derrotado, salvando-lhe a vida.[352] Como a história se encarregaria de mostrar, a jovem agente secreta não teria a mesma sorte. Capturada junto a Prestes, Olga, que tinha origem judaica, seria extraditada como um presente pessoal de Vargas a Hitler, para morrer em uma câmara de gás da Alemanha Nazista, não sem antes dar à luz a Anita Leocádia Prestes, futura historiadora, exatamente no aniversário de um ano da Intentona.

---

[345] A KGB (Komitet Gosudarstvennoy Bezopasnosti ou Comitê de Segurança do Estado) foi a principal agência de inteligência e segurança da União Soviética.

[346] Ver Trespach, 2017, p. 163.

[347] Expressão utilizada pela primeira vez pelo general Isidoro Dias Lopes, em referência ao caráter mítico atribuído à chamada Coluna Prestes (Reis, 2014, p. 110).

[348] Ver Bezerra, 2019, p. 347.

[349] Segundo o historiador Rodrigo Trespach (2017, p. 155), Olga era o que se poderia chamar de "comunista exemplar", tendo aderido à ideologia ainda aos 16 anos por meio de seu professor e amante Otto Bran.

[350] Ver Waack, 1993, p. 225.

[351] Ver Fausto, 2006, p. 77.

[352] Ver Waack, 1993, p. 300.

Os ecos da Intentona

Ainda que parte considerável da historiografia incorra na minimização da Intentona, seja tratando-a como mera quartelada, seja negando a participação de Moscou,[353] não é possível compreender o posicionamento das Forças Armadas na Guerra Fria sem um olhar atento para esse episódio.

No 7 de dezembro que sucedeu à insurreição, Vargas convocou uma reunião ministerial, em que foram discutidas diversas medidas, dentre elas a criação de um órgão de propaganda para atenuar a difusão comunista e a estruturação de mecanismos judiciais de repressão aos revolucionários.[354] As três principais organizações militares a aderirem ao movimento — o 21º Batalhão de Caçadores, em Natal, o 29º BC, em Jaboatão dos Guararapes e o 3º Regimento de Infantaria, no Rio — acabaram extintas via decreto presidencial. Reforçou-se a perspectiva governamental de Segurança Nacional com esboços do que posteriormente se tornariam o Departamento Nacional de Propaganda, futuro DIP, e o Tribunal de Segurança Nacional (TSN), concebido para julgar revolucionários.[355]

A repercussão difundida pela mídia levou civis também a se mobilizarem, preocupados com a ameaça vermelha.

"Tendo em vista o envolvimento de estrangeiros na conspiração comunista, um cidadão ofereceu à polícia seus serviços como intérprete, já que falava várias línguas, dentre elas, o alemão".[356]

Para José Murilo de Carvalho,[357] a ala esquerdista do tenentismo inviabilizou sua carreira ao se envolver na Intentona de 1935. Por outro lado, a cassação dos oficiais envolvidos em subversão, o que ocorreu por meio da Emenda Constitucional n. 2, acabaria, na opinião do general Góes Monteiro, por fornecer "mão de obra qualificada para o outro lado".

Mesmo sob "estado de sítio" e com as prisões efetuadas, o PCB continuou a defender a iminência da insurreição: a derrota sofrida não passara de um contratempo.[358] Ainda em janeiro de 1936, o jornal clandestino O Libertador defendia que a derrota fora momentânea e a marcha

---

[353] Como é o caso da historiadora Marly Vianna, para quem o levante não teve nada de "comunista". Ver Vianna, 1992, p. 34. Ver também Cazes, 2016.

[354] Ver Motta, 2020, p. 225.

[355] Ver Motta, 2020, p. 225 e 227.

[356] Ver Motta, 2020, p. 223.

[357] Ver Carvalho, 2019, p. 110 e 122.

[358] Ver Roio, 2002, p. 60.

da revolução avançava.[359] Foi somente a partir de 1937, sob novas instruções emitidas pela Internacional Comunista, que o PCB recuou em sua orientação acerca da burguesia nacional: de inimiga, ela passaria a alvo estratégico a ser recrutado para a causa.[360]

Com a decretação do Estado Novo em 1937, as Forças Armadas ganharam mais espaço no aparato varguista. Em atenção à segurança externa, a vigilância na fronteira com o Paraguai passou a ser redobrada, dada a orientação comunista do então presidente Rafael Franco.[361]

Ainda que em Recife e Natal o papel inicial de contenção tenha ficado a cargo de tropas policiais estaduais,[362] a própria estrutura das polícias acabou afetada pela proibição do uso de armas pesadas, consolidando, finalmente, a superioridade bélica buscada[363] pelas Forças Armadas desde o confronto com as forças locais de São Paulo em 1932.[364] Segundo José Murilo de Carvalho, "o grande aumento de recursos para as Forças Armadas no início do Estado Novo é um precioso indicador do tipo de acordo estabelecido entre Vargas e os militares para a sustentação do regime".[365]

Para o professor Paulo Ribeiro da Cunha,[366] o anticomunismo resultante da Intentona, semeado nas gerações de oficiais seguintes, forneceu os argumentos para as rupturas institucionais subsequentes que ocorreriam em 1937 e, mais tarde, em 1964. Segundo Motta:

> [...] foi a Intentona Comunista, em novembro de 1935, a maior responsável pela disseminação e consolidação do anticomunismo no Brasil. O impacto foi enorme sobre a opinião conservadora, afinal, não era uma rebelião comum: tratou-se de uma tentativa armada dos comunistas de tomarem o poder, a qual, uma vez bem-sucedida, poderia ter provocado grandes transformações na organização social brasileira.[367]

---

[359] Ver Bezerra, 2019, p. 173.

[360] Ver Karepovs; Neto, 2002, p. 128 e Rindenti, 2010, p. 27.

[361] Ver Motta, 2020, p. 230.

[362] Ver Motta, 2020, p. 142.

[363] Ver Carvalho, 2019, p. 131.

[364] A Revolução Constitucionalista de 1932 foi uma revolta em São Paulo contra Getúlio Vargas, exigindo uma nova constituição e maior autonomia estadual. Embora derrotada, levou à convocação da Assembleia Constituinte em 1933.

[365] Ver Carvalho, 2019, p. 134.

[366] Ver Cunha, 2011, p. 11.

[367] Ver Motta, 2020, p. 16.

Um olhar sobre a antologia *Lembrai-vos de 35!*, que compila 45 anos de "Ordens do Dia", verbalizadas anualmente para tropas das Forças Armadas no aniversário da Intentona, permite compreender a conservação — se não cultivo — do sentimento anticomunista no meio militar.[368] A cerimônia[369] — que até 1985 desfrutava de repercussão na imprensa[370] — perdura em Praia Vermelha, frente ao monumento-túmulo de heróis que contém o nome dos 31 militares legalistas que tombaram no confronto.[371] A despeito do saldo de mortes, não são poucos os historiadores que defendem que a resposta militar, abarcada por repulsa ideológica, não se justifica em proporção. Para estes:

> A combinação entre censura, repressão e propaganda produziu uma tempestade ideológica que demonizou a atuação dos comunistas, infundiu terror no coração da população católica e das classes médias e altas, e consolidou um imaginário anticomunista que acompanharia a história política do país pelos cinquenta anos seguintes.[372]

Não obstante, do outro lado do espectro, a data de 27 de novembro é hoje celebrada em enaltecimento à ação comunista que "pretendia libertar o povo do Imperialismo". Em 2015, por exemplo, o evento foi rememorado como um "levante antifascista", durante seminário promovido pela Universidade Federal do Rio Grande do Norte (UFRN) com participação de professores, estudantes e apoio de partidos como PCdoB e PSTU.[373]

Por fim, para além dos antagonismos ideológicos, se a Guerra Fria surgida com o final da Segunda Guerra é o conflito político-ideológico que dividiu o mundo em duas correntes de pensamentos distintas, a Intentona Comunista e sua subsequente exploração produziu um fenômeno único no Brasil: por aqui, a Guerra Fria foi antecipada em pelo menos dez anos.

---

[368] Ver Motta, 2020, p. 63 e 109.

[369] Ver Brasil, 2019.

[370] Ver Augusto, 2001, p. 51.

[371] Ver Aragão, 1973, p. 139.

[372] Ver Schwarcz; Starling, 2015, p. 373-374.

[373] Ver Partido Comunista Brasileiro, 2015. Ver também: Vermelho, 2015.

PARTE 2

GUERRA FRIA PARA ALÉM DOS LIVROS DIDÁTICOS

A atenção aos crimes hitleristas é justificada pela vontade dos sobreviventes de testemunhar, dos pesquisadores de compreender e das autoridades de reafirmar os valores democráticos. Mas por que o silêncio "acadêmico" sobre a catástrofe comunista que atingiu, há cerca de 80 anos, um terço da humanidade?
(Stéphane Courtois)[374]

---

[374] Texto adaptado de Stéphane Courtois, com supressões para maior concisão, sem alteração do sentido original. Ver COURTOIS, Stéphane. Os crimes do comunismo. In: COURTOIS, Stéphane; Et al. O livro negro do comunismo. Rio de Janeiro: Bertrand Brasil: Biblioteca do Exército, 2000, p. 31.

5

AS OUTRAS PEÇAS DO TABULEIRO: RÚSSIA, CHINA E CUBA

Nenhum país é uma ilha. A história do Brasil escreve-se dentro da conjuntura universal.

(Hélio Silva)[375]

Guerra Fria no mundo

O mês de abril do ano de 1945 findou junto a duas vidas, sem as quais a Segunda Guerra não teria sido possível: no dia 27, Mussolini foi fuzilado em Milão; Hitler se suicidaria no dia 30. Era o começo do fim de uma guerra que terminaria em 2 de setembro. O mundo parecia caminhar para a paz, não fosse um detalhe: diferente do esperado, o Exército Soviético não se retirou dos territórios que havia "libertado".[376]

Em março de 1946, no Westminster College, em Fulton, Winston Churchill, que antes alertara a Europa sobre os males do nazismo, proferiu um discurso incômodo para um clima de pós-guerra:

> Ninguém sabe o que a Rússia Soviética e sua organização comunista internacional pretendem fazer no futuro imediato, ou quais os limites, se os há, de suas tendências expansionistas e proselitistas. De Stettin, no mar Báltico, até Trieste, no mar Adriático, uma cortina de ferro foi baixada através do continente europeu. Todas essas cidades e populações em torno delas estão no que devo chamar de esfera soviética.[377]

---

[375] Silva, 1987, p. 345.

[376] Segundo Courtois (2000, p. 34-36), o presidente Roosevelt deixou o Leste Europeu entregue a Stalin que violou o tratado de Yalta ao não organizar as prometidas eleições livres na região. O fim da guerra, dessa forma, não trouxe libertação, por exemplo, aos poloneses, mas significou somente "a troca dos carrascos de Hitler pelos de Stalin".

[377] Morray, 1961, p. 64.

Pela segunda vez, o ex-primeiro-ministro britânico antecipava-se ao terror — e, pela segunda vez, seria ignorado.[378] Por trás das linhas que dividiram a Europa Central, a despeito da recém-fundada ONU[379] e sua Declaração Universal dos Direitos Humanos, os chamados crimes de guerra continuavam a ocorrer.[380]

> A União Soviética e o bloco soviético, embora signatários da Declaração Universal dos Direitos Humanos — documento no qual todos os governos atrás da Cortina de Ferro tinham acrescentado sua assinatura em 1948 — continuaram a desconsiderá-los, enquanto o controle comunista se fortalecia além das fronteiras soviéticas.[381]

A tensão foi gradualmente impulsionada pelo prenúncio da Guerra da Coréia,[382] em 1947, pelo bloqueio de Berlim e pela tomada da Tchecoslováquia, em 1948. A década se encerraria com a revolução que instaurou o comunismo na China. Em 1954, Ho Chi Minh estabelece também um regime comunista na metade norte do Vietnã[383] e a Hungria, tentando romper o pacto soviético, é invadida pela URSS em 1956.[384] Em poucos anos, o comunismo avançaria sobre o continente asiático, região detentora de recursos naturais e que abrigava mais da metade da população da Terra.[385]

No Ocidente, por outro lado, comunistas foram excomungados pela Igreja Católica e perseguidos na administração norte-americana, período que ficou conhecido como "macarthismo", em referência às condenações promovidas pelo senador Joseph McCarthy".[386]

---

[378] De acordo com Kengor (2019, p. 119), jornalistas que cobriram o evento chegaram a taxar Churchill como louco.

[379] Organização das Nações Unidas, fundada em 1945 para promover a paz, segurança e cooperação global.

[380] Segundo Kengor (2019, p. 117), no território alemão ocupado por soviéticos, cerca de 2 milhões de estupros foram cometidos pelo Exército Vermelho, levando ao aumento do suicídio entre as mulheres.

[381] Ver Gilbert, 2017, p. 373.

[382] Também dividida entre a influência norte-americana ao sul e a influência comunista ao norte. A Guerra, efetivamente situada entre 1950 e 1953, deixou um saldo de 900 mil soldados mortos de ambos os lados, e cerca de 2 milhões de civis mortos. Ver Faria; Miranda, 2022, p. 28.

[383] Ver Augusto, 2001, p. 66.

[384] Invasão que resultou em 20 mil húngaros mortos e 160 mil exilados. Ver Faria; Miranda, 2022, p. 25; e Magnoli, 2008, p. 115.

[385] Ver Albex Júnior, 2005, p. 41.

[386] Ver Gilbert, 2016, p. 378.

Uma nova divisão em alianças militares não tardou a dividir o mundo: a OTAN[387] no Ocidente e o Pacto de Varsóvia no Oriente.[388] Estava em curso a Guerra Fria, definida como um conflito indireto, caracterizado por intimidação, boicote econômico, espionagem, propaganda e diplomacia.[389] A partir dela, uma série de conflitos ocorreriam sob influência de seus protagonistas. É nesse contexto que ressurge o caráter estratégico dos territórios da América Latina, entre eles, o Brasil.

***

Parece tentador afirmar que os eventos de 1964 foram orquestrados pelo governo norte-americano. As intervenções desse país em territórios da República Dominicana, Nicarágua, Haiti e Panamá, todas no século XX, assinalam o modo operante de uma geopolítica que antecede a divisão do mundo em polos ideológicos.[390]

Com a eclosão da Guerra Fria, a rede de organismos da Agência Central de Inteligência estadunidense (CIA) se faria presente na derrubada de governos na Guatemala (1954), na Bolívia (1971) e no Chile (1973). Não há dúvidas, portanto, que, tal como nesses países, a influência norte-americana é um fator a ser considerado na gestação do Brasil de 1964 — ainda que de forma menos decisiva do que se costuma pensar.

Sem diminuir a influência de Washington, o objetivo do presente capítulo é relembrar que uma guerra, mesmo "fria", é feita de, no mínimo, dois lados. Convido o leitor, portanto, a um breve passeio pelo outro lado, isto é, um passeio sobre os demais países que, tal como os Estados Unidos, contribuíram para a instabilidade da democracia brasileira.

---

[387] Organização do Tratado do Atlântico Norte, aliança militar que visava a proteção internacional no caso de ataque dos países do leste europeu. Ver Kataoka, 2012, p. 44.

[388] Firmado em 14 de maio de 1955, o Pacto de Varsóvia teve como arquiteto o sucessor de Stálin, Nikita Khrushchov. O Pacto era inicialmente integrado pela União Soviética, Albânia, Bulgária, Tchecoslováquia, Alemanha Oriental, Hungria, Polônia e Romênia. Imre Nagy, dirigente da Hungria, ao tentar retirar seu país da aliança em 1956, acabou sendo executado como traidor. Ver Arbex Júnior, 2005, p. 32.

[389] Ver Faria; Miranda, 2022, p. 7.

[390] Ver Magnoli, 2008, p. 75.

O fator soviético

Para Hobsbawm, a Guerra Fria que se instalou no mundo foi uma disputa entre o pesadelo Ocidental e o Oriental, que, justificados ou não, possuem origem na Rússia de 1917. Naquele país, a revolução que depôs a monarquia prometeu a esperada inevitabilidade histórica: o fim do capitalismo e um modelo socialista para o mundo seguir. Contudo, admite o próprio Hobsbawm, a história do socialismo que nos interessa é "o que de fato aconteceu e não a que poderia ter sido".[391] Assim, em plena Primeira Guerra Mundial,

> As ordens dos oficiais, que ainda permaneciam fiéis ao czar, começaram a não ser mais obedecidas. [...] Entre os dias 23 e 27 de fevereiro (de 8 a 12 de março pelo calendário ocidental), em progressão geométrica, os 180 mil soldados se amotinaram e se uniram à população rebelada. Os comandantes foram encarcerados ou mortos.[392]

Em outubro, pontos estratégicos da capital foram ocupados e o Comitê Revolucionário, sob o comando de membros do partido bolchevique, designou militares, oriundos dos sovietes,[393] para todas as guarnições locais. Os oficiais que se negaram a obedecer foram presos por seus próprios soldados.[394]

Sob o parecer favorável dos comandantes militares, o czar Nicolau II assinou, em 2 de março, o documento de sua abdicação. Um ano depois, seria fuzilado em um quarto escuro, junto à esposa e os filhos.

Para implementar o regime prometido pelos bolcheviques, a Rússia precisou atravessar uma guerra civil cujo saldo de 9 milhões de mortes[395] ultrapassou o das nações derrotadas na Primeira Guerra.[396] Ao término do conflito, o caos social era superior ao deixado pelo regime czarista que a revolução derrubara.[397] Com o Estado nas mãos do partido bolchevique,

---

[391] Ver Hobsbawm, 1995, p. 78-79, p. 88 e p. 366.

[392] Ver Valladares; Berbel, 1994, p. 31.

[393] Segundo Posadas (2013, p. 52), os sovietes nasceram na Rússia, em 1905, por iniciativa dos camponeses. Não foram uma criação dos Bolcheviques, embora acabaram incorporados por estes, adquirindo concepções proletárias.

[394] Ver Valladares; Berbel, 1994, p. 38.

[395] Ver Valladares; Berbel, 1994, p. 45.

[396] Apenas nos primeiros quatro anos pereceram cerca de 7 milhões de homens, mulheres e crianças. Ver Kengor, 2019, p. 71.

[397] Ver Hobsbawm, 1995, p. 369.

O QUE VOCÊ AINDA NÃO SABE SOBRE 1964: IDEOLOGIA & POLARIZAÇÃO NA GUERRA FRIA DO BRASIL

a fórmula marxista seria logo aplicada: intervenções despóticas[398] por meio de nacionalizações, coletivização e abolição da propriedade privada.

O processo de burocratização do Estado fez com que, ao aproximar-se da Segunda Guerra, a URSS — país formado por 15 repúblicas, 22 milhões de quilômetros quadrados, 150 milhões de habitantes e mais de quatrocentas etnias — contasse com um administrador para cada dois operários.[399]

Com um partido de 240 mil membros, os bolcheviques pretendiam controlar um país de 150 milhões de pessoas. Para isso, na prática, a ditadura do proletariado precisou tornar-se uma ditadura bolchevique, mediante subordinação de todas as instituições do país ao partido.

A religião, o ópio do povo, segundo Marx, acabaria se tornando solução para a crise financeira: todas as escolas, terras e edifícios da Igreja Ortodoxa foram confiscadas. De acordo com o sociólogo Demétrio Magnoli,[400] a tentativa de renegar o sistema de preços e mercado teve como resultado o desperdício e a ineficiência, de forma que os avanços tecnológicos que penetraram na economia militar não se repetiriam na economia civil.

Para os opositores ou desiludidos, dois destinos possíveis: deportação para a Sibéria ou execução. Além da família real, as execuções sumárias alcançaram anarquistas e até socialistas.[401] Nos gulags — nome dado aos campos de concentração soviéticos — freiras e prostitutas dividiram o mesmo espaço, relata Alexander Solzhenitsyn, sobrevivente do sistema prisional comunista.[402]

O marxismo reestruturado, do qual Lenin se fez autoridade, fez de Moscou o novo centro global de disseminação de escritos marxistas.[403] Nesse contexto, instituída em 1919, a Terceira Internacional Comunista (Komintern) foi o quartel-general que ligaria todos os partidos comunistas pelo mundo. Por meio dela, os bolcheviques fomentaram revoltas

---

[398]   Ver Marx.; Engels, 2012, p. 68.

[399]   Ver Arbex Júnior, 2005, P. 16; e Hobsbawm, 1995, p. 374

[400]   Ver Magnoli, 2008, p. 155.

[401]   Ver Valladares; Berbel, 1994, p. 40 e p. 44.

[402]   Onde vítimas, quando não executadas, pereceram de desnutrição e doenças. Ver Solzhenitsyn, 1974, *apud* Kengor, 2019, p. 74 e p. 104.

[403]   Ver Hobsbawm, 1995, p. 80.

e guerras civis na Alemanha, Polônia, Finlândia, Hungria e, como agora sabemos, no Brasil.[404]

De acordo com o trotskista argentino Juan Posadas:

> Era preciso formar partidos comunistas em todo o mundo com o objetivo e o programa de lutar pelo poder, de se organizar para o poder [...] educá-los para luta pelo poder e criar uma direção centralizada Mundial. [...] Era necessário comunicar ao proletariado mundial que a Revolução Russa era a primeira das grandes revoluções sociais.[405]

Posadas acrescenta que a Internacional simbolizava uma universidade completa cujas resoluções transmitiam à vanguarda proletária a forma de como se infiltrar em cada país para derrubar o estado capitalista.[406]

Apesar da campanha direcionada ao proletário, o modelo leninista seduziu, em especial, a juventude oriunda de velhas elites, sobretudo no Terceiro Mundo, em que membros da oligarquia latifundiária e do oficialato subalterno fizeram engrossar as fileiras do Partido Comunista. Esse foi o caso do Brasil.[407]

Dentre as investidas de caráter ideológico em solo tupiniquim, consta o já mencionado esforço soviético de transformar o lendário bandido Lampião em símbolo revolucionário,[408] uma tática que, com a ajuda do capitalismo, consagraria a imagem de Che Guevara como ícone na moda.

Para além da fabricação de narrativas e heróis, as diretrizes de Moscou influíram em indicações de dirigentes e programas políticos durante toda a história do PCB. Segundo Waack,[409] essas "sugestões" foram sempre a última palavra, de forma que havia pouco ou nenhum espaço para a autonomia do partido. De acordo com Hobsbawm:

> O que Lenin e os bolcheviques queriam não era um movimento de simpatizantes internacionais da Revolução de Outubro, mas um corpo de ativistas absolutamente comprometidos e disciplinados. Os partidos não dispostos a adotar a estrutura leninista eram barrados ou expulsos

---

[404] Ver Kengor, 2019, p. 83.

[405] Ver Posadas, 2013, p. 63-64.

[406] Ver Posadas, 2013, p. 78.

[407] Ver Hobsbawm, 1995, p. 82.

[408] Ver Hobsbawm, 1995, p. 186.

[409] Ver Waack, 1993, p. 185.

da nova Internacional [...] Na iminente batalha só poderia haver lugar para soldados.[410]

Quanto ao Brasil da Guerra Fria, os arquivos tchecos, disponibilizados com a dissolução da URSS,[411] atestam: ao mesmo tempo em que o líder da Intentona Comunista, Prestes, era anistiado por Vargas para logo ser eleito senador,[412] uma extensão da KGB[413] era fundada sob a denominação de Polícia de Segurança Estatal (StB).[414] No Brasil, mais precisamente no Rio de Janeiro, ela funcionaria por meio de uma *rezindura*,[415] de 1952 até metade dos anos 1960.[416] Traduzido como "residência" nos relatórios do Serviço Nacional de Informações (SNI),[417] esse posto de inteligência atuava por meio das diversas embaixadas ligadas ao bloco socialista — no caso do Brasil, a embaixada da República da Tchecoslováquia. Ainda que rompidas as relações com soviéticos desde 1947, o Brasil manteve sua diplomacia com a Tchecoslováquia, país igualmente integrante do bloco comunista desde 1948.[418] A pesquisa de Kraenski e Petrilak apresenta uma lista de 12 agentes que teriam atuado no Brasil, incluindo funcionários de embaixadas, funcionários da Petrobrás, jornalistas dos jornais *Última Hora*, *Diário Carioca*, *O Estado de S. Paulo* e *Diário de Notícias*, e até mesmo um capitão da reserva do Exército.[419]

Segundo Heitor de Paola,[420] ex-integrante da organização clandestina Ação Popular, a chefia da espionagem nas *rezinduras* ficava a cargo do *riezident* do KGB, um posto hierarquicamente superior ao próprio

---

[410] Ver Hobsbawm, 1995, p. 76.

[411] Ver Kraenski e Petrilak, 2017, p. 35.

[412] Carlos Prestes emergia como um aliado de Getúlio Vargas — o mesmo que, anos antes, enviara sua esposa, grávida, para morrer nos campos de concentração da Alemanha nazista. Tal como o pacto molotov-ribbentrop (1939), que uniu nazistas e socialistas, a aliança com Vargas foi justificada como estratégica, e o Cavaleiro da Esperança passou não somente a defender o esquecimento dos crimes do Estado Novo, mas também a reabilitação da imagem de Vargas — de ditador a democrata. Ver: Bezerra, 2019, p. 265; e Fausto, 2006, p. 151.

[413] Segundo Arbex Júnior (2005, p. 125), a primeira agência de espionagem soviética foi a Cheka, criada logo após a tomada do poder pelo Partido Bolchevique, em 1917. Ela seria rebatizada em 1922 como GPU; em 1934 como NKVD; até ganhar seu nome definitivo em 1954 quando foi rebatizada de KGB, das iniciais em russo de Comitê para a Segurança do Estado.

[414] Ver Kraenski; Petrilak, 2017, p. 31.

[415] Ver Kraenski e Petrilak, 2017, p. 37.

[416] Ver Kraenski e Petrilak, 2017, p. 392.

[417] Órgão da Presidência da República criado em 13 de junho de 1964, pela Lei nº 4.341, com a finalidade de coordenar nacionalmente as atividades de informação e de contrainformação, de interesse para a segurança nacional. Ver: Fundação Getúlio Vargas, s.d.

[418] Ver Kraenski e Petrilak, 2017, p. 41.

[419] Ver Kraenski e Petrilak, 2017, p. 361 e p. 382,

[420] Ver Paola, 2022, p. 172.

embaixador. Quanto a forma de atuação da *rezindura*, afirma o antropólogo social Flávio Gordon:

> Para além das tentativas cubano-soviéticas de ação militar, foi no terreno da propaganda e da guerra psicológica que o campo comunista obteve real sucesso no Terceiro Mundo durante a Guerra Fria. Ali, era raro que a KGB conduzisse suas "medidas ativas" de maneira direta, preferindo atuar por meio dos seus "braços", os serviços secretos de países-satélites membros do Pacto de Varsóvia. Assim, por exemplo, o Oriente Médio costumava ser território do serviço secreto da Romênia, a Securitate, enquanto a América Latina estava majoritariamente sob "jurisdição" do serviço secreto da Tchecoslováquia, a StB (státní bezpečnost", segurança do Estado").[421]

Assim, a rede de espionagem tcheca lentamente se infiltrou em importantes instituições políticas,[422] repassando, a partir de 1957, informações confidenciais do Gabinete Presidencial, do Parlamento e da Petrobras, que possibilitaram a reaproximação entre Brasil e URSS.[423]

Os boatos sobre o restabelecimento diplomático acabaram por se confirmar quando, em novembro de 1961, dois meses após a assunção de João Goulart à presidência, o reatamento com a URSS foi anunciado. A divulgação oficial deu-se às vésperas do aniversário da Intentona Comunista, o que, segundo Motta,[424] foi interpretado por setores de direita como uma provocação.

Em uma estratégia defendida por historiadores como "política independente", o Brasil da Guerra Fria passaria a intensificar suas relações políticas e comerciais com os países da esfera soviética,[425] uma situação agravada pela sucessão de denúncias de que, após a posse de Jango, comunistas se infiltravam no aparato federal, mediante ocupação de postos estratégicos no governo.[426]

> A StB cumprira bem a tarefa de se infiltrar nos mais altos níveis da política brasileira. O golpe militar de 31 de março

---

[421] Ver Gordon, 2019, p. 291.

[422] Ver Kraenski e Petrilak, 2017, p. 101 e 103.

[423] Ver Kraenski e Petrilak, 2017, p. 130.

[424] Ver Motta, 2020, p. 259.

[425] Ver Motta, 2020. p. 153.

[426] Interpretou-se, escreve Motta (2020, p. 153) que os infiltrados no governo estariam se preparando para o golpe final, quando tivessem acumulado forças suficientes para ocupar sozinhos o poder.

de 1964 interrompeu bruscamente o desenvolvimento das promissoras — segundo o serviço de inteligência da Tchecoslováquia — relações com os políticos.[427]

Se na URSS a KGB foi uma sombra onipresente, responsável pela condução de milhões de pessoas a campos de concentração,[428] no Brasil, diferente do que espera o imaginário popular, a espionagem tradicional não era o foco da KGB. É o que revela o ex-agente exilado Yury Biezmenov, segundo o qual a concentração de esforços dava-se nas "medidas ativas de influência", o que Paola[429] traduz como um processo gradual de lavagem cerebral anticapitalista. Na prática, desinformação mediante rumores e documentos forjados, utilizados para desacreditar indivíduos e grupos que se opõem às políticas comunistas.[430]

Da mesma forma que o sempre lembrado patrocínio norte-americano em veículos de informação, a URSS empreendeu seus próprios aportes financeiros, como, por exemplo, no jornal *O Semanário*, que deixou de circular em setembro de 1961 por problemas financeiros, sendo logo reaberto em maio de 1962, sob financiamento soviético.[431] O caso foi mencionado pelo espião tchecoslovaco Ladislav Bittman quando interrogado por subcomissão do senado dos EUA: "Até 1964, o serviço de inteligência tchecoslovaco possuiu um jornal no Brasil. Após o golpe, a edição deste jornal foi interrompida pelo novo governo e o serviço tchecoslovaco perdeu, desta maneira, um canal para a sua propaganda".[432]

O mesmo espião, condenado na Tchecoslováquia e agora protegido nos EUA,[433] afirmaria ter a desinformação tcheca contado com diversos jornais na América Latina. Esses veículos, segundo Flávio Gordon,[434] teriam maximizado, com base em documentos forjados pela inteligência tcheca, o papel norte-americano no golpe de 1964.

Esse esforço pela exacerbação da participação norte-americana nos rumos do Brasil pode ser detectado, por exemplo, na tentativa de sequestro

---

[427] Ver Kraenski; Petrilak, 2017, p. 166.

[428] Para isso, o órgão promoveu uma bem sucedida campanha de incentivo à delação, premiando pessoas por acusarem amigos, parentes, pais e irmãos. Ver Arbex Junior, 2005, p. 126.

[429] Ver Paola, 2022, p. 70.

[430] Ver Paola, 2022, p. 69.

[431] Ver Kraenski e Petrilak, 2017, p. 171-173.

[432] Citado por Kraenski; Petrilak, 2017, p. 189.

[433] Ver Kraenski e Petrilak, 2017, p. 189.

[434] Ver Gordon, 2019, p. 292.

do cônsul norte-americano em Porto Alegre, quando a VPR deixou cair nas mãos dos militares o manifesto que publicaria se concretizada a operação:

> O cônsul norte-americano em Porto Alegre, Cutis Curter, foi sequestrado às... horas do dia ... de março pelo Comando Carlos Marighella, da Vanguarda Popular Revolucionária. Esse indivíduo ao ser interrogado confessou suas ligações com a CIA, Agência Central de Inteligência dos Estados Unidos, e revelou vários dados sobre a atuação da CIA no território nacional e sobre as relações dessas agências com os órgãos de repressão militar. Ficamos sabendo, entre outras coisas, que a CIA trabalha em estreita ligação com o Cenimar, fornecendo orientação a esse último órgão sobre os métodos de tortura mais eficazes a serem aplicados nos prisioneiros. A CIA e o Cenimar sofrem a concorrência do SNI, sendo que essa rivalidade é tão acentuada que em certa data um agente da CIA foi assassinado na Guanabara por elementos do SNI. Esse informe foi cuidadosamente abafado pela ditadura, mas o depoimento do Agente Cutter, nosso atual prisioneiro, permitiu que o trouxéssemos a público.

As informações contidas no manifesto eram bombásticas, mas continham um problema: eram falsas. Uma peça de ficção feita sob medida para desestruturar o regime e causar intriga entre os órgãos de informação, o que poderia ter acontecido caso o sequestro tivesse se concretizado.[435]

Nos relatórios tchecos analisados,[436] os governos de Jânio Quadros e João Goulart são citados como "propícios às intenções soviéticas de promover o antiamericanismo na América Latina". O político e líder das Ligas Camponesas[437] Francisco Julião, segundo o qual "a reforma agrária deveria ser feita na lei ou na marra",[438] é também citado como hipótese para possíveis intermediações, enquanto o governador Leonel Brizola era visto com ressalvas.

Integrante do mesmo PTB de João Goulart, de quem era cunhado, Brizola fez do radicalismo uma ferramenta de ascensão a líder da esquerda, tornando-se pivô de uma crise diplomática com os EUA por expropriar

---

[435] Ver Augusto, 2011, p. 86.

[436] Ver Kraenski e Petrilak, 2017, p. 194-195 e 198.

[437] Segundo Fausto (2008, p. 444), as ligas camponesas foram o movimento rural mais importante surgido a partir de 1955 em vários pontos do país, sobretudo no Nordeste. Tinha como líder ostensivo o advogado e político pernambucano Francisco Julião.

[438] Frase mencionada por Julião no Congresso Nacional de Lavradores e Trabalhadores Agrícolas, realizado em Belo Horizonte em novembro de 1961 (Moraes, 2011, 46).

a *International Telephone & Telegraph*.[439] Crítico do PCB — partido que considerava muito moderado — e defensor público do fechamento do Congresso Nacional,[440] Brizola seria citado pelo filósofo francês Regis Debray[441] como a encarnação brasileira de Fidel Castro, em artigo para o jornal parisiense *Les Temps Modernes*.

Por fim, os relatórios apontam que os obstáculos aos interesses soviéticos iniciaram após março de 1964, quando um agente duplo recebeu a proposta de integrar o ainda incipiente Serviço Nacional de Informações (SNI). Mesmo com o alerta de Prestes,[442] em 14 de maio de 1964 o agente levou finalmente o DOPS[443] a prender um funcionário do serviço de inteligência da Tchecoslováquia:

> Esta foi, até então, a maior derrota da StB no Brasil. O funcionário do serviço de inteligência era diplomata e foi pego pela polícia em flagrante. Em 15 de maio a Central telegrafou à rezidentura ordenando que interrompesse todas as atividades no Rio de Janeiro, Brasília e São Paulo, e exigindo também informações detalhadas sobre o escândalo envolvendo Peterka (Kvita). Ele não podia ser preso, pois estava protegido pela imunidade diplomática, mas foi expulso do país e aqui se encerrou a sua missão de espionagem no Brasil.[444]

Surpreendentemente, os militares não romperam relações com a URSS no pós-março de 1964, fato que, segundo o diplomata Marques Bezerra,[445] contribuiu para a manutenção da espionagem, por parte de outros países comunistas, no Brasil.[446] As investidas no ramo da informação e contrainformação não seriam, entretanto, a única incursão no Brasil da Guerra Fria. Em 1961, a divulgação do caráter socialista da Revolução Cubana reformulou o tabuleiro na América Latina e no mundo.

---

[439] Ver Villa, 2004, p. 67; Ferreira e Gomes, 2014, p. 77 e Augusto, 2001, p. 197.

[440] Ver Ferreira e Gomes, 2014, p. 111.

[441] Régis Debray ficou famoso por desenvolver a teoria do foquismo, inspirada na Revolução Cubana e nas experiências de Che Guevara, que propunha a criação de focos guerrilheiros rurais para mobilizar camponeses e derrubar governos. Em 1967, Debray chegou a acompanhar Che Guevara na guerrilha que seria implantada na Bolívia. Ele acabou capturado e Guevara morto.

[442] Ver Kraenski; Petrilak, 2017, p. 326.

[443] Departamento de Ordem Política e Social.

[444] Ver Kraenski; Petrilak, 2017, p. 328.

[445] Ver Bezerra, 2019, p. 597.

[446] Sobre o assunto, vale a leitura de *A contra-espionagem brasileira na Guerra Fria*, escrito pelo ex-analista de inteligência Jorge Bessa.

O fator Cuba

Em 25 de agosto de 1961, o presidente do Brasil, Jânio Quadros, arriscou uma jogada ousada: renunciou à presidência após uma crise ocasionada pela condecoração com a Ordem do Cruzeiro do Sul do ministro cubano, Ernesto Che Guevara. Mas afinal, havia motivos para tanto escarcéu? Se não, vejamos.

Muito antes da Guerra Fria, durante a colonização, Havana fora um estratégico ponto de encontro das frotas que transportavam produtos coloniais para a metrópole. Seu papel de feitoria açucareira, com consequente intensificação do tráfico negreiro, coloca Cuba ao lado do Brasil no vergonhoso pódio das últimas nações latino-americanos a abolirem oficialmente a escravidão.[447]

Com o apoio dos EUA, Cuba conquistou sua independência da Espanha, se comprometendo, por meio da Emenda Platt, a não firmar qualquer novo acordo sem aprovação expressa dos EUA, bem como tolerar intervenções destes a fim de garantir a "tranquilidade interna".[448]

É nesse contexto que um influente militar e opositor à emenda ascende no cenário político cubano: Fulgêncio Batista. Eleito presidente em 1940 e retornando, por meio de um golpe, em 1952, o ex-sargento Batista acabaria por se tornar um facilitador do investimento estrangeiro.

Durante o segundo mandato cooperou com os EUA em questões de segurança, na luta contra o comunismo, recebendo, com isso, apoio militar e treinamento para as forças de segurança cubanas. Assim, "a Emenda Platt não mais existia, nem era necessária, uma vez que Batista encarregava-se do controle e administração dos interesses americanos" escrevem Valladares e Berbel.[449]

Enquanto ditador, Batista fechou universidades, espaços de onde sairiam agrupamentos que planejavam depô-lo por meio de ação armada. É a partir desses movimentos clandestinos que surgem alguns nomes importantes para a Revolução Cubana de 1959;[450] entre eles, o jovem Fidel Castro.[451]

---

[447] A nível mundial, esse posto é ocupado por Arábia Saudita (1962); Mauritânia (1981) e Sudão.

[448] Ver Valladares; Berbel, 1994, p. 76.

[449] Ver Valladares; Berbel, 1994, p. 77.

[450] Ver Valladares; Berbel, 1994, p. 77-78.

[451] Sua conversão à extrema-esquerda, segundo Kengor (2019, p. 156) ocorreu enquanto estudante de direito na Universidade de Havana.

Segundo Jacob Gorender,[452] a teoria do foco, desenvolvida por Ernesto Che Guevara e Régis Debray, penetrou nos círculos da esquerda latino-americana, influenciando guerrilhas na Colômbia, Venezuela, Guatemala, Nicarágua, Argentina e Peru.

Para o historiador Marco Villa,[453] não é exagero dizer que, no âmbito da América Latina, a guerrilha de Sierra Maestra, promovida por Fidel e Che Guevara, repercutiu sob proporções ainda maiores do que a própria Revolução Russa.

Após uma série de reveses, a revolução idealizada por Castro finalmente obteve sucesso em 1º de janeiro de 1959, com a derrubada de Fulgêncio Batista.[454] A América Latina tornar-se-ia, mais do que nunca, o grande "território disputado da Guerra Fria".[455]

> O exemplo de Fidel inspirou os intelectuais militantes em toda parte da América Latina [...]. Após algum tempo, Cuba passou a estimular a insurreição continental, exortada por Che Guevara, o defensor da revolução latino-americana e da criação de "dois, três, muitos Vietnãs".[456]

Em maio de 1961, efetivada a tomada de poder, Cuba hospedaria, em um quartel próximo a Havana, os primeiros 13 brasileiros escolhidos para repetir, no Brasil, o desfecho da Revolução Cubana. A ideia foi concebida apesar da oposição de Che Guevara, que via a chapa Jango-Jânio como aliada ao governo cubano. "Vão ser derrubados todos" — foi a resposta de Fidel Castro.[457]

Francisco Julião, líder das Ligas Camponesas e primeiro simpático à importação da Revolução Cubana, revelaria, em entrevista concedida em julho de 1983:

> Realmente o Fidel Castro exerceu sobre mim uma influência poderosa. Voltei de Cuba impressionado com o fato de a revolução ter sido agrária, partido do campo para a cidade. Imaginei que, como já existia aqui no Brasil um movimento

---

[452] Ver Gorender, 2014, p. 90-91.

[453] Ver Villa, 2014, p. 381.

[454] Muito se questiona acerca da pretensão comunista de Fidel. Para muitos, essa ponderação se justifica em uma série de publicações, à época feitas no New York Times, e de falas do próprio Fidel, em entrevista ao NBC, em 19 de abril de 1959, alegando-se "a favor da democracia em detrimento do comunismo" (Kengor, 2019, p. 161).

[455] Ver Napolitano, 2019, p. 10.

[456] Ver Hobsbawm, 1995, p. 428.

[457] Ver Magalhães, 2012, p. 264.

camponês que adquirira muita força, muita substância, poderíamos seguir a experiência cubana.[458]

O *insight* de Julião — que apelara aos camponeses para que lutassem em defesa de Cuba em caso de agressão americana[459] — culminaria na publicação, em 11 de março de 1964, do documento intitulado "Organização política das Ligas Camponesas", no qual declarava que as Ligas eram "o resultado da união voluntária e combativa da vanguarda do povo para fazer a revolução brasileira e se constituir uma sociedade socialista".[460]

Sobre a aproximação diplomática entre Brasil e Cuba, Hélio Silva[461] revela que a polêmica condecoração de Che Guevara com a Ordem Nacional do Cruzeiro do Sul, em agosto de 1961, foi precedida por uma conversa entre o ministro cubano e Jânio Quadros no gabinete presidencial. Na ocasião, Guevara, agradecido pela não aderência do Brasil na invasão da Baía dos Porcos,[462] concordou em libertar sacerdotes condenados ao fuzilamento por Fidel Castro. O ministro teria dito que, diante do pedido de Jânio, os padres seriam deportados para a Espanha. Sob o olhar da perspectiva de Jânio, portanto, a condecoração pode ser entendida como uma "recompensa por serviços prestados". Não sendo a primeira sinalização amistosa ao regime soviético,[463] no contexto da polarização mundial, o evento acabou por se tornar suficientemente significativo para ser interpretado como um irresponsável aceno ao projeto ideológico de Cuba.

A crise decorrente desencadearia a renúncia de Jânio e sua consequente sucessão pelo vice João Goulart que, na ocasião, regressava de uma viagem diplomática à Europa Oriental, URSS e China.[464] Segundo Koshiba e Pereira:

> Goulart era citado com simpatia pelos jornais da União Soviética. Para piorar as coisas, quando Jânio renunciou, Jango encontrava-se em visita à China comunista, onde declarara, dirigindo-se ao líder do PC chinês, Mao Tsé-tung: "Congratulo-me com Vossa Excelência pelos triunfos obti-

---

[458] Citado por Moraes, 2011, p. 85.

[459] Ver Moraes, 2011, p. 134.

[460] Ver Moraes, 2011, p. 86.

[461] Ver Silva, 1984, p. 197.

[462] A invasão frustrada, ocorrida em abril de 1961, contou com a organização da CIA e participação de cubanos expulsos ou fugitivos dos "tribunais" de Castro. Ver Arbex Júnior, 2005, p. 81.

[463] Igual condecoração por Jânio ocorrera ao cosmonauta soviético Yuri Gagarin, o primeiro ser humano a viajar ao espaço, tornando-se um marco da disputa espacial entre EUA e URSS.

[464] Ver Villa, 2014, p. 25.

dos pelo povo e o governo da República chinesa em sua luta heroica pelo progresso e pela elevação do padrão de vida do povo".[465]

Jânio Quadros enfrentava problemas de governabilidade e acreditava, erroneamente, que, renunciando, seria solicitado a permanecer no poder. Para isso, contava o presidente com uma possível reação militar ao nome da linha de sucessão, João Goulart. Uma série de eventos seriam desencadeados a partir do cálculo político de Jânio, um cálculo incorreto cujas consequências alteraram os rumos do Brasil.

Antes de deixar Brasília, Jânio convocou os ministros da Guerra, Marinha e Aeronáutica e os aconselhou a formar uma junta militar.[466] Alegando razões de "segurança nacional", esses ministros vetaram a posse de Goulart, instaurando uma crise que resultou na implantação do regime parlamentarista, com redução dos poderes do presidente.[467] Segundo Denise Rollemberg,[468] foi precisamente nesse momento de crise sucessória que Cuba deu início ao financiamento de campos de guerrilhas no Brasil.

> O momento coincidia com o fim do governo Jânio Quadros, apoiado por Cuba, e o início do governo Goulart. O apoio de Cuba se concretizou na implantação desses campos, na verdade, fazendas compradas, em Goiás, Acre, Bahia e Pernambuco, "formados por alguns camponeses e, em sua maioria, estudantes secundaristas e universitários vindos de Pernambuco". Falava-se também em fazendas no Maranhão, em Mato Grosso, no estado do Rio de Janeiro e no Rio Grande do Sul. Houve ainda o fornecimento de armas, dinheiro e orientação para a implantação da guerrilha.

Um ano após a invasão da Baía dos Porcos, o mais traumático evento da Guerra Fria se daria no continente americano. Trata-se do episódio que ficaria conhecido como Crise dos Mísseis. Em 16 de outubro de 1962 o ministro soviético de relações exteriores, Andriej Gromyko, afirmou ao presidente John Kennedy que especialistas em agricultura haviam sido enviados para apoiar a modernização cubana. Naquele momento,

---

[465] Ver Koshiba; Pereira, 2003, p. 507.

[466] Ver Ferreira e Gomes, 2014, p. 29.

[467] O parlamentarismo teria vida curta, sendo derrotado em plebiscito após intensa campanha, inclusive dos adversários de Jango, interessados na presidência da República. Sobre o episódio, mais será falado no próximo capítulo.

[468] Ver Rollemberg, 2009, p. 24.

mísseis balísticos com ogivas nucleares, além de aproximadamente 40 mil soldados, chegavam à ilha caribenha.[469]

A operação soviética fora descoberta por fotografias aéreas tomadas pelo reconhecimento de um avião-espião U2. Uma informação importante, mas pouco difundida, é a de que o apoio brasileiro foi solicitado pelos EUA contra o que foi entendido como uma ameaça soviética. O governo brasileiro já havia se oposto às sanções econômicas e à intervenção de uma força militar conjunta da OEA[470] em Cuba.[471] Na ocasião da Crise dos Mísseis, o presidente João Goulart teria, segundo Eliane Lobato,[472] mais uma vez se oposto à manobra, embora tenha, segundo Villa,[473] oferecido apoio diplomático. De acordo com Lobato,

> Kennedy argumentava que os mísseis representavam "grave ameaça ao hemisfério ocidental" e, posteriormente, ampliou o risco para "o futuro da humanidade e do planeta". Propunha uma ação conjunta entre o Brasil e os Estados Unidos, em uma carta em caráter "secreto". O documento, arquivado e digitalizado no CPDOC da FGV, no Rio, possui quatro páginas de explicações, 563 de documentos e 136 fotos. Jango negou a participação brasileira na intervenção militar em Cuba.

Segundo McNamara, então secretário de Defesa dos Estados Unidos, os 162 mísseis soviéticos enviados à ilha seriam o suficiente para aniquilar pelo menos 80 milhões de norte-americanos — metade da população dos Estados Unidos.[474] Teriam sido esses os planos de Cuba? Ernesto Che Guevara responderia essa pergunta em 1962 para o jornal comunista britânico *Daily Worker*: "Se os mísseis nucleares tivessem continuado a existir, nós os teríamos disparado contra o coração dos Estados Unidos, incluindo a cidade de Nova York. Vamos trilhar o caminho da vitória, mesmo que custe milhões de vítimas atômicas".[475]

---

[469] Ver Kraenski; Petrilak, 2017, p. 233.

[470] Com sede em Washington, EUA, a Organização dos Estados Americanos (OEA) é uma instituição internacional fundada em 1948, em Bogotá, que reúne países das Américas sob o argumento de promover cooperação, democracia, desenvolvimento e justiça entre seus membros.

[471] Conferência de Punta del Este, no Uruguai, janeiro de 1962. Ver Ferreira e Gomes, 2014, p. 89-90.

[472] Ver Lobato, 2019, p. 47.

[473] Ver Villa, 2004, p. 88.

[474] Ver Kengor, 2019, p. 169.

[475] Ver Fontova, 2007, p. 20.

Para desapontamento de Fidel e Che, a crise dos mísseis, eclodida em 16 de outubro, encerrar-se-ia diplomaticamente no dia 28, em acordo entre EUA e URSS. Suas consequências, no entanto, perdurariam. A primeira delas foi o início do esfriamento de relações entre Cuba e Moscou.[476] A segunda foi que, na conjuntura da Guerra Fria, às vésperas de uma possível Terceira Guerra Mundial, o Brasil se recusou a integrar uma ação conjunta com seus aliados de Segunda Guerra. Quanto à repercussão no Brasil, um país sem pena de morte, a simpatia popular pelos ideais da Revolução Cubana encontrou entraves ante as execuções empreendidas pelos "tribunais revolucionários" da ilha. Para contornar o problema, as operações de imprensa dos serviços de inteligência tchecoslovaco se mostraram mais uma vez relevantes.[477]

Ao final da crise dos mísseis, por meio da adesão de ativistas e organizações da América Latina, o Brasil via nascer a Frente Nacional de Apoio a Cuba (FNAC),[478] de onde surgiria um movimento de proporção continental em defesa da ditadura de Castro. Nos bastidores da operação esteve não apenas o engajamento de *renziduras* da América Latina, mas também da Ásia e da África.[479] Ao final de março de 1963, delegações de todo o mundo chegavam a Niterói (RJ), para prestigiar o Congresso Continental de Solidariedade a Cuba. Ao jornal *Semanário*, o presidente da UNE expressaria apoio à "brava República do Caribe" antecipando, na ocasião, os laços que seriam estabelecidos entre a entidade estudantil e Fidel Castro.[480]

O marketing de apoio à causa cubana enfrentaria novos desafios quando, em agosto de 1963, o jornal *O Globo* publicou uma série de reportagens, noticiando não apenas o fechamento de templos e capelas em Cuba mas também a substituição da iconografia sacra católica por uma imagem de Fidel Castro no altar de uma capela cubana.[481]

Embora implementada desde o início dos anos 1960, a exportação da luta armada para a América seria explicitamente defendida por Fidel

---

[476] Ver Kengor, 2019, p. 171.

[477] A fomentação de teses pró-cuba no âmbito de Universidades da América Latina foi, ainda, outra importante ferramenta utilizada. Ver Kraenski; Petrilak, 2017, p. 228-230, 265 e p. 489.

[478] Suas teses de programa foram publicadas no *Diário de Notícias* e no jornal *O Semanário*. Ver Kraenski; Petrilak, 2017, p. 235.

[479] Ver Kraenski; Petrilak, 2017, p. 238-239 e 245.

[480] Ver Biblioteca Nacional, 1963.

[481] Ver Motta, 2020, p. 101.

em janeiro de 1966, na 1ª Conferência da Organização de Solidariedade dos Povos da Ásia, África e América Latina (OSPAAAL), também conhecida como Tricontinental.[482] A Declaração Geral convocava a juventude e as organizações femininas e sindicais para a luta.

> No campo cultural, a declaração recomendava a publicação de obras clássicas e modernas, a fim de romper o monopólio cultural da chamada civilização ocidental cristã, cuja derrocada deve ser o objetivo de todas as organizações envolvidas nessa verdadeira guerra.[483]

Impulsionada pela Tricontinental, fundar-se-ia, também na capital cubana, a Organização Latino-Americana de Solidariedade (OLAS), visando promover e coordenar "a luta contra o imperialismo norte-americano". Entre as resoluções da OLAS, o Brasil recebeu destaque por sua localização limítrofe com quase todos os países sul-americanos, figurando, assim, como o território ideal para uma guerra de guerrilhas.[484] Segundo Heitor Paola[485] e Augusto Del Nero,[486] militar e militante, o OLAS se tratou, na verdade, de uma nova Internacional Comunista, um novo e subdesenvolvido Komintern, dirigido especificamente para a América Latina.

A partir da 2ª Declaração de Havana,[487] a StB mostrar-se-ia mais uma vez útil, promovendo a ocultação e o despistamento do deslocamento de brasileiros para treinamento na ilha. De Praga, os viajantes partiam para diferentes países da Europa ocidental para, somente então, regressar à América. Esse retorno de Cuba via Praga foi articulado em 1962 pelo PCB, sendo batizado de "Operação Manuel".[488] Segundo Kraenski e Petrilak,[489] a StB fornecia também os documentos falsos levados pelos viajantes,[490] de

---

[482] Ver Augusto, 2001, p. 194.

[483] Ver Augusto, 2001, p. 194.

[484] Ver Augusto, 2001, p. 206

[485] Ver Paola, 2022, p. 189.

[486] Ver Augusto, 2001, p. 195.

[487] Lançada pelo governo cubano em fevereiro de 1962, na presença de diversos dirigentes de movimentos sociais da América Latina, conclamando as massas à revolução através da guerrilha com o apoio de Cuba. Entre os presentes estava o deputado e representante das Ligas Camponesas Francisco Julião (Rollemberg, 2009, p. 23).

[488] Ver Bezerra, 2019, p. 641.

[489] Ver Kraenski e Petrilak, 2017, p. 416.

[490] De acordo com Kraenski e Petrilak (2017, p. 419), na primeira metade de 1963, o serviço de inteligência tchecoslovaco obteve sinais que confirmavam que os serviços de informações ocidentais sabiam que Praga era uma estação de trânsito para guerrilheiros e comunistas sul-americanos.

forma que pelo menos 1.123 pessoas, incluindo 41 brasileiros, foram transportadas com o apoio da StB entre dezembro de 1962 e janeiro de 1970.[491]

De acordo com Rollemberg,[492] Cuba treinou de 2 a 3 mil guerrilheiros latino-americanos entre 1962 e 1967. O primeiro país do ranking, em número de militantes enviados, pertence à Venezuela, seguido de Argentina, Guatemala e, em quarto, a Colômbia.[493] O Brasil ocupou a oitava posição, com 219 militantes enviados[494] — número superior aos 142 militares das Forças Armadas que, no mesmo período, receberam treinamento na Escola das Américas, mantida pelo Exército dos EUA no Panamá.[495] Entre os viajantes da Operação Manuel[496] estavam Diógenes José de Carvalho,[497] Alípio de Freitas[498] e José Anselmo dos Santos — mais conhecido como cabo Anselmo.[499]

Sobre a descoberta dos campos de guerrilha, anos antes do fatídico março de 1964, mais será falado no capítulo seis. Semelhante ao que ocorreria na Nicarágua, a Revolução Cubana, liderada por Fidel Castro, derrubou uma ditadura rotulada de direita para implantar a sua própria, de esquerda. Após vitoriosos na luta armada, Castro e seus guerrilheiros implementaram seu próprio modelo socialista inspirado no marxismo-leninismo[500] — o que logo levaria a um embargo promovido pelos Estados Unidos.

Não obstante, impulsionada pela insatisfação popular, a proposta revolucionária de Fidel Castro e Che Guevara encontrou apoio entre diversos setores da sociedade cubana, incluindo camponeses, trabalhadores urbanos, estudantes e intelectuais. As transformações sociais — que no fim acabariam por levar ao empobrecimento da população — ocorreriam às custas de 10 mil mortes por motivos políticos, contabilizadas ao longo da

---

[491] Ver Kraenski; Petrilak, 2017, p. 422.

[492] Ver Rollemberg, 2009, p. 18.

[493] Ver Kraenski; Petrilak, 2017, p. 427.

[494] Ver Rollemberg, 2009, p. 11.

[495] Ver Gaspari, p. 309, 2014b.

[496] Ver Kraenski; Petrilak, 2017, p. 429.

[497] Integrante da VPR e um dos participantes da explosão do carro-bomba que resultou na morte do soldado Mario Kozel Filho em junho de 1968. Ver Ustra, 2007, p. 194.

[498] Integrante da AP e autor da explosão no Aeroporto Guararapes em 25 de julho de 1966, deixando mortos e feridos, incluindo uma criança de seis anos. O atentado terrorista teria sua autoria revelada apenas depois da anistia de 1979, quando o livro *Combate das Trevas*, de Jacob Gorender (2014, p. 126) trouxe, enfim, a verdade.

[499] Cabo Anselmo (José Anselmo dos Santos) foi líder da Revolta dos Marinheiros em 1964 e, posteriormente, delator da luta armada de esquerda, colaborando com os militares.

[500] Segundo Heitor (2022, p. 173), desde que fora derrotado em sua primeira tentativa de tomar Cuba, Castro adotara *O que fazer?* de Lenin como livro de cabeceira.

década de 1960. De lá para cá, calcula-se que pelo menos 100 mil cubanos tenham empreendido a perigosa e ilegal travessia de fuga para a Flórida por meio de embarcações improvisadas. Essas balsas e jangadas, precárias e superlotadas, levariam a novas mortes, dessa vez de famílias cubanas, por afogamento, num fluxo migratório marcado por riscos e tragédias.

Acerca do balanço entre antes e depois da Revolução Cubana, escreve Heitor de Paola:[501]

> Mesmo nos itens mais propalados pela revolução, saúde e educação, Cuba estava melhor do que hoje. A mortalidade infantil em 1958 era a menor da América Latina e menor do que as duas Alemanhas, Itália, Espanha, Áustria, Hungria e URSS. Estava melhor do que os EUA em números de mortes de causa geral por 1.000 habitantes, assim como no número de médicos por 1.000. O índice de alfabetização era o quinto na América Latina [...] As desastrosas políticas industriais e agrícolas desencadeadas pela "revolução popular" rapidamente levaram o país à pobreza, à escassez e à necessidade de ajuda soviética maciça. Hoje, depois de mais de milhares massacrados pelas "causas populares" Cuba só rivaliza em miséria com o Haiti.

Impulsionada pelas políticas de *perestroika* e *glasnost* de Mikhail Gorbachev,[502] o sonho — ou pesadelo — marxista, estendido pela URSS à Cuba, findou antes do breve século XX. Até sua dissolução, o governo soviético subsidiou a ditadura cubana, comprando o seu açúcar a preços mais altos e vendendo-lhe petróleo a preços inferiores à cotação internacional.[503]

Quando a queda da URSS pôs fim ao primeiro e mais longevo projeto marxista, um entre seus países herdeiros havia há muito abandonado a ideia de uma economia baseada em um Estado sem mercado.[504] Quando a Guerra Fria chegou ao fim, foi esse o único país, dentre os socialistas, que não apenas havia sobrevivido, mas também se projetado na geopolítica mundial. Vamos a ele.

---

[501] Ver Paola, 2022, p. 182-183.

[502] De acordo com Arbex Júnior (2005, p. 11), não há consenso sobre o fim definitivo da Guerra Fria. Entre os marcos mais representativos constam o 9 de novembro de 1989, quando caiu o Muro de Berlim, e o dezembro de 1991, quando a União Soviética foi dissolvida, dando origem à Comunidade de Estados Independentes (CEI).

[503] Ver Valladares; Berbel, 1994, p. 84.

[504] Após a morte de Mao Tsé-Tung, em 1976, seu sucessor, Deng Xiaoping, colocou o pragmatismo a frente da ideologia: estreitou laços com Washington e abriu o mercado chinês para investimentos capitalistas — ainda que sem abrir mão do sistema repressivo. Ver Arbex Júnior (2005, p. 52) e Hobsbawm (1995, p. 481).

O fator China

De todas as promessas comunistas que sacudiram o século XX, a China seria aquela que obteria os melhores resultados econômicos — à custa do maior número de mortes.

Com a Primeira Guerra, os japoneses se viram diante da esperada oportunidade de ampliar seu domínio sobre a China, país mergulhado em uma guerra civil. Para decepção dos chineses, com a Conferência de Versalhes, as potências europeias apoiaram as pretensões japonesas.[505]

Concomitante à "traição do Ocidente", predominantemente capitalista e liberal, a intelectualidade chinesa passou a enxergar na Revolução Russa um modelo a ser seguido.

"As teorias da Revolução Russa chegavam à China acrescidas de uma luta nacionalista e anticolonialista. Entre 1917 e 1919, houve uma grande proliferação de sociedades e grupos de estudos marxistas".[506]

Em julho de 1921 a ideologia marxista-leninista adquiria oficialmente seu representante na Terra dos Mandarins: era fundada a Seção Chinesa da Internacional, ou o Partido Comunista da China (PCC), tendo Mao Tsé Tung entre seus fundadores.[507]

Enquanto os bolcheviques da Revolução Russa prosperaram entre operários e soldados, na China, os comunistas encontraram campo fértil entre o campesinato.[508] Dessa forma, dizia Mao Tsé Tung, "o campo iria cercar a cidade para conquistá-la".[509]

A tarefa não seria fácil. Com o domínio do Japão sobre a Manchúria, os comunistas chineses se veriam diante de um combate de duas frentes: japoneses de um lado e o governo nacionalista de outro. É durante essa Guerra Civil que se dá a legendária retirada de tropas comunistas, quando 100 mil homens, mulheres e crianças percorreram 10 mil quilômetros, ao longo de 368 dias, transferindo-se das fortificações em Kiangsi, no Sul, para a província de Shensi, no Norte da China.[510] Com o restabelecimento

---

[505] Ver Valladares; Berbel, 1994, p. 54.

[506] Ver Valladares; Berbel, 1994, p. 55.

[507] Ver Valladares; Berbel, 1994, p. 55.

[508] Ver Valladares; Berbel, 1994, p. 69.

[509] Ver Hobsbawm, 1995, p. 86.

[510] Durante a Longa Marcha, a longa fileira de retirantes, a maioria a pé, era obrigada a percorrer de 50 a 70km por dia, às vezes à noite, para escapar dos bombardeios inimigos. A comida era tão escassa que, em alguns momentos, os comunistas foram obrigados a cozinhar os seus cintos com algumas ervas e grama para sobreviver. A fome e a exaustão mataram muito mais do que os combates com as forças nacionalistas. Ver Valladares; Berbel, 1994, p. 61.

do centro da atividade revolucionária, longe do cerco dos nacionalistas, a liderança de Mao Tsé-Tung foi consolidada.[511] A ameaça japonesa, porém, mostrando-se potencialmente destrutiva, acabou levando comunistas e nacionalistas a se unirem, temporariamente, na guerra contra o invasor nipônico.

> O extermínio praticado pelas tropas invasoras provocou estragos, mas também serviu para aumentar o ódio dos chineses contra os japoneses. As tropas guerrilheiras começaram a receber apoio crescente dos camponeses, aumentando influência dos comunistas na região. Em 1937, o exército comunista tinha 100 mil membros, no começo de 1943 passou a contar com 600 mil soldados.[512]

O ataque japonês a Pearl Harbor, com consequente entrada dos EUA na Guerra, ressignificou o quadro beligerante e impactou diretamente o combate na China.

Em agosto de 1945, quando já controlava dois terços do território chinês, o Japão foi obrigado a deixar a guerra, após perder as cidades de Hiroshima e Nagasaki para a mais destrutiva arma: a bomba atômica, definida por Yuval Harari[513] como a descoberta humana de "não mais contentar-se em modificar o curso da história, mas também dar-lhe um fim".

A bomba atômica permearia cada novo desentendimento diplomático entre as potências vencedoras da Segunda Guerra: os protagonistas da Guerra Fria, EUA e URSS.

Na China, o recomeço da Guerra Civil entre comunistas e nacionalistas — estes com apoio dos EUA — traria uma reviravolta inesperada. Com o desgaste oriundo dos problemas econômicos causados pela guerra, uma parte da população, vivendo sob absoluta miséria, passou a ver nos comunistas uma esperança. A simpatia chegou às camadas burguesas e intelectuais, insatisfeitas com a aliança entre nacionalistas e norte-americanos.[514]

Para além das centenas de milhares de camponeses, o Exército Vermelho, agora denominado Exército de Libertação Popular, passou a receber também apoio de soldados nacionalistas que passaram a deser-

---

[511] Ver Valladares; Berbel, 1994, p. 62.
[512] Ver Valladares; Berbel, 1994, p. 64.
[513] Ver Harari, 2020, p. 267.
[514] Ver Valladares, Berbel, 1994, p. 66.

tar. Surpreendendo analistas e observadores, incluindo soviéticos,[515] as tropas nacionalistas se renderam em Pequim em janeiro de 1949. Estava proclamada a Revolução Chinesa e o comunismo possuía agora um novo vetor mundial.

Historiograficamente computada junto à série de revoltas armadas patrocinadas pela URSS no Sudeste asiático,[516] a China revolucionária logo aplicou a cartilha marxista: estatizou a indústria e coletivizou a agricultura, pondo fim à propriedade privada.[517] O êxito da concepção de guerra popular, com emprego do campesinato e da guerrilha rural, repercutiu como uma "propensão revolucionária dos povos do Terceiro Mundo".[518] Assim, segundo Gorender,[519] a propagação de revoluções como a cubana, argelina e chinesa seduziram a juventude brasileira dos anos 1960.

Em 1956, o XX Congresso do Partido Comunista da URSS trouxe uma revelação bombástica para a militância comunista mundial: a divulgação dos crimes do líder soviético Josef Stalin, um fato antes negado por aqueles que entendiam a verdade como um obstáculo para o projeto comunista mundial.[520]

De acordo com Daniel Aarão Reis Filho, "os comunistas custaram a acordar para aquele pesadelo".[521] Como solução inicial, os partidos atribuíram o relatório a uma trama da "imprensa capitalista".

No Brasil, o assunto foi discutido em um encontro do Comitê Central marcado pela estranha cena de militantes desiludidos que "vomitavam e choravam", escreveu Reis Filho.[522] A leitura do famigerado relatório levou o dirigente Diógenes Arruda Câmara a cogitar suicídio. Foi com aflição que Hércules Corrêa empreendeu a leitura: "Campos de concentração, tortura, etc. Comecei a passar mal, quase vomitei o jantar. [...] Fé... Nossa convicção era uma questão de fé. Era nossa fé que estava sendo pulverizada".[523]

---

[515] Segundo Valladares e Berbel (1994, p. 67), o apoio de Stalin não foi definitivo. O líder soviético temia perder a sua posição de líder representante do movimento comunista internacional e chegou a sugerir que os comunistas chineses deveriam se contentar com o Norte da China, deixando o Sul para o governo chinês.

[516] Tais como Burma, Malásia, Indonésia e Filipinas, todas reprimidas, com exceção do Vietnã. Ver Pipes, 2014, p. 105.

[517] Ver Brechani, 2020, p. 95.

[518] Ver Gorender, 2014, p. 93.

[519] Ver Gorender, 2014, p. 86.

[520] Ver Service, 2021, p. 364.

[521] Ver Reis Filho, 2002, p. 83.

[522] Ver Reis Filho, 2014, p. 270.

[523] Ver Ferreira, 2002, p. 294.

Diante da imposição da realidade, Agildo Barata, dirigente comunista, ex-tenentista e aderente da Intentona de 1935, enfim cedeu: "Desmoronam-se, de um golpe, velhos sonhos e ilusões que enchiam, há mais de 20 anos, toda a minha imaginação de admirador entusiasta e incondicional de Stálin e daquilo que eu supunha ser sua grande obra".[524]

Agildo Barata acabaria expulso quando, frente a onda de insatisfações internas, o partido estabeleceu a proibição dos questionamentos, entendidos como "ataques à União Soviética e ao Partido". O expurgo dos "rebeldes", como veremos, forneceria quadros para um novo e mais audacioso projeto de implantação do comunismo. Um projeto que, impulsionado pela China, fragmentaria o comunismo no Brasil e no mundo.[525]

O novo ditador chinês, Mao Tsé-Tung, interpretou o relatório dos crimes de Stalin como uma traição da causa.[526] De acordo com Hobsbawm,[527] a URSS começaria a perder o monopólio do apelo revolucionário, frente ao constante surgimento de "diferentes espécies de marxismos"[528] e, finalmente, pelo rompimento com a China entre 1958 e 1960.[529]

Em 1965, diante da insuficiência do apoio soviético para seus planos, Fidel Castro despacharia Che Guevara para a China a fim de obter o apoio de Mao Tse-Tung.[530] Assim, o maoísmo internacionalista, ofensivo e revolucionário, projetava-se internacionalmente no contexto das divergências sino-soviéticas,[531] tornadas públicas a partir de julho de 1960, com o rompimento do programa de cooperação militar e retirada dos técnicos soviéticos do solo chinês.[532]

> Os países começaram a trocar insultos, com cada um dos lados denunciando o outro como "traidor do socialismo" e "deturpador das ideias de Marx". Em 1962, os chineses já se referiam à URSS como uma nação inimiga. A hostilidade chegou a níveis recordes, com os comunistas chi-

---

[524] Ver Ferreira, 2002, p. 293.

[525] Ver Augusto, 2001, p. 63.

[526] Ver Pipes, 2014, p. 107.

[527] Ver Hobsbawm, 1995, p. 436.

[528] Segundo Hobsbawm (1995, p. 439), dentre as novidades que o campo da ideologia assistiria estava o intrigante surgimento de padres católico-marxistas, que apoiavam, e, num segundo momento, participavam e lideravam insurreições.

[529] Ver Hobsbawm, 1995, p. 435.

[530] Ver Torres, 2004, p. 35.

[531] Ver Reis Filho, 2002, p. 91.

[532] Ver Magnoli, 2008, p. 105.

neses acusando os comunistas soviéticos de serem piores que os antigos czares russos, e os comunistas do Kremlin afirmando que os dirigentes chineses eram criminosos maiores que Stálin.[533]

De acordo com Magnoli, por trás do rompimento entre China e URSS figura a aspiração chinesa de possuir um arsenal nuclear autônomo.[534]

O fato é que em 1962 essa crise repercutiria no Brasil, levando à divisão do Partido Comunista Brasileiro. Contrários à estratégia de "coexistência pacífica" defendida pelo novo dirigente soviético Nikita Krushchev, o grupo dissidente formaria o PCdoB, com uma perspectiva ideológica pró-China[535] embora autoproclamados herdeiros legítimos do Partido Comunista fundado em 1922.

Em seu programa, o novo partido afirmava "indispensável a violência revolucionária para livrar a nação do atual regime retrógrado e para instaurar um governo popular revolucionário".[536]

Com o fracasso da Intentona (1935), da Guerrilha de Porecatu (1948-1951) e com a radicalização de suas dissidências, ao término da década de 1950 o PCB se veria, cada vez mais, empurrado para a chamada via pacífica do espectro político, condenando o radicalismo de que fora pioneiro e defendendo não mais as soluções radicais para a implantação do comunismo, mas a pura e simples intensificação da luta ideológica.[537]

O PCdoB, por outro lado, iniciava seu processo de transição da subordinação incondicional ao PC soviético para a obediência igualmente incondicional ao PC da China,[538] apresentando, em 1962, um manifesto[539] convocando intelectuais, estudantes, soldados, marinheiros, sargentos e "oficiais democratas" para constituir o governo popular que implantaria o programa revolucionário no Brasil.[540]

---

[533] Ver Valladares, Berbel, 1994, p. 70-71.

[534] Ver Magnoli, 2008, p. 240.

[535] Ver Silveira; Carvalho, 2016, p. 56-57.

[536] Ver Moraes, 2001, p. 71.

[537] Ver Augusto, 2001, p. 65.

[538] Ver Gorender, 2014, p. 117.

[539] Ver Reis Filho; Sá, 1985, p. 33.

[540] Ver Reis Filho; Sá, 1985, p. 34.

Seria esse PCdoB o único grupo a implantar, com relativo êxito, aquilo que, segundo Gaspari,[541] todas as organizações da esquerda armada cogitaram: uma guerrilha na selva amazônica.

A proposta não era inédita e fora defendida antes pela Organização Revolucionária Marxista-Política Operária (ORM-POLOP)[542] da qual surgiriam dissidências como o VPR de Lamarca e o COLINA de Dilma Rousseff, ambos pedras no coturno do Regime Militar.

Apostando na sistemática propaganda de "desqualificação da democracia como instrumento de transformação social",[543] a POLOP defendia em seu programa uma ditadura do proletariado para "destruir o aparelho estatal burguês-latifundiário" e implantar uma "sociedade comunista universal".[544] Embora um dogmatismo leninista se faça evidente, os escritos da POLOP indicam que a experiência russa gradualmente cedia espaço[545] aos sucessos de Cuba e China.[546]

Em artigo publicado em julho de 1963, Maurício Grabois, um dos fundadores do PCdoB, reconheceu Mao Tsé-Tung como o maior teórico vivo do movimento comunista internacional[547]. Ao longo dos anos 1960 o maoísmo se popularizaria no âmbito da esquerda radical brasileira, que logo passou a reproduzir lemas tais como: "o poder nasce do cano do fuzil".[548]

Quanto a ortodoxia da ideologia, no entanto, afirma Hobsbawm:

> Ao contrário do comunismo russo, o chinês praticamente não tinha relação direta com Marx e o marxismo. O conhecimento de teoria marxista do próprio Mao parece ter deri-

---

[541] Ver Gaspari, 2014b, p. 421.

[542] Ver Reis Filho; Sá, 1985, p. 12.

[543] Ver Villa, 2004, p. 158.

[544] Ver Reis Filho; Sá, 1985, p. 107.

[545] Ver Reis Filho; Sá, 1985, p. 19.

[546] Entre os grupos que ilustraram essa dicotomia está o Partido Operário Revolucionário, fundado em 1953, com influência no pensamento de Leon Trotski e vinculado à Quarta Internacional. Suas propostas incluíam a criação de milícias camponesas e o julgamento de patrões por tribunais populares. Nenhuma ideia, no entanto, mais inconsequente do que a tese da "inevitabilidade da guerra atômica", segundo a qual uma guerra nuclear entre grandes potências deveria ser incentivada, pois, "apesar dos milhões de mortes, o socialismo poderia renascer das cinzas do conflito". Foi com esse argumento que os trotskistas organizaram um abaixo assinado *contra* a retirada dos mísseis de Cuba, em 1962, visualizando nesta a confirmação de suas teorias proféticas. No contexto dos eventos que circundam o março de 1964, esse grupo acabaria se aproximando da figura de Leonel Brizola, em especial, a partir do final de 1963. Ver Moraes, 2011, p. 79 e Bezerra, 2019, p. 498.

[547] Ver Gorender, 2014, p. 40.

[548] Ver Gorender, 2014, p. 63.

vado quase inteiramente da História do PCUS: breve curso, de 1939. [...] todas as utopias social-revolucionárias têm alguma coisa em comum, e Mao, sem dúvida com toda a sinceridade, pegou os aspectos de Marx e Lenin que se encaixavam em sua visão e usou-os para justificá-la.[549]

A China do início dos anos 1960 — quando as mortes, fruto da coletivização forçada, já contabilizavam 30 milhões — vivia agora sua etapa de perseguição aos cultos[550]. Essa tendência se refletiu nos círculos brasileiros identificados com o maoísmo, alcançando, por exemplo, uma organização fundada por cristãos progressistas: a Ação Popular (AP).[551] Materializava-se, assim, aquilo que Gorender[552] denominou "esquerdização do pensamento católico".

Se o cristianismo cultuado no interior da Juventude Universitária Católica (JUC), de onde nascera a Ação Popular, pôde inicialmente conter incursões ideológicas, o quadro se alteraria com a investida da chamada Revolução Cultural Chinesa, a partir da qual, segundo Ridenti,[553] o maoísmo conquistou de vez os dirigentes da AP.

Pontua o ex-militante da AP Heitor de Paola[554] que o abandono das noções burguesas de moralidade religiosa possuíam caráter estratégico: os princípios de não matar ou roubar eram incompatíveis com a proposta revolucionária. Ao seu cargo, enquanto militante da AP e estudante de medicina, ficou a responsabilidade pelo furto de materiais de primeiros socorros. Em seu livro, Paola relata, ainda, o curioso choque entre a causa sexual e a causa revolucionária:

> Anos depois, ao reencontrar a esposa de um antigo "companheiro", ela me contou que o mesmo tinha caído na clandestinidade, tornando-se um revolucionário profissional. Ela o acompanhara até o momento em que ele mostrou a ela a "necessidade revolucionária" de estar disponível para satisfazer sexualmente outros militantes clandestinos que não tinham como fazê-lo sem risco, fora da organização.

---

[549] Ver Hobsbawm, 1995, p. 452-453.

[550] Entre os perseguidos, Dalai-Lama, o líder espiritual, visando escapar da tortura chinesa, percorreu quase 500 quilômetros a cavalo até a fronteira com a Índia, onde recebeu asilo (Gilbert, 2017, p. 441, 448 e p. 454).

[551] A AP surgiu em 1962 com forte influência na direção da UNE. Alguns de seus integrantes ocupariam postos importantes no governo de Fernando Henrique, a partir de 1994, entre eles o ministro José Serra (Ridenti, 2002, p. 225 e 227).

[552] Ver Gorender, 2014, p. 44.

[553] Ver Ridenti, 2002, p. 258.

[554] Ver Paola, 2022, p. 28.

> Profundamente decepcionada, ela o abandonara e voltara para sua cidade e sua família.[555]

Quanto à progressiva substituição do cristianismo pelo marxismo maoista, os textos produzidos pela AP apontam que a subserviência às ideias Mao Tsé-Tung passou a adquirir um caráter mítico.

> A direção da AP chegava a pregar que estes textos seriam poderosa arma espiritual, de que os militantes deveriam se valer, por meio da leitura e aplicação, como tarefa central e diária, a fim de que cada um fizesse uma grande revolução ideológica até o mais íntimo de si mesmo.[556]

O caráter sagrado atribuído aos escritos de Mao trouxe como novidade o ritual da "purificação revolucionária" com produção de autocríticas aos desvios pequeno-burgueses, tratados como um tipo de "pecado original".[557] Segundo Renato Mocellin,[558] chegou-se "ao ridículo de exigir que os militantes fizessem uma autocrítica de Deus". Segundo o sociólogo e fundador da AP, Herbert José de Sousa, acerca da conversão ao maoísmo: "Um católico praticante fervoroso pode virar um maoísta numa questão de segundos, porque você tem Deus, que é o Mao, tem o camarada que é o chefe, você tem a revolução que é inexorável. [...]. Tem a Bíblia vermelha, que é pequenininha e fácil de ler".[559]

A campanha interna de proletarização empreendida pela AP levou a organização a se infiltrar em meios populares como o ABC Paulista, a zona canavieira de Pernambuco, a região cacaueira da Bahia e o Vale do Pindaré no Maranhão.[560]

Segundo Gorender,[561] o estudo da AP, com sua trajetória sinuosa e eruptiva, contribui para a compreensão do próprio desenvolvimento da esquerda latino-americana.[562] Com influência no movimento estudantil, entre outras entidades representativas, uma disputa interna na AP culminou na criação do Partido Revolucionário dos Trabalhadores (PRT). Entre os membros estava o padre Alípio Cristiano de Freitas, arquiteto

---

[555] Ver Paola, 2022, p. 30.

[556] Ver Ridenti, 2002, p. 263.

[557] Ver Ridenti, 2002, p. 264.

[558] Ver Mocellin, 1999, p. 35.

[559] Ver Souza, 1996, p. 83.

[560] Ver Arquidiocese de São Paulo, 2011, p. 135.

[561] Ver Gorender, 2014, p. 130.

[562] Ver Ridenti, 2002, p. 213 e p. 227.

da explosão no aeroporto Guararapes em Recife, que, em julho de 1966, resultaria em duas mortes e 13 feridos, incluindo uma criança de seis anos.[563] Segundo os ex-integrantes da AP e do MR-8, Ferreira de Sá e Aarão Reis,[564] as mensagens das revoluções cubana e chinesa "caíram como uma luva nas mãos impacientes por apertar gatilhos".

Em janeiro de 1973, o Comitê Central da Ação Popular Marxista-Leninista – outra dissidência da AP – decidiu, por maioria, incorporar-se ao PCdoB nele reconhecendo a autêntica vanguarda proletária.[565] De acordo com Ridenti,[566] a fusão entre essas duas organizações teria sido incentivada pela própria China, que reconhecia no PCdoB o seu correspondente brasileiro oficial.

Um relatório do Centro de Inteligência do Exército (CIE), de 1973, estima que 107 militantes brasileiros tenham realizado treinamento na China.[567]

O primeiro grupo do PCdoB enviado à Academia Militar de Pequim[568] partira quase uma década antes, ainda em março de 1964. De acordo com Gorender,[569] até 1966 outras duas turmas seriam enviadas pelo partido para realização da mesma capacitação militar.[570] Inspirados no êxito do Partido Comunista da China, esses grupos se distinguiriam dos demais envolvidos na luta armada pela aposta rural, distanciando-se, portanto, dos centros urbanos.[571] Assim, segundo Gorender,[572] a direção do PCdoB passou a buscar o local que serviria de "núcleo iniciador da guerra popular" rumo à revolução brasileira. Este local seria encontrado na região amazônica, ao sul do Pará, onde, de maneira sigilosa e cautelosa, dar-se-ia, a partir de 1967, a fixação e preparação para a Guerrilha do Araguaia.

---

[563] Ver Ustra, 2007, p. 155 e Gorender, 2014, p. 125.

[564] Ver Reis Filho; Sá, 1985, p. 15.

[565] Ver Gorender, 2014, p. 130.

[566] Ver Ridenti, 2002, p. 248.

[567] Ver Bezerra, 2019, p. 643.

[568] Ver Villa, 2014, p. 9 e p. 208.

[569] Ver Gorender, 2014, p. 119.

[570] De acordo com Gaspari (2014b, p. 417), o número de vagas concedidas pelos chineses era restrito, tendo o PCdoB enviado, entre 1964 e 1968, cerca de 18 militantes.

[571] Ver Gorender, 2014, p. 120.

[572] Ver Gorender, 2014, p. 121.

6

RADICALIZAÇÃO NA ANTESSALA DO COLAPSO

"O dever de propagar as ideias comunistas inclui a necessidade de propaganda e agitação nos exércitos" – 4ª entre 21 diretrizes da III Internacional Comunista para filiação dos partidos.
(Rodrigo Lima)[573]

Na esfera militar, o tabuleiro da Guerra Fria brasileira estava dividido em quatro exércitos constituídos: o 1º Exército, com jurisdição no RJ, ES e MG; o 2º Exército, com jurisdição em SP e MT; o 3º Exército, no RS, SC e PR; e o 4º Exército, nos estados do Nordeste.[574] Todos subordinados ao ministro da Guerra que, por sua vez, era subordinado ao presidente da República.

Segundo os historiadores Angela Gomes e Jorge Ferreira,[575] o histórico de conflitos na região do Prata fez com que, tradicionalmente, as tropas do Sul fossem melhor equipadas, uma lógica que, ainda em 1964, se aplicava ao 3º Exército. Mesmo unificados sob o comando do ministro da Guerra, essa disparidade se mostraria problemática, na medida em que a polarização penetrava os quartéis.

Assim, Ferreira e Gomes, biógrafos do então presidente João Goulart, abordam o dilema do Brasil de 64: tanto as direitas como as esquerdas estavam dispostas a recorrer aos militares para alcançar seus projetos de poder.[576] De acordo com os autores, no entanto, enquanto presidente, Jango chegou a desfrutar do voto de confiança de uma parcela considerável da sociedade, da imprensa e das Forças Armadas, sendo distorcidas, portanto, as visões que apresentam seu governo permeado por crises e

---

[573] Ver Lima, 2017.

[574] Essa estrutura militar foi instituída pelo decreto 39.863, de 18 de agosto de 1956. Somando-se aos quatro Exércitos criou-se também o Comando Militar da Amazônia, com jurisdição sobre o Pará, Rondônia, Acre, Amapá e Amazonas. Ver Stepan, 1975, p. 2 e William, 2005, p. 191.

[575] Ver Ferreira; Gomes, 2014, p. 32.

[576] Ver Ferreira; Gomes, 2014, p. 136.

boicotes do início ao fim.[577] Esse voto de confiança, nunca unânime, perduraria até os últimos meses de 1963. O motivo para tanto é precisamente o tema deste capítulo.

Quanto à questão sobre ter o presidente representado ou não uma ameaça comunista, a resposta negativa, hoje sabemos, não o eximiu de contribuir — não sozinho — para o colapso da frágil democracia brasileira. Entre os nomes que confirmam as articulações do golpe janguista estão Brizola, Celso Furtado,[578] José Serra, Jacob Gorender, Marighella, Prestes, Darcy Ribeiro, Leandro Konder e o deputado comunista Marco Antônio Tavares Coelho, para citar apenas nomes situados no espectro de esquerda. Para que esse projeto fosse concretizado, o presidente necessitava mais do que o apoio da cúpula a que denominava de seu "dispositivo militar";[579] necessitava também da categoria militar de natureza executiva, conhecida como elo entre comando e tropa: a classe dos sargentos.

O enigma Goulart

Antes de se tornar presidente, alguns aspectos colocaram em animosidade a relação entre Jango e os militares. Como ministro de Getúlio Vargas, contrariando o parecer técnico de seu próprio ministério, Goulart propôs a duplicação do salário mínimo, uma medida inflacionária com reflexos na caserna. A resposta militar veio na forma de um manifesto, assinado por 42 coronéis e 39 tenentes-coronéis, que levou não somente à destituição de Jango mas também do ministro da Guerra, general Ciro do Espírito Santo Cardoso. A proposta de aumento salarial, contudo, seria mais tarde efetivada.

De volta ao poder executivo, reeleito vice-presidente em outubro de 1960 e autoproclamado herdeiro de Vargas,[580] Jango protagonizaria em 1961 as negociações que levaram ao reatamento entre Brasil e União Soviética, cujos laços estavam rompidos desde 1947.[581]

---

[577] Segundo os autores, o presidente conseguiu aprovar projetos como a Lei de Remessas e Lucros, Estatuto do Trabalhador Rural, Plano Nacional de Educação e o Plano Nacional de Alfabetização, que disseminaria o método de Paulo Freire pelo Brasil. Ver Ferreira e Gomes, 2014, p. 179, 212 e 215.

[578] Ver Villa, 2004, p. 84.

[579] Ver Skidmore, 1982, p. 287.

[580] Ver Skidmore, 1982, p. 279.

[581] Ver Villa, 2004, p. 39

Em agosto do mesmo ano, enquanto o mundo assistia à construção do muro de Berlim, símbolo máximo da Guerra Fria, o presidente Jânio Quadros renuncia, não sem antes orientar a formação de uma junta militar,[582] que se manifestaria contrária à posse do vice e sucessor legal, João Goulart. Evocando a manutenção da lei, da ordem e das instituições democráticas, tudo em referência ao art. 177 da Constituição vigente,[583] dizia o novo manifesto, assinado pelos três ministros das Forças Armadas:[584]

> No cargo de Vice-Presidente, sabido é que usou sempre de sua influência em animar e apoiar, mesmo ostensivamente, manifestações grevistas promovidas por conhecidos agitadores. E, ainda há pouco, como representante oficial da viagem à U.R.S.S. e à China Comunista, tornou clara e patente sua incontida admiração ao regime desses países, exaltando o êxito das comunas populares. [...] Na Presidência da República, regime que atribui ampla autoridade e poder pessoal ao chefe do governo, o Sr. João Goulart constituir-se-á, sem dúvida alguma, no mais evidente incentivo a todos aqueles que desejam ver o País mergulhado no caos, na anarquia, na luta civil. As próprias Forças Armadas, infiltradas e domesticadas, transformar-se-iam, como tem acontecido noutros países, em simples milícias comunistas.[585]

Em suma, a segurança nacional era colocada em pauta contra a posse de Jango.[586] Em resposta, o então governador Leonel Brizola mobilizou a Guarda Civil para confiscar os equipamentos da Rádio Guaíba e levá-los para o Palácio Piratini. Assim, interligado a centenas de outras emissoras rádios, organizou um chamamento à população. A esse movimento pela posse de seu cunhado, Brizola chamou Rede da Legalidade.[587] De acordo com Bezerra:

> A principal base de apoio de Brizola, porém, foram os militares de baixa patente, sobretudo sargentos e marinheiros, os quais incitava frequentemente a pegar em armas contra seus superiores. [...] Ao aparecer na televisão, Brizola "muitas vezes aparecia com dois fuzileiros navais, empunhando seus

---

[582] Ver Ferreira e Gomes, 2014, p. 29.

[583] As problematizações desse e dos demais artigos que definiram o papel das Forças Armadas ao longo de diferentes Constituições serão discutidas na parte três do livro.

[584] Emitido em 30 de agosto de 1961.

[585] Transcrito por Deny, 1993, p. 72-73.

[586] Ver Villa, 2004, p. 45.

[587] Ver Villa, 2004, p. 47.

fuzis, um de cada lado do líder". Dificilmente poderia haver um provocador mais atuante — e mais irresponsável.[588]

Brizola contava com o apoio do marechal Henrique Lott, que, tendo mobilizado outros militares para a causa, acabou preso pelo ministro da Guerra.[589]

No Palácio Piratini, uma mensagem em código morse acabou interceptada pelos técnicos de Brizola. Tratava-se de uma ordem para deposição do governador, destinada ao comandante do 3º Exército, general Machado Lopes. O impensável, porém, aconteceu: o comandante do mais poderoso dos exércitos anunciou apoio à Rede da Legalidade e o rompimento com o ministro da Guerra. Em resposta, a junta militar nomeou o general Cordeiro de Farias para comandar a unificação das forças do 1º e 2º Exércitos que deveriam marchar sobre o Sul. Estava montado o palco de uma guerra de "exércitos brasileiros", no plural.

O impasse acabou resolvido no Congresso, ou pelo menos adiado, com o desengavetamento de uma emenda que alterava o presidencialismo para o parlamentarismo, reduzindo, assim, os poderes do novo presidente sobre as Forças Armadas, que teriam como seu chefe supremo não João Goulart, mas a figura do primeiro ministro.

É importante desmistificar um erro comum: os ministros militares não propuseram o parlamentarismo. Eles o aceitaram como solução, apresentada pelo Congresso, ao que os militares entendiam como a iminência de uma guerra oportuna para marxistas e seus projetos revolucionários em curso.[590]

A emenda instituindo o parlamentarismo foi aprovada,[591] mas Jango não sairia perdendo. Articulou e conseguiu alçar à função de primeiro--ministro um político de sua confiança: Tancredo Neves.[592] O presidente empreenderia, ainda, uma campanha de bastidores para minar o sistema parlamentarista e antecipar o plebiscito que lhe colocaria fim.[593]

---

[588] Ver Bezerra, 2019, p. 472.

[589] Ver Ferreira e Gomes, 2014, p. 32.

[590] Ver Denys, 1993, p. 75.

[591] Aprovada na Câmara por 233 votos favoráveis e 55 contrários, contanto, inclusive, com o voto de parcela do partido de Goulart, o PTB. A vitória da emenda foi selada no Senado por 47 votos a favor e cinco contra (Villa, 2004, p. 56).

[592] Ver Villa, 2004, p. 63.

[593] Ver Ferreira e Gomes, 2014, p. 46.

Assim, contando com o apoio de uma oposição igualmente interessada na disputa presidencial, Jango recuperou os plenos poderes presidenciais em janeiro de 1963. Para isso, utilizou-se de:

> Um manifesto do recém-criado Comando Geral dos Trabalhadores — uma central sindical não oficial controlada pelo Partido Comunista que, assinado por três federações e 563 sindicatos de trabalhadores, ameaçou uma greve geral caso o Congresso Nacional não aprovasse a antecipação do plebiscito. Jango, porém, sabia muito bem que o apoio que importava, como elemento definidor da crise, deveria vir do Exército.[594]

Não foi apenas o sindicalismo que serviu como ferramenta para Goulart. É chegada a hora de uma segunda desmistificação oportuna: Jango não queria os militares fora da política. Queria-os em prol de *sua própria* política. Tornar-se-ia o presidente que mais promoveu generais — 42 em dois anos e meio de governo.[595]

Não apenas o Comando Geral dos Trabalhadores (CGT), mas também o comandante do 3º Exército, atual Comando Militar do Sul, emitiu, por meio da imprensa, uma declaração de apoio à antecipação do plebiscito. No documento, o general Jair Dantas Ribeiro advertia o ministro da Guerra que não possuía condições de cumprir sua missão caso o povo se insurja frente a recusa do Congresso em antecipar o plebiscito. *"A presente explanação não é uma ameaça, nem uma imposição, mas uma advertência"* escreveu o general, que logo seria designado para ser o ministro da Guerra de João Goulart. A declaração, naturalmente, foi interpretada em tom de ameaça pela classe militar. Ao general Dantas, somava-se o apoio do general Osvino Alves, comandante do 1º Exército. Assim, de acordo com Villa:

> [...] os dois maiores Exércitos em homens e em armas estavam comungando plenamente dos desejos de Jango. "Amauri Kruel teria, de acordo com Mourão Filho, planejado minuciosamente o fechamento do Congresso em caso de recusa da antecipação do plebiscito." Celso Furtado, na época superintendente da Sudene, que tinha elaborado um manifesto para unir as forças progressistas antes das eleições de outubro, procurou várias personalidades políticas para discuti-lo, tentando obter apoio para suas teses. O

---

[594] Ver Villa, 2004, p. 84.
[595] Ver Villa, 2004, p. 211.

economista foi surpreendido quando, ao se encontrar com Jango, este lhe disse: "Celso, aquele seu manifesto tem sido apreciado por várias pessoas. O Osvino achou que ele está ótimo para ser utilizado num golpe"[596]

Para Ferreira e Gomes,[597] a declaração dos generais não podia ser mais clara. Se o Congresso não aprovasse o plebiscito, o Exército não defenderia o Congresso. Tratava-se de uma ameaça a favor do presidencialismo. Em outros termos: um possível golpe em favor de João Goulart e uma ruptura na unidade militar.

Incomodado com o que considerou um ato de indisciplina, o ministro da Guerra, general Nelson de Melo, único porta-voz oficial do Exército, acusou Brizola de estar por trás das manifestações dos militares.[598] Mais uma vez, para Ferreira e Gomes, ele tinha razão. O plano viria a tona décadas depois, quando se soube que, aos pronunciamentos militares, se agregaria uma série de greves coordenadas pelo CGT: "Se não fossem atendidos em suas reivindicações (antecipação do plebiscito), o Congresso poderia ser fechado por golpe militar, conduzido pelos generais Jair Dantas Ribeiro e Osvino Ferreira Alves, com o apoio sindical e a liderança política de Leonel Brizola".[599]

A forma e as condições sob as quais esse golpe se daria eram uma incógnita. Para o próprio Jango a situação exigia cautela, tendo o presidente a plena consciência de que não seria ele mas sim Brizola o maior beneficiado por uma hipótese de ruptura institucional. Para Ferreira e Gomes, não foi outro o motivo do presidente ter começado a transferir todos os generais apoiadores de Brizola dos comandos de tropa.[600]

O fato é que o próprio João Goulart começaria a perder o apoio de que ainda desfrutava, entre a parcela nacionalista das Forças Armadas, a partir de eventos como o da descoberta dos campos de guerrilhas em Dianópolis, interior de Goiás. Nesse local, em dezembro de 1962, a apreensão de armas e documentos[601] permitiu comprovar enfim o patrocínio do regime cubano na implantação de guerrilhas pelo Brasil.[602] Como não

---

[596] Ver Villa, 2004, p. 84.
[597] Ver Ferreira; Gomes, 2014, p. 115.
[598] Ver Ferreira; Gomes, 2014, p. 116.
[599] Ver Ferreira; Gomes, 2014, p. 117.
[600] Ver Ferreira; Gomes, 2014, p. 118.
[601] Ver Moraes, 2011, p. 90.
[602] Ver Rollemberg, 2009, p. 26.

poderia deixar de ser, o Exército e a polícia foram acusados de abuso de autoridade contra os camponeses, porém a atitude do presidente foi surpreendente: em posse das provas, remeteu o material apreendido a Fidel Castro, num episódio que muitos historiadores, justificando o injustificável, chamam de "gesto discreto e conciliatório".[603] O assunto teria se encerrado aí, não fosse a queda do avião que transportava os documentos para Cuba. Segundo o jornalista Flávio Tavares:[604]

> O ministro cubano despediu-se de Jango e tomou um avião da Varig para chegar ao México e, de lá, retornar a Havana. Nunca chegou, porém. Antes de aterrissar na escala em Lima, no Peru, o Boeing caiu e morreram todos os passageiros. A pasta de couro em que o ministro Zepeda levava a documentação foi encontrada entre os destroços e entregue à CIA norteamericana, que divulgou os documentos num carnaval acusatório a Cuba pelas três Américas.[605]

De posse dos documentos, a CIA possuía não apenas provas das ações cubanas na América Latina, mas indícios da conivência do Brasil. O embaixador Lincoln Gordon enviou informes a Washington acerca do que considerava uma "esquerdização" do governo brasileiro — crescia o temor de um possível golpe janguista, arquitetado para antes de janeiro de 1966.[606] Com base nas provas encontradas, outros focos de guerrilha seriam desmobilizados, porém um alerta fora emitido: o projeto guerrilheiro ratificava as teses de Guerra Insurrecional ou Guerra Revolucionária, estudadas na Escola Superior de Guerra (ESG).

Inspirada no National War College dos EUA, a ESG foi inaugurada em 1949, com o ex-tenentista Juarez Távora como um de seus primeiros comandantes. Segundo Boris Fausto,[607] a doutrina da Segurança Nacional, desenvolvida na ESG, propôs um "método de interpretação dos fatores políticos, econômicos e militares que condicionam o conceito estratégico". A abertura da ESG aos civis, conforme o mesmo historiador, consolidou

---

[603] Ver Sales, 2007, p. 49.

[604] Jornalista do Última Hora, jornal considerado porta-voz do getulismo de esquerda, Flávio Tavares foi ligado ao MR-21, o Movimento Revolucionário 21 de Abril e posteriormente ao MAR, o Movimento de Ação Revolucionária. Ver Arquidiocese de São Paulo, 2011, p. 149.

[605] Ver Tavares, 1999, p. 78.

[606] Ver Villa, 2004, p. 93 e p. 110.

[607] Ver Fausto, 2008, p. 453.

sua ligação com o IPES e o IBAD[608] na busca por uma política que impedisse o avanço comunista e garantisse o desenvolvimento econômico.[609]

A subsequente quebra da hierarquia militar e da disciplina indicava que a Guerra Revolucionária, estudada na ESG, estava chegando aos quartéis.[610]

De acordo com Villa, o transcurso do governo Jango foi marcado por incoerências, ora sinalizando uma possível guinada à direita, ora à esquerda, às vezes defendendo uma convivência harmônica com o Congresso, às vezes ameaçando fechá-lo.[611] O caos político-administrativo pode ser medido não apenas pela inflação de 80%,[612] mas pela alternância de ministros: "Em 31 meses, foram seis ministros da Educação e do Trabalho, cinco ministros da Justiça, Relações Exteriores, Saúde, Indústria e Comércio e Minas e Energia, quatro ministros da Marinha, Exército e Agricultura e três da Viação e Aeronáutica".[613]

Apesar de seu partido, o PTB, possuir a maior banca na Câmara dos Deputados, o presidente insistia que não podia governar com um Congresso conservador, o que inviabilizava seus projetos de reformas de base.[614]

Em setembro de 1962, um mês antes da Crise dos Mísseis, Goulart sancionou a lei de remessa de lucros, que ainda seria regulamentada em janeiro de 1964. A partir dela, empresas estrangeiras instaladas no país seriam proibidas de remeter mais do que 10% do capital registrado no Brasil.[615]

O ano de 1963 viu grandes diários de imprensa noticiarem a intensificação de greves, muitas de caráter partidário, convocadas pelo CGT

---

[608] Fundado em 1961 e presidido pelo general Golbery de Couto e Silva, o Instituto de Pesquisas e Estudos Sociais (IPES) consolidou a vertente militar do estado centralizado e uma ordem econômica favorável ao capital estrangeiro. Tornou-se uma espécie de governo marginal, publicando estatísticas que não confiavam nas do governo. O IPES formou parcerias, destacando-se o Instituto Brasileiro de Ação Democrática (IBAD), fundado em 1959, ambos beneficiados pelo programa Aliança para o Progresso dos EUA, que visava acelerar o desenvolvimento econômico e social da América Latina.

[609] Em seu penúltimo discurso como presidente, Castello Branco afirmou que as doutrinas da Segurança Nacional e desenvolvimento, teorizadas na ESG, foram incorporadas nas leis, organizações e na constituição brasileiras durante seu governo. Ver Stepan, 1975, p. 179.

[610] Ver Ferreira e Gomes, 2014, p. 138.

[611] Ver Villa, 2004, p. 239.

[612] Segundo Motta (2020, p. 278), essa taxa inflacionária levou a rápida deterioração dos salários, levando, por consequência, os trabalhadores a acolher a pregação de lideranças mais radicais.

[613] Ver Villa, 2004, p. 195.

[614] Ver Villa, 2014b, p. 25.

[615] Ver Brasil, 1962.

— um agrupador de sindicatos, ilegal segundo legislação da época.[616] Em outubro, 700 mil trabalhadores pararam em São Paulo contra a inflação de 80%.[617] Chegou-se ao ponto de categorias entrarem em greve em solidariedade à luta de outras categorias.[618] Em termos comparativos, enquanto nos últimos três anos do governo Kubitschek o Brasil registrou 177 greves, os três anos seguintes alcançaram o total de 435 greves.

No fim de 1963, o número de sindicatos de trabalhadores rurais existentes era 270. A esse número logo seriam acrescentados os 557 em processo de reconhecimento junto ao Ministério do Trabalho.[619] Foi sob esse clima de efervescência que a ideia de sindicalização, enfim, chegou aos quartéis.[620]

Hierarquia e indisciplina

Em 1962, à revelia dos regulamentos militares, deu-se a criação da Associação de Marinheiros e Fuzileiros Navais do Brasil (AMFNB), dando início ao que Soriano denominou "nocivo sindicalismo militar".[621] Em notícia do jornal *O Estado de S. Paulo* de 11 de abril e 12 de maio de 1963, declarava o sargento Rodrigues Cunha: "Nós, sargentos e oficiais progressistas, autênticos nacionalistas, pegaremos em nossos instrumentos de trabalho e faremos as reformas juntamente com o povo, e lembrem-se os senhores reacionários que o instrumento de trabalho do militar é o fuzil".[622]

No entendimento do brigadeiro Rui Moreira Lima, foi por mera ingenuidade e desconhecimento do princípio da hierarquia que Goulart passou a receber cartas de sargentos, logo atendendo pedidos de transferências, sem consultar o canal de comando. Jango também ordenou apuração junto ao ministro da respectiva Força sobre motivações que teriam levado a prisões disciplinares.[623] De acordo com Stepan,[624] as reivindicações por direitos políticos dos sargentos eram endossadas por Leonel Brizola, que as entendia como a chave para uma ruptura nas Forças Armadas.

---

[616] Ver Ferreira e Gomes, 2014, p. 251.

[617] Ver Trespach, 2017, p. 203.

[618] Ver Motta, 2020, p. 278.

[619] Ver Moraes, 2011, p. 37 e 47.

[620] Ver Carneiro, 1989, p. 467.

[621] Ver Neto, 2014, p. 11

[622] Transcrito em Villa, 2004 p. 104.

[623] Ver Moraes, 2011, p. 309.

[624] Ver Stepan, 1975, p. 119.

Como uma repetição do clima pré-intentona, as demandas por direitos que lhes eram vedados foram exploradas na cooptação de praças, entre eles o desejo de votar e ser votado, casar e constituir família e mudanças nos regulamentos disciplinares. Segundo o sargento e fuzileiro naval Narciso Júlio Gonçalves, ligado à Associação dos Sargentos da Marinha: "As praças mais politizadas passaram a integrar associações que surgiam em todo o país, muitas vezes integrando grupos de estudos, nos quais se discutiam escritos de Marx, Lenin, Paulo Freire e Nelson Werneck Sodré".[625]

Para Jelcy Rodrigues, na época subtenente do Exército, "na questão social, o sargento era o operário fardado". Em 11 de maio de 1963, em discurso para mais de mil praças na assembleia no IAPC,[626] no Rio de Janeiro, advertira o subtenente: "Se os reacionários não permitirem as reformas de base, usaremos para realizá-las nosso instrumento de trabalho: o fuzil".[627]

De acordo com Gaspari,[628] desde 1961, quando sargentos foram empregados para garantir a posse de Jango, algumas organizações militares viviam "sob uma espécie de duplo comando", com sargentos que não cumpriam suas escalas de guarda e administravam "paióis particulares". Segundo Konder,[629] circularam denúncias de que armamentos começavam a ser desviados das Forças Armadas a fim de constituir o estoque de uma conspiração militar em favor de Jango.

A evolução dos acontecimentos atingiu seu auge em 12 de setembro de 1963, quando centros estratégicos da capital federal[630] foram ocupados durante 12 horas por sargentos e cabos da Aeronáutica e da Marinha. Tratava-se da concretização de uma ameaça proferida em março, durante passeata pela elegibilidade dos praças. Na ocasião, defendeu o sargento Garcia Filho que a justiça eleitoral deveria ser fechada e "os responsáveis pela tirania do poder econômico enforcados".[631]

Altas autoridades da República foram confinadas, junto com os oficiais das bases e dos ministérios militares já tomados,

---

[625] Ver Moraes, 2011, p. 99.

[626] Instituto de Aposentadorias e Pensões dos Comerciários.

[627] Ver Moraes, 2011, p. 100.

[628] Ver Gaspari, 2014a, p. 93.

[629] Ver Konder, 2003, p. 76.

[630] Foram tomadas a Base Aérea, o Grupamento de Fuzileiros Navais, o Serviço de Radiopatrulha do Departamento Federal de Segurança Pública, no Ministério da Justiça, a Central Telefônica de Brasília, o Ministério da Marinha, a Câmara dos Deputados e a sede do STF. Ver Bezerra, 2019, p. 572.

[631] Ver Augusto, 2001, p. 105.

no Cassino dos Oficiais da Base Aérea de Brasília. Nesse momento, a capital esteve, praticamente, sob controle dos rebelados. Criou-se uma situação verdadeiramente insólita, na qual os poderes da República, com a exceção do Poder Executivo, tornaram-se literalmente reféns de um grupos de militares subalternos amotinados.[632]

A revolta dos sargentos, como ficaria conhecida, fez reféns o presidente da Câmara, um juiz do Supremo Tribunal e alguns oficiais. O Batalhão de Guarda Presidencial conteve o movimento até a chegada dos 280 paraquedistas que entrariam em confronto direto com os revoltosos.[633] Um funcionário do Departamento Nacional de Estradas e um fuzileiro naval morreram no tiroteio.[634] Foram presos 536 militares.[635] O evento repercutiria na imprensa internacional, tendo o jornal francês *Le Monde* descrito a conjuntura da seguinte forma:

> A crise de autoridade alcança tais proporções no país que já se começa a considerar que as Forças Armadas são o último foco de energia, em que pese a peculiar desconfiança que inspiram os militares no Brasil. O problema, pois, é de se saber se o Exército resistirá durante muito tempo aos cantos de sereia.[636]

O coronel Soriano[637] pontua a estranheza da conveniente ausência de Goulart na capital federal durante a eclosão dos eventos, tendo regressado apenas após debelada a revolta. O episódio, defendido por Brizola e "tolerado" por Goulart, foi mais um capítulo na escalada de corrosão da opinião civil e militar acerca do governo.[638] Foi também um dos maiores abalos à hierarquia e disciplina das Forças Armadas já registrado. De acordo com Dênis de Moraes,

> Mesmo com o fracasso do motim, a alta oficialidade e os setores políticos moderados ou conservadores ficaram de cabelo em pé. No outro lado do front, forças de esquerda e nacionalistas sonhavam mais do que nunca, em agregar

---

[632] Ver Bezerra, 2019, p. 572.

[633] Ver Ferreira e Gomes, 2014, p. 180.

[634] Ver Arquidiocese de São Paulo, 2011, p. 159.

[635] Ver Villa, 2004, p. 115; e Bezerra, 2019, p. 573.

[636] Transcrito por Villa, 2004, p. 116.

[637] Ver Neto, 2014, p. 11.

[638] Ver Stepan, 1975, p. 120.

os sargentos às suas hostes, ou pelo menos manter o movimento sob seu raio de influência.[639]

Segundo Ferreira e Gomes,[640] além de fornecer argumentos sólidos para os militares situados na oposição janguista, o evento proporcionou uma nova e perigosa reflexão aos oficiais nacionalistas e legalistas, entre eles Peri Bevilacqua, comandante do 2º Exército e um dos primeiros generais a defender a posse de João Goulart na crise de 1961. Essa reflexão era: "O que poderia fazer um grupo maior e mais bem articulado, como a ala janguista do Exército, que dispunha do apoio de generais e centenas de oficiais com comando de tropa?".

Ainda que a revolta dos sargentos tenha levado os oficiais que ainda apoiavam Jango a exigir mais rigor do presidente na aplicação dos códigos disciplinares,[641] o fato é que não havia semana sem que um militar fosse preso por razões de ordem política.[642] Para uma parcela da oficialidade, essa indisciplina crescente colocava em questão a sobrevivência organizacional da instituição.[643]

Em 12 de outubro, *O Estado de S. Paulo* noticiou o pronunciamento em que o deputado Max da Costa Santos — advogado dos marinheiros no caso do STF — afirmava que a estrutura interna das Forças Armadas era um "espaço de luta de classes".[644] "Estávamos lutando para recuperar essa gente, mas a maioria ia para o Brizola", contaria Carlos Prestes a Dênis de Moraes, na mesma entrevista em que revela o intuito puro e simples da tentativa de cooptar sargentos: "obter um braço armado".[645]

Segundo Dênis de Moraes, um assessor de Brizola lhe confidenciara que "dos 40 mil sargentos em serviço, cerca de 22 mil eram brizolistas".[646] Do estreitamento com o discurso de Brizola, deu-se, em outubro de 1963, a criação dos Grupos dos Onze, inspirados na estratégia exitosa da Revolução Cubana e definidos mais tarde por Brizola como "clubes de resistência democrática".[647] O número de grupos chegaria, segundo o próprio

---

[639] Ver Moraes, 2011, p. 101.

[640] Ver Ferreira; Gomes, 2014, p. 182.

[641] Ver Bezerra, 2019, p. 574.

[642] Ver Villa, 2004, p. 137

[643] Ver Gorender, 2014, p. 61.

[644] Ver Villa, 2004, p. 129.

[645] Ver Moraes, 2011, p. 264.

[646] Citado por Bezerra, 2019, p. 573.

[647] Ver Gorender, 2014, p. 56 e 67; e Villa, 2004, p. 143-144.

O QUE VOCÊ AINDA NÃO SABE SOBRE 1964: IDEOLOGIA & POLARIZAÇÃO NA GUERRA FRIA DO BRASIL

idealizador, a 24 mil em todo o país. Neiva Moreira, deputado brizolista, apresenta um número maior: 60 a 70 mil integrantes.[648]

> Para o deputado, seria como no futebol, "onde cada um tem a sua missão". Numa curiosa concessão ao burocratismo brasileiro, associou-se a intenção revolucionária à tradição cartorial. O grupo deveria se reunir e assinar uma ata.[649]

"No caso da derrota do movimento", dizia um documento apreendido pelo Exército numa célula do Grupo dos Onze, na rua Marquês de Caxias, 24, Niterói, "os reféns deverão ser sumária e imediatamente fuzilados, a fim de que não denunciem seus aprisionadores".[650]

É nesse clima de radicalização que se insere a entrevista concedida por Carlos Lacerda ao *Los Angeles Times* e transcrita na edição de *O Estado de S. Paulo* de 1º de outubro de 1963. Na ocasião, o governador da Guanabara defendeu abertamente a necessidade de uma intervenção norte-americana para tutelar ou depor o presidente da República no Brasil.[651] Em resposta, os ministros militares de Jango repudiaram oficialmente a afirmação e sugeriram que Lacerda fosse processado pela Lei de Segurança Nacional. Após uma reunião com todos os ministros,[652] em 4 de outubro, Goulart encaminhou ao Congresso um pedido de estado de sítio, o que lhe garantiria amplos poderes para intervir em estados e prender opositores.[653]

Trinta anos depois, o ex-presidente da União Nacional dos Estudantes (UNE) José Serra revelaria em entrevista à *Folha de S. Paulo* que o estado de sítio solicitado por Jango fora, na verdade, apresentado como uma tentativa de golpe em reunião da qual o próprio Serra teria participado.[654] Para Villa,[655] seria o primeiro passo para um golpe de Estado "nos moldes de 1937" — uma hipótese mais tarde confirmada por Helio Bicudo e Paulo de Tarso, que ocupavam, respectivamente, os cargos de ministros da Fazenda e da Educação.[656]

---

[648] Ver Moraes, 2011, p. 149 e p. 325.

[649] Ver Villa, 2004, p. 143.

[650] Ver Carneiro, 1989, p. 511.

[651] Ver Villa, 2004, p. 118.

[652] Ver Ferreira e Castro, 2014, p. 188.

[653] Ver Villa, 2004, p. 119.

[654] Ver Villa, 2004, p. 123.

[655] Ver Villa, 2014, p. 41.

[656] Ver Villa, 2004, p. 124.

Os detalhes do golpe janguista foram denunciados pelo deputado federal Armando Falcão, filiado ao PDS, em entrevista concedida, simultaneamente, ao *Jornal do Brasil* e a *O Estado de S. Paulo* em 22 de novembro de 1963.[657]

Em 1964, o próprio Brizola — que articulava seu próprio golpe, munido de sargentos e marinheiros — já não descartava a hipótese de uma ruptura antecipada por João Goulart.[658] Diante da repercussão negativa, percebendo a derrota certa no Congresso e contando com a desconfiança de sua própria base de apoio,[659] o presidente retirou a solicitação de estado de sítio no dia sete de outubro.

Pouco depois, em novembro de 1963, uma nova polêmica recolocaria o presidente nos holofotes: a designação de uma unidade paraquedista para efetuar a prisão de Carlos Lacerda.[660] O coronel Boaventura, comandante do Grupo de Artilharia Paraquedista, reuniu sua tropa e comunicou o recebimento da ordem:

> Hoje pela manhã, recebi ordem do Comandante do Núcleo da Divisão Aeroterrestre, por intermédio do seu Chefe de Estado-Maior, para deslocar a Bateria de prontidão para a região do Hospital Miguel Couto, a fim de prender o Governador Carlos Lacerda. Solicitei que tal ordem, por conter características especiais e inusitadas, fosse a mim transmitida por escrito, conforme prevê o regulamento. O general disse que não pedira, de quem a recebera, por escrito e, portanto, não a daria por escrito. Respondi que enquanto não recebesse a ordem por escrito, não a cumpriria e me retirei do gabinete.[661]

De acordo com Agnaldo Del Nero,[662] com a recusa do subordinado, a mesma ordem seria ainda transmitida aos comandantes do Regimento de Infantaria e da Companhia de Comando e Operações Especiais. Todos os oficiais se negaram e, com isso, foram todos punidos.[663]

---

[657] Ver Silva, 2014, p. 227.

[658] Ver Villa, 2004, p. 191.

[659] Ver Ferreira e Gomes, 2014, p. 191.

[660] O caso da tentativa de prisão de Lacerda a mando de João Goulart, por meio de uma unidade paraquedista, é mencionado em Motta (2003, p. 244-249), Stepan (1975, p. 56) e Villa (2004, p. 123-124).

[661] Ver Motta, 2003, p. 248.

[662] Ver Augusto, 2001, p. 109.

[663] Ver Augusto, 2001, p. 133.

O coronel Renato Ustra[664] aponta que, valendo-se do prestígio e operacionalidade da Brigada Paraquedista, o presidente vinha buscando uma aproximação com essa tropa, selecionando, dali, os nomes para compor sua própria guarda pessoal. Começou-se a desconfiar que os paraquedistas figurariam, assim, como mais uma peça na articulação de Jango.

No final de outubro de 1963, na fazenda de Uruaçu, interior de Goiás, o presidente reuniu-se com oficiais de sua confiança. Na ocasião, o recém-nomeado chefe da Casa Militar, general Assis Brasil, apresentou ao presidente, com o auxílio de mapas, um levantamento detalhado das principais guarnições do país, afirmando que o chamado "dispositivo militar" estava em condições de emprego, sendo necessário, no entanto, "uma sequência bem urdida de promoções e transferências, reservando os cargos-chave de comando a oficiais fiéis a Jango".[665]

De acordo com Gaspari,[666] Prestes era um dos poucos que conhecia a lista dos quase cem oficiais que compunham o dispositivo militar em condições de serem mobilizados. Assim, gabava-se de seus dois generais ligados ao PCB que integravam o Alto Comando.[667]

Em suas memórias, o marechal Odylio Denys, um dos principais articuladores da deposição de João Goulart, relembra o informe fornecido pelo então governador de São Paulo, Adhemar de Barros, acerca do golpe janguista:

> Um pouco antes de março de 1964, recebi em minha casa, na tijuca, onde morava, a visita dele, que ao entrar foi logo me dizendo: "Marechal, vim agora do Palácio, onde o Jango me convidou para o golpe que vai dar. O golpe é o seguinte: no dia 19 de abril, aniversário do Dr. Getúlio, vai haver um comício comemorativo da data em Belo Horizonte e nele vai haver barulho, para justificar a intervenção do estado de Minas Gerais, e no dia 1º de maio, data do operariado, será outorgada a Constituição que implantará no Brasil o regime sindicalista.[668]

A quantidade e a qualidade dos dados até aqui apresentados permitem supor que Jango articulava um golpe? O leitor possui condições

---

[664] Irmão do coronel Carlos Alberto Brilhante Ustra. Relato encontrado em Motta, 2003, p. 243.

[665] Ver Neto, 2019, p. 232.

[666] Ver Gaspari, 2014a, p. 55.

[667] Ver Bezerra, 2019, p. 422.

[668] Ver Denys, 1993, p. 91.

suficientes para julgar. Quanto ao caráter comunista ou não do suposto golpe, a escassez de dados impede uma conclusão. Embora o plano de Jango aparentemente não tivesse esse viés, o mesmo não pode ser afirmado sobre as intenções de figuras que se aproximavam do presidente, como Carlos Prestes e Leonel Brizola.

No Brasil da Guerra Fria, vizinho da Revolução Cubana e situado em uma América Latina em ebulição, o temor advinha, portanto, do dilema Goulart: um varguista, caudilho, visto como marionete de interesses e forças maiores do que ele próprio.

Ainda que a proposta de estado de sítio tenha levado ao isolamento do mandatário, o temor partilhado pelo que se entendia ser o crescimento de uma ameaça comunista[669] serviu para o fortalecimento de laços entre aqueles que defendiam um "plano de golpe defensivo". De acordo com Stepan: "Este plano discutia medidas que os oficiais deviam tomar no caso de Goulart seguir caminhos que as Forças Armadas consideravam ilegais. O rótulo de defensivo dado a esta conspiração aumentou sua capacidade de angariar apoio".[670]

Ainda em novembro de 1963, o general Castello Branco, conhecido como legalista entre seus pares,[671] afirmaria, no encerramento do curso de "Guerra Revolucionária", ministrado na Escola de Estado-Maior, que "a legalidade tem dado ao comunismo grandes e pequenas oportunidades para se infiltrar na vida nacional". Em seguida, admitiu pela primeira vez que a quebra da ordem institucional, àquela altura, seria justificável desde que para impedir esse avanço comunista.[672]

Cronologia da ruptura

O ano de 1964 começou com a denúncia do governador do Rio Grande do Sul, Ildo Meneghetti, no dia 4 de janeiro, sobre a articulação de um golpe esquerdista naquele estado.[673] Antes do final do mês, uma trama para assassiná-lo seria noticiada pelo *O Estado de S. Paulo*.[674] O mesmo jornal publicava críticas aos "Batalhões Agrários", criados por Goulart,

---

[669] Ver Stepan, 1975, p. 179.

[670] Ver Stepan, 1975, p. 139.

[671] Ver Augusto, 2001, p. 107.

[672] Ver Neto, 2019, p. 235-236.

[673] Ver Bahiana, 2014, p. 29.

[674] Ver *O Estado de S. Paulo*, 1964, p. 4.

com uso das Forças Armadas, para garantir que a execução da reforma agrária não se radicalize como nos países marxistas.[675]

De acordo com Villa,[676] Jango fazia questão de atrair, cada vez mais, as Forças Armadas para a arena política, como partícipes de suas reformas de base.

Em 13 de março de 1964, em frente ao Ministério da Guerra, o comício na Central no Rio de Janeiro seria o primeiro de uma série[677] de outros eventos planejados por Jango para ocorrerem até o dia primeiro de maio.[678] Além de difundido por rádio e televisão, inquéritos posteriores demonstram que o comparecimento das 150 mil pessoas[679] fora impulsionado por transportes e verbas fornecidas por estatais como a Petrobrás e a Fábrica Nacional de Motores.

Segundo Samuel Wainer,[680] o comício contou, ainda, com despesas pagas por um grupo de empreiteiros. Essas despesas, segundo Markun,[681] incluíram os custos de 3 mil faixas, 3 milhões de panfletos e 200 mil jornais tabloides.

Para além da presença dos três ministros das Forças Armadas, chamou a atenção a significativa presença de blindados e viaturas, além dos cerca de 5.800 homens do Exército, Marinha e Aeronáutica, designados, em ato de serviço, para policiamento da área.[682]

Entre a multidão, faixas com dizeres como "cadeia para os gorilas", "Os trabalhadores querem armas para defender o governo", "Jango, assine as reformas que nós faremos o resto" e "Jango, assine o atestado de óbito do Lacerda".[683] Foram, no entanto, as críticas à Constituição que acabariam por reforçar o discurso da oposição. Segundo Alfred Stepan, o presidente:

---

[675] Ver Bahiana, 2014, p. 38.

[676] Ver Villa, 2004, p. 159.

[677] Ver Napolitano, 2019, p. 54.

[678] Na ocasião, Jango assinou um decreto expropriando propriedades subutilizadas de 500 hectares localizadas até 10 quilômetros de rodovias, ferrovias públicas e de 30 hectares próximas a represas federais ou projetos de drenagem. Além disso, nacionalizou as refinarias de petróleo privadas remanescentes no Brasil (Stepan, 1975, p. 143).

[679] Ver Carvalho, 2019, p. 176.

[680] Ver Wainer, 2001, p. 237.

[681] Ver Markun, 2014, p. 113.

[682] Foram empregadas tropas dos Dragões da Independência, do Batalhão de Guardas, do 1º Batalhão de Carros de Combate, do 1º Batalhão de Polícia do Exército, do Regimento de Reconhecimento Mecanizado e uma Bateria de Refletores da Artilharia da Costa. A presença exagerada de militares no comício foi destacada pela imprensa. Ver Villa, 2004, p. 172; Carneiro, 1989, p. 465; e Ferreira; Gomes, 2014, p. 266 e 275.

[683] Ver Villa, 2014, p. 45.

> [...] exigiu que a constituição fosse reformada por ser obsoleta, pois "legalizava uma estrutura econômica injusta e desumana". Seu cunhado, Leonel Brizola, foi além, afirmando que o Congresso havia perdido "toda identificação com o povo"; propugnava o estabelecimento de um "congresso composto de camponeses, operários, sargentos e oficiais nacionalistas".[684]

Designado para fazer a cobertura do presidente e, com isso, do comício, "o Exército interpretou a radicalização do discurso como uma afronta" diria anos depois o general Muricy. Contrariados com o discurso de Brizola, dois ministros abandonaram o palanque, escrevem Jorge Ferreira e Ângela Castro Gomes.[685] O senador e ex-presidente Juscelino Kubitschek, outrora colega de chapa partidária, chegou a declarar que o comício havia tirado Jango da legalidade. Expressaria anos depois que o Brasil viveu, às vésperas do 31 de março, a maior crise político-militar da história.[686] Acerca do assunto, o general Del Nero escreve:

> O comício do dia 13 influiu de modo decisivo no posicionamento da imprensa. Passou-se a exigir, sem rodeios, que os militares assumissem a responsabilidade de resolver a crise. Os jornais publicavam apelos ao papel constitucional das Forças Armadas, que era o de garantir os três poderes e não apenas o Executivo. Os editoriais pediam que os militares não apoiassem as ameaças à ordem partidas do próprio Governo.[687]

É necessário pontuar que a principal reforma de base defendida por Jango — a reforma agrária — não enfrentava resistência quanto ao objetivo, mas sim, quanto à forma. Tanto o IBAD quanto o IPES, representantes do capitalismo, eram a favor da reforma agrária[688] e as próprias Forças Armadas chegaram a se manifestar, por meio de seus ministros, em favor da urgência de se votar a reforma.[689] A questão, portanto, não era realizar ou não realizar a reforma agrária, mas sim como realizá-la.[690] O genérico projeto encaminhado por Jango ao Congresso carecia de objetividade, permitindo em suas entrelinhas a desapropriação de terras produtivas.[691]

---

[684] Ver Stepan, 1975, p. 143.

[685] Ver Ferreira; Gomes, 2014, p. 271.

[686] Ver Ferreira; Gomes, 2014, p. 283 e 327.

[687] Ver Augusto, 2001, p. 134.

[688] Ver Motta, 2020, p. 298.

[689] *Jornal do Brasil*, 5 de fevereiro de 1962, p. 5, transcrito por Ferreira e Castro, 2014, p. 96.

[690] Ver Ferreira; Gomes, 2014, p. 97.

[691] Ver Villa, 2004, p. 102.

De acordo com Del Nero,[692] muitas das reformas propostas por Goulart eram não apenas reconhecidamente necessárias como também acabaram acolhidas pelas Forças Armadas.

Segundo apontam Ferreira e Gomes,[693] a inviabilização da reforma agrária foi, na verdade, fruto de uma ala da esquerda que incluía o próprio PTB, partido de Goulart. "Quem mais criou dificuldades para Jango senão o movimento sindical?" admitiria, anos depois, Hércules Corrêa, dirigente do CGT e militante comunista.[694] Nesse sentido, vale lembrar a distinção feita pelo ministro San Tiago Dantas entre "esquerda positiva" e "esquerda negativa". A primeira, legalista, representada, segundo o ministro, pelo próprio João Goulart. A segunda, entendendo a democracia como um obstáculo, era representada por Brizola, Francisco Julião[695] e Carlos Prestes.[696]

No dia seguinte ao Comício da Central, a Rua Nascimento Silva, no bairro de Ipanema no Rio de Janeiro, estava congestionada pelo tráfego. Ali, diversos políticos correram para pedir uma providência ao chefe do Estado-Maior do Exército. "O exército não fará revolução, mas também não aceitará golpes", teria retrucado Castello ao governador de Minas, Magalhães Pinto.[697]

A resposta civil ao comício veio com a chamada "Marcha da Família com Deus pela Liberdade", em 19 de março — dia do padroeiro da família, São José — quando meio milhão de pessoas[698] ocuparam as ruas de São Paulo, empunhando cartazes de teor anticomunista e de protestos contra o governo.

O caráter religioso da marcha se faz relevante no contexto em que, apesar de tendências como a Ação Popular,[699] 93% dos 70 milhões[700] de brasileiros se identificavam como católicos e 4,3% como evangélicos. Embora ideias socialistas ganhassem espaço na Igreja, a visão predo-

---

[692] Ver Augusto, 2001, p. 139.

[693] Ver Ferreira; Gomes, 2014, p. 170.

[694] Ver Moraes, 2011, p. 288.

[695] Em defesa da reforma agrária, Francisco Julião chegou a defender o cercamento do Congresso por 100 mil camponeses, com o objetivo de pressionar a aprovação de uma emenda que modificasse a Constituição e permitisse desapropriações de terra por títulos da dívida pública. Ver Moraes, 2011, p. 47.

[696] Ver Ferreira; Gomes, 2014, p. 155.

[697] Ver Neto, 2019, p. 243.

[698] Ver Napolitano, 2019, p. 56. Motta, 2020, p. 289.

[699] Ver Motta, 2020, p. 270.

[700] Ver Campos, 2008.

minante ainda via incompatibilidades entre cristianismo e comunismo enquanto aplicação prática. Afinal, não apenas a defesa do ateísmo e do materialismo entrou em choque com os princípios da cristandade,[701] como também:

"As políticas adotadas pelo governo soviético confirmaram algumas das piores expectativas da Igreja em relação aos revolucionários [...] os bolcheviques perseguiram as instituições religiosas, prendendo e executando religiosos e fechando templos".[702]

De acordo com Aline Presot,[703] a Marcha da Família — que também contou com lideranças religiosas para além da católica, tais como judeus e protestantes[704] — também materializou o apelo da sociedade civil às Forças Armadas para uma intervenção "moralizadora" das instituições, afastando o perigo iminente do comunismo.

Quanto à organização, a marcha contou com o apoio de mais de 100 entidades civis, entre elas a União Cívica Feminina, que, segundo Napolitano,[705] era "uma das tantas entidades femininas conservadoras e anticomunistas que existiram no Brasil da época". De acordo com Motta,[706] essas entidades femininas tiveram importância central nas mobilizações que levaram à ruptura institucional de março de 1964. Com pautas relacionadas a defesa da ordem, família e religião — valores que se supunham ameaçados[707] — essa participação das lideranças femininas, ainda que oriundas da classe média, provocou impacto à medida que simbolizavam um grupo social e representativo da figura materna, do lar e, em suma, da família.[708] Apelando para o mesmo sentimento materno, a esposa de

---

[701] Para a influência da religião no anticomunismo brasileiro, ver Porto, 2022, p. 62.

[702] A campanha da Igreja contra o comunismo começa ainda na metade do século XIX, quando o papado, autoridade nos assuntos doutrinários, passou a alertar os bispos, por meio das Cartas Encíclicas, sobre os riscos do comunismo. Ver Motta, 2020, p. 42 e 45.

[703] Ver Presot, 2004, p. 15.

[704] Ver Motta, 2020, p. 71.

[705] Ver Napolitano, 2019, p. 56.

[706] Ver Motta, 2020, p. 264.

[707] Nas palavras de Motta (2020, p. 18) "esses temores não eram absurdos, como muitas vezes se supõe. Em algumas situações o medo era justificado ou ao menos tinha fundamento, quer dizer, os comunistas gozavam de uma força que os tornava inimigos temíveis".

[708] De acordo com Motta (2020, p. 265), entre as várias entidades femininas que surgiram entre os anos de 1962 e 1964, estão a Campanha da Mulher pela Democracia (Guanabara), a União Cívica Feminina (São Paulo), o Movimento de Arregimentação Feminina (São Paulo), a Liga da Mulher Democrática (Minas Gerais), a Ação Democrática Feminina Gaúcha (Rio Grande do Sul) e a Cruzada Democrática Feminina (Pernambuco). Todas tinham o anticomunismo como motivação em comum.

Brizola, Neusa Brizola, avaliou organizar um movimento de mulheres à esquerda para responder à marcha. A ideia, porém, não passou da fase de planejamento.[709]

Para Lilia Schwarcz e Heloisa Starling,[710] além de "resposta ao comício da Central do Brasil" a marcha tinha, de fato, a proposta de projetar o pedido da sociedade por uma intervenção das Forças Armadas. Segundo as historiadoras, entretanto, a maior manifestação até então realizada no Brasil não intimidou o presidente: "isso não é povo" — teria dito João Goulart.[711]

Para além das entidades civis, incluem-se entre as lideranças no movimento de apoio à deposição de Jango, governadores dos principais estados, como Magalhães Pinto, de Minas Gerais, Adhemar de Barros, de São Paulo, Ildo Meneghetti, do Rio Grande do Sul, e Carlos Lacerda, da Guanabara. Como liderança do clero católico, constava o cardeal D. Jaime de Barros, do Rio, além de membros do Congresso, liderados pelo deputado Olavo Bilac Pinto, presidente da UDN.[712]

Para Odylio Denys,[713] a Marcha da Família foi a sinalização e reconhecimento da sociedade de que os ministros militares que impediram a posse de Jango em 1961 estavam certos.

Curiosamente, uma pesquisa do IBOPE realizada em março de 1964 apontava que o governo era considerado ótimo por 7% dos quinhentos entrevistados, bom por 29% e regular por 30%, sendo mau apenas para 7% e péssimo para 12%. Do total entrevistado, 9% não soube responder. Por outro lado, 80% da população paulista era contra a legalização do PCB; 57% viam o comunismo aumentando no país; 32% temiam o regime como um perigo imediato, 36% como um perigo futuro e 19% não consideravam um perigo.[714]

Ainda que poucos militares creditassem a Jango o título de comunista, temerosos eram quanto às sinalizações do presidente na busca por governabilidade. Assim, temia-se que o presidente fosse conivente ou não tivesse forças para conter uma ruptura institucional.[715]

---

[709] Ver Ferreira; Gomes, 2014, p. 305.

[710] Ver Schwarcz; Starling, 2018, p. 444.

[711] Ver Schwarcz; Starling, 2018, p. 444.

[712] Ver Bueno, 2010, p. 393.

[713] Ver Denys, 1993, p. 63.

[714] Ver Unicamp, 2003.

[715] Stepan, 1975, p. 116.

Jango, para aqueles que o temiam, seria, portanto, um meio, uma ferramenta, uma peça a ser manejada em um tabuleiro sobre o qual não exercia controle.

A pesquisa do IBOPE de maio, pós-queda de Jango, acentua as complexidades da Guerra Fria brasileira: para 54% a deposição de Jango constituiu medida benéfica ao país. Para 20% ela seria prejudicial. Dos entrevistados, 70% acreditavam que o Brasil "agora ia melhorar", 10% que ia piorar, 7% que ficaria igual e 13% não sabiam. A queda do presidente ocorreu, para 34%, porque ele estava levando o Brasil para um regime comunista, para 28% porque pretendia fechar o Congresso e se tornar ditador e para 17% porque estava tomando medidas populares que contrariavam fortes interesses de grupos econômicos e financeiros, nacionais e estrangeiros. A cassação de deputados comunistas era aprovada por 74% da população e a prisão de líderes sindicais ligados aos comunistas por 72%.[716]

A hipótese de um uso das Forças Armadas em benefício do golpe janguista encontrou seu ponto de inflexão quando, um dia após a Marcha da Família, o chefe do Estado-Maior emitiu uma circular reservada aos comandantes das Organizações Militares, reforçando que:

> Os meios militares nacionais e permanentes não são para defender programas de governo, mas para garantir os poderes constitucionais, o seu funcionamento e aplicação da lei [...] Não sendo milícia, as forças armadas não são armas para empreendimentos antidemocráticos. Destinam-se a garantir os poderes constitucionais e a sua coexistência.[717]

Junto ao texto, Castello enviou ao ministro da Guerra, Jair Dantas Ribeiro, uma carta de teor pessoal. Tentou marcar uma audiência para entregar a circular em mãos, mas fora informado de que o ministro havia acabado de ser internado no Hospital dos Servidores do Estado. A nota reservada causou alvoroço, chegando a ser questionada quanto a sua autenticidade. Na segunda-feira, o documento seria discutido também na embaixada norte-americana.[718]

***

---

[716] Unicamp, 2003.

[717] Ver Brasil, 2016.

[718] Ver Neto, 2019, p. 248-249.

Nos bastidores da política, algumas peças se moviam com celeridade. No dia 20, o chefe da Casa Civil, Darcy Ribeiro, fez uso de um blefe perigoso: anunciou à imprensa antijanguista que o governo estudava decretar o monopólio estatal da imprensa.[719] Enquanto Prestes restabelecia ligações com o Kremlin, prestando contas dos resultados até então obtidos[720] e comunicando a existência de generais do Alto Comando do Exército no PCB,[721] Brizola reunia, em 24 de março, o Comando Nacional dos Grupos dos Onze, para avaliar as possibilidades de assumir o golpe janguista em curso.[722] Quatro dias antes encontrara-se com o próprio presidente na Granja do Torto, onde teria aconselhado o cunhado: "se não dermos o golpe, eles o darão por nós".[723]

Em 22 de março de 1964, a imprensa publicou o Manifesto "Sentinelas Alertas", apresentando a insatisfação de 72 generais da reserva quanto às ações do presidente que extrapolavam os "limites da lei", ponderando, assim, os limites da subordinação das Forças Armadas ao seu chefe supremo.[724]

De 25 a 28 de março de 1964, eclodiu um novo protesto por reformas na Marinha, dessa vez liderado por José Anselmo dos Santos, o cabo Anselmo — cujo discurso lido fora redigido por ninguém menos que Carlos Marighella[725] —, contando com a presença simbólica do líder da Revolta da Chibata, de 1910, João Cândido.[726] No prédio do sindicato dos metalúrgicos do Rio de Janeiro, rebelaram-se 2 mil marinheiros, sendo 1.400 sócios da já mencionada AMFNB.[727] Entre as reivindicações constavam o direito de poder casar e melhorias nas acomodações e na alimentação.[728] O CGT ameaçou uma greve geral caso os rebeldes fossem atacados.[729] Os fuzileiros navais encarregados de reprimir a rebelião acabaram aderindo

---

[719] Ver Bahiana, 2014, p. 76.

[720] Ver Augusto, 2001, p. 121.

[721] Ver Gaspari, 2014, p. 80 e Torres, 2004, p. 17.

[722] Ver Gorender, 2014, p. 70.

[723] Ver Moraes, 2011, p. 146.

[724] Ver Soriano, 2014, p. 12.

[725] Ver Magalhães, 2012, p. 299

[726] A figura lendária de João Cândido, no entanto, cumpria um papel mais simbólico do que pragmático. "O velhinho" de acordo com Bezerra (2019, p. 576), "não entendia o que se passava de fato e indagava-se sozinho, falando pra dentro, para não dar vexame".

[727] Associação dos Marinheiros e Fuzileiros Navais do Brasil. Ver Soriano, 2014, p. 12.

[728] Ver Bezerra, 2019, p. 576.

[729] Ver Ferreira; Gomes, 2014, p. 322.

a ela, juntando-se aos revoltosos. De acordo com Carneiro,[730] as consequências do motim se fariam sentir em outras guarnições.[731] Para Marcos Napolitano: "Jango teve uma atitude ambígua em relação aos amotinados. Proibiu a invasão do prédio, o que causou a renúncia do ministro da Marinha. Em seguida, após um acordo, ordenou a prisão dos amotinados, enquanto preparava sua anistia, realizada em ato contínuo".[732]

O desfecho repercutiu como uma vitória para os revoltosos, equiparada a Revolta do Encouraçado Potemkin, evento desencadeador da Revolução Bolchevique. Enquanto o ministro da Marinha era afastado e substituído, os marinheiros foram conduzidos a um quartel para logo serem libertos.

> A cena final do drama aumentou a ira dos conservadores: os rebeldes comemoraram ruidosamente sua vitória política nas ruas do Centro do Rio de Janeiro, carregando nos ombros o comandante dos fuzileiros, almirante Cândido Aragão, oficial simpático à causa.[733]

Para Ferreira e Gomes, o desfile dos rebeldes anistiados frente ao ministério da Guerra foi a gota da água.[734] Segundo Napolitano, é consenso da historiografia que o episódio convenceu os últimos oficiais indecisos quanto à conivência de Jango com o colapso da hierarquia no patrocínio de uma trama em curso. Dentre os militares entrevistados pelo Centro de Pesquisa e Documentação de História Contemporânea do Brasil (CPDOC), todos foram unânimes em apontar esse fator como estopim para o movimento que eclodiria em 31 de março.[735] Dois dias antes, em 29 de março, Tancredo forneceu a Jango um assessoramento precioso: a quebra da hierarquia nas Forças Armadas estava levando à perda do apoio até entre os oficiais simpáticos ao governo.

"Para reforçar sua tese, Tancredo citou até o revolucionário russo Leon Trotsky, que manteve a hierarquia ao criar o Exército Vermelho.

---

[730] Ver Carneiro (1989, p. 469).

[731] No Centro de Instrução Almirante Tamandaré, em Natal, por exemplo, cerca de trezentos marinheiros recusaram-se a cumprir o toque de "reunir para a faxina", em solidariedade aos colegas que protestavam na sede do Sindicato dos Metalúrgicos.

[732] Ver Napolitano, 2019, p. 58.

[733] Ver Motta, 2020, p. 293.

[734] Ver Ferreira; Gomes, 2014, p. 325.

[735] Ver Motta, 2020, p. 294.

Concluiu prevendo que o governo não chegaria ao seu final se permanecesse a desordem nas Forças Armadas".[736]

Nesse contexto, a tramitação de caráter "ultrassecreta" de memorandos, entre o embaixador Lincoln Gordon e Washington, nos permite confirmar o temor real daquele país quanto a possibilidade de um golpe janguista:

> Minha conclusão é que Goulart se acha agora definitivamente envolvido numa campanha para conseguir poderes ditatoriais, aceitando para isso a colaboração ativa do Partido Comunista Brasileiro e de outros revolucionários da esquerda radical. Se tiver êxito, é mais que provável que o Brasil ficará sob controle comunista, embora Goulart talvez se volte contra seus defensores comunistas adotando o modelo peronista, que, a meu ver, é do seu gosto pessoal.[737]

Jango ofereceu um argumento adicional para a conspiração que levaria a sua derrubada, quando na noite de 30 de março, no Automóvel Clube, dirigiu-se a um ato político de sargentos da Polícia Militar e das Forças Armadas, onde discursaria pela última vez.

Na ocasião, frente aos mesmos marinheiros que haviam protagonizado a revolta dias antes,[738] o presidente teve três opções de textos para ler. "Divertiu-se", segundo Gaspari, quando um amigo selecionou o mais moderado: "vinha de ninguém menos que Carlos Prestes".[739]

> A atitude do presidente diante dos movimentos dos sargentos e marinheiros era tudo o que faltava para que os conspiradores militares conseguissem o apoio da maioria de oficiais que hesitava em aderir a seus planos. Corroer as bases da disciplina era inaceitável para qualquer oficial, mesmo para os que apoiavam as reformas propostas pelo presidente.[740]

Um dia antes, o autor do discurso lido por Jango reafirmava, convicto, a inexistência de condições favoráveis para um golpe de direita, já que contava com oficiais comunistas estrategicamente posicionados na hierarquia das Forças Armadas. Quase duas décadas depois, Prestes

---

[736] Ver Villa, 2004, p. 203.

[737] Citado por Motta, 2020, p. 300.

[738] Ver Ferreira e Castro, 2014, p. 335.

[739] Ver Gaspari, 2014a, p. 66.

[740] Ver Carvalho, 2019, p. 179.

reconheceria a inversão hierárquica expressa pela ida do presidente ao evento no Automóvel Clube do Brasil.[741] A cena fora transmitida ao vivo, sendo assistida no apartamento em Ipanema onde, naquele momento, reuniam-se Castello Branco, Ernesto Geisel e Golbery do Couto e Silva.

---

[741] Villa, 2004, p. 206.

O XEQUE-MATE

*Nunca, na História do mundo, uma revolução
comunista foi abortada com tão escasso derramamento
de sangue como aconteceu no Brasil em 1964.
(Olavo de Carvalho)[742]*

Em oito de outubro de 1963, o *Jornal do Brasil* trouxe uma notícia perturbadora em sua página 12.[743] Um jovem eleitor de João Goulart havia esfaqueado seu colega de trabalho, após uma discussão calorosa. A vítima havia criticado a tentativa de estado de sítio empreendida pelo presidente. Após matar o amigo, o militante político — e agora assassino — foi acometido por uma crise de nervos, sendo logo recolhido à prisão do 32º Distrito Policial, em Jacarepaguá (RJ). Uma briga por motivos políticos, entre dois colegas de trabalho, resultara em morte. Os ânimos estavam acirrados.

No mesmo ano, em dezembro, o senador Arnon de Mello — pai do futuro presidente Collor de Mello — disparou contra o seu inimigo político, Silvestre Péricles, no plenário do Senado. O tiroteio levou à morte do senador pelo Acre José Kairala.[744] Não seria a última morte motivada por diferenças políticas na longa tradição de polarização brasileira.

O movimento de tropas

Começou em Minas Gerais. Pedagogicamente, o movimento ocorrido em 31 de março de 1964 pode ser descrito como uma versão anticomunista da Intentona de 1935 com as seguintes diferenças: houve apoio popular e político; não houve banho de sangue — embora tenha ocorrido casos de violência — e, por fim, o 31 de março foi um caso bem-sucedido.

---

[742] O Globo, 25 de agosto de 2001, p. 7. O artigo de Olavo pode ser lido na íntegra em Carvalho, 2001.

[743] Ver Biblioteca Nacional, 1963.

[744] O caso estampou a primeira página do *O Globo* de 5 de dezembro de 1963. Ver *O Globo*, 1963.

As anotações no diário de Olympio Mourão Filho evidenciam a divisão entre aqueles que defendiam aguardar o golpe janguista e aqueles que defendiam tomar a iniciativa. Mourão integrava o segundo grupo.[745]

Inserido, não pela primeira vez, em um contexto de ruptura institucional, Mourão fora, décadas antes, o autor da minuta de golpe conhecida como "Plano Cohen", que simulava um ataque comunista a centros estratégicos do país. Originalmente encomendado pela direção da AIB, o documento apócrifo visava constituir um plano de contingência para uma possível nova Intentona. Vazando, acabou servindo de álibi para Getúlio Vargas suspender as eleições de 1938 e implantar uma ditadura.[746] Vinte e sete anos depois, o ex-capitão Olympio Mourão, agora general, julgado e inocentado,[747] seria o comandante da Operação Popeye, cujo objetivo era a deposição do herdeiro político de Vargas: João Goulart.

O motivo da antecipação da marcha para a noite de 30 de março envolve tanto estratégia quanto superstição: "Não inicio nada em lua minguante", teria afirmado o general Guedes, comandante da Infantaria Divisionária e subordinado de Mourão.[748]

Os generais contavam, ainda, com o apoio de 18 mil homens da Polícia Militar de Minas, colocados à disposição pelo governador Magalhães Pinto, bem como do respaldo do governo de São Paulo, que, evocando a derrota de 1932,[749] advogou que, dessa vez, seu estado não fosse a vanguarda.[750] Assim, partindo de Juiz de Fora e Belo Horizonte, dois destacamentos, batizados de Caicó e Tiradentes, se deslocaram rumo a Brasília e Rio de Janeiro, respectivamente.

Foi com surpresa que, às 5 horas da manhã de 31 de março, o chefe do Estado-Maior, Humberto de Alencar Castello Branco, soube da movimentação de tropas em Minas. Após telefonar para Mourão tentando, sem sucesso, adiar a marcha, Castello enviou o general Carlos Muricy a fim de partilhar o comando das tropas.

---

[745] Ver Silva, 1978, p. 232 e239.

[746] Para mais informações sobre o Plano Cohen, ver Silva, 1980, p. 53.

[747] De acordo com Silva (1980, p. 62), foi o próprio Olympio Mourão quem requereu ao Conselho de Justificação a fim de apurar sua inocência, após ser citado como autor do plano pelo general Goés Monteiro, à época ministro da Guerra de Vargas.

[748] Ver Silva, 1978, p. 308-309

[749] A chamada Revolução Constitucionalista de 1932 foi um movimento armado liderado pelo estado de São Paulo, com o objetivo de derrubar o governo provisório de Getúlio Vargas e convocar uma Assembleia Constituinte.

[750] Ver Carneiro, 1989, p. 472.

O movimento, admitiriam mais tarde militares e civis envolvidos, era "multipolar" e desconexo: partiu de polos independentes de conspiração e adquiriu unidade somente após a eclosão, quando foi explicitamente aderido por Castello Branco.[751] Segundo Glauco Carneiro,[752] outros governos estaduais articulavam autonomamente o rompimento com o Governo Federal, não havendo, num primeiro momento, coordenação entre todos os envolvidos.

Enquanto rajadas de ligações telefônicas eram disparadas entre generais,[753] tropas deslocavam-se também em defesa de João Goulart, partindo do Rio de Janeiro em direção a Juiz de Fora. Esse destacamento, batizado de Sampaio, dispunha de um grupamento de obuses, com 25 carros, integrado ao mais profissional contingente de infantaria do Exército.[754] Contudo, descobriu-se, posteriormente, que essas tropas acreditavam deslocarem-se para combater um levante da polícia mineira.[755]

Em apoio às tropas de Mourão, constituídas em boa parte por recrutas,[756] um "Quartel-General do Voluntariado" foi instalado no Grupo Escolar Pandiá Calógeras, em Belo Horizonte, onde cerca de 10 mil reservistas se apresentaram para integrar o movimento.[757]

O choque entre tropas fiéis e contrárias a Jango acabou ocorrendo nas proximidades de Três Rios, levando a um rápido desdobramento no terreno. Após troca de informações entre estados-maiores de ambos os lados, as tropas se uniram pelo mesmo ideal, reforçando o Destacamento Tiradentes. Um segundo encontro ocorreria em Resende, onde a Academia Militar das Agulhas Negras, então comandada pelo general Médici, mobilizou cadetes a fim de assegurar a passagem das tropas enviadas para depor o presidente. A Escola de Sargentos das Armas (ESA), por outro lado, recusou-se a apoiar o movimento, tendo, por isso, seu comando substituído após o 31 de março.[758]

---

[751] Ver Ferreira; Gomes, 2014, p. 336-337.

[752] Ver Carneiro, 1989, p. 478.

[753] Segundo Neto (2019, p. 258), em um Ministério da Guerra dividido entre forças antagônicas, Costa e Silva e Castello Branco se dividiram na missão de estabelecer contatos. Enquanto o primeiro telefonava para os comandos militares, o segundo se encarregou dos contatos com lideranças civis.

[754] Ver Ferreira; Gomes, 2014, p. 339.

[755] Ver Ustra, 2007, p. 90.

[756] Em seus diários, Mourão revela que alterou e aumentou a carga horária de Instrução do serviço militar obrigatório, a fim de que os recrutas recém incorporados, passados 30 dias, estivessem em condições de atirar com todas as armas. Ver Silva, 1978, p. 292.

[757] Ver Manchete, 1964, p. 30.

[758] Ver Silva, 1978, p. 393.

A marcha foi concluída na alvorada de 2 de abril, com a chegada do grupamento Tiradentes na cidade do Rio de Janeiro, onde a tropa permaneceria acantonada, no Maracanã, até o retorno para Juiz de Fora, em 6 de abril. O Destacamento Caicó, que não enfrentou resistência no deslocamento, aguardaria em Brasília por 19 dias.[759]

Em Guanabara, a hipótese de uma intervenção federal por Jango levou à fortificação do palácio do governador[760] e a transformação da PM em "divisão de infantaria motorizada".[761] Segundo Carneiro,[762] o palácio recebeu ainda o apoio de civis que se apresentaram para integrar a defesa de Guanabara — um sentimento popular que culminou em radicalização, quando partidários de Lacerda incendiaram dois centros de apoio a Jango: a UNE e o Jornal *Última Hora*.[763]

No Nordeste, o serviço de Inteligência[764] do 4º Exército articulou uma operação entre as divisas de Minas e Espírito Santo, inviabilizando a prometida resistência das Ligas Camponesas — nessa altura, com um total de 70 mil integrantes, distribuídos em 2.181 núcleos, espalhados por 20 estados.[765]

Algumas adesões decisivas e de última hora enfatizam o aspecto inopinado que permeia a eclosão do movimento de tropas. Nomes como o general Amaury Kruel, chefe do 2º Exército, só passaram a integrá-lo no próprio dia 31 de março.

Concomitante ao movimento militar, o Congresso entrou em ação: às 3h35 da madrugada de 2 de abril, durante sessão extraordinária, quando apenas Brasília e Porto Alegre ainda não haviam aderido formalmente ao movimento,[766] a presidência da República foi decretada vaga. Antes da vacância, Jango voou do Rio para Brasília e depois para o Rio Grande do Sul, onde reuniu-se para avaliar as chances de uma contrarresposta armada. Foi incentivado por Brizola e desestimulado pelo general Floriano, da 3ª RM. Segundo o general Assis Brasil, Brizola chegou a chorar perante a

---

[759]   Ver Silva, 1978, p. 395; e Ustra, 2007, p. 90-91.

[760]   Ver Carneiro, 1989, p. 478.

[761]   Ver Carneiro, 1989, p. 479.

[762]   Ver Carneiro, 1989, p. 481.

[763]   Ver Carneiro, 1989, p. 485.

[764]   Ver Carneiro, 1989, p. 477.

[765]   Para os números, ver Arquidiocese de São Paulo, 2011, p. 169; e Morais, 1997, p. 54.

[766]   Ver Carneiro, 1989, p. 486.

recusa do cunhado em aceitar uma resistência armada.[767] Mais tarde, em entrevista concedida em fevereiro de 1981, Brizola confessaria arrependimento por não ter organizado por conta própria uma reação imediata.

> Às vezes, penso que se eu tivesse me deslocado para o Rio, não teria acontecido o golpe. Talvez a minha presença pudesse ter servido como um fator de reação mais efetiva contra aquele quadro de ameaças à democracia. Eventualmente, eu poderia ter levado o governo a uma reação concreta, firme e vigorosa. Evidentemente que armada, mas também de opinião pública.[768]

De acordo com Carneiro,[769] ainda que as guarnições de Santa Maria, Alegrete, Bagé e Uruguaiana já estivessem posicionadas pela deposição de Jango, Brizola acreditava contar com o apoio dos sargentos e defendia o comissionamento destes para "dar cabo dos oficiais".

Recusando a proposta do cunhado, Goulart partiu finalmente para o Uruguai, fornecendo o argumento que, posteriormente, legitimaria a posse de seu sucessor legal: a ausência súbita do presidente em território brasileiro.[770] Jango só retornaria ao Brasil em 1976, em um caixão, após falecer por ataque cardíaco. Diagnosticado desde 1962 e infartado novamente em 1965 e 1969, sua morte seria temperada por uma série de teorias da conspiração — envolvendo envenenamento e, até mesmo, a participação da CIA.[771] Os restos mortais de Jango foram examinados entre os anos de 2013 e 2014, sendo encontradas mais de 700 mil substâncias químicas, sem que nenhuma indicasse a possibilidade de envenenamento.[772]

Ainda na madrugada de 2 de abril, o presidente do Supremo Tribunal Federal, Álvaro Ribeiro da Costa, foi ao Palácio do Planalto assistir e, com isso, validar a posse de Ranieri Mazzili, presidente da Câmara e sucessor legal na Presidência da República. Duas horas depois, paraquedistas sal-

---

[767] Ver Villa, 2004, p. 228.

[768] Ver Moraes, 2011, p. 343 e 351.

[769] Ver Carneiro, 1989, p. 488.

[770] Das paródias popularmente elaboradas sobre a partida de Jango, vale citar a que faz referência a D. Pedro I. Segundo ela, o presidente teria dito a um oficial de gabinete: "Como é para o bem de todos e felicidade geral da nação, diga ao FICO que eu vou". Um segundo relato refere-se a sua despedida no Aeroporto de Montevidéu, quando, dispensando o general Assis Brasil, teria dito: "Pode ir, general; mas, aqui para nós, aquele seu 'dispositivo' era uma boa porcaria...". Ver Carneiro, 1989, p. 489.

[771] Ainda mais quando considerado que no mesmo ano faleceu o ex-presidente Juscelino Kubitschek e, no ano seguinte, Carlos Lacerda — todos, naquela altura, adversários do Regime Militar instaurado.

[772] Ver Trespach, 2017, p. 199.

tavam sob o céu da Praça dos Três Poderes. Era o atendimento ao pedido de proteção feito por Mazzilli ao general Arthur da Costa e Silva.[773]

A transmissão presidencial, no entanto, era simbólica. Seria o autointitulado Comando Revolucionário, composto pelos três representantes das Forças Armadas — Almirante Rademaker, Brigadeiro Correia de Melo e o próprio Costa e Silva — que assumiria as rédeas da política pelos próximos dias.

Já na noite de 1º de abril, os governantes estaduais, articuladores e aderentes da deposição de Jango, estabeleciam um consenso quanto à escolha de um chefe militar para completar o mandato de Jânio Quadros, iniciado e interrompido em 1961, e previsto para término em 1965.[774]

A segunda Marcha da Família com Deus pela Liberdade, previamente marcada para 2 de abril, acabou tornando-se oficialmente a "Marcha da Vitória", com cerca de um milhão de pessoas — consagrando-se a maior manifestação popular até então vista no país.[775]

Não muito longe dali, trabalhando à noite em um galpão da avenida Carioca, zona Sul de São Paulo, em seu segundo emprego como metalúrgico, um jovem Luiz Inácio da Silva respirou aliviado: "agora o Brasil vai dar certo. Vão consertar o Brasil e acabar com o comunismo".[776]

D+1

A falta de uma resposta armada e imediata contra a ação dos militares indica que muitos dirigentes de esquerda blefaram acerca de possíveis arsenais mantidos, tendo proclamado uma capacidade de mobilização da qual, efetivamente, não dispunham.[777] A ameaça de Francisco Julião com seus milhares de homens armados a caminho de Brasília é um exemplo.[778]

Frente ao movimento dos militares, Haroldo Lima, da AP, reclamaria da falta de recursos para pôr em prática o plano de criar duas frentes de

---

[773] Ver Ferreira; Gomes, 2014, p. 364.

[774] Ver Augusto, 2001, p. 150.

[775] De abril a junho, outras marchas de apoio continuaram a movimentar as ruas de São Paulo, Minas Gerais, Rio de Janeiro, Brasília, Ceará, Rio Grande do Norte, Alagoas, Piauí, Santa Catarina e Goiás, totalizando 69 marchas ao todo. Ver Aline Presot, 2004, p. 15.

[776] Entrevista concedida por Lula. Ver Couto, 1999, p. 24.

[777] Entre eles, Francisco Julião, que às vésperas do golpe afirmava ter 100 mil camponeses armados no Nordeste, dos quais 5 mil seriam empregados para invadir o Congresso Nacional. Nada disso ocorreu e, quando chegou a hora, o líder político fugiu da capital federal. Ver Villa, 2004, p. 230.

[778] Ver Ferreira; Gomes, 2014, p. 362.

resistência com Brizola ao Sul e Arraes ao Norte. Para tanto, previa-se "a tomada de Tiros de Guerra em cidades interioranas"[779] para obtenção de armas e munições. É sabido que Brizola tentou, sem sucesso, mobilizar tropas no Rio Grande do Sul,[780] enquanto em Brasília membros dos Grupos dos Onze organizaram uma operação de cadastramento para a montagem de uma milícia popular:

> A cada um pediu-se que preenchesse uma ficha em que devia informar nome, endereço e profissão. Receberiam instruções e armas no dia seguinte, num núcleo de colonização rural nas cercanias da cidade. O cadastro foi levado para o Sindicato dos Servidores Civis.[781]

Segundo Glauco Carneiro,[782] o número concreto desses grupos seria, na verdade, cerca de 1.298 em todo o Brasil, conforme demonstrado pela apreensão das atas utilizadas para se chegar aos integrantes.[783]

Ainda durante o deslocamento das tropas, Prestes chegou a indagar o brigadeiro Francisco Teixeira, comandante da 3ª Zona Aérea, sobre a possibilidade de bombardear o palácio da Guanabara, obtendo como resposta que seu antigo apoio já havia "passado para o outro lado".[784]

Também se sabe que Carlos Marighella tentou, sem sucesso, convencer militantes da POLOP para um ataque ao QG do Exército. O plano acabaria vetado pela própria direção do PCB.[785]

Além da esquerda armada, o campo das surpresas trouxe a inação do chamado dispositivo militar de Jango. Sobre o assunto, diz Motta:

> O dispositivo militar do governo ruiu com uma facilidade desconcertante, à medida que unidades legalistas aderiam à "revolução" e se voltavam contra Goulart. De maneira surpreendente para todos os envolvidos, o conflito foi resolvido sem que uma guerra civil ensanguentasse o país. O presidente seguiu para o exílio no Uruguai, de onde só voltaria morto, 12 anos depois.[786]

---

[779] Ver Moraes, 2011, p. 164.

[780] Ver Fausto, 2008, p. 461.

[781] Ver Gaspari, 2014a, p. 88.

[782] Ver Carneiro, 1989, p. 506.

[783] Ver Villa, 2004, p. 144.

[784] Ver Gaspari, 2014, p. 88.

[785] Ver Bezerra, 2019, p. 549.

[786] Ver Motta, 2020, p. 294.

Surpreendida pelo 31 de março, a esquerda seria progressivamente desarticulada ao longo dos dias que seguiram. Ainda no Rio, o CENIMAR[787] estourou uma série de aparelhos que abrigavam marinheiros ligados à POLOP e MNR. Quarenta pessoas foram presas, todas ligadas às confabulações do que se chamaria jocosamente de "guerrilha de Copacabana". Entre os integrantes, encontrava-se Cláudio Galeno de Magalhães Linhares, noivo de Dilma Rousseff e, alguns anos mais tarde, sequestrador de um avião que seria levado para Cuba.[788] Os remanescentes se reorganizaram com Brizola no Uruguai, onde seria colocada em prática a primeira etapa da Guerrilha de Caparaó.[789]

Logo em 12 de abril, Praga, a capital da Tchecoslováquia, recebia informes sobre a existência de uma reação armada articulada pelo Partido Comunista Brasileiro: "O levante organizado pelos refugiados políticos deveria estourar em 26 de novembro de 1964, mas o serviço de informações do exército descobriu esses preparativos e o mensageiro de Goulart foi preso na tentativa de passar pela fronteira".[790]

Em 10 de julho de 1964, os jornais *O Globo* e *O Estado de S. Paulo* noticiaram a descoberta de um campo de treinamento e armazenamento de armas dos Grupos dos Onze, no IPEAS, atual EMBRAPA, em Pelotas (RS). Em 24 de julho, desarticulou-se o planejamento de mobilização de 188 desses grupos, com pontos de distribuição de material bélico em Caxias, Teresópolis, Campos, Trajano de Moraes, Cordeiro, São João da Barra, Paracambi, Angra dos Reis, Parati e Resende.[791]

Em 21 de setembro, os militares instauraram o Inquérito Policial Militar nº 709 — conhecido como o IPM do Partido Comunista Brasileiro — que chegaria a conter 25.100 páginas de investigações iniciadas a partir da apreensão das chamadas "cadernetas de Prestes".[792] As anotações, encontradas em 12 de abril de 1964, continham centenas de nomes de militantes, aliados e colaboradores, evidenciando a extensão de que ainda desfrutava o partido.[793] Dos 942 investigados, 127 foram indiciados. O IPM

---

[787] Centro de Informações da Marinha.

[788] Ver Centeno, 2014, p. 49 e p. 53.

[789] Ver Ridenti; Reis Filho, 2002, p. 195.

[790] Ver Kraenski; Petrilak, 2017, p. 357-358.

[791] Ver Moraes, 2011, p. 154.

[792] Ver Cunha, 2013, p. 232.

[793] Ver Augusto, 2001, p. 165.

709, segundo Cunha,[794] constituiu um dos maiores arquivos sobre o comunismo no Brasil, reunindo farta documentação sobre as redes comunistas. Das anotações encontradas nas cadernetas, consta o curioso registro de uma conversa entre Prestes e o general Osvino, então comandante do 1º Exército, acerca de um possível apoio das Forças Armadas a um golpe janguista.[795] Quanto ao encontro com o secretário-geral da URSS, Nikita Khrushchov, ainda em janeiro de 1964, Prestes teria reportado: "a exemplo de 1935, a revolução deveria começar, novamente, pelos quartéis".[796]

O fator EUA

Quanto à interferência dos EUA, enfoque mais difundido na literatura que orbita o 31 de março, o reforço logístico enviado seria recebido, segundo Hélio Silva[797] pelas tropas do general Guedes, que se deslocariam para o Espírito Santo, onde teriam acesso ao mar. De acordo com Villa,[798] o envio de petroleiros, aviões de carga e abastecimento se explica na crença (e nos indícios) de uma guerra civil, em que, acreditavam os americanos, os partidários de Jango explodiriam refinarias.

Diferente da narrativa difundida, os EUA apoiaram inicialmente o governo Goulart, tratando o Brasil como um parceiro continental.[799] De acordo com o jornalista Carlos Fico, a Crise dos Mísseis e a descoberta de guerrilhas sendo preparadas em Dianópolis apenas reforçaram a desconfiança dos EUA. Foi a revolta dos sargentos, em setembro de 1963, que levou os norte-americanos a agirem, decidindo-se pelo apoio a um golpe de Estado no Brasil.[800]

Ainda que as fontes disponíveis tornem exagerada a suposição disseminada de que "o golpe começou em Washington"[801], isso não significa que os EUA não monitorassem a situação brasileira, inclusive com expectativas acerca das opções que melhor lhes conviessem.

---

[794] Ver Cunha, 2013, p. 233.

[795] Ver Augusto, 2001, p. 89.

[796] Ver Augusto, 2001, p. 122.

[797] Ver Silva, 1987, p. 410.

[798] Ver Villa, 2004, p. 193.

[799] Ver Ferreira; Gomes, 2014, p. 341.

[800] Ver Bezerra, 2019, p. 596.

[801] Alguns indicadores são apontados por Motta (2020, p. 302), entre eles o desconhecimento dos norte-americanos acerca da data para a eclosão, tendo a própria ordem de envio de suprimentos sido emitida de forma tardia, com estimativa de chegada à costa brasileira para cerca de duas semanas depois.

De acordo com Villa,[802] diferentemente de outros países, em que os diplomatas americanos chegaram a organizar nomes para a derrubada de governos que não agradavam a Washington, no Brasil "a oferta era tão farta que o maior problema foi evitar a sobreposição de esforços":

> Entre os militares, havia muito tempo, vinham conspirando o general Olympio Mourão Filho e o almirante Sílvio Heck, nem sempre vinculados, e mais recentemente Castelo Branco, além de um grande número de oficiais que estavam aguardando o momento adequado para aderir, entre os quais se destacava o general Artur da Costa e Silva. Já entre os civis muitos grupos também estavam organizando um movimento golpista, todos dependentes de apoio militar, mas nem sempre articulados. Um dos mais antigos era ligado ao jornalista Júlio de Mesquita Filho, do jornal O Estado de S. Paulo. Já em março de 1964, alguns governadores entraram na conspiração, mas com o objetivo de, no interior do processo golpista, defender seus interesses eleitorais mais imediatos, como foi o caso de Ademar de Barros e, principalmente, de Magalhães Pinto.[803]

Ainda quanto à relação entre Brasil e EUA, além dos pontos levantados, cabe ressaltar a influência de eventos menos imediatos como os acordos bélicos firmados no pós-guerra e a criação da Escola Superior de Guerra (ESG), em 1949, por meio da qual fatores políticos e econômicos foram progressivamente mesclados ao conceito de estratégia militar.

Não é demais lembrar que, em decorrência do socialismo cubano, proclamado em 1961, novas estratégias passaram a ser adotadas pelos norte-americanos como, por exemplo, a criação de centros de treinamento para militares.[804] Na Escola Militar das Américas, na Zona do Canal do Panamá, cerca de 80 mil militares, oriundos de diferentes países, participaram, entre 1963 e 1983, de cursos de contraguerrilha urbana e de selva, além de aprenderem as técnicas de Ação Cívico Social (ACISO) e de "tortura científica" para interrogatório.[805]

Não apenas as alianças político-militares, mas a rede de instituições financeiras e filiais das transnacionais americanas, compuseram o escopo

---

[802] Ver Villa, 2004, p. 183.

[803] Ver Villa, 2004, p. 192.

[804] Ver Aquino, 2015, p. 630.

[805] Segundo Gaspari (2014b, p. 309), um em cada dez militares enviados ao Panamá seriam posteriormente acusados de tortura ao longo do Regime Militar.

por meio do qual os EUA procuraram manter sua influência na América. Sem desconsiderar o esforço dessas instituições pela desestabilização do governo Goulart, a influência dos EUA nos já mencionados IBAD-IPES, no entanto, tem sido atenuada por pesquisas recentes enquanto fator de impacto.[806]

Por fim, cabe ratificar: não há dúvidas de que os norte-americanos monitoravam a situação no Brasil, estando, inclusive, dispostos a interferir, caso a situação evoluísse — o que, segundo Gaspari,[807] não aconteceu.

Os ecos de março de 1964

O fato é que a despeito de interferências, o movimento de 31 de março de 1964 possui raízes próprias[808] que podem sim ter sido exploradas no contexto da Guerra Fria, mas que, para muitos historiadores e também militares, como Costa Silva, encontram sementes no Tenentismo dos anos 1920.

O intervencionismo militar — presente na Proclamação da República, respaldado no positivismo de Benjamin Constant, impulsionado pela doutrina militar alemã, retomado com tenentistas, fortalecido no aparato estatal varguista e remodelado sob uma concepção de Segurança Nacional de influência norte-americana —, ressurgia, enfim, no Brasil polarizado da Guerra Fria.

O processo de institucionalização desta vez foi posto em prática e os militares, para a surpresa geral, não fizeram da ruptura "apenas mais uma deposição de presidente". Além da facilidade da vitória, outra surpresa se deu no campo da esquerda e da direita: o controle assumido pelos militares se diferiu do "estilo cirúrgico" evidenciado nas intervenções de 1930, 1937, 1945, 1954, 1955 e 1961, todas sucedidas pela entrega do poder aos civis.[809] Essa observação pode ser encontrada, também, em reportagem do *Time* (EUA), de 17 de abril de 1964, transcrito posteriormente no Brasil por meio do jornal *O Globo*:

> Sempre no passado, os soldados se afastavam da cena quando a crise havia passado, e marchavam de volta para

---

[806] Ver Ferreira; Gomes, 2014, p. 71.

[807] Ver Gaspari, 2014a, p. 103.

[808] Para José Murilo (2019, p. 174), a influência norte-americana, bem como a cobertura do IBAD e do IPES, no máximo encorajaram a ruptura: "A conspiração foi interna, como também internas foram as causas de seu êxito".

[809] Ver Carneiro, 1989, p. 454; e Carvalho, 2019, p. 172.

> seus quartéis. Desta vez não – não depois de assistirem ao Brasil escorregar continuamente abismo abaixo com Goulart e seus pelegos de extrema esquerda.[810]

Assegurando essa mudança, o Ato Institucional[811] imposto pelo Comando Supremo da Revolução outorgou aos militares a responsabilidade pelas modificações a serem introduzidas no regime político que se inaugurava.[812] Assinado em 9 de abril de 1964 pelos representantes das três Forças Armadas, o AI-1, como ficaria conhecido, figurou como o xeque-mate de uma partida que, tal como se procurou evidenciar ao longo deste trabalho, possui raízes profundas.

Para Agnaldo Del Nero, o Ato Institucional foi o procedimento jurídico sem o qual "o movimento civil e militar de março se confundiria com um golpe de Estado". Um instrumento extraconstitucional que, visando o restabelecimento da ordem jurídica no país, demonstrava o entendimento dos militares de que: "[...] as intervenções ocorridas desde 1945 nada tinham resolvido. Estavam decididos a não repetir o erro de entregar o poder a um subgrupo da elite política que poderia levar o País ao beco sem saída da corrupção e da subversão".[813]

Para esses militares, a rebelião de marinheiros e fuzileiros navais no Sindicato dos Metalúrgicos, de 25 de março, no Rio, havia "tirado do armário o fantasma da república sindicalista denunciado desde os anos 1950".[814] Foi a última aquartelada antes do 31 de março, a partir do qual, não por acaso, deu-se o expurgo de 1.312 integrantes das Forças Armadas, sendo 574 oficiais e 738 praças.[815]

---

[810] Transcrito em Carneiro, 1989, p. 544.

[811] Vale a pena, insisto, a leitura do Institucional nº1 na íntegra. Ver: Brasil, 1964.

[812] Na síntese de Del Nero (2001, p. 149), este primeiro Ato "dava ao presidente da República o poder de introduzir emendas constitucionais. Abreviava o processo de elaboração dos atos legislativos. Outorgava ao Executivo a competência exclusiva em legislação financeira. Suspendia por seis meses as garantias e vitaliciedade e de estabilidade, permitindo, mediante investigação sumária, a demissão, a disponibilidade ou a aposentadoria dos que houvessem "atentado contra a segurança do País, o regime democrático e a probidade administrativa". Autorizava, nos seis meses seguintes, a suspensão dos direitos políticos pelo prazo de dez anos e a cassação de mandatos legislativos, excluída a apreciação judicial. Finalmente, institucionalizava o mecanismo de transferência do Poder Executivo pelo do Código Eleitoral, que ficava encarregado de eleger indiretamente o presidente da República".

[813] Ver Augusto, 2001, p. 150

[814] Ver Ferreira; Gomes, 2014, p. 323.

[815] Ver Carvalho, 2020, p. 168.

Só no primeiro ano de Regime Militar, 50 mil pessoas seriam detidas e 10 mil se tornaram réus.[816] Para o jornalista Carlos Castello Branco — que nenhum parentesco possui com o militar de mesmo sobrenome — a quantidade de militares transferidos para a reserva indica o potencial do tão falado Dispositivo Militar de Jango.[817]

> Quando se encerrou, a 11 de junho de 1964, o prazo que o primeiro Ato havia estabelecido para as cassações, o balanço inicial foi de 378 atingidos: três ex-presidentes da República (Juscelino Kubitschek, Jânio Quadros e João Goulart); seis governadores de Estado; dois senadores; 63 deputados federais e mais de três centenas de deputados estaduais e vereadores. Foram reformados compulsoriamente 77 oficiais do Exército, 14 da Marinha e 31 da Aeronáutica. Aproximadamente dez mil funcionários públicos foram demitidos e abriram-se cinco mil investigações, atingindo mais de 40 mil pessoas.[818]

As centenas de inquéritos policiais militares (IPM), centralizados pela recém-criada Comissão Geral de Investigações (CGI),[819] levaram a cassação de direitos políticos de nomes como João Goulart, Jânio Quadros, Juscelino Kubitschek, Leonel Brizola, Luís Carlos Prestes, Miguel Arraes e Francisco Julião.[820]

Ainda em abril, com o Brasil dirigido pelos integrantes do Comando Supremo e diante das incertezas do porvir, houve um consenso político em torno da indicação de um militar moderado para a presidência.[821] Nesse sentido, o marechal Humberto de Alencar Castello Branco, segundo o seu biógrafo, construíra entre seus pares, "[...] a imagem de gênio militar, exímio estrategista, um tanto quanto teimoso mas empedernido legalista. No jargão militar era um "soldado profissional", ou seja, avesso à política e — ainda que vaidoso — à exposição pública".[822]

---

[816] Ver Trespach, 2017, p. 208.

[817] Citado por Ferreira e Gomes, 2014, p. 353.

[818] Ver Arquidiocese de São Paulo, 2011, p. 77.

[819] Ver Brasil, 1964.

[820] Ver Lobato, 2019 p. 21-22.

[821] O apoio inicial, segundo Neto (2019, p. 267) viera dos governadores Adhemar de Barros (SP), Ney Braga (PR), Mauro Borges (GO), Fernando Correia da Costa (MT), Ildo Meneghetti (RS), Carlos Lacerda (RJ) e Magalhães Pinto (MG).

[822] Ver Neto, 2019, p. 33.

Respeitado intelectual e conhecido pelo histórico de posicionamentos a favor da legalidade, Castello seria indicado e eleito[823] pelo Congresso em 11 de abril, para concluir o mandato iniciado por Jânio Quadros em 1961. Sabe-se hoje que um desvio de rota estenderia o prazo.

Dois dias antes da deposição de Goulart, militantes do PCdoB embarcavam rumo à China,[824] com a missão de estabelecer, no Brasil, o grande plano de guerra popular prolongada. Seriam recebidos por Mao Tsé-Tung no projeto que resultaria, poucos anos depois, na implantação da Guerrilha do Araguaia.

Com a ruptura institucional promovida — sob a velha concepção positivista de restauração da ordem e fomento ao progresso — as peças do tabuleiro seriam reorganizadas. Experiências foram colhidas e estratégias seriam reformuladas: uma segunda partida estava por começar.

---

[823] Entre as chapas de oposição apresentadas estavam o ex-presidente Eurico Gaspar Dutra e o general Amaury Kruel. Ambos desistiram na véspera do pleito. Não tendo sido outra candidatura registrada, Castello recebeu 361 votos. Houve 72 abstenções e foram registradas 37 ausências, devido ao atraso na posse dos suplentes dos congressistas cassados pelo Ato Institucional. Entre os votos dados a Castello, estava o de Juscelino Kubitschek — que logo seria também cassado. Ver Neto, 2019, p 276-277.

[824] Ver Bezerra, 2019, p. 462-463.

LUTA ARMADA: AÇÃO

Na vida, ao contrário do xadrez, o jogo continua após o xeque-mate.
(Isaac Asimov)[825]

10 de maio de 1970, Dia das Mães. O tenente da PM Alberto Mendes, exausto e faminto, começa a retardar o avanço dos guerrilheiros que o mantinham como refém. O grupo, liderado pelo ex-capitão Carlos Lamarca,[826] já percorria o agreste úmido por mais de um dia, desde o confronto no Vale do Ribeira que resultou na captura do oficial. Após uma breve pausa para descanso, Lamarca percebeu que carregar um refém não era tão simples quanto parecia: a presença do tenente Alberto comprometia a agilidade necessária para a fuga.[827]

Lamarca tomou sua decisão e convocou os companheiros para comunicar a ordem: o refém deveria ser "justiçado"[828] — um eufemismo das organizações da esquerda armada que significava, na verdade, condenação à morte. Como os disparos de fuzil poderiam atrair atenção indesejada, decidiram que o método seria o espancamento. A sentença foi executada. Alberto Mendes foi cercado, debatendo-se em vão contra as coronhadas que só teriam fim com seu crânio esfacelado. O golpe final veio do militante Diógenes Sobrosa de Souza, que, em seguida, ajudou a enterrar o corpo em uma cova rasa, com os coturnos sobre a cabeça esmagada.

---

[825] Asimov, 1988. p. 275.

[826] Principal nome do terrorismo de esquerda depois de Marighella, Lamarca desviava munições do 4º Regimento de Infantaria, em Quitaúna, SP, antes de desertar. Ao fazê-lo, em janeiro de 1969, levou consigo uma kombi contendo 63 armas, incluindo fuzis, metralhadoras e pistolas. Participou do sequestro dos embaixadores da Alemanha e da Suíça, tendo saído de seu revólver o disparo que matou um segurança pelas costas. Morreria da mesma forma em 17 de setembro de 1971, após fugir por 300 quilômetros a pé. Ver Bezerra, 2019, p. 681 e 683.

[827] Ver Ustra, 2007, p. 262-265.

[828] Segundo Bezerra (2019, p. 655 e 740), a "novilíngua" revolucionária contava com alguns eufemismos tais como o "justiçamento", forma como eram chamados os assassinatos, e expropriações, como eram chamados os assaltos. O historiador Jacob Gorender, ex-PCBR, reconhece pelo menos quatro casos de justiçamentos, sendo dois cometidos pela ALN e dois pelo PCBR.

Meses depois, o corpo seria localizado e os detalhes divulgados no *Jornal do Brasil* de 12 de setembro de 1970.[829] Depoimentos dos militantes capturados revelaram que o jovem oficial de 23 anos entregou-se voluntariamente para ser levado no lugar dos soldados emboscados por Lamarca. Com a repercussão do caso, cerca de 100 mil pessoas compareceram ao velório do tenente Alberto Mendes.[830] Em resposta, ainda em setembro de 1970, a organização de Lamarca, a Vanguarda Popular Revolucionária (VPR), emitiu um comunicado "ao povo brasileiro", onde justificava a ação: "A sentença de morte de um tribunal revolucionário deve ser cumprida por fuzilamento. No entanto, nos encontrávamos próximos ao inimigo, [...] O Ten Mendes foi condenado a morrer a coronhadas de fuzil, e assim o foi, sendo depois enterrado".[831]

Na EsPCEx, onde o jovem cadete Eduardo Villas Bôas começava a vida militar, floresceu o sentimento de indignação pela traição de Lamarca. Villas Bôas, futuro comandante do Exército, ainda assistiria o ex-capitão ser promovido post-mortem a coronel em 2007 por decisão da Comissão da Anistia.[832] Já Diógenes Sobrosa de Souza, autor da última coronhada, seria alçado a nome de rua pela Câmara Municipal de Porto Alegre (RS).

Quanto à condenação do "tribunal revolucionário" que tirou a vida do tenente Mendes, é possível constatar que esse tipo de ação não foi exatamente um caso isolado, mas sim característico no modo operante das organizações clandestinas que atuaram no Brasil da Guerra Fria. Curiosamente, uma prática que atingiu muitos de seus próprios integrantes, assassinados por colegas diante da iminência de "abandono da causa".[833] Entre os exemplos, encontra-se o caso de Márcio Leite de Toledo, 26 anos, que, tendo retornado em 1970 de Cuba, assumiu um posto na coordenadoria nacional da ALN.

Não se sabe exatamente os motivos que levaram Márcio a faltar aos encontros da organização. A consequência foi fatal:

---

[829]   Ver Biblioteca Nacional, 1970.

[830]   Ver Polícia Militar de São Paulo, s.d.

[831]   Ver José; Miranda, 1980, p. 82-83.

[832]   Ver Castro, 2021, p. 160.

[833]   Temática brilhantemente antecipada na literatura russa do século XIX por Fiodor Dostoiévski, cujas obras seriam mais tarde censuradas na URSS. Em *Os Demônios* (1872), por exemplo, o autor explora a sedução e as consequências do fanatismo político, retratando um jovem revolucionário que promove atos de violência, como assassinatos, tudo em nome da causa ideológica.

Por seis votos a um, a direção da ALN condenou-o à morte. Recolheram-no num "ponto" e mataram-no com oito tiros, na rua Caçapava, em São Paulo. Márcio caiu tapando o rosto com as mãos. A ALN explicou-se num panfleto: "Ao assumir responsabilidades na organização, cada quadro deve analisar sua responsabilidade e seu preparo. Depois disso, não se permitem recuos".[834]

O ex-dirigente do PCB Hércules Corrêa revela, em suas *Memórias de um stalinista*, que entre os métodos para ocultação dos cadáveres justiçados constava o derretimento com ácido muriático sobre uma banheira, seguido do despejo dos restos mortais na latrina.[835]

Detalhes dessa natureza vieram à tona não somente pela tortura dos interrogatórios, como se imagina, mas também por meio de casos como o de Monir Tahan Sab, veterano de assaltos e coordenador do grupo de fogo da ALN. Gravemente ferido em um assalto malsucedido e abandonado para morrer, Monir foi salvo por agentes do DOI,[836] passando a cooperar com os mesmos que antes combatia, na luta contra o terrorismo do qual havia feito parte.[837]

Apesar de muitos ex-integrantes da luta armada, como o historiador Daniel Reis, confessarem a invenção tardia do discurso de "resistência democrática",[838] Marques Bezerra ressalta: a responsabilidade da esquerda pelo rompimento institucional de 1964 ainda é um tabu em parte da historiografia brasileira.[839]

É difícil determinar o momento exato em que parte dessa esquerda, patrocinada por interesses estrangeiros, adotou o terrorismo para a implantação de suas utopias.[840] Segundo Gaspari,[841] no Brasil, a primeira organização de esquerda armada a recorrer ao terrorismo, chamando-o pelo nome, foi a COLINA, no texto intitulado *Concepção da Luta Revolucio-*

---

[834] Ver Gaspari, 2014b, p. 401.

[835] Ver Bezerra, 2019, p. 209-210.

[836] Destacamento de Operações e Informações, sobre o qual falaremos no próximo capítulo.

[837] Ver Gaspari, 2014b, p. 403; e Ustra, 2007, p. 336.

[838] Ver Trespach, 2017, p. 211.

[839] Ver Bezerra, 2019, p. 613.

[840] De acordo com o https://www.dicio.com.br/, o terrorismo é marcado pela utilização organizada e metódica da violência com propósitos políticos, normalmente por meio de atentados, buscando desorganizar a sociedade vigente.

[841] Ver Gaspari, 2014a, p. 241.

nária,[842] publicado em abril de 1968. O termo "terrorista" seria frequente nos escritos de Carlos Marighella,[843] que jamais rejeitou a designação.

Para Arbex Júnior,[844] a característica principal do terrorismo é a destruição da vida humana em nome de princípios ideológicos, religiosos ou políticos. Explica o doutor em História Social que, embora haja características que os diferem, guerrilheiros e terroristas possuem em comum a busca por alvos estratégicos, de forma que "os guerrilheiros buscam ganhar simpatias; os terroristas impõem o medo". Assim, o autor observa que, em determinadas circunstâncias, grupos guerrilheiros podem recorrer a métodos terroristas — é o que o leitor verá nas seções adiante.

As sementes da Guerrilha

No Brasil, a ideia de guerrilha como ferramenta revolucionária remonta à Intentona de 1935, quando um já perseguido Carlos Prestes começou a considerá-la, embora não a tenha implementado.[845] Ela se concretizaria no final da década de 1940, em uma região próxima a Londrina (PR), conforme documentado no livro *Porecatu: a guerrilha que os comunistas esqueceram* (2011), de Marcelo Oikawa. Segundo Oikawa, o contexto da Guerra Fria e a ilegalidade do PCB foram o gatilho para a adoção de uma estratégia de revolução que partiria do campo para as cidades. Essa decisão, expressa no Manifesto de Agosto de 1950,[846] assinado por Prestes, coincidia com as necessidades dos posseiros de Porecatu, que resistiam desde 1944 contra grileiros, jagunços e a polícia.

Em 1948, o PCB assumiu a liderança do conflito, acreditando que ele seria "a fagulha que incendiaria o campo". Os confrontos, com táticas de guerrilha, se intensificaram até junho de 1951, quando os combatentes chegaram a controlar uma área de 40 quilômetros quadrados.[847] Con-

---

[842] O texto pode ser lido, na íntegra, em *Imagens da revolução* por Daniel Aarão Reis Filho e Jair Ferreira de Sá (1985 p. 158).

[843] Entre os documentos em que Marighella trata do terrorismo enquanto ferramenta revolucionária, constam *O Manual do guerrilheiro urbano, O Papel da Ação Revolucionária na Organização* e "La lutte armée au Brésil", artigo publicado na revista *Les Temps Modernes*, nº 280, novembro de 1969, Paris.

[844] Ver Arbéx Júnior, 2005, p. 132-135.

[845] Ver Waack, 1993, p. 299.

[846] Ver Prestes, 2020.

[847] Ver Instituto Humanitas Unisinos, 2011.

forme Bezerra,[848] com a entrada dos comunistas, a luta se radicalizou, desviando-se dos objetivos iniciais de disputa por terra.

Essa curta e pioneira experiência teve um desfecho infame: a prisão, seguida de delação, de Celso Cabral de Mello, dirigente designado pelo partido para liderar a guerrilha mas que acabou levando ao desmantelamento e captura dos militantes.[849] Embora Oikawa atribua o fracasso da experiência ao próprio PCB, ele também defende que o episódio forneceu lições importantes para as lutas camponesas que se espalhariam pelo país na década de 1950.[850]

Se a Guerrilha Porecatu terminou abafada, o mesmo não se pode dizer sobre o projeto de exportação da revolução de Cuba para o Brasil, iniciado em maio de 1961.[851]

O trabalho de Denise Rollemberg deixa claro que a prática da guerrilha, implementada pelo menos três anos antes de março de 1964, desafia a narrativa estabelecida que considera a luta armada de esquerda como uma "reação à ditadura". Nesse sentido, a descoberta de campos de guerrilha em Goiás, em 1962, nos permite supor que o Movimento Revolucionário Tiradentes (MRT),[852] ligado às Ligas Camponesas, foi o primeiro grupo desde Porecatu a tirar do papel o projeto de luta armada contra o Estado.

A mudança no projeto político das Ligas — de "dentro da lei" para "na lei ou na marra" — remete à viagem à Cuba realizada pelos dirigentes Francisco Julião e Clodomir Santos de Morais, de onde retornariam com 80 quilos de livros, discursos e folhetos sobre a revolução cubana.[853] O próprio Regimento Interno das Ligas seria claro em afirmar que a implantação do governo revolucionário no Brasil deveria seguir a doutrina ensinada por Che Guevara em *A guerra das guerrilhas*.[854] Segundo Marco Villa,

> O MRT acabou servindo de braço armado das Ligas Camponesas, ou de parte delas. Além de influenciado ideologicamente pela Revolução Cubana, recebeu dinheiro e

---

[848] Ver Bezerra, 2019, p. 283.

[849] Ver Bezerra, 2019, p. 287.

[850] Após o fracasso de Porecatu, o PCB abandonou a perspectiva revolucionária, reconhecendo a necessidade de uma busca pacífica pelo socialismo. Ver Ferreira e Castro, 2014, p. 79.

[851] Ver Magalhães, 2012, p. 264.

[852] Fundado em 21 de abril daquele ano por Julião. Não confundir com o outro MRT que surgiria no final dos anos 1960. Ver Gorender, 2014, p. 54.

[853] Ver Sales, 2007, p. 40.

[854] Ver Ferreira; Castro, 2014, p. 132.

> treinamento guerrilheiro de Cuba, isso em 1962, ou seja, no momento em que o governo brasileiro travava uma luta titânica contra a diplomacia americana para impedir maiores sanções a contra o país, como a invasão da ilha caribenha com o apoio da OEA.[855]

Segundo Clodomir de Morais, os primeiros dispositivos de guerrilha foram montados logo após a queda de Jânio Quadros, escolhidos após minuciosa análise geográfica e logística, com base em levantamento aerofotogramétrico feitos pela empresa de aviação Cruzeiro do Sul.[856] Para viabilizar o projeto, foi planejada a distribuição de grupos de treinamento em oito áreas, localizadas em sete estados brasileiros,[857] o que possibilitaria a eclosão para posterior união das guerrilhas. Dessa forma, a distribuição estratégica previa que: "[...] o campo de Rio Preto poderia servir para ações nas ligações rodoviárias, ferroviárias e energéticas de São Paulo, Rio de Janeiro e Belo Horizonte. O campo do Acre serviria como centro de compra e armazenamento de armas adquiridas na Bolívia".[858]

Assim, semelhante ao treinamento militar das Forças Armadas, a formação guerrilheira completar-se-ia na adaptação aos vários tipos de terreno: caatinga, montanha, selva e pantanal, tudo providenciado pela coordenação das Ligas.

No âmbito das comunicações, sabe-se que a guerrilha chegou a contar com estações rádio, provavelmente em HF,[859] como a que foi camuflada em um barco no rio Araguaia[860] por um sargento eletrotécnico.[861] Além da capacitação operacional, o Conselho Nacional das Ligas qualificava seus quadros oferecendo cursos de capacitação política sobre "história da luta de classes, noções de economia política, revolução brasileira, agitação e propaganda".[862]

Quanto ao financiamento, afirma Clodomir:

> O movimento guerrilheiro tinha muitos recursos de dentro do país. Havia gente interessada na luta armada, inclusive

---

[855] Ver Villa, 2004, p. 91.

[856] Ver Moraes. 20119, p. 88.

[857] Ver Gaspari, 2014, p. 181.

[858] Ver Sales, 2007, p. 47.

[859] Ondas de frequência alta (High Frequency, em inglês). Essas ondas são frequentemente usadas em comunicações de rádio de longa distância como transmissões internacionais, por radioamadores ou comunicações militares.

[860] Ver Sales, 2007, p. 47.

[861] Ver Moraes, 2011, p. 89 e Sales, 2007, p. 47.

[862] Ver Moraes 2011, p. 86.

pessoas de posse que estavam emputecidas com as tendências golpistas que se manifestavam desde a morte de Getúlio Vargas. Queriam dar uma resposta contra isso e jogavam dinheiro no nosso movimento. Conseguimos com a própria burguesia daqui os meios financeiros.[863]

Como já demonstrado, o plano de formação das Ligas seria desmobilizado com a apreensão em Dianópolis, onde foram encontradas provas sobre o financiamento cubano,[864] além de armas e planos para novos focos.

Segundo Clodomiro de Morais, no entanto, alguns dos dispositivos jamais foram encontrados pelos militares. O mesmo isolamento que garantiu o sigilo dos dispositivos foi, segundo o ex-padre e ex-integrante do MRT Alipio de Freitas, um dos principais fatores de insucesso, já que resultou em "falta de informações sobre o que estava acontecendo".[865]

Estando as Ligas Camponesas desarticuladas mais cedo do que o esperado, foi em Leonel Brizola que Cuba passou a enxergar a mais nova chance de exportação da revolução para o Brasil.[866] Segundo Gaspari[867] a aliança brizolista foi entendida por Fidel Castro como "a base que vira malbaratada pelo deputado Francisco Julião",[868] suspeito de desviar recursos da guerrilha para sua própria campanha eleitoral.[869]

Assim, foram intermediadas por Brizola, já no contexto pós-1964, as famosas Guerrilha de Três Passos e Guerrilha do Caparaó.

Guerrilha de Três Passos[870]

O plano para Três Passos era audacioso e contava com ex-integrantes das Forças Armadas e da Brigada Militar do Rio Grande do Sul. Teria início com o ataque simultâneo a quartéis de Porto Alegre, Ijuí e Santa Maria, objetivando o roubo de fardas, armas e munições. A senha para a

---

[863] Ver Moraes, 2011, p. 89.

[864] Ver Rollemberg, 2009, p. 25.

[865] Ver Moraes, 2011, p. 91-93.

[866] Ver Rollemberg, 2009, p. 31.

[867] Ver Gaspari, 2014a, p. 198.

[868] De acordo com Gaspari (2014, p. 180), em 1961, o deputado Francisco Julião foi hospedado por Fidel em Havana. Antes do encontro, propunha uma reforma agrária convencional. Na volta de Cuba, carregava o slogan "Reforma agrária na lei ou na marra", defendendo que a guerrilha era o caminho para se chegar ao socialismo.

[869] Ver Sales, 2007, p. 50.

[870] Sobre a Guerrilha de Três Passos, ver Ustra, 2007, p. 147-150.

deflagração? A divulgação de um manifesto pela Rádio Difusora de Três Passos, em 25 de março de 1965.

Após cometido o primeiro assalto a um posto da Brigada, deu-se o ataque à Central Telefônica da cidade, sendo alcançado, assim, o objetivo número um: o isolamento das comunicações. Com a invasão da emissora de Três Passos, os guerrilheiros leram o "Manifesto à Nação", conclamando o povo a integrar as Forças Armadas de Libertação Nacional (FALN). Estava concluída a segunda etapa da operação.

Comandados pelo ex-coronel do exército Jefferson Cardim de Alencar Osório, os revoltosos partiram para encontrar em Mato Grosso um segundo grupamento, que viria da Bolívia, comandando pelo ex-coronel da Aeronáutica Emanoel Nicoll. O encontro se daria não tão longe de Foz do Iguaçu, onde os presidentes do Brasil e do Paraguai inaugurariam a Ponte da Amizade.

Os planos da guerrilha foram frustrados quando, na Estação Rádio da 1ª Companhia do 13º RI, em Ponta Grossa (PR), um radiograma informou o deslocamento dos guerrilheiros do interior para o norte do Rio Grande do Sul. Assim, daquela subunidade, um pelotão fora designado para a interceptação.

O confronto, ocorrido na altura do distrito de Marmelândia, levou a morte do 3º sargento Argemiro Camargo, alvejado várias vezes.[871] Na ocasião, Jefferson e mais quatro guerrilheiros foram presos. Com o apoio do 1º Batalhão de Fronteira, mais nove seriam presos no dia seguinte.

Efetuadas as prisões, foram extraídos os informes que levaram a recuperação das metralhadoras, mosquetões e munição roubada. O relatório elaborado pelo tenente Lemos, que comandou a operação, destaca o apoio da população local e a iniciativa dos praças temporários, essencialmente oriundos da região.

Uma reportagem de novembro de 1979 do *Coojornal* revelaria a conexão do movimento com Brizola em mais um empreendimento cubano no Brasil. Como já mencionado, não seria o primeiro nem o último. A Guerrilha do Caparaó seria a próxima tentativa.

---

[871] Ver Brasil. Exército Brasileiro. Histórico do 13º Batalhão de Infantaria Blindada. Disponível em: https://13bib.eb.mil.br/index.php/historico. Acesso em: 19 nov. 2024.

Guerrilha de Caparaó

Batizada de "Sierra Maestra mineira"[872] pelo poeta Carlos Drummond de Andrade, a Guerrilha de Caparaó trata-se de mais um empreendimento cubano em solo brasileiro.

Com o valor estimado em meio milhão de dólares, pagos por Fidel a Brizola,[873] dessa vez a operação ocorreu na região montanhosa entre os estados de Minas Gerais e Espírito Santo — terreno favorável, segundo a teoria foquista elaborada por Régis Debray inspirado por Che Guevara.

O grupo da vez foi o Movimento Nacional Revolucionário, autodefinidos, em seus escritos, como comunistas de linha "marxista-leninista".[874] O MNR foi articulado por exilados no Uruguai,[875] país onde se desenvolveu o treinamento antes de finalmente se deslocarem para o Pico da Bandeira, na região de Caparaó, em 1966.

No local, as dificuldades logísticas advindas do frio e da altitude levaram a um imprevisto significativo: os guerrilheiros necessitaram empreender pequenos furtos de comida e de animais, justamente da comunidade local de quem esperavam conseguir apoio. As denúncias chegaram à Polícia Militar de Minas e foram repassadas ao Exército.

Ao longo de 1967 uma série de prisões foram efetuadas, entre elas a do jornalista Flávio Tavares, envolvido no planejamento de guerrilha e atuando como pombo-correio entre Brasil e Uruguai.[876] Com o fracasso de Caparaó, os remanescentes do grupo, que se encontravam no Brasil, vincularam-se ao POLOP para, juntos, comporem a VPR.[877]

Pressionado por Cuba para a justificação dos recursos utilizados, Brizola acabaria também expulso do Uruguai, de onde partiu para os EUA e logo para a Europa. Retornaria em 1979, após anistiado, elegendo-se duas vezes governador do Rio de Janeiro.

Os militantes envolvidos na "Guerrilha de Caparaó", quando soltos no segundo semestre de 1969, voltaram a se articular em torno do "Movi-

---

[872] Em alusão à Revolução Cubana (Mocellin, 1999, p. 21).

[873] O valor total da quantia enviada por Cuba somaria 1 milhão de dólares, pagos em duas parcelas para Brizola, sendo a segunda remessa direcionada para a montagem da Guerrilha de Caparaó. Ver Bezerra, 2019, p. 640.

[874] Ver Bezerra, 2019, p. 621.

[875] Ver Arquidiocese de São Paulo, 2011, p. 147.

[876] Ver Augusto, 2001, p. 198.

[877] Ver Arquidiocese de São Paulo, 2011, p. 148.

mento Independência ou Morte" (MIM) e, mais tarde, no "Resistência Armada Nacional" (RAN), desbaratado logo em 1973, no Rio e em Minas, antes de efetuar suas primeiras operações. Entre os integrantes, estava o veterano da Força Expedicionária Brasileira, o ex-sargento José Mendes de Sá Roriz que, segundo o projeto Brasil Nunca Mais,[878] acabou morto sob tortura.[879]

As tentativas de Caparaó e Três Passos continham aspectos em comum: a presença de ex-militares e o patrocínio cubano intermediado por Leonel Brizola. Ligados ao ex-governador do Rio Grande do Sul, constam ainda grupos como MNR, MR-26, MR-21, MAR, FLN e RAN, todos vinculadas às agitações entre as bases das Forças Armadas desde o período anterior ao março de 1964.[880] De acordo com depoimento de seu filho, João Otávio, foi a partir de 1968 que Brizola desistiu, enfim, do projeto de luta armada contra o Regime Militar: "Antes disso, ele era uma máquina de conspirar e não tenho a menor dúvida de que tinha apoio de Cuba".[881]

Segundo Rollemberg,[882] frustradas as tentativas com Julião, e novamente com Brizola, Cuba escolheria ainda um terceiro intermediário: Carlos Marighella.

Recrutamento estudantil

Considerado por muitos o inimigo n. 1 do Regime Militar, Marighella foi não apenas mais um nome a enxergar na hierarquia militar um ponto fraco a ser explorado,[883] mas foi também quem trabalhou, com êxito, pelo ingresso de estudantes na luta armada. Em seu *Minimanual do Guerrilheiro Urbano*, explicou os motivos para tanto:

> Os estudantes se destacam por ser politicamente cruéis e rudes e por tanto rompem todas as regras. Quando são

---

[878] Livro editado pela Arquidiocese de São Paulo que analisa processos da Justiça Militar e do Superior Tribunal Militar relativos ao período. Segundo Napolitano (2019, p. 325) os documentos reunidos pelo Projeto foram retirados clandestinamente dos arquivos do Supremo Tribunal Militar, constituindo o primeiro farto "corpo documental que emergia dos porões".

[879] Ver Arquidiocese de São Paulo, 2011, p. 150

[880] Ver Arquidiocese de São Paulo, 2011, p. 146.

[881] Ver GauchaZH, 2013.

[882] Ver Rollemberg, 2009, p. 20.

[883] Em seu texto *A crise brasileira*, Marighella defendeu que "as forças militares eram compostas de classes que refletem os choques e conflitos da sociedade brasileira, estando sujeitas a dividir-se". Ver: Marighella, Carlos. *A crise brasileira*. 1966. Marxists Internet Archive. Disponível em: https://www.marxists.org/portugues/marighella/1966/mes/crise.htm. Acesso em: 01 de ago. de 2023.

integrados na guerrilha urbana, como está ocorrendo agora em grande escala, ensinam um talento especial para a violência revolucionária e pronto adquirem um alto nível de destreza político-técnico-militar.[884]

Defendendo a "violência e o terrorismo enquanto enobrecedores de qualquer pessoa honrada",[885] o manual de Marighella o elevou ao status de principal teórico da revolução do hemisfério, chegando, em janeiro de 1971, a substituir Che Guevara e Régis Debray em lista emitida pela diretoria de Inteligência da CIA.

Diante do desinteresse do proletariado na revolução, já que, segundo Villa,[886] as "ações de massa" geravam apenas medo entre a classe trabalhadora,[887] Marighella apostou no papel histórico do jovem estudante enquanto massa de manobra. Assim, para além das técnicas de guerrilha, sabotagem e sequestro, apresentou orientações no sentido de provocar a intensificação da repressão militar, acreditando que, com isso, as pessoas "deixariam de colaborar com autoridades, logo consideradas injustas e incapazes de resolver problemas".[888]

O impacto das teses de Marighella dentre a juventude levou faculdades do Rio de Janeiro e São Paulo a se tornarem focos de recrutamento para a guerrilha.[889] De acordo com Ustra,[890] em organizações como o MR-8, por exemplo, essa missão ficava a cargo da GE — sigla utilizada para designar a subseção "grupos de estudos" — uma turma composta por elementos politizados e, preferencialmente, de fácil trânsito pelo meio acadêmico. A seus membros incumbia a análise e o recrutamento de jovens, com o perfil adequado, por meio de reuniões sociais.

O mesmo projeto Brasil Nunca Mais que repete, entre as páginas 184 a 186,[891] a falsa ideia de que a adesão dos estudantes foi uma opção

---

[884] Ver Marighella, 2010, p. 72.

[885] Ver Marighella, 2010, p. 3.

[886] Ver Villa, 2014, p. 161.

[887] Bezerra (2019, p. 703) transcreve o relato de Lídia Guerlenda, ex-terrorista da ALN que, no intuito de discursar aos trabalhadores, durante um assalto a uma fábrica em Santo André (SP), acabou levando "esporro de um baiano, um peão" por estar atrapalhando o dia de pagamento. Uma panfletagem em uma favela do Rio de Janeiro, em maio de 1970, foi igualmente frustrada porque a comunidade não estava interessada em ouvir sobre imperialismo, preferindo o futebol.

[888] Ver Marighella, 2010, p. 66.

[889] Ver Gaspari, 2014a, p. 323.

[890] Ver Ustra, 2007, p. 177.

[891] Ver Arquidiocese de São Paulo, 2011, p. 184-186.

inescapável de resistência à ditadura, admite ter sido o meio universitário um alvo de recrutamento.[892]

É nesse contexto que se dá o já mencionado ingresso de Dilma Rousseff,[893] que tendo passado por POLOP, VPR e VAR-Palmares,[894] acabou designada para treinamento em uma fazenda do Uruguai, onde aprendeu "a montar e desmontar um fuzil automático leve, no escuro, de olhos fechados".[895] Considerada inadequada para outras atividades, Dilma operaria na retaguarda de planejamentos como o do assalto ao cofre do governador de São Paulo, Adhemar de Barros — ação que rendeu à esquerda armada uma quantia, atualizada para os valores de hoje, de R$ 20,698 milhões, no que foi denominado por Gaspari como "o maior golpe da história do terrorismo mundial".[896]

O dinheiro viria a calhar. Segundo o então agente do CIE Agnaldo Del Nero,[897] cada militante clandestino significava uma despesa para sua organização: um custo estimado em torno de 500 dólares mensais, pagos, principalmente, por meio de assaltos. Ademais, a necessidade em torno da guerrilha se agigantou com a compra de "aparelhos", aquisição de armas e munições, além do financiamento da estrutura no campo, como a compra de terras e o valor gasto com viagens.

Tal como no caso de Dilma, a cooptação para "a causa revolucionária" era progressiva:[898] ao militante, era inicialmente solicitado pequenas contribuições financeiras para, num segundo momento, o apoio material, por empréstimo de residência ou veículos particulares. A consagração se dava enfim com a já esperada participação na linha de frente dos assaltos — ou "expropriações", como as organizações os chamariam.

Os cursos realizados em Cuba ou China eram vistos como possibilidade de ascensão para cargos de coordenação. Sobre o treinamento ofertado por Cuba, "a instrução de guerrilha rural é muito boa, mas, em compensação, a de guerrilha urbana é muito deficiente", diria um infiltrado do Centro de Informações do Exército.[899]

---

[892] Ver Arquidiocese de São Paulo, 2011, p. 181.

[893] Ver Centeno, 2014, p. 46.

[894] Ver Bezerra, 2019, p. 615.

[895] Ver Centeno, 2014, p. 57.

[896] Ver Gaspari, 2014b, p. 56 e p100.

[897] Ver Augusto, 2011, p. 41.

[898] Ver Ustra, 2007, p. 177.

[899] Ver Magalhães, 2012, p. 353.

No âmbito da guerrilha urbana, a pesquisa de Bezerra nos mostra que não havia exatamente uma coordenação entre os diferentes grupos:

> Um grupo da VPR assaltou o restaurante pertencente a um membro do PCB. Pouco depois, o MR-8 assaltou sua residência. De nada adiantaram os protestos do velho militante, ex-preso político da ditadura Vargas: os extremistas levaram 50 mil dólares após tentarem (em vão) arrombar o cofre da casa. O jornal do PCB, *Voz Operária*, desancou os terroristas por terem roubado "dinheiro do proletariado".[900]

Acerca das infiltrações ideológicas nas universidades mais será falado na última parte deste trabalho. Para concluir o tema sobre a absorção dos estudantes pela luta armada, há, ainda, um importante marco temporal a ser analisado. Dado sua importância, foi reservado a ele um tópico exclusivo: trata-se da conjuntura de 1968 e sua correlação com o famigerado Ato Institucional n. 5.

1968: a marcha rumo ao AI-5

O "ano da contracultura", como ficaria conhecido, foi fixado na história por uma série de protestos, ocorridos ao redor do mundo pelos mais variados motivos. A década da agitação estudantil, como Hobsbawm[901] chamou os anos 1960, inclinou para a esquerda uma geração de estudantes que não vivenciara o mundo das guerras mundiais.

"Na Europa, na América, na Ásia e, naquele momento, também na África, mais precisamente no Egito, a juventude tomava as ruas para manifestar sua insatisfação".[902]

A imagem de Guevara, transformado em ícone da contracultura, seria portada de Tóquio a Paris por manifestantes estudantis — logo recrutados para a profissão acadêmica, o que nos Estados Unidos, acabou por significar um "contingente sem precedentes de radicais político-culturais".[903]

Com a chegada da pílula anticoncepcional, a revolução sexual exaltou o prazer em detrimento da reprodução, fazendo emergir uma onda de AIDS que assolaria o mundo na década seguinte.[904] Por meio da encíclica

---

[900] Ver Bezerra, 2019, p. 426.
[901] Ver Hobsbawm, 1995, p. 295.
[902] Ver Sander, 2018, p. 266-267.
[903] Ver Hobsbawm, 1995, p. 430 e 432.
[904] Ver Hobsbawm, 1995, p. 265.

Humanae Vitae, o Papa Paulo VI proibiria os católicos de usarem os novos métodos contraceptivos.[905]

Segundo o jornalista Roberto Sander,[906] a exploração midiática da Guerra do Vietnã, com seu conflito entre americanos e guerrilheiros vietcongues, trouxe a pólvora que esquentaria a Guerra Fria. Em pouco tempo, o pacifismo do movimento hippie[907] evoluiu para desobediência civil que, por sua vez, evoluiu para a crítica aos símbolos norte-americanos e imperialistas. As intervenções militares, ocorridas em todo o mundo, entraram nesse rol.[908]

Em 4 de abril o mundo parou diante do assassinato de Martin Luther King Jr., defensor da luta sem violência pelos direitos civis. Ele conquistara, em 1964, o prêmio Nobel da Paz e sua morte, provocada por um segregacionista, ocorreu três anos após o assassinato de Malcolm X, outro importante líder do movimento negro. Diante dos protestos, mais de 12 mil soldados federais foram enviados para reprimir os mais de 300 incêndios e 100 saques registrados somente em Washington.[909]

No mundo soviético, os tchecoslovacos, chocados com o contraste entre promessa e realidade do comunismo,[910] empreenderam uma ousada tentativa de "desestalinização", renunciando ao culto à personalidade e ao sistema de censura imposto pela União Soviética. A fracassada tentativa de liberdade entraria para a história sob o título de "Primavera de Praga". "As atuais condições sociais na Tchecoslováquia não justificam a manutenção de um sistema político arcaico como este",[911] disse o secretário do Comitê Central do Partido Comunista tcheco, Cestmír Císar. Entretanto, da mesma forma que intervira na Hungria em 1956, a cúpula soviética interrompeu o processo de libertação tcheca.[912] Para Brejnev, secretário-geral do Partido Comunista desde 1964, não era possível haver coexistência no campo da ideologia. Aos críticos — fossem estudantes, cientistas ou escritores —, preveniu: "os renegados não podem esperar impunidade".[913]

---

[905] Ver Sander, 2018, p. 179.

[906] Ver Sander, 2019, p. 22

[907] Segundo Sander (2018, p. 24), ocorria, entre os jovens, o advento do consumo da maconha e de drogas mais fortes, como a heroína e o LSD.

[908] Ver Sander, 2018, p. 23.

[909] Ver Sander, 2018, p. 97.

[910] Ver Hobsbawm, 1995, p. 388.

[911] Ver Sander, 2018, p. 124.

[912] Ver Sander, 2018, p. 69-70.

[913] Ver Sander, 2018, p. 82.83.

Em 20 de agosto, a capital tchecoslovaca foi ocupada e isolada do resto do país. Panfletos lançados por jatos soviéticos informaram a população que o seu presidente estava sendo substituído. Os protestos foram reprimidos por blindados e, em repúdio, estrelas-vermelhas soviéticas foram pichadas com o símbolo nazista. Pelo menos 84 tchecos foram mortos e o hospital de Praga registrou o recolhimento de aproximadamente 300 feridos. As tropas soviéticas só abandonariam a Tchecoslováquia em 1991,[914] quando se dá a disponibilização dos arquivos citados no capítulo cinco.

Em Paris, a insatisfação dos estudantes, proibidos de dividir o quarto estudantil com colegas do sexo oposto, acabou evoluindo para protestos com barricadas, carros revirados e postes arrancados. Com o lema "é proibido proibir", o maio de 1968 se tornaria marco da contracultura, influenciando protestos em países como Itália, Bélgica e Países Baixos, até chegar na América Latina.[915]

No Brasil, se a bomba no Aeroporto de Guararapes evidenciou que os militares não estavam no controle da situação, a sequência de acontecimentos de 1968 consolidou o caos enquanto regra. Para além dos enfrentamentos no Congresso,[916] entre os percalços que o ano trouxe figuram o assalto e o roubo de armas do Hospital Militar de Cambuci, a morte do soldado Mario Kozel Filho, vítima de um carro-bomba enquanto sentinela no Quartel General do II Exército, e os "justiçamentos" do capitão do exército dos EUA Charles Chandler[917] e do major do exército alemão Edward Ernest Tito Otto Maximilian,[918] ambos em solo brasileiro. O assassinato de militares, em especial de estrangeiros, atendia ao critério

---

[914] Ver Sander, 2018, p. 193-196.

[915] Ver Sander, 2018, p. 124.

[916] Como a tentativa frustrada de cassar o mandato do deputado Márcio Moreira Alves (MDB) — solicitação do Executivo que fora recusada no plenário da Câmara por uma diferença de 75 votos (216 a 141 votos e 12 abstenções), de acordo com Villa, 2014, p. 130.

[917] Em 12 de outubro de 1968, aos 30 anos, o capitão foi emboscado por três integrantes da VPR, sendo morto com 20 tiros — 6 de revólver e 14 de metralhadora — na frente dos filhos, de 4 e 9 anos, e da esposa. Ver Bezerra, 2019, p. 673.

[918] Assassinado em 1º de julho no Rio de Janeiro por três militantes da COLINA, quando participava de um curso ministrado pela Escola do Comando do Estado-Maior do Exército (ECEME). Diferente do que o grupo pensava, a vítima não se tratava do militar boliviano Gary Prado que havia capturado Che Guevara em outubro de 1967, na Bolívia. A autoria do crime seria revelada apenas 20 anos depois, em 1988, pelo professor da Universidade Federal do Recôncavo da Bahia, Amílcar Baiardi — único sobrevivente dentre os jovens envolvidos. Ver Sander, 2018, p. 159-160.

da publicidade buscada pelos terroristas. No caso de Chandler, segundo Gaspari, havia um acréscimo: era um militar americano.

> Por mais de trinta anos, mesmo depois da anistia, seu assassinato foi defendido com base em duas acusações: era um agente da Central Intelligence Agency e torturara vietcongues. Nenhuma das duas jamais foi provada. Consideravam-no agente da CIA apoiando-se num raciocínio segundo o qual qualquer americano era, em princípio, um perigoso espião.[919]

Em consequência, aflorou entre os militares a percepção de que o verniz democrático e a falta de ferramentas de exceção implicavam em vulnerabilidades para o governo. De acordo com o general Raymundo Negrão Torres, esse problema remetia à própria inauguração do Regime Militar:

> A escolha de Castello Branco para a chefia do governo fora correta, mas o processo de sua eleição levaria ao erro de autolimitar a ação revolucionária, concordando com um curto mandato para o presidente, aceitando a estrutura política viciada e podre representada pelo vice Alkmin, e deixando de promover drástica reforma no Judiciário. Logo essas indecisões ficariam patentes e exigiriam novas e sucessivas medidas parceladas, tomadas sob a pressão dos acontecimentos.[920]

A infiltração no movimento estudantil surtiu efeito com a radicalização de passeatas que, progressivamente, substituíram cartazes e slogans pelos coquetéis molotov. Em 28 de março, o disparo policial que tirou a vida do jovem estudante Edson Luís confirmou o que já se sabia: as coisas haviam saído do controle. De Brasília, o presidente Costa e Silva viajou imediatamente ao Rio para acompanhar o caso. O superintendente da polícia executiva do estado foi afastado e o comandante da corporação, coronel Osvaldo Ferraro de Carvalho, mandou prender todos os integrantes do batalhão implicados no confronto.[921] Era tarde: o episódio se tornou o primeiro grande marco a ser instrumentalizado na luta contra o Regime Militar. "Dali em diante, o país não seria mais o mesmo" atesta Roberto Sander.[922] A juventude estudantil brasileira legitimava enfim a sua

---

[919] Ver Gaspari, 2014a, p. 327.

[920] Ver Torres, 2004, p. 145.

[921] Ver Sander. 2018, p. 75-76.

[922] Ver Sander, 2018, p. 78.

própria pauta "anti-imperialista", ao mesmo tempo em que estudantes protestavam pelas ruas da Espanha, Chile, Venezuela, Polônia e Japão.

Às vésperas do aniversário de dois anos do regime, um alerta foi distribuído pelo ministro do Exército aos comandantes militares: a lei e a ordem deveriam ser mantidas a qualquer custo.[923] Era o prenúncio de novas manifestações que eclodiriam no 1º de abril.

Em Goiânia, o confronto entre policiais e 3 mil estudantes resultou na morte de mais um civil e no grave ferimento de um policial alvejado com tiro na cabeça. Em Belo Horizonte, dez estudantes acabaram presos após depredarem veículos.[924]

Temendo novas fatalidades, no Rio de Janeiro, precisamente onde ocorreram os protestos mais violentos, uma tropa foi enviada desarmada para conter as manifestações. Cabos e soldados portaram cassetetes e coldres vazios, enquanto apenas os oficiais foram autorizados a portar armas de fogo ou bombas de gás lacrimogêneo. Carros revirados e fachadas depredadas materializavam o campo de batalha que resultou em 56 feridos, dos quais 30 eram policiais militares.[925] Passava de 200 o número de manifestantes presos, quando o governador da Guanabara, Negrão de Lima, enfim autorizou o envio de um contingente armado para conter a progressão do caos.[926] Àquela altura, respondeu o coronel da PM: "a Polícia Militar encontrava-se incapaz de conter as manifestações". As tropas federais foram então acionadas, marcando o derradeiro controle da situação com a ocupação da cidade por blindados.[927] O ano, todavia, estava longe de acabar.

---

[923] Ver Sander, 2018, p. 84.

[924] Ver Sander. 2018, p. 89.

[925] Ver Sander. 2018, p. 90 e Gaspari, 2014a, p. 280.

[926] Ver Sander. 2018, p. 90-91.

[927] Após meses de tumulto, concretizou-se em 26 de junho, no Rio de Janeiro, enfim, uma marcha pacífica autorizada pelo Estado e sem a resistência deste. A passeata dos 100 mil, como ficaria conhecida, contou com presença de artistas e intelectuais, entre eles Chico Buarque, Gilberto Gil, Caetano Veloso, Ferreira Gullar, Vinicius de Moraes, Glauber Rocha, Fernando Gabeira, Milton Nascimento e Clarice Lispector. Organizada por UNE, UBES, UME e FUEC, pode-se observar faixas com os dizeres: "Contra a censura, pela cultura", "Abaixo o imperialismo" e "Liberdade para os presos". Depois de se mostrar tolerante às últimas passeatas, o governo proibiu em 5 de julho manifestações de rua em todo o território nacional. Segundo a nota oficial, a decisão fora tomada em vista de um movimento que se transformara em subversão e desafios às autoridades constituídas, prejudicando atividades econômicas dos estados e a tranquilidade dos cidadãos. Sander, 2018, p. 153-156. e p. 165.

Durante as passeatas da chamada quarta-feira sangrenta, de 20 de junho, professores foram impedidos de lecionar e o soldado Nelson Barros acabou morto ao ser atingido por um tijolo, arremessado de um prédio.[928]

Em 13 de outubro, 120 homens da Polícia Federal cercaram as saídas da cidade de Ibiúna, a 70 quilômetros de São Paulo, onde ocorria, de forma clandestina e sob a vigilância de estudantes armados,[929] o 30º Congresso da UNE. A invasão, que contou com policiais do 7º Batalhão de Sorocaba, apoiados pelo DOPS, levou à prisão de 920 estudantes. Foram apreendidos livros como *A guerra de guerrilhas*, de Che Guevara, e documentos que atestavam a ligação entre UNE e OCLAE,[930] organização que, segundo Bezerra,[931] defendia a repetição da experiência vietnamita em solo brasileiro.

Após serem detidos para interrogatório no presídio Tiradentes, os estudantes foram distribuídos em prisões de seus respectivos estados. Entre os colocados à disposição da Justiça estava o jovem José Dirceu,[932] futuro ministro-chefe da Casa Civil, condenado pelo mensalão.[933]

A onda de assalto a bancos que assolava o país desde o início de 1968, inicialmente avaliada como uma série de casos isolados, aos poucos se revelava fruto de planejamento. Quanto ao plano, um documento interno da ALN de Marighella revela:

> Nós, na realidade, lançamo-nos às ações de guerrilha urbana, mas sem declarar que se tratava disto. Ante as primeiras ações, o inimigo apanhado de surpresa supôs que enfrentava atividades de marginais. A partir daí, levou um ano em busca de pistas falsas. Quando descobriu o engano, e viu que se defrontava com uma ação revolucionária, era tarde. A guerra revolucionária estava desencadeada [...] Quanto à guerra psicológica, o que fizemos foi empregar contra a ditadura a técnica da desinformação e do rebate falso, contribuindo para levar o Regime Militar brasileiro quase ao desespero. [...] Ganhamos um ano de vantagem

---

[928] Ver Bezerra, 2019, p. 653.

[929] De acordo com Ridenti (2010, p. 127) o armamento utilizado no Congresso da UNE chegou aos estudantes por meio do próprio Carlos Marighella.

[930] Organização Continental Latino-Americana de Estudantes, com sede em Havana, Cuba.

[931] Ver Bezerra, 2019, p. 650.

[932] Ver Sander, 2018, p. 242-243-244.

[933] Escândalo descoberto em 2005 envolvendo partidos como o PT, PTB e PMDB. As investigações apontaram que o tesoureiro do PT destinava uma mesada de R$30.000,00 para congressistas apoiarem o governo.

> sobre a reação, apanhando-a de surpresa com as expropria-
> ções e a captura de armas e explosivos, e evitando deixar
> rastros para não a alertar sobre os nossos propósitos. [...]
> Partimos do marco zero, passando da situação em que
> éramos um grupo, para uma situação em que nos tornamos
> uma organização nacional.[934]

Antes do final do ano, estava claro que os assaltos visavam o financiamento do terrorismo e que os militares haviam, mais uma vez, subestimado a oposição armada.

O ano de 1968 foi definido por Gaspari[935] como o período em que a
esquerda brasileira aprimorou o terrorismo em quantidade e qualidade:
foram sete assassinatos, sendo cinco de militares e, desses cinco, dois eram
estrangeiros — o major alemão Otto Ernst Tito e o capitão americano,
Rodney Chandler. Empreenderam-se ainda dois ataques a quartéis — o
hospital do Cambuci e o Quartel General do 2º Exército, dez explosões de
bombas e o roubo de 1,5 toneladas de explosivos, totalizando, segundo
Bezerra,[936] um saldo de pelo menos 50 ataques empreendidos pela esquerda
armada somente em 1968.

A partir de 1969, incorporou-se à estratégia, com sucesso, o sequestro de embaixadores estrangeiros, quando a guerrilha urbana atinge seu
apogeu: "[...] enquanto os policiais mataram 19 militantes, os terroristas
mataram 29 pessoas — 19 policiais e dez civis (três comerciantes, três
bancários e um cobrador de ônibus). Ou seja: dez a mais do que todo o
aparato repressivo".[937]

O mesmo ano assistiria os sequestros de aviões comerciais, sendo o
primeiro realizado pelo MR-8 no dia 8 de outubro de 1969, em referência
à data do assassinato de Che Guevara. O avião seguinte seria sequestrado
em primeiro de janeiro de 1970, aniversário da Revolução Cubana, dessa
vez, pela VAR-Palmares. Em ambos os casos os sequestradores desviaram
a rota do avião para Cuba.[938] No total, seriam oito sequestros de avião,
ocorridos entre 1969 e 1972.[939]

---

[934] Ver Sá, 1985, p. 208-210.

[935] Ver Gaspari, 2014a, p. 327-328.

[936] Ver Bezerra, 2019, p. 665.

[937] Ver Bezerra, 2019, p. 759.

[938] Ver Augusto, 2011, p. 40 e p. 42.

[939] Ver Bezerra, 2019, p. 804.

Em março de 1970, ocorreram nada menos que seis sequestros de embaixadores na América Latina, sendo que na Guatemala o embaixador alemão acabou assassinado. No Uruguai, o cônsul brasileiro, Aloysio Marés Dias Gomide foi sequestrado na presença da esposa e do filho pelo Movimento de Libertação Nacional Tupamaros, integrado pelo futuro presidente Pepe Mujica. Gomide seria torturado, drogado e privado da luz solar ao longo de 205 dias em cativeiro.[940]

Como se sabe, no Brasil, essa escalada de terror culminou na decretação do Ato Institucional n. 5, proporcionando a um governo autointitulado democrático uma questionável ferramenta de exceção na luta contra o que foi denominado pelos militares como um estado de guerra revolucionária. O AI-5 foi reconhecido como uma ferramenta ditatorial, ainda que necessária, pelos próprios militares que o instituíram, na noite de 13 de dezembro.[941] Entre eles estavam o presidente Arthur da Costa e Silva, Emílio Garrastazu Médici e civis como Magalhães Pinto[942] e Delfim Netto,[943] para quem "o AI-5 ainda não era o suficiente para promover as mudanças necessárias".

À revelia da Constituição promulgada um ano antes, o 5º Ato autorizava o presidente, sem apreciação judicial, a intervir em estados e municípios e fechar o Congresso. Além disso, o chefe do Executivo poderia cassar mandatos, suspender direitos políticos por dez anos e suspender a garantia do habeas corpus,[944] consolidando o status de "ditadura" até então evitado pelos militares.

Sua combinação com as ferramentas que analisaremos no próximo capítulo, no entanto, garantiu a neutralização das cerca de 18 organizações que pegaram em armas durante o Brasil da Guerra Fria.[945]

---

[940] Ver Augusto, 2011, p. 107 e 110.

[941] Ver Instituto Humanitas Unisinos, 2018.

[942] Ministro das Relações Exteriores e um dos mais importantes agentes políticos na articulação do 31 de março, quando era governador de Minas Gerais. Acerca do AI-5, disse Magalhães Pinto na reunião: "[...] nós estamos instituindo uma ditadura. E acho que se ela é necessária, devemos tomar a responsabilidade de fazê-la".

[943] Ministro da Fazenda tido como um dos principais responsáveis pelo advento do "milagre econômico" do início dos anos 1970.

[944] Ver Rolim, 2023, p. 78.

[945] Um estudo sobre terrorismo, desenvolvido na época pela Rand Corporation, apontou o Brasil como recordista em siglas envolvidas em atos terroristas contra estrangeiros. Dos 30 grupos estudados, sete pertenciam ao Brasil. Ver Gaspari, 2014b, p. 199.

Seu efeito na esquerda armada foi paradoxal, revela Daniel Aarão Reis: o autoritarismo institucionalizado elevou os ânimos da luta armada, afinal, confirmava-se a tese romântica defendida por Marighella[946] de que "[...] a ditadura, acuada, exalava seus últimos suspiros. A guerra revolucionária parecia próxima de um desfecho favorável ao socialismo".[947] Ledo engano.

---

[946] Segundo Bezerra (2019, p. 659-660) Marighella acreditava que o país desfrutava de situação revolucionária semelhante à vivida por Cuba às vésperas de sua revolução. Ele fantasiava que isso pudesse levar a uma intervenção militar dos EUA, o que faria do Brasil um novo Vietnã — ideia que ia ao encontro do discurso de Che Guevara na OLAS: "criar um, dois, muitos Vietnãs".

[947] Ver Reis, 1989, p. 70, citado por Bezerra, 2019, p. 624.

9

LUTA ARMADA: REAÇÃO

Vejo os antigos abusos, vejo sua correção.
E vejo também os abusos da própria correção.
(Montesquieu)[948]

Guerra irregular

"Uma cadeia inevitável de causas e efeitos", escreve a filósofa marxista Rosa Luxemburgo procurando justificar o caos instaurado com a Revolução Russa".[949] Pois bem, a história do Regime Militar implantado em 1964 também pode ser entendida como uma sequência progressiva de ações e reações, sendo impossível compreender o Ato Institucional n. 5, de 13 de dezembro de 1968, se desvinculado dos eventos que o circundam.

Dois anos antes, em 25 de julho de 1966, no Aeroporto Guararapes, em Recife, deu-se o ponto de inflexão. Os militares se viram diante de um novo conceito de combate: uma guerra irregular que muito contrastava com a guerra convencional contra a qual se capacitavam desde a tomada em Monte Castelo, na Itália.

A explosão de uma maleta, colocada no local onde desembarcaria o mais novo candidato do partido ARENA,[950] levou à morte de duas pessoas: o vice-almirante reformado Nelson Gomes Fernandes e o secretário do governo de Pernambuco, Edson Régis de Carvalho. Quatorze pessoas saíram feridas, incluindo uma criança de seis anos. O guarda Sebastião de Aquino teve a perna direita amputada, enquanto o general Sylvio Ferreira da Silva teve uma perfuração dos tímpanos e a amputação de quatro dedos

---

[948] Ver Montesquieu, 1996, p. 6.

[949] Rosa complementa a frase com a seguinte constatação: "Seria exigir de Lênin e seus companheiros algo sobre-humano pedir-lhes que nessas circunstâncias ainda criassem, por um passe de mágica, a mais bela democracia, a mais exemplar ditadura do proletariado e uma economia socialista florescente". Ver Luxemburgo, 2017, p. 102.

[950] O Ato Institucional n. 2 implantou o bipartidarismo, determinando a existência de dois únicos partidos: o da situação, Aliança Renovadora Nacional (ARENA); e o da oposição, Movimento Democrático Brasileiro (MDB).

da mão.[951] "Em qualquer lugar do mundo isso tem um nome", escreveria o jornalista Lucas Figueiredo, logo concluindo: "terrorismo".[952]

Por anos atribuído pelo PCB a uma ação de direita visando "nova perseguição anticomunista",[953] o atentado terrorista teria sua autoria revelada apenas após a anistia de 1979, quando o livro *Combate nas Trevas*, de Jacob Gorender,[954] trouxe, enfim, a verdade. O crime fora executado e arquitetado, respectivamente, por Raimundo Gonçalves Figueiredo, militante da AP e VAR-Palmares, e pelo ex-padre Alípio de Freitas, dirigente nacional da AP e professor universitário em São Luís (MA). De acordo com Del Nero:

> A falta de informações precisas frequentemente conduz a um acautelamento maior que o necessário.[...] Seriam atos isolados, expressões radicais de descontentamento com a política econômica do Governo ou com a situação política do País? Ou seriam os primeiros atos de uma guerra irregular? A guerra irregular é uma guerra não declarada. Portanto, o seu começo é dificilmente perceptível. Manifesta-se por atos individuais ou de pequenos grupos, que se ligam uns aos outros em um quadro maior.[955]

Ao anonimato do inimigo, somavam-se aspectos dinâmicos, tais como a presença de estudantes ou professores, distribuídos anonimamente entre os 2.500 guerrilheiros a pegarem em armas contra o governo.[956] Pela primeira vez, a classe média — berço de parcela predominante da luta armada — sofreria nos cárceres o tratamento historicamente dispensado à sociedade marginalizada. Era a "democratização da arbitrariedade".[957] E isso implicaria em repercussão.

Nesse novo tipo de conflito, a informação se configuraria como um fator crítico. Antes que um planejamento eficaz pudesse ser posto em prática, porém, as dificuldades tendiam a se agravar. De acordo com Del

---

[951] Ver Sander, 2018, p. 19; e Bezerra, 2019, p. 670.

[952] Ver Figueiredo, 2013, p. 70.

[953] Ver Bezerra, 2019, p. 671.

[954] Ver Gorender, 2014, p. 126.

[955] Ver Augusto, 2001, p. 205.

[956] Ver Trespach, 2017, p. 210.

[957] Nas palavras de Flávio Gordon (2019, p. 310): "pela primeira vez na história, os métodos habitualmente violentos de interrogatório policial atingiam jovens brancos de classe média. E apenas por isso, não por outra razão, o Regime Militar ganhou as dimensões que ganhou no imaginário popular".

Nero,[958] as prisões efetuadas após o 31 de março atingiram apenas figuras mais conhecidas pelo regime, sendo, naquele momento, praticamente desconhecida a existência de grupos clandestinos recém-fundados como a POLOP, a AP, o PORT e o próprio PCdoB. O tempo demandado para a estruturação de um eficiente serviço de inteligência foi também o tempo utilizado pelas esquerdas para se organizarem. Esses grupos, vitoriosos após uma série de ações empreendidas ao longo de 1968, passariam a encontrar dificuldades com a imposição de novos mecanismos, como o AI-5.

O quinto ato institucional aproximou o Brasil da fase mundial que Hobsbawm descreveu como "a era sombria de contraterror — e tortura — na história do Ocidente".[959] Uma fase denominada por Bonavides como de aprimoramento do combate à violência por órgãos de segurança.[960]

Em outubro de 1965, com o Ato Institucional n. 2, a Justiça Militar ampliou seu alcance, adquirindo o monopólio e a competência para processar e julgar os crimes cometidos contra a Segurança Nacional. O mesmo ato possibilitou que o Executivo fechasse o Congresso, mesmo antes do AI-5, além de impor o bipartidarismo[961] e tornar indiretas as eleições para presidente.

Com o Ato Institucional n. 3, de fevereiro de 1966, as eleições para governadores dos estados também se tornaram indiretas. A pena de banimento do território nacional foi criada pelo AI-13, aplicável a todo cidadão que apresentasse risco à Segurança Nacional. Por fim, o AI-14 estabeleceu a "pena de morte por guerra externa psicológica, revolucionária ou subversiva", uma resposta ao sequestro do embaixador dos Estados Unidos, Charles El-brick, por guerrilheiros do MR-8 e da ALN.[962]

É emblemático que o mesmo arcabouço jurídico empregado no combate ao terrorismo tenha servido à blindagem de casos escusos, como o de Sérgio Fleury, delegado temido no submundo do crime e associado ao tráfico de drogas pelo Ministério Público. Em 1973, por conta do assassinato de um traficante, Fleury chegou a ter sua prisão preventiva decretada

---

[958] Ver Augusto, 2001, p. 164.

[959] Ver Hobsbawm, 1995, p. 433.

[960] Ver Bonavides, 2010, p. 437.

[961] Restringindo a existência de partidos políticos a um limite de dois: o governista e o de oposição. Aliança Renovadora Nacional (ARENA) e Movimento Democrático Brasileiro (MDB).

[962] O sequestro, que levou à libertação e exílio no México de 15 militantes presos, ocorreu em 4 de setembro de 1969; a decretação dos atos, nos dias 5 e 11 do mesmo mês. Ver Rocha, 2023, p. 103-104.

embora impedida por uma alteração de última hora no Código Penal, que passou a garantir liberdade para réus primários com bons antecedentes.[963]

Entre todas as medidas, ajustadas ao calor da hora, é difícil eleger alguma que tenha causado mais impacto do que o Ato Institucional n. 5. A partir dele, foi vedada a impetração de habeas corpus "nos casos de crimes políticos contra a Segurança Nacional, ordem econômica e social e a economia popular".

"Sem direito a habeas corpus, sem comunicação de prisão, sem prazo para a conclusão do inquérito, o preso ficava absolutamente indefeso nos órgãos de segurança, desde o dia em que fora sequestrado e até quando passasse à Justiça Militar".[964]

Se o AI-5 foi, de fato, um instrumento de exceção destinado à ofensiva guerrilheira,[965] é ao programa de ACISO[966] que se deve, segundo relatórios da CIA de 1968,[967] os altos índices de aprovação de que desfrutaria mais tarde o governo Médici, no auge da repressão.

Foi a partir de 1970 que o placar da guerra entre militares e militantes começou a se equilibrar — foram 30 assassinatos cometidos pela esquerda armada naquele ano, contra 29 cometidos pelo Estado. A tendência se inverte finalmente em 1971, refletindo, de acordo com Bezerra,[968] "o declínio da luta armada e a política oficial de extermínio dos grupos esquerdistas, que alcançou o ápice em 1973". Ao término do governo Médici, o Estado havia matado 120 pessoas, popularizando, com razão, a expressão "anos de chumbo".

O milagre dos anos de chumbo

Quando o então chefe do SNI Emílio Garrastazu Médici votou a favor do AI-5 na reunião de 13 de dezembro, não imaginava que seria ele próprio convocado para dar continuidade ao regime que ajudara a implantar.

O Brasil se encaminhava para o saldo de 300 assaltos a bancos orquestrados e logo assistiria o terrorismo adquirir proporções interna-

---

[963] Ver Schwarcz, 2019, p. 112.
[964] Ver Arquidiocese de São Paulo, 2011, p. 239.
[965] Ver Paola, 2022, p. 238.
[966] ACISO (Ação Cívico-Social) são ações de assistência militar como vacinação, distribuição de alimentos, reformas em escolas e atendimento médico.
[967] Ver GauchaZH, 2013.
[968] Ver Bezerra, 2019, p. 759.

cionais, quando, no intervalo de pouco mais de um ano, quatro diplomatas foram sequestrados — o embaixador americano Charles Elbrick, o cônsul japonês Nabuo Okuchi, o embaixador da Alemanha Ocidental Ehrenfried von Holleben e o embaixador suíço Giovanni Enrico Bucher, este último figurando como caso mais dramático, totalizando 47 dias de cativeiro.

Presidente mais amado e odiado do Regime Militar, é da gestão de Médici a alcunha de "anos de chumbo" assim adjetivada não só pela resposta efetiva à luta armada mas também pelas arbitrariedades que atingiram parcelas não necessariamente envolvidas com ela.

A vitória contra a guerra irregular coincide com o chamado "milagre econômico",[969] responsável por alçar o Brasil à oitava economia mundial,[970] com um crescimento de PIB que chegou a 14%, o maior da história.[971] Parte da infraestrutura da qual o Brasil hoje usufrui advém daquela que foi batizada de "revolução industrial brasileira" pelos regressos do exílio pós-anistia.

> [...] se você tirar fora as questões políticas, as perseguições e tal, do ponto de vista da classe trabalhadora o Regime Militar impulsionou a economia do Brasil de forma extraordinária. Hoje a gente pode dizer que foi por conta da dívida externa, "milagre" brasileiro e tal, mas o dado concreto é que, naquela época, se tivesse eleições diretas, o Médici ganhava. E foi no auge da repressão política mesmo, o que a gente chama de período mais duro do Regime Militar. A popularidade do Médici no meio da classe trabalhadora era muito grande. Ora, por quê? Porque era uma época de pleno emprego. Era um tempo em que a gente trocava de emprego na hora que a gente queria. Tinha empresa que colocava perua pra roubar empregado de outra empresa. Eles estabeleciam planos, coisa que nós não temos há muito tempo. [...] Ou seja, pensar o Brasil enquanto nação e tentar criar um parque industrial sólido. Indústrias de base, indústrias do setor petroquímico... Isso, obviamente, deu um dinamismo. É por isso que os exilados, quando voltaram, tiveram um choque com o Brasil. Porque o Brasil,

---

[969] Uma pesquisa do IBOPE realizada em julho de 1971 atribuiu à Medici 82% de aprovação. A renda per capita dos brasileiros aumentava 50% e, pela primeira vez na história, Kombis das empresas de construção civil disputavam o recrutamento da mão de obra no ABC paulista. Ver Gaspari, 2014c, p. 24.

[970] Ver Hobsbawm, 1995, p. 344.

[971] Ver Villa, 2014, p. 210.

nesse período, saiu de um estado semi-industrial pra um estado industrial.[972]

A despeito das palavras acima, pronunciadas por ninguém menos que Luiz Inácio Lula da Silva, os avanços econômicos[973] logo seriam contidos pela crise mundial do petróleo. Assim, mesmo tendo protagonizado um desempenho econômico sem precedentes, o Regime Militar acabaria em meio a uma crise comparável a que herdara em 1964. Em entrevista concedida em 1993, ao explicar o motivo de ter ignorado o assessoramento de economistas, assumindo, com isso, uma direção contrária ao de países desenvolvidos da época, Ernesto Geisel, o sucessor de Médici, respondeu: "Como eu iria justificar uma recessão depois da euforia, do desenvolvimento do governo Médici?".[974]

Não obstante, o fato é que o avanço do bem-estar, fruto dos anos do "milagre", prejudicou o dogmatismo marxista de algumas organizações clandestinas, afinal: "Como mobilizar um proletariado que vivia cada vez melhor?".[975] O jornalista Fernando Gabeira, envolvido no sequestro do embaixador americano Charles Elbrick, relata a surpresa in loco:

> O avanço na televisão aparecia para mim como um avanço do nível de vida material dos trabalhadores, ou, pelo menos, do nível de vida. Eles necessitavam do feijão e também do sonho. [...] Não era apenas um aparelho que se comprava: comprava-se também o veículo para mercadorias culturais extremamente sofisticadas, produzidas no exterior e colocadas na sua sala sem nenhum acréscimo no preço. Os trabalhadores experimentavam a televisão como uma melhoria real de vida.[976]

Segundo Del Nero,[977] o projeto de Segurança Nacional incluiu não somente armas mas também a materialização do lema "integrar para não entregar", com a criação da Superintendência do Desenvolvimento da

---

[972] Entrevista concedida por Lula. Ver Couto, 1999, p. 250-251.

[973] No período entre 1968 e 1973 o PIB cresceu 92%, a renda per capita 62%, a inflação diminuiu de 25% para 15% e os salários das indústrias cresceram a 25% ao ano. Ver Augusto, 2011, p. 124.

[974] Para a entrevista, ver D'Araújo e Castro, 1997, p.288. De acordo com Delfim Neto, a aposta econômica do governo Geisel resultou na crise que o Brasil atravessaria nos anos 1980. Ver: Folha de S. Paulo. Quem quebrou o Brasil foi o Geisel, afirma Delfim. Folha de S. Paulo, 15 abr. 2014. Disponível em: https://m.folha. uol.com.br/poder/2014/04/1436007-quem-quebrou-o-brasil-foi-o-geisel-aforma-delfim.shtml. Acesso em 05 de set. de 2023.

[975] Ver Laje, 2023, p. 291.

[976] Ver Gabeira, 2017, p. 171.

[977] Ver Augusto, 2011, p. 45.

Amazônia (SUDAM) em 1966 e o subsequente salto de 12 mil quilômetros de rodovias federais pavimentadas para 40 mil quilômetros.[978] Embora tenha entrado para a história como a personificação dos anos de chumbo, Médici não cassou os direitos de nenhum parlamentar e nem fechou o Congresso durante o seu mandato.[979]

Como se pode constatar, não foram apenas as medidas de exceção que se mostraram eficientes no enfrentamento ao terrorismo. Foram elas, contudo, que igualaram e posteriormente superaram a luta armada, destacando-se a reestruturação do Sistema de Segurança Nacional, a partir de 1969, com a criação do Destacamento de Operações de Informações (DOI) e do Centro de Operações de Defesa Interna (CODI), mais conhecidos juntos como DOI-CODI.

A vida no DOI-CODI

Enquanto a Lei de Segurança Nacional (LSN) de 1967[980] ainda não existia, o enquadramento legal para as prisões efetuadas foi, quase sempre, a Lei 1.802, de 1953, que estabeleceu os crimes contra o Estado e contra a ordem política e social.[981]

A Lei de 1967 receberia um reforço com a Emenda Constitucional de 1969, que estendeu a responsabilidade pela Segurança Nacional à sociedade civil. Foi com base nela que se deu a criação do sistema DOI-CODI, inspirado no êxito de uma ação integrada ocorrida no estado de São Paulo e batizada de Operação Bandeirantes (OBAN).

Localizado em áreas estratégicas,[982] os Destacamentos de Operação e Informação (DOI), coordenados pelos seus respectivos Centro de Operação e Defesa Interna (CODI), uniram, de forma inédita, as três Forças Armadas e demais Forças Auxiliares, estadual ou federal, no combate ao terrorismo.

---

[978] Ver Augusto, 2011, p. 126.

[979] Ver Augusto, 2011, p. 220.

[980] O Brasil experimentou diversas legislações de segurança nacional, incluindo a Lei de Segurança Nacional de 1935, criada por Getúlio Vargas, as Leis de 1967 e 1969, que ampliaram a definição de crimes, a Lei de 1983, no contexto de abertura política, e a Lei de 2021, que revogou a de 1983 e abordou questões contemporâneas de segurança.

[981] Ver Arquidiocese de São Paulo, 2011, p. 211.

[982] Rio de Janeiro, Recife, Brasília, Salvador, Belo Horizonte, Porto Alegre, Fortaleza e Belém. Ver Trespach, 2017, p. 212.

Segundo Ustra,[983] enquanto o DOI cuidava da parte operacional de linha de frente, coube ao CODI o planejamento e a integração entre os diferentes órgãos da Marinha, Aeronáutica, SNI, Polícia Federal e Secretaria de Segurança Pública, incluindo as polícias Civil e Militar.

A eficácia do sistema levaria a captura e neutralização de lideranças importantes como Carlos Marighella e Carlos Lamarca, levando organizações clandestinas a enfrentarem problemas de disputa pelo comando e "solução de continuidade", já que Marighella, por exemplo, havia centralizado todos os recursos, contatos e informações acerca dos militantes plantados na zona rural. "Tudo fora sepultado com ele", escreve Del Nero.[984]

Com a morte do principal ideólogo da luta armada brasileira, um dirigente cubano chamado Washington Mastrocinque foi enviado para assumir o comando da organização. Ao constatar a impossibilidade de alocar os militantes que ainda treinavam em Cuba nos locais previstos na zona rural, Mastrocinque fugiu para a Suécia com a esposa. O novo comandante havia desertado.

Dentre os DOIs existentes, o de São Paulo, comandado por Ustra, foi um dos mais atuantes.[985] Operando com uma estrutura inicialmente deficitária, o DOI continha alojamentos improvisados dentro das próprias viaturas. A rede de rádio era a mesma da PM e a munição deveria ser poupada já que era escassa. O quadro de escassez e defasagem seria modificado com o aparecimento de resultados e aumento da confiabilidade frente a uma sociedade de mercado contrária ao terrorismo. Com o tempo, além de maior apoio do Ministério do Exército, o financiamento empresarial permitiu a reestruturação de dependências, com instalação de guaritas e melhoramentos para o acondicionamento dos presos.

Quanto aos mecanismos utilizados para tornar o DOI profissionalmente atrativo,[986] integrantes do Exército e da Polícia passaram a receber uma compensação financeira de dez diárias de alimentação por mês. Muitos receberam, posteriormente, a Medalha do Pacificador com Palma,

---

[983]   Ver Ustra, 2007, p. 282.

[984]   Ver Augusto, 2011, p. 78-79.

[985]   Contava inicialmente com um efetivo de 18 militares do Exército (4 oficiais, 12 sargentos e 5 cabos com estabilidade), 72 da Polícia Militar de São Paulo (15 oficiais, 22 sargentos e 35 cabos e soldados), 20 da Polícia Civil (12 delegados e 8 investigadores), 5 da Aeronáutica (1 tenente, 1 sargento e 3 cabos) e 1 agente da Polícia Federal. Ver Ustra, 2007, p. 287.

[986]   Esses militares trocavam a rotina da tropa por outra em que, não raramente, necessitavam mudar de endereço e telefone, visando proteger suas famílias.

condecoração concedida como reconhecimento àqueles que arriscassem suas vidas.[987]

Com a destinação de recursos humanos para uma guerra cuja doutrina se formulava ao mesmo tempo em que era travada, os quartéis de tropa tiveram suas atividades de instrução afetadas.[988] A constância de assaltos a viaturas isoladas levou à criação da figura do "chefe de viatura",[989] um mecanismo de segurança ainda presente nos procedimentos da caserna.

A estrutura interna do DOI continha subdivisões como a Seção de Contrainformações, a Seção de Investigações, a Assessoria Jurídica, a Seção de Busca e a Seção de Interrogatório.[990] As duas últimas trabalhavam sob regime de 24 horas de trabalho por 48 de folga, enquanto as demais cumpriam diariamente o horário de expediente, das 8 às 18 horas.[991]

Após efetuada a prisão pela Turma de Busca e Apreensão, o detido era encaminhado ao interrogatório, onde era mantido incomunicável[992] a fim de conter as "desmontagens de aparelhos", fruto das rígidas normas das organizações clandestinas para o caso de atrasos nos contatos pré-determinados. Nessa luta contra o tempo, além do fornecimento de informações incorretas, integrantes da luta armada valeram-se da prática de ingerir uma pílula de cianureto[993] a fim de induzir internações e retardar a extração de informações. De acordo com Eumano Silva e Taís Morais em *Operação Araguaia* (2005):

> O partido preparava militantes para morrer na luta. Apanhados, jamais deveriam colaborar com a repressão. Nada poderiam revelar que ajudasse na captura dos guerrilheiros, mesmo torturados. Muitos guardavam a última munição para cometer suicídio, em caso de prisão.[994]

---

[987] Ver Ustra, 2007, p. 288.

[988] Segundo Ustra (2007, p. 290) não era raro que membros do DOI-CODI ouvissem reprimendas quando iam às unidades de origem, por estarem vestidos em trajes civis, com barba ou cabelo grandes. Enquanto atuava fora, a vaga no quartel continuava a ser ocupada, ocasionando, portanto, em prejuízo na instrução e no serviço de escala.

[989] Ver Ustra, 2007, p. 380.

[990] Ver Ustra, 2007, p. 294.

[991] Ver Ustra, 2007, p. 287.

[992] Ver Art. 59 em Brasil. Decreto-Lei nº 898, de 29 de setembro de 1969. Institui a Lei de Segurança Nacional. Disponível em: https://www2.camara.leg.br/legin/fed/declei/1960-1969/decreto-lei-898-29-setembro--1969-377568-publicacaooriginal-1-pe.html. Acesso em: 13 jan. 2023.

[993] Ver Ustra, 2007, p. 310.

[994] Ver Morais; Silva, 2005, p. 95.

Por outro lado, mesmo que a lei estabelecesse que as declarações deveriam ser tomadas na presença de duas testemunhas, um olhar sobre o projeto Brasil Nunca Mais permite constatar que os pressupostos legais em torno do interrogatório eram comumente desrespeitados nos inquéritos perpetrados pela Lei de Segurança Nacional.

> Os presos eram interrogados durante horas seguidas, sem nenhum descanso, nem alimentação. Desde que chegavam aos órgãos de segurança, eram imediatamente submetidos a longas e constrangedoras sessões de interrogatório. Os processos analisados noticiavam a ocorrência de interrogatórios que se prolongavam por dias a fio, ininterruptamente.[995]

Ainda que o Art. 59 do Decreto-Lei 898/69 prescrevesse a incomunicabilidade de até 10 dias para crimes contra a Segurança Nacional, Ustra[996] revela que, a depender da periculosidade do preso, essa incomunicabilidade poderia durar de poucas horas até um máximo de 30 dias.

Dado a sensibilidade das questões que abarcava, o DOI era alvo de visitas e fiscalizações, programadas e inopinadas, de generais e membros dos mais variados escalões de inteligência, como o Centro de Informações do Exército (CIE), Centro de Informações da Marinha (Cenimar), Centro de Informações e Segurança da Aeronáutica (Cisa) e Serviço Nacional de Informações (SNI).[997]

Ao CIE coube o gerenciamento das atividades de inteligência, tais como infiltração de agentes nas siglas de esquerda, incluindo ex-militantes destas, agora recrutados e pagos com nota fiscal. Entre os exemplos, figura o caso do cabo Anselmo, preso e transformado em informante. Por meio desse tipo de trabalho se chegou à prisão de quadros importantes da esquerda armada. Sabe-se que o CIE manteve pelo menos oito agentes no PCB e chegou a receber relatórios de um instrutor de guerrilhas alocado em Cuba. Segundo Gaspari,[998] ele listava nomes, codinomes e atividades dos brasileiros que treinava.

A sistematização do trabalho de inteligência não foi capaz de impedir que a própria estrutura militar fosse imune à infiltração, como demonstra o caso do sargento da Polícia Militar de São Paulo, oriundo de uma

---

[995] Ver Arquidiocese de São Paulo, 2011, p. 240.

[996] Ver Ustra, 2007, p. 318.

[997] Ver Ustra, 2007, p. 289.

[998] Ver Gaspari, 2014b, p. 355.

célula clandestina do Partido Comunista, que integrou o DOI-CODI do 2º Exército como informante durante dois anos.[999]

Eficientes na estratégia de combate ao terrorismo, os mecanismos de mitigação apresentados não seriam suficientes para impedir a ocorrência da mais imoral e degradante ferramenta de guerra. Passemos a ela.

Tortura

Historicamente, a tortura remonta à Antiguidade, sendo possivelmente anterior à civilização greco-romana. Usada para punição ou obtenção de confissões, foi autorizada na Inquisição e proibida na Europa no século XVIII. Regulamentada na forma de castigos físicos aos escravizados e às classes subalternas das Forças Armadas, ressurgiu com ideologias totalitárias, nazifascistas e comunistas, sendo "aperfeiçoada" pela introdução da lavagem cerebral, baseada nos estudos de reflexos condicionados do fisiologista russo Ivan Pavlov.[1000]

Segundo Hobsbawm, no período da Guerra Fria pelo menos um terço dos Estados-membros das Nações Unidas praticavam tortura.[1001] A essa prática, não passaram imunes nações como, por exemplo, a Grã-Bretanha, onde os abusos ocorridos na Irlanda do Norte acabaram chamando a atenção da Anistia Internacional. Nenhum saldo do Ocidente, contudo, seria pior do que o da América Latina.[1002]

No Brasil, o tema da tortura ganharia projeção após o Estado Novo de Vargas, sendo especialmente retomado após o início do Regime Militar de 1964.[1003] De acordo com Bezerra,[1004] assim como os excessos do macarthismo contribuíram para desmoralizar o anticomunismo nos EUA, as ferramentas arbitrárias utilizadas pelo Estado brasileiro acabaram santificando os comunistas, de forma que "nada serviu mais à propaganda de esquerda no Brasil do que a questão da tortura".[1005]

Em Recife, em 1º de abril de 1964, antes da cassação de João Goulart, a violência se manifestou com a prisão e tortura de Gregório Bezerra,

---

[999] Ver Markun, p. 50, 56 e 93 *apud* Bezerra, 2019, p. 431.

[1000] Ver Torres, 2004, p. 200.

[1001] Ver Peters, 1985, *apud* Hobsbawm, 1995, p. 56.

[1002] Ver Hobsbawm, 1995, p. 433.

[1003] Ver Torres, 2004, p. 200.

[1004] Ver Bezerra, 2019, p. 30.

[1005] Ver Bezerra, 2019, p. 733.

militante do PCB e ex-sargento que lutou ao lado das forças soviéticas em 1935. Acusado de tentar organizar uma resistência camponesa, foi detido e torturado em praça pública, sendo amarrado e arrastado pelas ruas de Casa Forte.[1006]

A violência não cessaria, mas mudaria de cenário. De acordo com Elio Gaspari, o ano de 1965 findara com 84 denúncias de tortura. Três delas resultaram em morte. A situação ocupou espaço na imprensa e logo chegou aos debates do Congresso. Em 1º de setembro de 1964, o Correio da Manhã iniciou uma campanha de divulgação dos crimes denunciados e a repercussão levou o governo a enviar Ernesto Geisel, então chefe da Casa Militar, para averiguar pessoalmente o principal foco das denúncias: a região do Nordeste. O relatório, produzido a partir da chamada missão Geisel, admitiu a possibilidade de que excessos tivessem ocorrido, embora os tratasse como "casos isolados" ou "incomprovados".[1007]

Em depoimento prestado em 2001 ao Conselho de Direitos Humanos, Dilma Roussef relatou que sua tortura teria começado pela palmatória, passando, num segundo momento, ao pau-de-arara: uma barra de ferro amarrada entre os punhos e a dobra do joelho. O terror físico, que teria lhe causado sequelas na arcada dentária, intercalava com o psicológico com encenações de fuzilamentos e ameaças de espancamento.[1008]

"Depois de apanhar, era jogada nua em um banheiro, suja de urina e fezes. Tremia de frio até que a sessão de tortura começasse novamente".[1009]

Mesmo torturada, a ex-presidente manteria a posição de que jamais forneceu informações.[1010] Uma declaração contestada pela publicação da revista Época, intitulada "Dilma na luta armada", de 20 de agosto de 2010, em que é apresentado um depoimento, prestado por Dilma ao DOPS paulista, em 26 de fevereiro de 1970, contendo informações fornecidas às autoridades e que teriam possibilitado a prisão de quatro "camaradas": João Ruaro, Maria Joana Teles Cubas, Carlos Savério Ferrante e José Vicente Correa.[1011]

[1006] Ver Bezerra, 2011, p. 534-535.

[1007] Ver Lobato, 2019, p. 24.

[1008] Ver Centeno, 2014, p. 58 e p. 61.

[1009] Ver Centeno, 2014, p. 59.

[1010] Ver Centeno, 2014, p. 60.

[1011] Ver Centeno, 2014, p. 739.

Em entrevista à revista *Veja* de 9 de dezembro de 1998, o ex-tenente Marcelo Paixão de Araújo, que serviu no 12º RI de Belo Horizonte, entre 1968 e 1971, descreve o método de tortura:

> A primeira coisa era jogar o sujeito no meio de uma sala, tirar a roupa dele e começar a gritar para ele entregar o ponto (lugar marcado para encontros). Era o primeiro estágio. Se ele resistisse, tinha um segundo estágio, que era, vamos dizer assim, mais porrada. Um dava tapa na cara. Outro, soco na boca do estômago. Um terceiro, soco no rim. Tudo para ver se ele falava. Se não falava, tinha dois caminhos. Dependia muito de quem aplicava a tortura. Eu gostava muito de aplicar a palmatória. É muito doloroso, mas faz o sujeito falar. [...] Você manda o sujeito abrir a mão. O pior é que, de tão desmoralizado, ele abre. Aí se aplicam dez, quinze bolos na mão dele com força. A mão fica roxa. Ele fala. A etapa seguinte era o famoso telefone das Forças Armadas. [...] uma corrente de baixa amperagem e alta voltagem [...] Não tem perigo de fazer mal. Eu gostava muito de ligar nas duas pontas dos dedos. Pode ligar numa mão e na orelha, mas sempre do mesmo lado do corpo. O sujeito fica arrasado. O que não se pode fazer é deixar a corrente passar pelo coração. Aí mata. O último estágio em que cheguei foi o pau de arara com choque. Isso era para o queixo-duro, o cara que não abria nas etapas anteriores.[1012]

As confissões de ex-integrantes dos Destacamentos de Operação e Informação (DOI) legaram à historiografia informações sobre um drama que atingiu inúmeras famílias de membros da luta armada: a ocultação de cadáveres por agentes do Estado. Um oficial da Aeronáutica, por exemplo, admitiu ter a sua unidade arremessado prisioneiros no Oceano Atlântico, ainda em maio de 1968, antes, portanto, da decretação do AI-5. Caso semelhante fora relatado em outra ocasião, dessa vez indicando o rio Amazonas como local de despejo.[1013] Um dos mais enigmáticos desaparecimentos acabou também solucionado por meio de confissões de ex-agentes. Trata-se do caso de Rubens Paiva, ex-deputado que, sem ligação direta com a luta armada, acabou morto sob tortura, enterrado e desenterrado para ser jogado ao mar, na costa do Rio de Janeiro, em 1973, dois anos após sua morte. A apreensão de cartas endereçadas a Paiva levou militares a acreditarem que, por meio dele, chegariam ao MR-8, organização terrorista

---

[1012] Ver Gaspari, 2014b, p. 184, 185.

[1013] Ver Smallman, 2004, p. 404.

integrada por Lamarca — primeiro nome da lista de procurados desde a morte de Marighella em 1969. O atestado de óbito de Paiva seria entregue 25 anos depois à viúva Eunice Paiva. Não seria um caso isolado na longa lista de graves violações cometidas pela repressão.[1014]

Com a proposta confessa de influir nos debates da Assembleia Constituinte que se anunciava ao final dos anos 1980, o estudo de maior vulto acerca das torturas cometidas durante o Regime Militar consiste na já mencionada pesquisa coletiva *Brasil: Nunca Mais* — elaborada ao longo de mais de cinco anos, por meio de análise dos processos penais do período. Dessa forma, a pesquisa BNM traz o mérito de sintetizar os documentos produzidos pelo próprio Estado e que transitaram entre abril de 1964 e março de 1979 pela esfera da Justiça Militar e do Superior Tribunal Militar.[1015]

> Foram obtidas, por inúmeros caminhos, cópias de 707 processos completos e dezenas de outros incompletos, num total que ultrapassou 1 milhão de páginas imediatamente microfilmadas em duas vias, para que uma pudesse ser guardada, sem riscos, fora do país.[1016]

O projeto traça um perfil dos réus, apresentando um total de 88% detidos do sexo masculino e 12% do sexo feminino, com predominância de classe média e 38,9% com idade igual ou inferior a 25 anos. Dos 7.367 casos analisados, 1.918 depoentes alegaram terem sido torturados na fase de inquérito, sendo 1.558 durante os anos 1969-1974.[1017]

Entre os casos analisados consta o dos estudantes que alegaram terem servido de cobaias para instruções de tortura, em quartéis da PE, perante plateia de 80 a 100 militares. Enquanto slides eram projetados ao fundo, as "cobaias" eram vítimas de agressão física, pressão psicológica e instrumentos variados como a palmatória.[1018]

Os relatos incluem, ainda, uso de pau-de-arara, normalmente complementado com choque elétrico[1019] ou afogamento.[1020] Outros ins-

---

[1014] Ver Gaspari, 2014b, p. 329.

[1015] O material reunido pode ser encontrado em arquivo digital. Para acessá-lo, ver: Ministério Público Federal. Brasil: Nunca Mais Digital. Disponível em: https://bnmdigital.mpf.mp.br/pt-br/. Acesso em: 19 nov. 2024.

[1016] Ver Arquidiocese de São Paulo, 2011, p. 26.

[1017] Ver Arquidiocese de São Paulo, 2011, p. 113-115.

[1018] Ver Arquidiocese de São Paulo, 2011, p. 49.

[1019] Ver Arquidiocese de São Paulo, 2011, p. 41-42.

[1020] Ver Arquidiocese de São Paulo, 2011, p. 44.

trumentos citados foram a "geladeira"[1021] e a "cadeira do dragão".[1022] No primeiro, o preso era colocado nu em uma cabine escura de temperatura baixíssima, onde permanecia dias, inquietado por sons estridentes, alguns de sirene, capazes, segundo os relatos, de levar à loucura. A cadeira do dragão tratava-se de uma cadeira de zinco, tipo barbeiro, com local para introdução de terminais da máquina de choque, chamada de magneto. Em certos depoimentos, relatou-se que esse choque poderia ser causado diretamente por um telefone de campanha, em alguns casos conectado aos órgãos genitais.

Entre os relatos envolvendo crianças, tema ao qual o projeto BNM dedica um capítulo exclusivo, destacam-se episódios de pressões psicológicas contra pais detidos, cujos filhos, menores de idade, permaneciam sob a responsabilidade do Exército. Durante os interrogatórios, agentes teriam proferido ameaças à integridade dessas crianças, com declarações como: "Se não falar, seu filho será jogado do segundo andar".[1023]

Em *O fascínio dos anos de chumbo*, o general Raymundo Negrão Torres desmente e retifica relatos apresentados pelo BNM, e dos quais se alega testemunha ocular. Segundo o general, para além da autoflagelação, empregada para que, "ao serem soltos, os presos ostentassem marcas de violência e não fossem julgados cagoetas",[1024] deu-se a prática do uso de crianças como "fachada" para encobrir atividades criminosas e subversivas.[1025] Entre as denúncias apresentadas no BNM consta a presença de crianças trazidas até o local onde os pais se encontravam sujos ou feridos.[1026] Em *A Verdade Sufocada*, Ustra relata que a visita dos filhos ao local se tratava de uma reivindicação dos próprios pais.[1027]

Em *Combate nas Trevas*, o historiador e militante comunista Jacob Gorender admite a invenção, por parte de companheiros de cela, sobre um caso de tortura sofrida por uma filha de poucos meses de Virgílio Gomes da Silva, sequestrador do embaixador americano.[1028]

[1021] Ver Arquidiocese de São Paulo, 2011, p. 45.

[1022] Ver Arquidiocese de São Paulo, 2011, p. 44.

[1023] Ver Arquidiocese de São Paulo, 2011, p. 53.

[1024] Ver Torres, 2004, p. 201.

[1025] Ver Torres, 2004, p. 50.

[1026] Ver Arquidiocese de São Paulo, 2011, p. 54

[1027] Ver Ustra, 2007, p. 547.

[1028] Ver Gorender, 2014, p. 253.

"Essa mentirosa acusação foi enfiada na redação de um Manifesto de jornalistas que saiu do Presídio Tiradentes [...]. Quantas infâmias como essa foram e continuam a ser repetidas".[1029]

O capítulo da BNM sobre o uso de crianças traz ainda seis depoimentos de mulheres que relatam terem sido estupradas,[1030] além de casos de abortos sofridos enquanto essas mulheres se encontravam sob responsabilidade do Estado.[1031]

Como consequências, posteriores à tortura, foram relatados sintomas tais como: alucinações, contrações no corpo, histeria, ideações suicidas, hiperemotividade e agorafobia. Um argumento de defesa, ocasionalmente apresentada pelos militares, é reforçado pelo projeto: as tentativas de suicídio por parte dos presos, testemunhadas pelos próprios presos.[1032]

Por outro lado, a alegação de que as torturas eram casos isolados, sem vínculo com diretrizes superiores, é contestada por torturados que afirmam terem sido examinados ou até reanimados por médicos ligados aos DOI-CODI. Em um dos inquéritos, a vítima alega ter acordado no Hospital das Forças Armadas em Brasília após sessões de tortura. Há também a menção de suicídios fraudados por laudos supostamente elaborados por legistas que promoviam a ocultação de mortes. É o que teria acontecido, segundo o projeto BNM, com o caso de maior repercussão do Regime Militar: a morte do jornalista Wladimir Herzog.[1033]

Assim, diferentemente do ocorrido com a ditadura Vargas, cujos arquivos foram destruídos pelo fogo, a necessidade dos militares de 64 de institucionalizar seus atos resultou na produção de "toneladas de provas contra si mesmos", armazenadas no STM. Esses arquivos e processos seriam utilizados em favor da narrativa que se sobreporia a todos os eventos já mencionados neste trabalho: a versão de uma ditadura pura e simplesmente repressora.[1034] O material reunido pelo BNM foi distribuído em diferentes línguas, por livrarias, bibliotecas, universidades e centros de documentação no Brasil e no exterior.[1035] Constituir-se-ia não somente acervo para pesquisadores, como também fonte para produções

---

[1029] Ver Torres, 2004, p. 203.
[1030] Ver Arquidiocese de São Paulo, 2011, p. 57-58.
[1031] Ver Arquidiocese de São Paulo, 2011, p. 61.
[1032] Ver Arquidiocese de São Paulo, 2011, p. 299-300-301.
[1033] Ver Arquidiocese de São Paulo, 2011, p. 319-320.
[1034] Ver Figueiredo, 2013, p. 19 e 21.
[1035] Ver Arquidiocese de São Paulo, 2011, p. 32.

de caráter cultural, como foi o caso da novela "Roda de Fogo", da Rede Globo, em 1986.[1036]

Com um investimento de 350 mil dólares, o principal padrinho financeiro do BNM foi o Conselho Mundial de Igrejas (CMI), que havia sustentado, anos antes, Paulo Freire no exílio. Junto a Evaristo Arns, a confecção foi coordenada por Paulo de Tarso Vannuchi, ex-integrante da ALN e futuro ministro do governo Lula. Em 2009, responsável pela pasta de Direitos Humanos, o ex-ALN empreendeu uma luta interna nos bastidores do governo para colocar militares envolvidos com a repressão no banco dos réus.[1037]

É possível observar que, ainda que o projeto BNM tenha dedicado um anexo a abordar a história da tortura no Brasil e no mundo, não há qualquer exposição de dados comparativos que permita atribuir ao Regime Militar uma exclusividade, ou ao menos, um aumento em casos de tortura desvinculado de um aparato de segurança pública que o anteceda. Como demonstrado, a prática é, no entanto, referenciada nos próprios relatos de militares, ora explícita, ora implicitamente, como no desabafo do general Raymundo Negrão Torres: "Muitos dos episódios dessa guerra suja, baseada, essencialmente, na informação e na contra-informação, tiveram que ser planejados e comandados de "porões" de sigilo e travados adotando *práticas inusitadas*".[1038]

E mais a frente:

> Só quem participou, de uma forma ou de outra, do combate à subversão, ao terrorismo e à guerrilha pode fazer ideia do que aquela luta sem quartel e sem regras representou em dramas de consciência, em decisões dolorosas e, muitas vezes, em momentos de depressão ou de surda raiva por sentir-se impotente para modificar ou remediar situações.[1039]

Segundo o general Agnaldo Del Nero Augusto, alguns meios empregados desonraram a vitória e a marcaram negativamente. Ele afirma que não importa se práticas semelhantes foram adotadas em outros países, como nos regimes comunistas: "A tortura foi algo lamentável sob todos os aspectos, também operacionais, pois hoje se sabe que a vitória poderia

---

[1036] Ver Figueiredo, 2013, p. 62 e 64.

[1037] Ver Figueiredo, 2013, p. 25, 36, 55 e 187.

[1038] Ver Torres, 2004, p. 137, grifo meu.

[1039] Ver Torres, 2004, p. 138.

ter sido alcançada sem essa prática desumana". Em uma autocrítica, o general conclui que "os fins, ao contrário do que defendem os totalitários de qualquer ideologia, não justificam os meios".[1040]

Lucas Figueiredo[1041] ressalta que, assim como Ustra, nenhum oficial que "pôs a mão na massa" no combate à esquerda armada chegou ao generalato. Primeiro condenado por tortura no período, Ustra foi progressivamente alçado ao radar da opinião pública após ter seu nome listado entre os 444 agentes denunciados como torturadores pelo Projeto BNM. A lista foi divulgada à imprensa quatro meses após a publicação do livro, sendo incorporada à versão de 6.891 páginas disponibilizada na internet. De acordo com Figueiredo, "torturadores passaram a ser apontados nas ruas e alguns chegaram a perder o emprego".[1042]

A despeito das autocríticas e também das omissões, a leitura das memórias produzidas pelos "militares da linha de frente" revela uma perspectiva que os insere em um contexto de guerra não convencional, caracterizada por estratégias irregulares e assimétricas. Uma guerra, sobretudo, pelos destinos do Brasil. Para esses militares, tratava-se, afinal, de defender um regime considerado democrático frente às ameaças de regimes comunistas, como os da China e Cuba — regimes esses implantados por meio de guerrilhas. Guerrilhas como a do Araguaia.

Da Guerrilha do Araguaia ao Comando Vermelho

Para historiadores como Eric Hobsbawm,[1043] a guerrilha no Brasil não representou um verdadeiro desafio ao Estado, mas foi utilizada como desculpa para uma implacável repressão. Curiosamente, o mesmo autor, no mesmo livro, três páginas antes, cita o caso de Cuba que, por meio de um movimento surpreendentemente pequeno, teve seu regime político subvertido, logo estampando páginas de jornais pelo mundo.[1044] Foi por meio da guerrilha, admite o historiador marxista, que vietnamitas venceram franceses e norte-americanos, tornando-se os mais admirados praticantes dessa estratégia.[1045]

[1040] Ver Marcelo Godoy, *A Casa da Vovó*, citado por Bezerra, 2019, p. 775.

[1041] Ver Figueiredo, 2013, p. 125.

[1042] Ver Figueiredo, 2013, p. 45, 52 e 63.

[1043] Ver Hobsbawm, 1995, p. 429.

[1044] Ver Hobsbawm, 1995, p. 425.

[1045] Ver Hobsbawm, 1995, p. 425.

Sem relações com Cuba ou Moscou, mas seguindo a cartilha de Mao Tsé Tung, o projeto mais audacioso de guerrilha implantada em solo brasileiro não foi urbano, mas rural. O primeiro envio de militantes para a região do Bico do Papagaio, localizada entre os rios Araguaia e Tocantins, remete a 1966. Naquele local, na integração entre Amazônia, Nordeste e Brasil central, deu-se a preparação daquela que ficou conhecida como Guerrilha do Araguaia. Sobre ela, escreve Del Nero:

> Sem o conhecimento preciso da extensão da guerrilha, os órgãos de informações foram levados a considerá-la como uma ameaça [...]. O exemplo do Vietnã, onde as Forças Armadas mais poderosas do mundo tinham sofrido uma inesperada derrota, ainda estava vivo na memória de todos. Até mesmo o mito criado em torno de Sierra Maestra, em Cuba, segundo o qual algumas dezenas de guerrilheiros derrotaram um exército — corrupto e desmoralizado, é verdade — desestimulava estimativas dessa natureza.[1046]

Com cerca de 15 militantes distribuídos até 1968 em três pontos diferentes da região, sendo metade do grupo composto por militantes capacitados na China,[1047] a guerrilha chegaria ao ano de 1972 contabilizando 59 homens e 14 mulheres, incluindo ex-militares como o oficial da reserva do CPOR conhecido como Osvaldão.[1048] Desse efetivo, dividido em três destacamentos, 70% era composto por estudantes oriundos das agitações de 1968, que haviam abandonado as universidades. Pelo menos dez alegariam, futuramente, não terem sido informados "explicitamente" pelo partido da guerra revolucionária que, ingenuamente, haviam aderido. Para os arrependidos, segundo Bezerra, restava o temor do justiçamento por deserção.[1049]

Havia, no entanto, a euforia juvenil — aquela buscada anos antes pelo agora falecido Marighella. O ex-diretor da UNE e futuro presidente nacional do PT, José Genoíno Neto, na época com 26 anos, relata: "Um dia correu a notícia de que os outros destacamentos haviam sido ataca-

---

[1046] Ver Augusto, 2011, p. 182.

[1047] Ver Gaspari, 2014b, p. 417.

[1048] Negro de 1,98m, campeão de boxe e, naquela altura, responsável por várias mortes, entre elas a de um sargento, Osvaldão seria o motivo da recomendação do CIE de que os agentes infiltrados evitassem confrontos diretos se a possibilitasse de êxito permitisse dúvidas. De acordo com Gaspari (2014b, p. 413), disseminou-se a lenda de que o Exército não o pegava, pois "ao entrar na mata, transformava-se em mosquito, cachorro ou borboleta".

[1049] Ver Gaspari, 2014b, p. 418; e Bezerra, 2019, p. 715 e 717.

dos. O inimigo estava chegando. "Todos estavam ansiosos para começar os combates de verdade" [...]. Houve uma grande vibração. Finalmente, começaria a luta para valer!".[1050]

Segundo os pesquisadores Taís de Morais e Eumano Silva, foi a apreensão dos chamados *Regulamento Militar da Guerrilha* e *Regulamento da Justiça Militar Revolucionária* que deu ao Exército a certeza de que um movimento armado se estruturava na região.[1051] Retomando lições apreendidas em Canudos, o governo mobilizou 3.200 militares, incluindo recrutas, a serem enviados em abril de 1972 para se instalarem entre os municípios de Marabá e Xambioá.[1052] Essa etapa, denominada Operação Papagaio, movimentou um contingente demasiadamente superior à estimativa de 200[1053] guerrilheiros, e é o maior emprego das três Forças desde a FEB. É anacrônica, contudo, a crítica que aponta essa superioridade como desnecessária, já que a guerrilha, há muito ambientada na região, contava com número muito próximo do utilizado por Fidel Castro na tomada do poder em Cuba, e pouco superior ao utilizado por Che Guevara na Bolívia.[1054] Gaspari estima que os guerrilheiros do Araguaia tiveram uma colaboração efetiva muito superior à conseguida por Che Guevara, incluindo a adesão de menores de idade coagidos pelo partido.[1055]

Havia preocupação, por parte do governo, de que a notoriedade, em caso de êxito da guerrilha, transformasse o território em uma "zona liberada" assim como ocorrera no Sudeste da Ásia.[1056] A direção do PCdoB, por meio do editorial *A Classe Operária*, empreendeu a retórica do heroísmo popular, disseminando que os guerrilheiros do Araguaia teriam plenas condições para resistir.[1057]

Entre maio e outubro de 1973, sucedeu-se a Operação Sucuri e Operação Marajoara. O novo efetivo continha cerca de 750 militares das Forças Especiais e Brigada Paraquedista, contando com, pelo menos, 100 integrantes do CIE. Um recálculo na estratégia levou à prática da Ação

---

[1050] Citado por Centeno, 2014, p. 218.

[1051] Ver Morais e Silva, 2005, p. 191.

[1052] Ver Gaspari, 2014b, p. 423.

[1053] Ver Gaspari, 2014b, p. 410.

[1054] Ver Gaspari, 2014b, p. 408.

[1055] Ver Gaspari, 2014b, p. 449.

[1056] Ver Gaspari, 2014b, p. 444.

[1057] Ver Gaspari, 2014b, p. 471.

Cívico Social, com desembarque de médicos e toneladas de medicamentos na busca por apoio da população local.

Apesar da ACISO, sabe-se que tanto militares quanto guerrilheiros apelaram para a coação física da população local, enquanto "técnica" para atingimento dos objetivos. Segundo Bezerra,[1058] o medo da represália levou moradores em situação de pobreza a recusarem alimentos distribuídos por militares. De fato, entre os colaboradores locais, recrutados ou obrigados pelo Exército, pelo menos três acabaram "justiçados" pelos guerrilheiros.[1059] Paradoxalmente, um desses assassinatos, cometido com requintes de crueldade, em 10 de agosto de 1972, contribuiu para a adesão de 43 moradores na ajuda aos militares.[1060]

O Exército distribuiu, ainda, panfletos e cartas escritas pelos guerrilheiros presos sugerindo aos companheiros que "desistissem dessa aventura".[1061] Numa delas, Genoíno — que sob tortura prestara informações sobre armas, codinomes e sobre os destacamentos[1062] — elogiava o tratamento recebido como prisioneiro.

Com uma base aérea em Xambioá e postos de controle na Transamazônica e Belém-Pará, o Exército surpreendeu uma guerrilha ainda em formação, com depósitos de mantimentos ainda desorganizados.[1063] Após uma série de deserções e um saldo de baixas jamais divulgado, os militares obtiveram êxitos em confrontos inopinados com guerrilheiros, muitos debilitados pela malária.[1064] Quanto aos equipamentos portados pela guerrilha:

> Cada guerrilheiro tinha um revólver com quarenta balas. O conjunto dispunha ainda de quatro submetralhadoras, duas de confecção doméstica, mais 25 fuzis e rifles. Essas eram suas armas de guerra (menos de uma para cada dois guerrilheiros). Somando-se a elas trinta espingardas e quatro carabinas, as armas longas eram 63. [...] Faltavam oito para que cada combatente tivesse a sua. Armamento

---

[1058] Ver Bezerra, 2019, p. 719.

[1059] Ver Gaspari, 2014b, p. 439.

[1060] Ver Bezerra, 2019, p. 724.

[1061] Ver Gaspari, 2014b, p. 431.

[1062] Em defesa das acusações de que traíra colegas no Araguaia, Genoíno alegaria que as únicas informações verídicas por ele passadas eram calculadamente ultrapassadas, de forma a não prejudicar a guerrilha. Ver Figueiredo, 2013, p. 96. Ver também Morais e Silva, 2005, p. 191, 281 e 374.

[1063] Ver Gaspari, 2014b, p. 423-424.

[1064] Ver Gaspari, 2014b, p. 423.

escasso, de má qualidade balística, bastava para pouco mais que a simples defesa pessoal. Seu poder de fogo era inferior ao de quatro grupos de combate do Exército, cada um deles com nove homens armados de oito fuzis FAL e uma submetralhadora. Por velha, a maior parte do arsenal estava com defeito. A guerrilheira Lena lembraria: "O fuzil que eu usava, nossa! [...] Pra acertar naquela árvore tinha que atirar três árvores depois".[1065]

Ainda assim, o confronto contra um inimigo numericamente inferior mas que dominava melhor o terreno exigiu uma reorganização militar que favorecesse a maneabilidade das tropas:

> Criou-se um sistema pelo qual quando uma patrulha achava um rastro e conseguia projetar o rumo dos guerrilheiros, em vez de persegui-los, fustigando sua retaguarda, comunicava-se com a base, de forma a lançar outras duas mais à frente, com o objetivo de emboscar sua vanguarda. As patrulhas tinham entre dez e doze homens, comandados por um tenente ou capitão. Dispunham de mantimentos para dez dias de permanência na selva. Assemelhavam-se aos pequenos grupos de guerrilheiros da primeira fase dos combates.[1066]

A Operação Marajoara, iniciada em 7 de outubro de 1973 — propositalmente sob estação chuvosa — pôs fim a uma Guerrilha do Araguaia, a essa altura abandonada pela coordenação do partido e fracassada no objetivo de conquistar o apoio da população local. Com a retomada da ofensiva militar, composta não mais de recrutas, mas de paraquedistas coordenados em posse do mapeamento aerofotográfico da região, o efetivo restante seria dizimado em cerca de quatro meses, sendo a operação enfim concluída entre janeiro e março de 1974.[1067]

Tal como ocorrera na Intentona de 1935, muitos prisioneiros do Araguaia alegariam desconhecimento acerca dos reais objetivos da guerrilha. Foi o caso de Pedro e Teresa Cristina que desertaram após contrariados com a exigência do PCdoB de que Teresa fizesse um aborto.[1068] O guerrilheiro Osvaldão, a essa altura lendário, seria finalmente morto em 4 de fevereiro de 1974, atingido pela espingarda de um mateiro. Teria sua

---

[1065] Ver Gaspari, 2014b, p. 425.

[1066] Ver Gaspari, 2014b, p. 453.

[1067] Ver Gaspari, 2014b, p. 409 e Gorender, 2014, p. 239.

[1068] Ver Augusto, 2011, p. 181.

cabeça cortada antes de ser sepultado.[1069] Indícios apontam para o fato de que, entre as mortes em combate computadas pelos militares, estejam, na verdade, casos de guerrilheiros mortos enquanto prisioneiros, incluindo mortes ocorridas após rendição.[1070] O jornalista Elio Gaspari apresenta uma estimativa de 59 guerrilheiros mortos no Araguaia, além de dez moradores locais que aderiram à guerrilha. Do lado dos militares, o número de mortos pode ter chegado a 16[1071] — o maior número em confronto desde a Segunda Guerra Mundial. Quanto aos guerrilheiros, no entanto, todas as famílias seriam indenizadas pelo Estado e seus nomes em breve se tornariam nomes de ruas.[1072]

Ferido em combate com guerrilheiros após 247 dias no Araguaia, o operador das Forças Especiais Álvaro de Souza Pinheiro, mais tarde general, fornece uma avaliação crítica do planejamento executado:

> Concepção equivocada nos níveis operacional e tático. [...] No terreno da selva, as patrulhas se deslocavam com um efetivo de pelotão, 35 a 40 homens, pelas trilhas, enquanto os grupos de guerrilha se deslocam através da selva, com um efetivo de cinco a no máximo dez elementos. [...] Falta de unidade de comando [...] Informações deficientes sobre o terreno e o inimigo. Não havia cartas nem fotos aéreas da região de operações em escala compatível. O desconhecimento do terreno era enorme. [...] graves deficiências no adestramento em operações de contraguerrilha em ambiente de selva. Muitas delas com efetivos constituídos por soldados recrutas. Falta de continuidade nas operações. Diferentemente da força de guerrilha que já estava na área há algum tempo e lá permanecia, a tropa era empregada por períodos predeterminados, não mais de vinte dias, findos os quais retornava à sua sede, sem ser substituída.[1073]

Ainda de acordo com Gaspari,[1074] o Exército nunca contou como venceu e o PCdoB nunca reconheceu a derrota. "Agiram assim porque cada um teve um pedaço da história a esconder".

[1069] Ver Gaspari, 2014b, p. 414.

[1070] Ver Gaspari, 2014b, p. 467.

[1071] Ver Gorender, 2014, p. 239-240; e Figueiredo, 2013, p. 160.

[1072] Ver Gaspari, 2014b, p. 470.

[1073] Citado por Gaspari, 2014b, p. 435.

[1074] Ver Gaspari, 2014b, p. 472.

A guerrilha do Araguaia foi a última guerrilha do período e possivelmente o principal motivo que fez Médici passar o governo não a um civil mas a um general da reserva, em um aceno a ideia de diminuir progressivamente a participação dos militares e redemocratizar o regime.[1075] Quanto aos guerrilheiros tidos como desaparecidos no Araguaia, a pesquisa do historiador Hugo Studart, publicada em 2018, fez emergir uma grande polêmica: por meio de uma operação "cobertura", oriunda de uma delação premiada, sete dos 59 desaparecidos teriam recomeçado suas vidas com novas identidades, empregados em órgãos públicos como o MEC, sob coordenação do ministro Jarbas Passarinho.[1076]

Na década de 1970, o arcabouço teórico marxista da guerrilha foi transmitido a criminosos comuns, à medida que estes compartilhavam celas com membros de organizações clandestinas. Foi no Instituto Penal Cândido Mendes, em Ilha Grande, que, entre 1969 e 1979, visando a despolitização dos presos e amparado na Lei de Segurança Nacional,[1077] o governo acabou promovendo o efeito contrário: a troca de experiência por ambos os grupos.

Assim, elegendo o Estado como inimigo em comum, dava-se o nascimento de uma nova organização criminosa que se expandiria pelo Brasil, assentada no tráfico de drogas, extorsão, homicídios, controle de áreas urbanas e herdeira do discurso social-revolucionário que lhe permitiria cair nas graças de parcela da intelectualidade militante.[1078] Conhecida hoje como Comando Vermelho,[1079] essa organização alcançaria um objetivo jamais alcançado pelas organizações terroristas da Guerra Fria brasileira: a conquista do apoio da população carente.

"Assim como houve casos de bandidos comuns que se tornaram guerrilheiros, alguns militantes trocaram a guerrilha pela bandidagem", escreve Bezerra.[1080] O historiador cita os casos do ex-sargento Josué Cerejo, que, derrotado na Guerrilha de Caparaó, descobriu no narcotráfico um nicho para aplicação de seu *know-how*, além do caso de Juarez Senna,

---

[1075]   Ver Augusto, p. 177 e 219.

[1076]   Ver Hugo Studart, 2018, p. 61 e 538, citado por Bezerra, 2019, p. 718.

[1077]   Decreto-lei nº 898, de 1969, cujo artigo 27 igualou os delitos comuns aos crimes políticos.

[1078]   Willian da Silva Lima, fundador do Comando Vermelho, chegou a afirmar que "alguns intelectuais já sugeriram transformar a organização em instituição política". Ver Amorim, 2010, p. 342, *apud* Bezerra, 2019, p. 700.

[1079]   Dentre a bibliografia absorvida no presídio de Ilha Grande, constam fontes como *O minimanual do guerrilheiro urbano*, de Carlos Marighella, *Guerra de guerrilhas*, de Che Guevara, e *A Revolução na Revolução*, de Régis Debray. Ver Carvalho, 2014, p. 98 e 103.

[1080]   Ver Bezerra, 2019, p. 698.

militante do PCB e PCdoB, que se tornou um assaltante marxista-leninista de bancos, posteriormente prestador de serviços para o tráfico no Morro do Adeus, no Rio de Janeiro. Caminhos muito diferentes, portanto, de outros colegas que lograram êxito na carreira política, arena em que velhos contatos seriam retomados.[1081]

A censura governamental sobre os acontecimentos no Araguaia não apenas impediu a visibilidade que os guerrilheiros buscavam, mas também comprometeu o sucesso dos militares em construir uma narrativa sólida, permitindo ao PCdoB promover a sua própria. É precisamente nesse subestimado campo de batalha — o da narrativa — que a Guerra Fria brasileira seria decidida.

[1081] Ver Estadão, 2023.

PARTE 3

ENSAIOS SOBRE GUERRA CULTURAL

Alguns lutaram com armas nas mãos,
outros pela ação política, outros pela palavra escrita.
(José Murilo de Carvalho)[1082]

[1082] Ver Carvalho, 2019, p. 11.

10

A HIPÓTESE DO PODER MODERADOR MILITAR: DE 1964 A JANEIRO DE 2023

Quando os governos mutilam a lei e desrespeitam a Constituição, compete à força armada colocar-se ao lado destas, ainda que seja mister destruir, provisoriamente, o poder constituído.
(Juarez Távora)[1083]

A batalha pela memória de 1964 perpassa as dicotomias de golpe versus contragolpe e revolução versus contrarrevolução. Contudo, seria insuficiente adentrarmos esses conceitos sem um estudo prévio sobre a legitimidade, isto é, sobre as discussões que legitimaram a ruptura institucional, empreendida por militares em 31 de março e ratificada pelo poder civil em 2 de abril de 1964.

Se até aqui o leitor foi apresentado às razões de Segurança Nacional que permeiam a Guerra Fria do Brasil, voltemos mais uma vez na história, a fim de percorrer um breve itinerário sobre a atribuição constitucional das Forças Armadas e sua relação com nosso objeto de estudo.

O ano agora é 1824. Após um processo intenso e conturbado, a primeira Constituição brasileira é enfim outorgada, consolidando a independência do Brasil em relação a Portugal.

A Carta Magna[1084] organizou a estrutura política do país, trazendo, junto aos três poderes constitucionais — Executivo, Legislativo e Judiciário — a existência de um quarto: o poder moderador.

Teorizado pelo político e intelectual suíço Benjamin Constant (1767–1830) — não confundir com o militar brasileiro —, o poder real,[1085] como originalmente foi chamado, não seria soberano sobre o povo, mas sobre os demais poderes, assegurando que a vontade popular prevaleça. Na

---

[1083] Transcrito por Faoro, 2001, p. 746.

[1084] Considerado liberal para a época, nos diz o professor Rodrigo Marinho (2023, p. 35).

[1085] Na definição de Constant, o Poder Moderador seria o "poder judiciário dos demais poderes". Ver Bonavides, 2010, p. 156.

prática, isso ocorreria, segundo o professor Arthur Rangel, pela preservação do Estado, entendido como expressão dos direitos conquistados durante a Revolução Francesa.[1086]

No Brasil, o poder moderador tornou-se um pilar da Constituição Imperial, conferindo ao monarca a autoridade de intervir em outros poderes quando a "salvação do Estado" o exigisse, conforme o inciso V do art. 101.[1087]

Avancemos dois séculos.

O ano agora é 2023. Estamos na manhã fatídica de oito de janeiro. Nesse dia, o Brasil testemunhou as últimas consequências de uma velha tradição civil adotada em tempos de crise institucional: o clamor pela intervenção militar. O evento — que sucedera meses de acampamento na porta de quartéis — acabou tomando novas proporções quando os manifestantes invadiram e depredaram o Congresso e o Supremo Tribunal Federal. Os bastidores desse fato ficarão para os historiadores do futuro. O que se sabe é que essas pessoas esperavam — e acreditavam — contar com as Forças Armadas para a deposição do então presidente eleito, após um pleito eleitoral atípico em muitos sentidos. Ainda que o episódio tenha sido explorado como uma tentativa bolsonarista de golpe de Estado,[1088] um olhar no retrovisor da história nos permite ampliar o escantilhão de responsabilidades. Dentre os cartazes portados nas diferentes manifestações pacíficas do mesmo grupo, uma mensagem se destacava: trata-se dos dizeres "Art. 142", uma referência ao artigo da Constituição que contém as atribuições das Forças Armadas de defesa da pátria, garantia dos poderes constitucionais e, por iniciativa de qualquer destes, da lei e da ordem.

[1086] Ver Rangel, 2023, p. 42 e 44.

[1087] Ver Brasil, 1988.

[1088] Uma pesquisa do Instituto Datafolha, divulgada em março de 2024, apontou que 65% dos brasileiros não acreditavam que o ataque às sedes dos Três Poderes em Brasília, no dia 8 de janeiro de 2023, tenha sido uma tentativa de golpe de Estado. Com o avançar das investigações, seguidas de intensa cobertura da mídia e a inédita prisão de um general, nova pesquisa, realizada em dezembro do mesmo ano, apontou que 52% não eximem o ex-presidente da possibilidade de ter articulado uma tentativa de golpe de Estado. Ver https://oglobo.globo.com/politica/noticia/2024/03/29/datafolha-65percent-acham-que-invasao-das-sedes-dos-poderes-em-8-de-janeiro-foi-vandalismo-para-30percent-foi-tentativa-de-golpe.ghtml. Acesso em 07 de abril de 2024. Ver G1. Datafolha: 52% acham que Bolsonaro tentou dar golpe para seguir na Presidência. G1, 18 dez. 2024. Disponível em: https://g1.globo.com/politica/noticia/2024/12/18/datafolha-tentativa-golpe-bolsonaro.ghtml. Acesso em: 19 dez. 2024.

Passagem de encargos: do Imperador ao Presidente

No que se refere ao papel das Forças Armadas, as diferentes constituições brasileiras mantiveram, com pequenas variações, a atribuição de defender a Pátria e garantir a ordem. O amplo arcabouço teórico sobre essas duas atribuições não permite dúvidas quanto às suas práticas, normatizadas em manuais doutrinários e em Lei Complementar. É, no entanto, no "garantir os poderes constitucionais" que as discussões começam, já que a expressão, carecendo de aprofundamento, em muito remete ao antigo poder moderador presente na Constituição Imperial de 1824.

Analisemos as palavras do jurista Paulino José Soares de Sousa, o Visconde de Uruguai, quando este define a finalidade do poder moderador em seu "Ensaio do Direito Administrativo":

> O Poder Moderador não tem por fim, nem tem nas suas atribuições, meios para constituir nada de novo. Não é poder ativo. Somente tem por fim conservar, moderar a ação, restabelecer o equilíbrio, manter a independência e harmonia dos mais poderes, o que não poderia fazer se estivesse assemelhado, refundido e na dependência de um deles. [1089]

Embora criado como forma de garantir a estabilidade política e contornar as fragilidades da democracia, o poder moderador foi, a depender do momento, criticado por liberais e também conservadores, que o viam como uma forma de centralização excessiva nas mãos do imperador.[1090]

Para muitos, uma escandalosa e arbitrária ferramenta absolutista, o quarto poder, sob uma análise despida de anacronismos, pode ter sido importante no contexto em que foi instituído: o contexto de um continente em ebulição.

Enquanto a América Latina do século XIX vivenciava seu conturbado processo de desintegração em pequenas repúblicas, o governo central do Brasil optou por manter a unidade territorial[1091] e assim o fez — embora não sem o enfrentamento de significativo número de guerras internas.

[1089] Citado por Torres, 2017, p. 84. Disponível em: https://bibliotecadigital.stf.jus.br/xmlui/handle/123456789/346. Acesso em: 28 maio 2022.

[1090] Teorizado no Brasil por Braz Florentino e Zacarias de Góes e Vasconcelos, o poder moderador, segundo Garschagen (2023, p. 81), foi alvo de embates entre o Partido Conservador e o Partido Liberal durante o Segundo Reinado.

[1091] Como nos mostrariam as lutas de preservação do território, empreendidas pelo Exército, durante o Período Regencial — vide Cabanada, Sabinada, Balaiada e Guerra dos Farrapos.

Dos farrapos no Sul aos cabanos no Norte, não faltaram ameaças regionais de caráter separatista. Garantir a unidade do quinto maior país do mundo foi o pano de fundo da formação de militares como Manuel Osório e Duque de Caxias, que, em nome do representante do poder moderador, contribuíram para manter a integridade territorial do Brasil.

Como vimos anteriormente, o desempenho na Guerra do Paraguai e o florescimento do positivismo aproximaram o Exército do ideal republicano: um processo que culmina em 15 de novembro de 1889, quando os militares depõem e assumem a autoridade do outrora detentor do poder moderador: o imperador D. Pedro II.

A passagem da monarquia para a República foi sucedida pela primeira Constituição Republicana, quando o poder moderador, ausente no novo texto constitucional, foi oficialmente extinto. Anos depois, insatisfeitos com os rumos da república proclamada, os militares retornariam à cena política em uma aliança entre Getúlio Vargas, um positivista, e uma parcela dos tenentistas que, na década de 1920, pegaram em armas contra a república oligárquica. A subjetiva atribuição de "garantir os poderes constitucionais" ressurgiria mais tarde, evocada na Constituição de 1934, que assim dispunha em seu Art. 162: "As forças armadas são instituições nacionaes permanentes, e, dentro da lei, essencialmente obedientes aos seus superiores hierarchicos. Destinam-se a defender a Patria e garantir os poderes constitucionaes, a ordem e a lei".[1092]

Para o almirante Mario Cesar Flores,[1093] foi precisamente nessa Constituição que a tutela militar implícita foi formalizada. A partir dela, a Segurança Nacional passaria a ser tratada de forma específica; provavelmente, defende o autor, por influência dos envolvidos na Revolução de 1930.

Uma derivação do poder moderador sobreviveu, portanto, desconfigurada, tácita,[1094] para, segundo Bonavides,[1095] ser identificada, ao longo

---

[1092]   BRASIL. Constituição da República dos Estados Unidos do Brasil, de 16 de julho de 1934.

[1093]   Cabe destacar que Flores foi um crítico do processo de militarização do Estado, segundo ele, iniciado não em 1964, mas em 1961 com a renúncia de Jânio. Em seu livro *As Forças Armadas na Constituição* (1992), o almirante aponta que a responsabilização das Forças Armadas pela ordem interna, repetida nos textos constitucionais desde 1824, amparam ou no mínimo possibilitam a margem interpretativa para as intervenções políticas. Ver Flores, 1992, p. 13 e p. 19.

[1094]   A expressão é utilizada por José Murilo de Carvalho (2020, p. 25) para se referir ao poder político atribuído às Forças Armadas. Segundo o sociólogo: "parece haver um acordo tácito em torno da ideia de que a República ainda precisa de bengala".

[1095]   Ver Bonavides, 2010, p. 157.

do século XX, no exercício daquela que, durante o Império, agira como mera ferramenta executória desse mesmo poder: as Forças Armadas.[1096]

Os militares na Constituição

No Brasil contemporâneo, embora o Supremo Tribunal Federal[1097] e Câmara dos Deputados[1098] neguem a relação entre militares e poder moderador, a historiografia revela que, para além do imaginário popular, a ideia pairou sobre a República.

Segundo o professor Arthur Rangel, o poder moderador marcou a política do país de tal forma que, mesmo extinto formalmente pela Constituição Republicana, continuou impregnado na cultura política. Sob novas formas, ele "assombraria nossa história como um poder subjetivo, mas atuante".[1099]

A Proclamação da República, defende o professor, trouxe o mesmo fantasma que rondava o início do império, isto é, o fantasma do separatismo que colocava em jogo a unidade nacional. Nesse contexto, aponta Rangel, as Forças Armadas assumiram para si um "poder moderador informal", fruto da percepção da República não como um fenômeno histórico, mas como uma concessão da força militar que "rompeu com o primitivismo parlamentar do império" rumo à ordem e o progresso da República.[1100]

Foi analisando o papel dos militares em cada uma das constituições que o sociólogo José Murilo de Carvalho descobriu o primeiro grande paradoxo: o consentimento civil na atribuição política conferida às Forças Armadas.

> Chega a ser chocante constatar que a atribuição de papel político às Forças Armadas é prevista em cinco de nossas sete Constituições feitas depois da independência. Ela só não aparece nas constituições imperial de 1824 e do Estado

---

[1096] Ver Torres, 2017, p. 85.

[1097] A interpretação do STF foi oficializada pela ADI 6457. Ver: BRASIL. Supremo Tribunal Federal. Ação Direta de Inconstitucionalidade (ADI) 6457. Relator: Min. Luiz Fux. Disponível em: https://portal.stf.jus.br/processos/detalhe.asp?incidente=5934738. Acesso em: 15 de fev. 2023.

[1098] Ver Câmara dos Deputados. Parecer: interpretação do Art. 142 da Constituição Federal. 03 jun. 2020. Disponível em: https://www.camara.leg.br/midias/file/2020/06/parecer.pdf. Acesso em: 28 de maio 2022.

[1099] Rangel, 2023, p. 15 e 85-87.

[1100] Ver Rangel, 2023, p. 16, p. 112 e p. 117.

Novo de 1937, ambas outorgadas, isto é, não feitas por assembleias constituintes.[1101]

A responsabilidade civil pela intervenção das Forças Armadas pode ser explicada em face da constante instabilidade social, razão pela qual — relembra Rangel — não faltaram estudos e tentativas de trazer positivação e normatividade ao poder moderador, destacando-se, entre elas, o anteprojeto de constituição por Borges de Medeiros.[1102] Essa interpretação vai ao encontro do que apresenta o jurista Amauri Saad,[1103] quando discorre sobre o poder moderador enquanto um mal necessário inserido pelo poder constituinte.

Para Bonavides, o papel do Exército, entre 1891 e 1964, salvo à época do Estado Novo, foi de: "[...] um quarto poder, restaurador das normas do jogo democrático, mediante várias e passageiras intervenções na vida política do País".[1104]

Foi amparado nessa margem interpretativa que Odylo Deny, então ministro da Guerra, justificou o impedimento de Jango em agosto de 1961, manifestado pelos ministros militares ao Congresso. Nas palavras do marechal,

> As Forças Armadas, entre a defesa da Pátria, da Constituição, da lei e da ordem, e o deixar que o Brasil seja governado por um comunista, não pode vislumbrar um dilema. A defesa da Pátria, da Constituição, da lei e da ordem, tem que ser feita. Assim sendo, quando as Forças Armadas, em agosto de 1961, desaconselharam a posse de Goulart na Presidência da República, nada mais fizeram que cumprir o mandato constitucional do artigo 177, já invocado, pois, na verdade, nessa emergência, elas só fizeram defender a Pátria, garantir os poderes constitucionais, a lei e a ordem. Os acontecimentos posteriores bem o demonstraram.[1105]

Contemporâneo aos eventos de 1964, Oliveira Torres[1106] foi outro nome a endossar a ideia: escreveu que as Forças Armadas foram de fato o poder moderador da República, sendo solicitadas a intervirem, seja na

---

[1101]   Ver Carvalho, 2019, p. 23.
[1102]   Ver Rangel, 2023, p. 87 e 115.
[1103]   Ver Saad, 2021, p. 26-27.
[1104]   Ver Bonavides, 2010, p. 157.
[1105]   Ver Denys, 1993, p. 81.
[1106]   Ver Torres, 2017, p. 84.

manutenção da ordem, seja quando o próprio governo atentasse contra a Segurança Nacional. O historiador, no entanto, problematiza os limites da interpretação subjetiva "do que é ameaça ou não" no pensamento das Forças Armadas: tratar-se-ia, na prática, do pensamento coletivo da tropa ou do que pensa o ministro da Guerra?

A hipótese do poder moderador das Forças Armadas foi também objeto de estudos fora do país. Ela é referenciada, mas não defendida, na obra de Thomas Skidmore, segundo o qual foi a capacidade de estender o monopólio da força pelo território nacional que forneceu o arbítrio de última instância política do qual os militares se arvoraram.[1107]

O tema é ainda encontrado nos estudos do brasilianista Alfred Stepan, segundo o qual, no Brasil, a tarefa dos militares também se consistiu na manutenção do sistema, mediante "deposição do chefe do executivo e transferência do poder político a grupos alternativos".[1108]

Stepan destaca a peculiaridade do caso brasileiro, marcado pela familiaridade popular com o intervencionismo, uma herança da tradição monárquica. Nas palavras de Stepan:

> O termo "poder moderador" tem um sentido específico para o Brasil, onde, durante a monarquia, o imperador detinha a faculdade constitucional de intervir no conflito político, em épocas de impasse institucional. [...] Muitos brasileiros observaram que, desde a queda da monarquia, em 1889, os militares não só assumiram como também lhes foi delegado o tradicional "poder moderador", originariamente exercido pelo imperador.[1109]

Reconhecendo que o fenômeno da intervenção "sancionada" por civis esteve enraizado no sistema político latino-americano[1110], Stepan[1111] acrescenta que, no Brasil, esse poderio chegou a ser disputado por setores políticos — à esquerda e à direita — tendo o próprio João Goulart recorrido aos militares na concretização de interesses políticos, de forma que

---

[1107] Ver Skidmore, 1982, p. 157.

[1108] Ver Stepan, 1975, p. 50.

[1109] Ver Stepan, 1975, p. 52.

[1110] Ver Stepan (1975, p. 54). De fato, relembra Moraes (2011, p. 65), somente entre 1961 e 1963, nada menos que sete intervenções militares derrubaram governos em El Salvador, Argentina, Peru, Equador, Guatemala, República Dominicana e Honduras.

[1111] Stepan, 1975, p. 54.

"apesar de ter sido deposto por militares, em nenhum momento pretendeu mantê-los fora da política".[1112]

O caso de 1964

A despeito dos argumentos favoráveis ou contrários à hipótese do poder moderador militar, é preciso observar que a ruptura institucional de 1964 diferiu-se do "estilo cirúrgico" definido por José Murilo de Carvalho[1113] antes aplicado em 1930, 1945, 1954, 1955 e 1961, quando as intervenções foram sucedidas pela imediata entrega ao poder civil.

Em 9 de abril de 1964, o Ato Institucional imposto pelo Comando Supremo da Revolução assegurou essa modificação. Diferente de como fora até então, os militares não transferiram o poder, mas o assumiram por 21 anos. Essa mudança acarreta um dado importante sobre a hipótese do poder moderador aplicado ao caso de 1964: "[...] o conjunto do sistema político sofrera uma "mudança radical", que mergulhava suas raízes em profunda alteração da ideologia: os militares se dispunham a ser, não mais os moderadores, mas os dirigentes da política".[1114]

Para Stepan, portanto, no caso de 1964, ao não se limitarem à deposição do chefe do executivo, os militares assumiram o poder político do país, ultrapassando os limites do padrão moderador que até então lhes fora delegado. Um problema de legitimidade estava posto. Para superá--lo, os militares procuraram empreender a institucionalização do regime implantado, em um processo conturbado de idas e vindas.

Para o professor Rangel,[1115] a permanência no poder acabou por deslegitimar o poder moderador dos militares. Essa deslegitimação, segundo Rangel, se explica na própria fundamentação teórica do poder, segundo a qual a "força que age sobre a máquina (Instituição do Estado) não pode vir da própria máquina, mas deve vir de um agente externo, responsável por garantir o seu perfeito funcionamento".[1116]

[1112] Stepan cita como exemplo a campanha de antecipação ao plebiscito que acabaria com o parlamentarismo e, num caso ainda mais dramático, a polêmica trama pela prisão de seu opositor, Carlos Lacerda, noticiada no Jornal do Brasil, edições de 20 a 25 de novembro de 1963. Este relato é encontrado também em entrevista concedida ao projeto *Coleção História Oral do Exército*, sobre 1964. Ver Motta, 2003, p. 244-249.

[1113] Ver Carvalho, 2019, p. 172.

[1114] Ver Stepan, 1975, p. 93.

[1115] Ver Rangel, 2023, p. 114 e p. 120.

[1116] Ver Rangel, 2023, p. 136.

Por fim, para Norberto Bobbio,[1117] a inaplicabilidade do poder moderador ao caso de 1964 consiste no fato de que os militares contaram, historicamente, com certa legitimidade para intervir, mas não necessariamente para governar.

As fontes aqui apresentadas revelam que independentemente de as Forças Armadas terem ou não herdado o papel de poder moderador, essa discussão percorre a história, sustentada em grande medida pela ação ou omissão do poder civil na definição constitucional das atribuições militares — o que nos conduz ao Brasil contemporâneo.

O caso de 2023

Em oito de janeiro de 2023, o Brasil presenciou um novo apelo por intervenção militar. Ao invadir e depredar o Congresso e o STF, os manifestantes esperavam o apoio das Forças Armadas para interromper um mandato que consideravam ilegítimo. Diferente de protestos anteriores, recorreram ao vandalismo. Mais uma vez, o Art. 142 foi citado em cartazes, referindo-se à Constituição de 1988, que atribui aos militares a garantia dos poderes constitucionais e, por iniciativa destes, da lei e da ordem.

Ao trazer a questão para a atualidade, José Murilo de Carvalho destaca que, embora a CF/88 condicione essa atribuição à iniciativa dos poderes constitucionais, a garantia dos próprios poderes "dispensa" a iniciativa de terceiros.[1118] O sociólogo observa que, tal como no passado, as possibilidades evocadas por esse artigo ainda o tornam problemático.

Essa visão converge com Rangel,[1119] quando este afirma que a Constituição Brasileira de 1988, em seu artigo 142, oferece margem considerável para interpretar as atividades das Forças Armadas. Nesse sentido, o jurista Gandra Martins identifica correspondências entre as responsabilidades constitucionais das Forças Armadas e o exercício do poder moderador:

> Minha interpretação, há 31 anos, manifestada para alunos da universidade, em livros, conferências, artigos jornalísticos, rádio e televisão é que NO CAPÍTULO PARA A DEFESA DA DEMOCRACIA, DO ESTADO E DE SUAS INSTITUIÇÕES, se um Poder sentir-se atropelado por outro, poderá soli-

---

[1117] Ver Bobbio, 1992, p. 753.

[1118] Ver Carvalho, 2019, p. 24.

[1119] Ver Rangel, 2023, p. 125.

> citar às Forças Armadas que ajam como Poder Moderador para repor, NAQUELE PONTO, A LEI E A ORDEM, se esta, realmente, tiver sido ferida pelo Poder em conflito com o postulante.[1120]

Por fim, no âmbito das Ciências Humanas, José Murilo de Carvalho, em *Forças Armadas e Política no Brasil*, conclui que o atual artigo que trata da atribuição constitucional das Forças Armadas

> [...] muito se aproxima do papel do poder moderador previsto no artigo 98 da Constituição de 1824, qual seja, o de velar sobre "a manutenção da independência, equilíbrio e harmonia dos poderes políticos". É como se a República desconfiasse de sua capacidade de exercer o autogoverno civil e entregasse às Forças Armadas o papel político de tutela.[1121]

Como mencionado na introdução, caberá aos historiadores do futuro investigar os bastidores do oito de janeiro de 2023 e os fatores que levaram civis a recorrerem, mais uma vez, às Forças Armadas como solução para uma crise institucional. O fato é que, apesar dos pareceres do STF[1122] e do Congresso[1123] negando vínculos entre as Forças Armadas e o poder moderador — mais de 30 anos após a promulgação do Art. 142 —, não há dúvidas de que a intervenção militar na política permeou não apenas o imaginário popular, mas considerável produção intelectual, podendo ser encontrada à esquerda e à direita do tabuleiro político, de Getúlio Vargas a Carlos Lacerda; de João Goulart a Magalhães Pinto, ou no Brasil contemporâneo, quando militares, consultados, negaram-se a intervir nos impeachments de Fernando Collor e Dilma Rousseff.[1124]

Embora o presente capítulo tenha se concentrado nas correntes que advogaram pela intervenção dos militares na política, é preciso ressaltar que o pensamento contrário não somente existiu como também esteve presente, disputando espaço ao longo de toda história republicana. Para seus defensores, como para a Missão Francesa, o Exército deveria ser

---

[1120]   Ver Gandra, 2020, grifos do autor.

[1121]   Ver Carvalho, 2019, p. 25.

[1122]   No caso mais recente, o ministro Alexandre de Moraes denominou "interpretação golpista" o entendimento de que as Forças Armadas teriam papel de "poder moderador" no Estado. Ver: https://www.cnnbrasil.com.br/politica/moraes-chama-ideia-de-intervencao-militar-nos-tres-poderes-de-interpretacao-golpista/ Acesso em 14 de abr. de 2024.

[1123]   Ver: https://www.camara.leg.br/midias/file/2020/06/parecer.pdf. Acesso em: 28 maio 2022.

[1124]   Em ambos os casos, Impeachment de Collor e também de Dilma, militares foram sondados sobre a possibilidade de intervir no processo. Ver Victor, 2022, p. 58 e Castro, 2021, p. 181.

politicamente mudo, dedicado exclusivamente à defesa da pátria sob a subordinação do poder civil.

Após um século de confusão acerca do emprego constitucional das Forças Armadas, o verdadeiro xeque-mate foi dado em junho de 2020: trata-se da Ação Direta de Inconstitucionalidade (ADI) 6457, julgada pelo STF, que, mediante interpretação dos onze ministros, extinguiu, por fim, a hipótese segundo a qual os militares podem intervir nos poderes constitucionais.

Não obstante, com base no exposto, se torna impressionante, beirando o inacreditável, o parecer da Ordem dos Advogados do Brasil (OAB), segundo o qual: "falar em um 'Poder Moderador' exercido pelas Forças Armadas é um argumento **sem qualquer lastro histórico**".[1125]

O leitor possui subsídios suficientes para apontar o problema da afirmação. Um estudo acerca da desinformação histórica sistematizada, porém, é precisamente o objeto dos capítulos finais. É chegada a hora de abordar não apenas os bastidores da guerra de narrativas, mas as entrelinhas da sugestiva afirmação de José Murilo de Carvalho, quando, ao se referir a 1964, admite: "alguns lutaram com armas nas mãos, outros pela palavra escrita".[1126]

[1125] Ver OAB, 2020, grifo meu.
[1126] Carvalho, 2019, p. 11.

11

DAS ARMAS AOS LIVROS

Pode-se estimar que entre 1979 e 2000, para cada
dez livros de memórias e biografias de oposicionistas,
publicou-se apenas um relacionado com as lembranças
ou a vida dos hierarcas da velha ordem.
(Elio Gaspari)[1127]

De várias maneiras, o Brasil contemporâneo vive os reflexos do conflito político-ideológico que marcou a segunda metade do século XX. A Guerra Fria, que findou supostamente junto à União Soviética, fez emergir uma nova modalidade de disputa, situada no terreno da psicologia das massas, da memória e da narrativa. Um tipo de conflito que Agustín Laje, cientista político, mais tarde denominaria como Guerra Cultural.

O paradigma de 1964 — regime ou ditadura, golpe ou contragolpe, revolução ou contrarrevolução — é um caso emblemático. Como pode um evento tão recente gerar narrativas tão opostas? Essa foi a questão central que orientou a pesquisa deste autor, levando-o à constatação de que as diversas versões sobre 1964, ao contrário do que nossa polarização sugere, não são necessariamente antagônicas. Elas, na verdade, se complementam. São fragmentos de um mesmo conflito bipolar, cujas raízes remontam a tempos mais profundos. O rastro desse confronto, como veremos ao longo das próximas páginas, não se limita à era da internet, computadores e satélites, mas se estende à redescoberta de livros, rádio e cinema enquanto armas de difusão.[1128]

Narrativa e desinformação

A Segunda Guerra Mundial forneceu o caso teste. No que se refere à desinformação como arma de guerra, os nazistas utilizaram o rádio

---

[1127] Ver Gaspari, 2014a, p. 39.

[1128] Relembram Faria e Miranda (2022, p. 41) que, visando guiar mísseis e tropas, criou-se o Sistema de Posicionamento Global (GPS). Os aparelhos automáticos, desenvolvidos para medir pressão arterial de astronautas, hoje são encontrados em farmácias; e os detectores de fumaça e vazamento de gás, outrora restrito aos veículos espaciais, hoje são obrigatoriedade nos edifícios.

para transmitir a *"New British Broadcasting Station"*, propagando notícias falsas para os ingleses, a fim de que fossem replicadas pela BBC.[1129] Ainda na Segunda Guerra, a Operação Overload, que iniciou a libertação da Europa e pôs fim ao conflito mais sangrento da história, foi também precedida por intensa campanha de "fraude militar", visando confundir os alemães acerca do local e data do desembarque.[1130]

Se a desinformação parecia casuística, visando um resultado militar imediato e restrito ao teatro de operações, o que dizer do fuzilamento de 4.500 oficiais poloneses na floresta de Katyn? Por décadas atribuído a nazistas, sendo apenas em 1989 revelado como obra do Exército Vermelho da União Soviética. Uma inverdade propagada por profissionais da opinião pública do mundo inteiro.[1131]

Para o cientista político Agustín Laje, esse tipo de desinformação, visando não um alvo imediato, mas uma disputa de longo prazo pela consciência coletiva, é característica da Guerra Cultural e, embora preceda a Guerra Fria, foi possivelmente turbinada por ela.

Se no passado pergaminho e pena construíram a memória coletiva e, assim, pautaram a formação de nações,[1132] a contemporaneidade redescobriu o campo da narrativa histórica enquanto ferramenta de poder, realocando-a em um domínio subjetivo que, atrelado à opinião pública, tem convocado ao campo de batalha a classe que detém os meios para consolidação ou mitigação dessas narrativas: a chamada classe dos intelectuais.

Intelectuais e Guerra Cultural

Segundo o historiador Giovani Levi,[1133] a cultura pode ser definida como a capacidade de pensamento simbólico, sendo não suplementar mas intrínseca à natureza humana. Identificando a transformação cultural como um precursor comum à maioria das revoluções, Agustín Laje

---

[1129]   Ver Laje, 2023, p. 129.

[1130]   Ver Blanc, 2020.

[1131]   Ver Courtois, 2000, p. 1.

[1132]   Em 1818, a Alemanha ainda não constituía uma nação unificada, mas territórios independentes, embora com características em comum. O ensino de história foi, assim, financiado pelo Estado prussiano enquanto estratégia para solidificar uma consciência coletiva em torno da unidade cultural germânica. Esse episódio de pleno êxito não seria um caso isolado na longa trajetória de instrumentalização da história para fins políticos. Ver Lobo e Santos, 2019, p. 37 e 39.

[1133]   Ver Burke, 1992, p. 146.

apontou o objeto sobre o qual nos debruçaremos: a Guerra Cultural, cujo objetivo, segundo Laje, é a promoção ou a resistência às transformações.

A pesquisa de Laje evidencia a integração entre psicologia e cultura enquanto ferramentas de manipulação comportamental e engenharia cultural.[1134] Mas onde exatamente isso começa?

Na análise de Tocqueville, é com os iluministas que nasce a ideia de submissão do passado ao futuro,[1135] quando a Revolução Francesa alçou os intelectuais a uma posição jamais ocupada por "homens das letras".[1136] Assim, essa revolução, liderada não por camponeses esfomeados, mas por advogados abastados,[1137] inaugura a possibilidade de uma elite intelectual conduzir o destino político a partir do cultural.[1138] Relembra Laje que foi assim que o mundo moderno substituiu o sacerdote pelo intelectual-ideólogo e o ensino praticado no interior da Igreja pela escola pública.[1139]

O existencialista Jean-Paul Sartre aponta que a definição de intelectual provém não de uma posição científica, mas da "defesa do oprimido diante do conflito contra as classes dominantes".[1140] Partindo dessa premissa, de acordo com Helenice Rodrigues,[1141] o termo "intelectual" define-se mais pelo engajamento político no espaço público do que em função de um saber notório.

A razão para tanto remete, mais uma vez, à França, com o chamado "Caso Dreyfus", quando em 1894 a mobilização de um grupo de jornalistas, escritores e artistas reverteu a condenação do oficial francês Alfred Dreyfus, acusado de alta traição após um processo fraudulento. Constatou-se que a "atuação intelectual" tinha o poder de influenciar a política e, portanto, a cultura local.

"Dessa forma, as possibilidades do intelectual em relação ao poder político são essencialmente duas: legitimação ou deslegitimação; apoio ou oposição; reforço ou desgaste".[1142]

[1134] Ver Laje, 2023, p. 179.

[1135] Ver Lobo e Santos, 2019, p. 19.

[1136] Ver Laje, 2023, p. 99.

[1137] Ver Harari, 2020, p. 116.

[1138] Ver Laje, 2023, p. 101.

[1139] Laje, 2023, p. 106.

[1140] Ver Sartre, 1994, p. 40.

[1141] Rodrigues, 2005, p. 397.

[1142] Ver Laje, 2023, p. 106.

Foi assim que, já no contexto de Guerra Fria, nomes como Robert Oppenheimer e Albert Einsten acabaram promovidos à condição de intelectuais públicos, não por suas contribuições científicas, mas por suas posições contra a corrida armamentista e outras questões de ordem moral e política.[1143]

Não obstante, a elevação dos intelectuais ao status de porta-vozes da chamada opinião pública acabou semeando o fenômeno da "espiral do silêncio",[1144] entendido como o processo de autocensura de vozes tidas como irrelevantes.[1145]

Não foi por acaso que poucos anos antes de a URSS entrar em colapso — sem qualquer invasão externa ou derrota militar em seu território —, intelectuais do mundo todo levaram as pessoas a crer que os soviéticos não apenas venceriam a Guerra Fria como também emergiriam como o modelo de uma nova era que se iniciava. A verdade era bem diferente: "Os últimos anos da União Soviética foram uma catástrofe em câmera lenta. [...] Em termos internacionais, a URSS era como um país abrangentemente derrotado como um país após uma grande guerra — só que sem guerra".[1146]

De acordo com Arbex Júnior,

> Sete décadas após o triunfo de 1917, a maior parte da indústria soviética estava obsoleta, os níveis de produção caíam a cada ano e a qualidade de vida era cada vez pior. [...]. Mesmo em alguns bairros de Moscou, havia escassez de alimentos, falta de médicos e precariedade nos serviços básicos, como telefone, água e eletricidade. O desabastecimento provocava filas gigantescas para a compra de pão, leite e outros produtos básicos.[1147]

Essa realidade não era compartilhada pelos altos funcionários do Partido Comunista, único partido legalmente existente em solo soviético, entre os anos de 1918 e 1990, e cujos integrantes desfrutavam de conforto proibido ao cidadão comum.[1148]

[1143] Ver Laje, 2023, p. 104-105.

[1144] Fenômeno apresentado, na década de 1970, pela cientista política alemã Elisabeth Noelle-Neumann, cuja obra mais famosa é o livro *The Spiral of Silence: Public Opinion – Our Social Skin*, sobre como a opinião pública influencia o comportamento do indivíduo.

[1145] Um estágio muito próximo do que hoje denominamos "cultura do cancelamento". Ver Laje, 2023, p. 142-143.

[1146] Ver Hobsbawm, 1995, p. 476.

[1147] Ver Arbex Júnior, 2005, p. 19.

[1148] Ver Arbex Junior, 2005, p. 19.

Quando o muro de "proteção antifascista", conhecido hoje como muro de Berlim, foi enfim derrubado, em novembro de 1989, a comemoração sobre tijolos e escombros parecia simbolizar o encerramento de um capítulo da história da humanidade.[1149] A queda do muro que dividiu famílias e deixou mais de 800 mortos ao longo de sua existência[1150] representava mais do que a reunificação da Alemanha, representava o fim do pesadelo comunista, para aqueles que o vivenciaram, em sua manifestação prática.

Se no Leste Europeu a notícia da queda do muro levou à derrubada de estátuas de Marx, no Brasil, por outro lado, a consequência foi de análise e reorganização. Mesmo com a comprovação do que antes se chamava de "teoria da conspiração", as atrocidades cometidas em nome do comunismo não extinguiram o prestígio do marxismo na cultura, mas ao contrário: a produção propagandista, intensificada nos anos de Guerra Fria, consolidou-se, enraizada na própria pedagogia, sob a bandeira de intelectuais como Paulo Freire,[1151] cujo método, curiosamente, acabou disseminado pelo Movimento Brasileiro de Alfabetização (MOBRAL) do governo militar.[1152]

Para Jinkings e Sader,[1153] o marxismo constituiu a espinha dorsal das teorias e práticas de esquerda desde que esta se formou como força política e ideológica.

No entendimento do professor da Universidade Estadual de Londrina Gabriel Giannattasio, o marxismo inaugurou uma perspectiva binária de compreensão da história e dos fenômenos a ela inerentes: o ponto de vista proletário — revolucionário e verdadeiro — e o ponto de vista burguês — conservador e falso. A disseminação desse modo de pensar,

---

[1149] Ver Arbex Junior, 2005, p. 16.

[1150] Ver Faria; Miranda, 2022, p. 43.

[1151] Na perspectiva de Paulo Freire, em *Pedagogia do Oprimido*, o aluno é um oprimido pelo sistema capitalista, embora não saiba disso. Cabe ao professor fazê-lo descobrir para que, assim, o aluno possa se libertar. Para isso, o pedagogo defende uma educação, nas suas palavras, problematizadora e libertadora, ainda que não largue mão de louvar símbolos do pensamento totalitário tais como Mao Tsé-Tung e Che Guevara. Ver Freire, 2022, p. 44, p. 118 e p. 233

[1152] Segundo Schwarz (1978, p. 68-69), o método Paulo Freire consagrou-se não somente pelo êxito de introduzir o trabalhador rural no mundo das Letras, como também no mundo do sindicato. Ao ser reutilizado pelo governo militar, segundo Ridenti (2010, p.153), empreendeu-se um esforço de despolitização do método, alterando a concepção de "ódio pelo capital" pela concepção de "subir na vida".

[1153] Ver Jinkings; Sader, 2012, p. 10.

diz o professor, "se alastrou pela educação e cultura, rompendo vínculos sociais e contaminando as instituições".[1154]

Do universo acadêmico, a visão dialética, que classifica o mundo entre oprimidos e opressores, alcançou o senso comum. O símbolo da foice e do martelo não receberia o mesmo tratamento da suástica nazista e a condenação moral aplicada ao Regime Militar não se aplicaria à tirania cubana, elevada a símbolo *cult* – ainda que estampasse saldo de mortes incomparavelmente superiores.

Para compreender as nuances dessa anomalia façamos mais um retorno àquele que pode ser considerado o ideólogo precursor da submissão dos fatos aos objetivos da revolução: Karl Marx.

Weber e o marxismo contestado

Foi em 1883, mesmo ano do seu falecimento, que o pai do socialismo científico foi, pela primeira vez, citado e criticado publicamente no Brasil. Trata-se do discurso de colação de grau proferido por Tobias Barreto, na Faculdade de Direito de Recife.[1155] O discurso ocorreu dois anos antes de a *Gazeta de Notícias* apresentar uma sátira ao pensamento marxista, escrita sob o olhar irônico de ninguém menos que Machado de Assis.[1156] O autor de *Os Sertões*, Euclides da Cunha, por outro lado, demonstrou logo simpatia ao socialismo de Marx,[1157] ao passo que José Veríssimo previu: "será a doutrina política do século XX".[1158]

Como visto no capítulo três, o marxismo, de forma significativa, só desembarcaria no Brasil no início do século XX, com a chegada dos imigrantes, para os quais o termo socialismo expressava "a conquista de condições civis essenciais para o mundo do trabalho urbano".[1159]

No âmbito da produção teórica brasileira, ainda que o pioneirismo se atribua geralmente a Caio Prado Júnior, com seu *Evolução Política do*

[1154] Ver Giannattasio, 2022, p. 13 e 16.

[1155] Ver Bezerra, 2019, p. 42.

[1156] Ver Konder, 2003, p. 32.

[1157] Ver Konder, 2003, p. 37.

[1158] Ainda que a Comuna de Paris (1871) tenha repercutido de forma negativa no Brasil, em 1892 um Primeiro Congresso Socialista Brasileiro ocorreu no Rio de Janeiro, sem grandes projeções. Ver Bezerra, 2019, p. 43; e Konder, 2003, p. 30 e p. 39.

[1159] O anarquismo pode ser definido como um conjunto de crenças políticas cujo ponto em comum é serem contra a autoridade do estado.

Brasil de 1933, a inauguração de um Brasil histórico-dialético[1160] ocorre, na verdade, com Otávio Brandão, em 1924. Foi apoiado na teoria do imperialismo de Lenin que Brandão — que já havia traduzido o *Manifesto Comunista* — publicou *Agrarismo e industrialismo*, apontando a oligarquia agrária de São Paulo como classe exploradora[1161] e apresentando sua teoria, jamais concretizada, sobre uma disputa imperialista entre EUA e Inglaterra pelo território brasileiro.

A despeito da ampla difusão do marxismo, tanto no Brasil quanto no mundo, o avanço do capitalismo, com sua surpreendente capacidade de autorreparação, introduziu complexidades que Marx não havia previsto: o proletariado se tornava uma classe cada vez mais dinâmica e progressivamente "aburguesada".[1162] De Mussolini a Getúlio Vargas, governos se mobilizaram para convencer os trabalhadores de que o socialismo não era tão necessário assim. Dessa forma, sob regimes fascistas e seus derivados, legislações trabalhistas começaram a ser implementadas.

Esse avanço no bem-estar coletivo fragilizou a justificativa moral dos grupos dispostos a pegar em armas pela revolução: "como mobilizar um proletariado que vive cada vez melhor e que se integrou à democracia liberal como cidadão?", pergunta Laje.[1163]

É necessário salientar: as fragilidades do marxismo antecedem — e muito — a assimilação capitalista do século XX, tendo sido apontadas por correligionários de Marx ainda na gestação teórica. Ao elaborar a teoria do valor-trabalho, um dos pilares de sua análise econômica, Marx afirmou que o valor de uma mercadoria é determinado pela quantidade de trabalho socialmente necessário para produzi-la. Assim, para Marx, o trabalho é a verdadeira fonte de valor, e o lucro — obtido pela mais-valia[1164] — é a parte do valor gerada pelo trabalho, mas que é apropriada pelos capitalistas como fonte de enriquecimento, sem ser devidamente repassada aos trabalhadores.

[1160] Teoria de Marx (1998, p. 24) segundo a qual os indivíduos são determinados por suas condições materiais, de forma que a produção das ideias, das representações e da consciência está direta e intimamente ligada à atividade material dos homens. Segundo Sader e Jinkings (2012, p. 37), essa concepção compõe a base da dialética marxista.

[1161] Ver Ridenti; Reis Filho, 2002, p. 28.

[1162] De acordo com Raymond Aron (2016, p. 152), mais forte do que a crença de que haviam sido eleitos para a salvação da humanidade era o desejo do operário de ascensão à burguesia.

[1163] Ver Laje, 2023, p. 291.

[1164] Para Marx, a mais-valia é o valor excedente gerado pelo trabalhador, além do que ele recebe em salário, sendo esse excedente apropriado pelo capitalista.

De acordo com o historiador Robert Service,[1165] uma das primeiras refutações a essa ideia veio do austríaco Von Böhm-Bawerk, segundo o qual o valor das mercadorias não deve se basear somente no trabalho, mas também nas preferências subjetivas dos indivíduos e na utilidade marginal. Segundo ele, o valor de troca é determinado pela avaliação dos consumidores e pela escassez dos bens, não pela quantidade de trabalho. Além disso, para Bawerk, Marx teria omitido de sua análise econômica fatores como a inventividade e os riscos da iniciativa privada. Bawerk seria atacado por marxistas, entre os quais Rosa Luxemburgo. Seus argumentos, contudo, jamais foram refutados.

Outros teóricos a questionarem Marx foram o anarquista Mikhail Bakunin[1166] (1814–1876) e o sociólogo Max Weber (1864–1920), segundo o qual Marx e Engels se precipitaram ao escolher o fator econômico como motor dos movimentos históricos, em detrimento dos fatores culturais e religiosos.[1167]

É pouco disseminado o fato de que, em seus últimos anos de vida, Marx esforçou-se para entender os motivos pelos quais muitas de suas certezas, expostas em *O capital*, estavam sendo desmentidas pelo tempo.[1168]

Como veremos, embora inatingíveis no campo econômico, essas ideias encontrariam terreno fértil no âmbito da cultura.

Frankfurt e o marxismo revisado

A Primeira Guerra Mundial forneceu o primeiro grande abalo para os teóricos do marxismo. Diferente do que fora teorizado, a Grande Guerra não significou a crise terminal do capitalismo e a classe proletária do mundo inteiro não se insurgiu contra o sistema como se esperava, mas, ao contrário, empunhou bandeiras e lutou pela concepção "burguesa" de pátria.[1169]

A desilusão dos intelectuais fez com que eles desistissem de permanecer como tropa auxiliar do proletariado e decidissem agir por conta

---

[1165] Ver Service, 2021, p. 55

[1166] Mikhail Bakunin foi um teórico político, sociólogo, filósofo, considerado um dos mais influentes fundadores da tradição social-anarquista. Seu prestígio como ativista o tornou um dos ideólogos mais famosos da Europa e sua influência foi substancial entre os radicais da Rússia e da Europa (Fonseca; Araújo, 2022, p. 71).

[1167] Ver Service, 2021, p. 55.

[1168] Ver Service, 2021, p. 46.

[1169] Ver Magnoli, 2008, p. 152.

própria: tornava-se claro para os marxistas que esse proletariado — classe que, segundo Marx, promoveria a revolução — precisaria, na verdade, ser conduzido e orientado.

Na década de 1930, diante do desinteresse de muitos trabalhadores na ideia de revolução, marxistas como Gyorgy Lukács[1170] se viram tentados a reinterpretar as ideias de Marx.[1171] Deve-se a esse pensador húngaro a concepção segundo a qual o marxismo não constituía uma doutrina acabada, mas uma filosofia em desenvolvimento.[1172]

Reunidos no Instituto de Pesquisa Social,[1173] em Frankfurt, filósofos, historiadores, psicanalistas e críticos literários — com ideias não necessariamente uniformes entre si — chegaram a uma constatação: a racionalização técnica dos valores e da visão de mundo da sociedade, promovida pela revolução industrial, havia sabotado a revolução. Contra essa tendência dominante, o marxismo, enquanto teoria sociológica, necessitava de uma atualização, por meio de uma teoria crítica, com ênfase nos estudos da linguagem e da indústria cultural.[1174] Iniciava-se a aproximação entre as ciências humanas e os diferentes campos da psicologia que, nas palavras de Kengor,[1175] culminaria no "marxismo-freudiano":[1176] um olhar sociológico sobre os escritos de Freud, em especial, "O mal-estar na cultura", de 1930.[1177] De acordo com Brechani,[1178]

> A Escola de Frankfurt foi a primeira a incorporar em uma mesma linha de pensamento as ideias de Marx e de Freud. A psicanálise foi fundamental no desenvolvimento da Teoria Crítica, uma vez que seria necessário penetrar na consciência do homem — e a psicanálise trabalhava justamente nisso — para tentar descobrir as razões que geravam a

---

[1170] Ver Brechani, 2020, p. 122-125.

[1171] Sobre o assunto, escreve o marxólogo Olavo de Carvalho (2021, p. 94): A desilusão dos intelectuais com o marxismo fez com que eles desistissem de permanecer como tropa auxiliar de um hipotético proletariado revolucionário e decidissem agir por conta própria [...]. A revolução, esquecida pelas massas, tornou-se ocupação das elites.

[1172] Ver Marcondes, 2007, p. 238.

[1173] Fundado em 1923, na Universidade de Frankfurt — daí o nome Escola de Frankfurt.

[1174] Ver Marcondes, 2007, p. 238 e 268.

[1175] Ver Kengor, 2019, p. 231.

[1176] Para Heitor de Paola (2022, p. 122), no entanto, a suposta psicanálise revolucionária e frankfurtiana não passa de deturpação da teoria freudiana adaptada ao modelito marxista: "se a realidade dos fatos não cabe na teoria, danem-se os fatos".

[1177] Ver Laje, 2023, p. 311.

[1178] Ver Brechani, 2020, p. 156.

> inércia do homem em se rebelar. [...] A intimidade entre a Escola de Frankfurt e a psicanálise era mais do que teórica. O Instituto de Pesquisa Social e o Instituto Psicanalítico de Frankfurt dividiam o mesmo edifício e davam aulas nas mesmas salas.

Com o apoio de outras ciências, os frankfurtianos acreditavam que poderiam preencher as lacunas deixadas por Marx. A Teoria Crítica, tal como Marx sonhara, era voltada para a transformação da sociedade, e não apenas para sua compreensão, como preconizavam as teorias tradicionais. A ênfase da ciência, enfim, migrava do conhecimento objetivo da natureza para se concentrar em sua transformação.

A partir dos escritos de nomes como Herbert Marcuse, o marxismo se combinaria com novas tendências tais como a da revolução sexual. Em seu livro *Eros e Civilização*, de 1955, Marcuse constata que a rebelião contra o sistema não seria mais produto da miséria material, como defendia Marx, mas da subversão contra os valores e tradições. A classe capitalista, no âmbito da linguagem simbólica, seria agora não mais apenas "repressiva" mas também "opressora dos instintos".[1179]

Os impactos das teorias marcusianas foram vistos nas revoltas estudantis de 1968, que puseram em pauta a revolução sexual e o questionamento da autoridade. Foi "a primeira rebelião poderosa pela revalorização total dos valores",[1180] escreveria Marcuse, não por acaso, alçado ao status de "pai do maio francês".

Ponto de inflexão das Ciências Humanas, a Escola de Frankfurt revelou que a cultura era uma arma. Coube a um teórico, desvinculado dessa escola, o estudo de como essa arma, "utilizada para opressão", poderia ser apropriada e redirecionada para os "objetivos certos". Durante seus anos de prisão na Itália fascista, esse teórico produziu mais de 3 mil páginas que, décadas depois, circulariam gradualmente pelo Brasil da Guerra Fria, influenciando intelectuais marxistas, como o então professor Fernando Henrique Cardoso.

Gramsci e o marxismo cultural

De acordo com Yuval Harari,[1181] houve um momento da história em que se constatou que os esforços árduos e contínuos, desprendidos

---

[1179] Ver Laje, 2023, p. 316.
[1180] Ver Laje, 2023, p. 321.
[1181] Ver Harari, 2020, p. 125-126.

antes por exércitos e tribunais, poderiam ser feitos de forma mais barata e eficiente pelo sacerdote. Na concepção do marxista Antônio Francesco Gramsci (1891–1937), esse sacerdote é o intelectual e sua arma é a cultura.

Enquanto a Escola de Frankfurt contribuiu com análises da cultura de massa, Gramsci se concentrou no método de conquista da cultura como parte da luta política, tendo, por isso, seu nome associado à concepção contemporânea de "marxismo cultural".

Na distinção que Marx estabelece entre a infraestrutura e a superestrutura, a economia é o que prevalece, sendo a cultura algo secundário. Foi observando o já mencionado contexto de assimilação proletária do capitalismo, que Gramsci aprofundou em uma segunda hipótese, antes esboçada por Lenin,[1182] de que a prometida revolução se daria não por meio da revolta do proletário, mas pela progressiva coerção psíquica deste.

A repressão como método de inserção de ideias era um esforço inútil, constatou Gramsci. A transformação deveria ser molecular: passiva ao invés de ativa. Para isso, seria necessário uma nova fórmula de ação prévia à tomada do poder: a hegemonia.

Nas palavras do teórico sardenho: "Um grupo social pode e, aliás, deve ser dirigente já antes de conquistar o poder governamental (essa é uma das condições principais para a própria conquista do poder)".[1183]

Segundo Leszek Kolakowski,[1184] historiador e ex-comunista polonês, o conceito de hegemonia para Gramsci significa "o controle da vida intelectual da sociedade por meios puramente culturais", uma condição fundamental e prévia à obtenção do poder político.

> Só então o poder político eliminaria todas as resistências "burguesas" com o pleno apoio das massas, previamente convencidas de que o governo é o seu legítimo representante. A importância dos intelectuais nesta tarefa de doutrinação das massas é fundamental. O foco de "classe" muda completamente dos proletários para os "intelectuais", a nova "vanguarda revolucionária".[1185]

[1182] Segundo Gordon (2019, p. 78), em outubro de 1919, Lenin chegou a se encontrar com o fisiologista na busca de experiências sobre reflexos condicionados do cérebro para o controle do comportamento humano. Segundo Olavo de Carvalho (2014, p. 56), se Lênin foi o teórico do golpe de Estado, Gramsci foi o estrategista da revolução psicológica que deve preceder e aplainar o caminho para o golpe de Estado.

[1183] Ver Jinkings, 2012, p. 263.

[1184] Ver Kolakowski, 2022, p. 211.

[1185] Ver Paola, 2022, p. 104.

Para Gramsci, a Igreja era o maior obstáculo na construção do comunismo;[1186] sendo assim, o engajamento de três instituições seria fundamental na construção de uma nova ordem social: os sindicatos, os conselhos e o partido revolucionário[1187] — um substituto contemporâneo para o "príncipe", teorizado por Maquiavel (1469–1527).[1188]

Embora a adoção do marxismo no ensino seja anterior a 1964,[1189] foi a partir dos anos 1970, segundo Flávio Gordon, em pleno Regime Militar, que o gramscismo penetrou na intelectualidade brasileira, por meio de nomes como Fernando Henrique Cardoso, outrora militante do PCB,[1190] fichado no DOPS[1191] e, na ocasião, professor da USP, integrante de um grupo dedicado ao estudo do marxismo.[1192]

Através da revista francesa *Le temps modernes* fundada por Sartre e Simone de Beauvoir, o futuro presidente se tornaria um dos primeiros intelectuais brasileiros a mencionar o conceito gramsciano de hegemonia.[1193]

Naqueles prematuros anos 60, enquanto a luta armada era defendida como único caminho possível por uma esquerda radical,[1194] um fenômeno acontecia nos círculos intelectuais: o crescimento de um marxismo menos restrito à ortodoxia de Moscou. O ano de 1968, como demonstrado, alavancaria esse processo.

> O ano de 1968 é um ponto de virada para a esquerda em geral e sua estratégia para o futuro: a ideia tradicional de revolução e a estratégia tradicional de revolução aca-

---

[1186] Ver Carvalho, 2014, p. 55.

[1187] Nas palavras de Gramsci: "o partido é a hierarquia superior daquele irresistível movimento de massas: ele exerce a mais efetiva das ditaduras, aquela que nasce do prestígio, a aceitação consciente e espontânea de uma autoridade que é reconhecida como indispensável para o sucesso do trabalho que se tem em mãos" (transcrito por Kolakowski, 2022, p. 213).

[1188] De acordo com Arendt (1988, p. 30), Maquiavel foi, não por acaso, definido por Robespierre como "o pai da revolução".

[1189] É emblemática a entrevista concedida pelo udenista Carlos Lacerda, antes de 1964, à revista *Manchete*. Na ocasião, disse o então governador da Guanabara: "Já estão reescrevendo a História do Brasil. Daqui a pouco, a nossa História não terá datas nem nomes, nem batalhas, nem episódios. Só terá ideologia — a rígida ideologia totalitária que os comunistas querem impor à juventude" (citado por Motta, 2020, p. 280).

[1190] Ver Gaspari, 2014d, p. 325.

[1191] Ver Trespach, 2017, p. 211.

[1192] Ver Ferreira, 2019, p. 39.

[1193] Ver Gordon, 2019, p. 102.

[1194] O projeto de luta armada, no entanto, esteve longe de ser unanimidade na oposição ao Regime Militar. Lideranças políticas do centro à esquerda (de Tancredo Neves ao próprio Carlos Prestes, quem diria!) chegaram a criticar o terrorismo como ferramenta para redemocratização. Essa seria uma das razões que levariam à expulsão de Marighella do PCB (Trespach, 2017, p. 210).

baram. Essas idéias estão ultrapassadas". A "New Left" [Nova Esquerda] norte-americana, a "Nouvelle Gauche" francesa e as novas esquerdas emergentes nas sociedades capitalistas avançadas em geral, mostram o caminho pelo qual um projeto de esquerda adequado aos tempos deve ser conduzido: esse caminho se chama cultura.[1195]

No Brasil dos anos 1970, com a luta armada derrotada e um inédito investimento em educação superior, estendido às Ciências Sociais,[1196] os militares acabaram por semear, involuntariamente, o ambiente fértil ao gramscismo.

A partir de 1973, o comitê central do PCB — apostando na cultura em detrimento das armas, campo em que fracassara nas décadas de 1930 e 1950 — engajou-se em estabelecer uma narrativa de analogia entre a Itália fascista de 1930 e a situação brasileira de então. Não apenas Gramsci mas a ideia de luta contra o fascismo[1197] ressurgia como um poderoso capital simbólico.[1198] Em texto intitulado "Está entre nós a guerra pelo controle de opinião", publicado em 24 de março de 1979, em *O Estado de S. Paulo*, o jornalista Luiz Carlos Lisboa escreveu:

> A conquista da sociedade "de dentro para fora", proposta por Antonio Gramsci, tem conseguido o que Lenin nunca sonhou e Stalin desejou mas não obteve. A universidade é peça fundamental no processo paciente e diário de captura da opinião pública, a da classe média em particular.[1199]

Não por acaso, data de 1979 o primeiro registro da ofensiva que se disseminaria por universidades, quando motivações ideológicas levaram o Departamento de Filosofia da PUC-RJ a vetar um artigo produzido para uma coletânea sobre história do pensamento. Em solidariedade ao vetado, a professora Anna Maria Moog Rodrigues se demitiu e denunciou o caso

---

[1195] Ver Laje, 2023, p. 295.

[1196] Embora o governo militar argumentasse que o país necessitava mais de engenheiros do que filósofos e sociólogos, dados da Capes indicam que a ênfase dos 16 cursos de mestrado existentes em todo o Brasil de 1963 era nas áreas nas Ciências Agrícolas, Química e engenharias. Em 1974 o número de mestrados saltou para 403, tendo as áreas humanas sido contempladas a partir de 1971 com os primeiros mestrados em História e Letras. Ver Neto, 2019, p. 383 e Motta, 2014, p. 256.

[1197] Ver Gordon, 2019, p. 103 e Carvalho, 2014, p. 38.

[1198] O capital simbólico é um conceito desenvolvido pelo sociólogo Pierre Bourdieu para descrever os recursos imateriais que conferem prestígio, reconhecimento e legitimidade social a um indivíduo ou grupo.

[1199] Ver O Estado de S. Paulo, 1979.

à imprensa. O episódio da PUC apontava que o "autoritarismo não vinha só de fora mas também de dentro da Universidade".[1200]

Por meio de uma pesquisa nos bancos de teses e dissertações da Capes e da Biblioteca Digital Brasileira de Teses e Dissertações (BDTD), Flávio Gordon constata que, no âmbito das ciências políticas, a produção científica no Brasil limitou o estudo da direita política a uma perspectiva estritamente oposicionista.[1201] Situado no espectro ideologicamente contrário a Gordon, o professor Rodrigo Motta não esconde: o interesse acadêmico nos adversários da esquerda foi marcado por maniqueísmo e superficialidade, de forma que "o empenho em compreender foi, frequentemente, suplantado pela ânsia de denunciar".[1202]

Segundo Emir Sader, sociólogo e cientista político do Partido dos Trabalhadores (PT), a obra de Gramsci passou a representar "um instrumento essencial para a construção da hegemonia alternativa e construção de uma sociedade socialista".[1203]

Embora a estratégia gramscista não necessite de eleitores conscientes — bastando a militância velada, absorvida e transmitida por quem jamais ouviu falar de Antonio Gramsci[1204] — ao findar dos anos 1990, o italiano já era citado em um terço das dissertações no campo educacional. Nas palavras de Flávio Gordon, a história da cultura brasileira transformava-se, lentamente, em uma autobiografia política da esquerda.[1205]

Guerra Cultural na Guerra Fria

"O marxismo, aos poucos, deixou de ser um método de análise da realidade social para transformar-se em ideologia", observa a doutora em Ciências Sociais Cristina Costa.[1206] Assim, muito antes que intelectuais contemporâneos[1207] padronizassem uma resposta que explique a

---

[1200]   Ver Giannattasio, 2022, p. 126.

[1201]   Ver Gordon, 2019, p. 176.

[1202]   Ver Motta, 2020, p. 16.

[1203]   Ver Sader, 2005, p. 10.

[1204]   Ver Carvalho, 2014, p. 78.

[1205]   Ver Gordon, 2019, p. 173.

[1206]   Costa, 2005, p. 126.

[1207]   Grupo em que se inserem nomes como o youtuber Felipe Neto e a cantora Valesca Popozuda. Ver O Globo, 2020. Ver também: Alvarenga, 2014.

popularização do pensamento de direita,[1208] intelectuais do passado, igualmente equivocados mas suficientemente organizados, integraram um bem-sucedido esforço internacional de desqualificar o pensamento contrário.

Ainda no contexto da luta armada, algumas estratégias de guerra cultural seriam antecipadas por Marighella em seu *Minimanual do Guerrilheiro Urbano* — livro que chegou a ser traduzido em diversos idiomas, sendo empregado pela Organização para a Libertação da Palestina, pelas Brigadas Vermelhas na Itália, pelo Baader-Meinhoff na Alemanha e pelo IRA na Irlanda.[1209]

Em seus escritos, Marighella discorre sobre a "guerra de nervos" ou "guerra psicológica", descrita por ele como o emprego dos meios de comunicação de massas para desmoralizar o governo. Para isso, o líder da luta armada incentiva, num primeiro momento, a indução dos militares ao erro por meio da circulação de informações, pistas ou planos falsos. O segundo passo, escreve Marighella, consiste na exploração desses erros, por meio de denúncias a "embaixadas estrangeiras, comissões internacionais, ao Papa e às Nações Amigas".[1210]

Dessa forma, enquanto boa parte do treinamento militar contra o governo brasileiro ficava a cargo de Cuba, foi na Europa, em especial em Paris, que se formou uma valorosa guerra informacional empreendida por "esquerdistas desarmados". Foi de lá que os textos de Marighella foram publicados, intermediados, a partir de 1969, por Jean-Paul Sartre, através da revista *Les Temps Modernes*. Assim, enquanto os militares adotavam ferramentas de controle no Brasil, os chamados crimes da ditadura eram difundidos pela Europa.[1211]

Foi estudando sobre a mobilização internacional dos intelectuais durante a Guerra Fria que Marcelo Ridenti, professor do Instituto de Filosofia e Ciências Humanas da Unicamp, escreveu sobre a guerra cultural da Guerra Fria.[1212] De acordo com o professor, "No campo simbólico, e essa

---

[1208] Enquanto reviso este livro, em outubro de 2024, a obra do sociólogo Jessé Souza, que atribui a ascensão da direita ao racismo, alcança a lista de best-sellers.

[1209] O manual de Marighella é também citado no trabalho *A Rede do Terror* da jornalista americana Claire Sterling. Um exemplar do manual seria flagrado por um general brasileiro na biblioteca da Escola das Américas, no Panamá. Ver Torres, 2004, p. 79, e Magalhães, 2012, p. 504-506.

[1210] Ver Marighella, 2010, p. 54-55.

[1211] Ver Bezerra, 2019, p. 706 e Gaspari, 2014b, p. 276.

[1212] Ver Ridenti, 2022.

é a ideia da guerra fria cultural, as guerras não se travam só com armas, mas também na disputa simbólica, para ganhar corações e mentes de um lado ou de outro".[1213]

Segundo Ridenti, a atuação de intelectuais brasileiros durante o conflito político-ideológico entre Estados Unidos e URSS contou com financiamento estrangeiro — de ambos os lados.

O autor investiga a criação do Conselho Mundial da Paz, articulado em Moscou e Paris a partir de 1948 e sediado em Praga, na atual República Tcheca, destacando o papel do ex-deputado e constituinte Jorge Amado que — tendo seu mandato cassado com o PCB — partiu para a Europa tornar-se "embaixador cultural da esquerda brasileira". A partir da França, sede ocidental de difusão de ideias comunistas, sobretudo por revistas, o romancista rodou o mundo em representação do Conselho, projetando-se ao lado de nomes como o poeta chileno Pablo Neruda e o pintor Pablo Picasso na pavimentação de uma política cultural de adesão ao comunismo.

De acordo com Motta,[1214] era fundamental poder dizer que nomes como Pablo Neruda, Candido Portinari, Jorge Amado, Pablo Picasso, Oscar Niemeyer e outros pertenciam ao movimento, muitos deles tendo se valido da própria máquina cultural do partido (editoras, jornais, prêmios) para divulgar suas obras.

Assim, na prática, revela o expoente do neoconcretismo Ferreira Gullar: a independência artística e os valores estéticos deveriam ser sacrificados em prol dos valores políticos[1215] — motivo pelo qual escritores precisaram submeter seus romances à análise do partido, que poderia ou não ordenar novos ajustes.

Ao submeter à análise o romance *João Miguel*, Rachel de Queiroz, primeiro nome feminino da Academia Brasileira de Letras, recebeu ordens do PCB para transformar o personagem operário em herói e o patrão em vilão. Rachel acabaria abandonando o partido, alegando "não reconhecer nos companheiros as condições literárias para opinarem sobre sua obra". Passado o episódio, o PCB noticiaria, em seu jornal oficial, *A Classe Ope-*

[1213] Opera Mundi. Marcelo Ridenti: O que é guerra cultural? – 20 Minutos. Entrevista. 10 out. 2022. YouTube. Disponível em: https://youtu.be/QyhYrO57eTs. Acesso em 28 jul. 2024.

[1214] Ver Motta, 2013, p. 29.

[1215] Ver Bezerra, 2019, p. 362 e p. 399.

rária, que a mais nova fascista e inimiga do proletariado estava expulsa do partido.[1216]

Não foi por acaso que após sair do PCB — e, com isso, ter sua carreira ameaçada — Jorge Amado retirou de circulação *O Mundo da Paz*, livro encomendado pelo partido, em que escreve:

> O amor pela União Soviética é como que o resumo grandioso de tudo o que o homem pode amar sobre a terra, o resumo de todos os grandes sentimentos, dos mais nobres e mais puros. Se alguém ama sua mulher e seus filhos, seu pai e sua mãe, se possui em seu coração o amor à família, o desejo de ver suas crianças crescerem felizes, então tem de amar a URSS.[1217]

Fora da literatura, propaganda semelhante se encontraria, sob o carimbo da Ciência, nos escritos daquele que foi considerado o introdutor do marxismo nas universidades brasileiras: Caio Prado Júnior. Em *URSS: Um Novo Mundo* (1934), escreve o professor de Economia Política na Faculdade de Direito de São Paulo:

> Os padrões soviéticos médios se equiparam hoje, se não os superam, aos dos principais países capitalistas da Europa ocidental. [...] já é perfeitamente previsível o momento bem próximo — talvez não mais de uma dezena de anos — em que o nível de vida da população soviética não terá mais paralelo em parte alguma do mundo.[1218]

Mas Prado Júnior vai além. Desfrutador de um prestígio que o conecta à gênese da sociologia brasileira, Prado se esforça para refutar os relatos de censura e perseguição religiosa em solo soviético:

> As instituições dos países socialistas são organizadas de tal maneira que todo cidadão encontra não só a oportunidade para exprimir seu pensamento a respeito de qualquer assunto, intervir em qualquer debate que verse sobre questões de ordem geral, como ainda é permanente e insistentemente solicitado para isso. Seja oralmente, seja por escrito, ele sempre encontra como e onde se manifestar e ser ouvido, e é estimulado para fazê-lo [...]. O culto religioso

---

[1216] Ver Queiroz, 2004, p. 47-49.

[1217] Ver Amado, 1952, p. 16.

[1218] Ver Prado Jr., 1934, p. 28 transcrito por Bezerra, 2019, p. 391.

das diferentes crenças é praticado e se exerce nos países socialistas sem obstáculo ou constrangimento algum.[1219]

Saberia o sociólogo, no momento em que escrevia, sobre os milhões de mortes por fome, fuzilamento e trabalho forçado? É possível que não.

Além de Caio Prado Jr., constam como fontes obrigatórias em cursos de Ciências Humanas nomes com trânsito por partidos comunistas ou socialistas, como Boris Fausto,[1220] Jacob Gorender, Darcy Ribeiro e o patrono da sociologia brasileira, Florestan Fernandes. No âmbito de literatura brasileira — poderosa ferramenta de propagação cultural — podemos citar Graciliano Ramos, Rachel de Queiroz, Vinícius de Moraes, Oswald Andrade, Carlos Drummond e Jorge Amado, muitos, verdade seja dita, desiludidos antes do fim da vida.[1221] Entre a lista de comunistas arrependidos, somam-se ainda figuras como Arnaldo Jabor e ninguém menos que Olavo de Carvalho.

A despeito do silêncio de nomes como Paulo Freire, que jamais se pronunciou após confirmadas as atrocidades de Mao Tsé-Tung e Che Guevara — tratados em *Pedagogia do Oprimido* como símbolos de amor e comunhão[1222] — foi precisamente o fenômeno do "comunista arrependido" que legou à contemporaneidade uma série de estudos que expõem o genocídio promovido pelo comunismo em sua forma prática. É o caso da pesquisa divulgada em 1997 pela Harvard University Press, intitulada *The Black Book of Communism*, segundo a qual os métodos praticados pelos governos marxistas pouco se diferenciaram dos utilizados pelo Partido Nazista alemão.

Entre fome, fuzilamento e trabalhos forçados, foram 20 milhões de mortes na União Soviética e 60 milhões na China.[1223] Para dados comparativos: a China comunista assassinou, em um único dia, mais de 500% do número total atribuído aos 21 anos de governos militares no Brasil.[1224]

Esses índices problematizam a versão, ainda vigente, de que o anticomunismo da Guerra Fria teria sido fruto de uma histeria coletiva

---

[1219] Ver Prado Jr. 1934, p. 60-61 e 73 citado por Bezerra, 2019, p. 392-393.

[1220] Boris Fausto foi filiado ao Partido Socialista e integrou o Partido Operário Revolucionário (POR) em 1952, de caráter trotskista. Ver Ridenti; Reis Filho, 2002, p. 138.

[1221] Jorge Amado, por exemplo, desiludiu-se quando, exilado na Tchecoslováquia, assistiu perseguições aos intelectuais comunistas pelo próprio governo comunista tcheco. Ver Moraes, 2011, p. 61.

[1222] Ver Freire, 2022, p. 118 e p. 232; e Santos, 2020, p. 325

[1223] Ver Courtois *et al*, 2000, p. 6.

[1224] Ver Arbex Júnior, 2005, p. 53.

financiada por interesses meramente capitalistas — uma omissão politicamente conveniente e que constitui um dado histórico em si.

O presente capítulo complementa a trajetória inaugurada com o Manifesto Comunista de 1848. Originalmente um método de análise da realidade social, o marxismo se configurou na ideologia que, reinterpretada e disseminada durante o século XX, forneceu a ferramenta para a volta por cima de uma geração derrotada nas armas. Essa ferramenta foi — e continua sendo — a Guerra Cultural.

Para encerrar nossa jornada, no próximo e último capítulo, analisaremos os desdobramentos dessa guerra, abordando como, na prática, as Forças Armadas, invictas no terreno das armas, perderam a batalha travada no terreno dos livros — e como isso altera os rumos da história.

12

DOS LIVROS AO PLANALTO

Na sociedade burguesa, o passado domina o presente; na comunista, é o presente que domina o passado.
(Karl Marx)[1225]

A revolução de Gutemberg

A revolução da cultura impressa no século XV abriu caminho para todas as grandes transformações que o mundo viria a conhecer. Renascimento, Reforma e Iluminismo só foram possíveis graças à invenção de Johannes Gutenberg, que automatizou a produção de textos e transformou a cultura em um bem de consumo de massa.[1226] Da literatura ao jornalismo, passando pelo meio acadêmico, surge da prensa tipográfica a difusão das ideias revolucionárias que se espalharam pelo mundo após a Revolução Francesa.

Segundo Laje,[1227] os efeitos desse bombardeio de letras seriam visíveis no século XX, quando a escrita, criada por sumérios e aprimorada por fenícios, encontrou seu lugar na história como ferramenta da Guerra Cultural. Seria o exército de livros, jornais e panfletos — e não mais as armas — o responsável pela locomotiva da história. Uma locomotiva que, sob o discurso de autoridade científica, traria não apenas avanços mas também contradições: atrelada a interesses eurocêntricos, por exemplo, uma incipiente Antropologia propagou equivocadas teorias sobre superioridade racial, legitimando, com isso, a eugenia e o nazismo.[1228] Mesmo com custos elevados, a eficácia do culto à ciência, colocada a serviço da Guerra Cultural, se traduz no fato de que aqueles que, no passado,

---

[1225] Ver Marx; Engels, 2012, p. 62.

[1226] Estima-se que, meio século após a invenção de Gutenberg, a produção de livros nesse breve período de 50 anos igualou o número de livros produzidos na Europa, por escribas, nos mil anos anteriores. Ver Laje, 2023, p. 121.

[1227] Ver Laje, 2023, p. 123.

[1228] Costa, 2005, p. 140.

ousaram questionar o racismo científico, seriam, hoje, rotulados como negacionistas.

No que diz respeito ao arsenal cultural do pós-Guerra Fria, o professor e ex-integrante da VPR João Quartim Moraes[1229] não esconde as expectativas: "Na ditadura, a esquerda militar era uma espécie em via de extinção. É razoável esperar que, com a democracia, caminhemos para a extinção da extrema-direita golpista e terrorista".

Como veremos, entretanto, a tentativa de conter o fluxo de ideias nunca foi uma tarefa simples — seja no passado ou no presente.

O paradoxo da censura

Promulgada durante o Regime Militar, a Constituição de 1967 postulava, em seu artigo 153, § 8º, que não seriam toleradas publicações e exteriorizações contrárias à moral e aos costumes. Dessa forma, os livros, eventualmente confiscados desde 1964, passariam a receber censura prévia com o Decreto-Lei nº 1.077 de 26 de janeiro de 1970, que atribuía ao Ministério da Justiça, por meio da Polícia Federal, a responsabilidade de verificar, *quando julgasse necessário*, a existência de materiais que infringissem a proibição.[1230] Foi assim que, em 1972, a Rede Globo, por exemplo, precisou submeter a sinopse da novela *Odorico, o bem-amado*, à apreciação da Divisão de Censura de Diversões Públicas da Polícia Federal.[1231]

Segundo o professor da UFS, Rodorval Ramalho, porém, no que se refere ao mercado editorial, a lei "não pegou":

> Também pudera, ela determinava que os editores enviassem os originais para Brasília antes da publicação, o que era inexequível, pois só em 1971 foram lançados no mercado 9.950 novos títulos, demandando um número de censores que jamais foram contratados e, muito menos, treinados adequadamente.[1232]

O paradoxo da censura consiste no fato de que, em plena chamada ditadura militar, o mercado editorial brasileiro assistiu um crescimento

---

[1229] Ver Moraes, 1991, p. 21 e Ridenti, 2010, p. 50.

[1230] BRASIL. Decreto-Lei nº 1.077, de 26 de janeiro de 1970. Dispõe sobre os meios de comunicação e dá outras providências. Disponível em: https://www.planalto.gov.br/ccivil_03/decreto-lei/1965-1988/del1077.htm. Acesso em: 22 de maio de 2023.

[1231] Ver Rollemberg, 2013, p. 64.

[1232] Ver Ramalho, 2022, p. 98.

sem precedentes no ramo da literatura política, com especial ênfase no que o professor Flamarion Maués[1233] denomina "livros de oposição ao regime civil-militar". Entre os anos 70 e 80 o país viveria um *boom* de memórias, artigos, romances, teses e discursos críticos às Forças Armadas ou favoráveis ao comunismo, incluindo a reedição de clássicos do pensamento socialista — em particular Marx, Engels, Lenin e Trotski.[1234]

O fenômeno do engajamento de oposição levou não apenas à revitalização de antigas editoras – tais como a Civilização Brasileira, a Brasiliense, a Vozes e a Paz e Terra — mas também ao surgimento de novas editoras, algumas ligadas a grupos na clandestinidade.[1235]

Dentre a literatura política emplacada sob o nariz dos censores, constam romances como *A travessia* (1966), de Carlos Heitor Cony, *Quarup* (1967), de Antonio Callado, *Incidente em Antares* (1971) de Érico Veríssimo e *As meninas* (1973), da brilhante Lygia Fagundes Telles, além da disseminação de memórias da luta armada, em que se insere o já citado Fernando Gabeira com *O Que é Isso, Companheiro?* (1979).

Ainda que recordista de detenções no período — sete prisões ao todo[1236] — foi sob os governos militares que o comunista Ênio Silveira, proprietário da Editora Civilização Brasileira,[1237] traduziu e publicou a obra completa de Antônio Gramsci, tornando-o mais publicado no Brasil do que nos Estados Unidos e na França.[1238] Outro teórico marxista a se tornar best-seller foi Herbert Marcuse, da Escola de Frankfurt, que despontaria entre os mais vendidos com *Eros e Civilização*, impulsionando o famoso slogan "faça amor, não faça guerra".[1239]

Se o aprofundamento teórico de tais escritos não foi "decodificado" pelos censores, a enxurrada de obras propagandísticas sobre Cuba poderiam ter recebido melhor atenção. Após o sucesso de *A ilha* (1976) — em que Fernando Moraes enfatiza a erradicação da fome pela Revolução

---

[1233] Ver Maués, 2013, p. 10.

[1234] Segundo Maués (2013, p. 53 e 54), não houve proibição à edição da maioria das obras de autores socialistas e comunistas, em particular a seus nomes mais emblemáticos. Marx, Engels, Lenin, Trotski, Che Guevara e Mao Tsé-Tung, por exemplo, tiveram livros específicos censurados, mas não a totalidade de sua obra.

[1235] Ver Maués, 2013, p. 13.

[1236] A primeira de suas prisões chegara a contar com o desagravo do então presidente Castello Branco que discordava do esforço de combate cultural então empreendido (Sander, 2018, p. 246).

[1237] Onde chegou a funcionar um "quartel-general" do Comando dos Trabalhadores Intelectuais (CTI). Ver Bezerra. 2019, p. 399.

[1238] Ver Gaspari, 2014d, p. 324.

[1239] Ver Paola, 2022, p. 123.

Cubana, mas não o fuzilamento de 6.000 vidas[1240] — falar sobre Cuba tornou-se uma tendência editorial:

> A onda pegou e vieram outros, entre eles: "Cuba de Fidel", de Ignácio de Loyola Brandão (Ed. Cultura, 1978); "Cuba hoje: 20 anos de revolução", de Jorge Escosteguy (Ed. Alfa-Ómega, 1979); "Da guerrilha ao socialismo: a revolução cubana", do sociólogo Florestan Fernandes (Ed. T. A. Queiroz, 1980). Como se fosse pouco, ainda tivemos as obras dos próprios ditadores: "A história me absolverá", de Fidel Castro (Ed. Alfa-ômega, 1979); "Revolução cubana", de Che Guevara (Edições Populares, 1980); e "Diário", de Che Guevara (Centro Editorial Latino-Americano, 1980).[1241]

Flávio Gordon aponta que apenas em 1974, quatro anos após a instituição da censura prévia e dez anos após o início do Regime Militar, organizou-se o primeiro concurso público para técnicos de censura, função antes exercida por policiais estaduais deslocados de suas funções e funcionários públicos nomeados por indicação — incluindo esposas de militares e ex-jogadores de futebol.[1242]

Segundo Maués,[1243] o despreparo no combate ideológico trouxe critérios inusitados para a apreensão de livros. Em alguns casos, a simples menção à palavra "revolução" ou o fato de a capa ser vermelha tornava o livro um alvo em potencial.[1244] Autores russos que circulavam no Brasil foram censurados pelo simples fato de serem russos. Em uma determinada apreensão, confiscou-se o romance *A Capital*, do escritor português Eça de Queiroz, pensando se tratar de uma referência ao livro de Karl Marx, paradoxalmente sucesso de vendas na época.[1245]

De acordo com Sandra Reimão as atividades de censura contavam, em 1967, com 16 funcionários, chegando ao número de 240 até o final do Regime Militar: "[...] mas mesmo com esse inchaço, a censura prévia de todo o mercado editorial brasileiro era algo, na prática, não executável.

[1240] O projeto "Cuba Archive", coordenado por uma ONG de cubanos-americanos, computa 7.326 mortos e desaparecidos nas prisões cubanas, sendo 6.000 o número aproximado de fuzilados ou assassinados extrajudicialmente. Nesse número não se incluem os afogados na tentativa de fuga da ilha. Ver: Gielow, 2016.

[1241] Ver Ramalho, 2022, p. 101.

[1242] Ver Gordon,, 2019, p. 242.

[1243] Ver Maués, 2013, p. 26.

[1244] De fato, entre os livros confiscados na UNB, consta *O vermelho e o negro*, do escritor francês Stendhal. Ver Severiano, 2007, p. 12.

[1245] A principal obra de Marx, pela primeira vez traduzida em língua portuguesa, atingiu a marca de 50.000 exemplares no Brasil da Guerra Fria. Ver Ramalho, 2022, p. 102.

Assim sendo, a maioria das atividades de censura em relação a livros dava-se por denúncias".[1246]

No âmbito da imprensa, de acordo com o professor Rodrigo Czajka,[1247] o Partido Comunista Brasileiro (PCB) contornou a censura, disseminando suas ideias por meio de uma imprensa descentralizada que incluiu os jornais *Política e Negócios, Imprensa Popular, O Semanário, Liga, Panfleto, Bancário, Voz Operária, Jornal da Semana, Gazeta Sindical* e *Orla Marítima* (Guanabara); *Notícias de Hoje, Terra Livre e Unidade* (São Paulo); *Jornal do Povo, Novos Rumos, Voz do Povo, Nossa Luta, Edifício, Binômio, Ação Popular* e *Política Operária* (Minas Gerais); *Tribuna do Povo, Jornal do Povo e Hoje* (Paraná); *O Democrata* (Ceará); *Folha Popular* (Rio Grande do Norte); Folha do Povo, A Hora e Unidade (Pernambuco); *Folha Popular* (Sergipe); *O Momento e Tribuna do Sul* (Bahia); *Folha Capixaba* (Espírito Santo); *Tribuna Gaúcha, Tribuna do Povo e Voz do Povo* (Rio Grande do Sul); *Estado de Goiás e Agora* (Goiás); *O Democrata* (Mato Grosso).

Segundo Marco Roxo e Mônica Mourão,[1248] a influência do PCB na coordenação de jornais, durante o período em que esteve na ilegalidade, fez do partido uma verdadeira "escola" na formação de futuros jornalistas. Quanto às demais esquerdas clandestinas, incluindo as envolvidas com a luta armada, muitas mantiveram seus próprios periódicos, com publicações mimeografadas. Constam nesse grupo a MOLIPO,[1249] com *Imprensa Popular*, a VAR-Palmares com *Palmares*, a POLOP com *Política Operária*, o PCdoB com *A Classe Operária* e a Aliança Libertadora Nacional com *O Guerrilheiro*.[1250]

Segundo Del Nero,[1251] praticamente todas as organizações clandestinas possuíam, no mínimo, um jornal. Se o alcance era limitado, por vezes beirando o pífio, pelo menos servia à permanente doutrinação e atualização de seus quadros. O biógrafo de Marighella afirma que os contatos travados entre a ALN e os funcionários de jornais e editoras como a Abril possibilitaram o acesso à cobertura sobre as ações armadas.[1252]

[1246] Ver Reimão, 2005 citado por Maués, 2013, p. 52.

[1247] Ver Czajka, 2013, p. 243.

[1248] Ver Mourão; Roxo, 2013, p. 257.

[1249] Criada por Cuba, a MOLIPO foi a única organização armada de esquerda brasileira criada por um governo estrangeiro. Entre seus poucos sobreviventes, consta o ministro petista José Dirceu. Ver Bezerra, 2019, p. 644.

[1250] Ver Ramalho, 2022, p. 90.

[1251] Ver Augusto, 2011, p. 51.

[1252] Ver Magalhães, p. 402, 2012.

O texto da Lei da Imprensa[1253] proibiu propaganda de guerra, de processos de subversão da ordem política e social, bem como os preconceitos de raça ou classe; porém, assim como hoje, o Estado tinha suas limitações.[1254] Em uma comparação à censura dos demais regimes autoritários que vigoraram na Guerra Fria, escreve Flávio Gordon:

> Mesmo nos períodos mais fechados da ditadura, como durante a vigência do AI-5, as tentativas de controle cultural por parte dos militares foram relativamente amadorísticas, sobretudo se comparada às verdadeiras patrulhas do pensamento instaladas nos regimes de orientação comunistas, tais como Rússia soviética, na Alemanha Oriental ou mesmo em Cuba, nos quais havia um potencial espião do regime para cada três ou quatro cidadãos, e onde até mesmo familiares denunciavam-se mutuamente.[1255]

O fato é que a censura brasileira concentrou-se em questões relacionadas "à moral e bons costumes": dos 434 livros proibidos durante o regime civil-militar, 364 foram enquadrados nesse critério.[1256] Entre os outros 70, todos de cunho político, constam autores como Caio Prado Jr., Márcio Moreira Alves, José Serra, Fernando Henrique Cardoso, Fidel Castro, Che Guevara, Lenin, Mao Tsé-Tung, Trotski e Regis Debray.[1257]

Como demonstrado, o Ato Institucional n. 5 ampliou a vigilância estatal, mas, enquanto os militares censuravam de um lado, de outro, o ensino superior recebia recursos como nunca, e a intelectualidade acadêmica, municiada, disparava seus artigos científicos, teses e dissertações contrárias ao regime. Segundo Napolitano,[1258] a expansão do ensino superior de caráter público, visando o desenvolvimento nacional, fez prosperar a intelectualidade oposicionista. O cavalo de troia, contudo, não passou inteiramente despercebido.

[1253] BRASIL. Lei nº 5.250, de 9 de fevereiro de 1967. Regula a liberdade de manifestação de pensamento e de informação. Diário Oficial da União, Brasília, 9 fev. 1967. Disponível em: https://www2.camara.leg.br/legin/fed/lei/1960-1969/lei-5250-9-fevereiro-1967-359026-publicacaooriginal-1-pl.htm. Acesso em: 30 de nov. de 2022.

[1254] Ver Gordon, 2019, p. 241.

[1255] Ver Gordon, 2019, p. 242.

[1256] Esses números se aproximam do levantamento realizado pelo Arquivo Nacional de Brasília, segundo o qual 492 livros teriam sido submetidos à análise do Departamento de Censura de Diversões Públicas (DCDP) entre 1970 e 1982, dos quais 313 foram vetados (Maués, 2013, p. 53).

[1257] Ver Maués, 2013, p. 52.

[1258] Ver Napolitano, 2019, p. 215-216.

Em 12 de outubro de 1977 o ministro do Exército, general Sylvio Frota, foi demitido pelo então presidente Ernesto Geisel. Segundo o ex-ministro, o Estado brasileiro estaria sofrendo uma infiltração comunista em áreas estratégicas que incluíam o próprio governo militar. Em seu livro *Ideais Traídos*, Frota chega a dizer que tanto Geisel como Golbery — para muitos, o principal ideólogo da ESG — não apenas foram lenientes no combate ideológico como também eram ambos simpatizantes do progressismo de esquerda.[1259]

O fato é que findada a transição dos governos militares para os civis, o lucrativo mercado editorial de oposição aos militares estava saturado.[1260] Aos historiadores do futuro, não faltaria material para o estudo do período, e os militares, vencedores nas armas, mais do que derrotados estavam nessa modalidade de guerra, tão diferente do terreno acidentado das batalhas vencidas na Itália.

O paradoxo da cultura

No campo de batalha cultural, segundo o professor Ramalho,[1261] uma verdadeira linha de montagem foi orquestrada: autores, tradutores, editores, diretores, atores, críticos, acadêmicos e jornalistas a serviço de um mesmo ideal. Assim, a difusão da informação enquanto arma possibilitou cristalizar a imagem de uma ditadura anticultural e repressora das liberdades criativas[1262] — o que, para Oliveira Torres, foi reforçado pela onda de prisões empreendida pelos militares.[1263]

Segundo Marco Villa,[1264] a oficialização da censura acabou favorecendo a ampliação das vendas de discos e ingressos para os shows, inseridos agora num marketing de resistência.

Em *O mito da censura no Regime Militar (Ensaios de Contra-História)*, Ramalho expõe a efervescência cultural de caráter crítico ou revolucionário que, a despeito da censura, refletiu-se no teatro, na música e na literatura. De acordo com o professor, o fato é que nunca o Brasil viveu um momento cultural tão rico em termos de música popular brasileira.

[1259] Ver Frota, 2006, p. 367.

[1260] Ver Maués, 2013, p. 237.

[1261] Ver Ramalho, 2022, p. 63.

[1262] Ver Napolitano, 2019, p. 195.

[1263] Ver Torres, 2018, p. 606.

[1264] Ver Villa, 2014, p. 192-193.

Somente entre os anos de 1965 e 1972 foram 14 festivais, veiculados em rádio e televisão, no âmbito nacional e internacional.[1265] Chico, Caetano e Gilberto Gil lançaram, respectivamente, 25, 20 e 16 discos ao longo do Regime Militar. No caso de Chico Buarque, foram dez discos lançados em plenos chamados "anos de chumbo" (1968–1973).[1266] O mesmo Caetano vaiado por uma plateia de jovens em setembro de 1968 se tornaria "símbolo da resistência" após preso em dezembro do mesmo ano, pouco antes de se exilar em Londres com Gilberto Gil.[1267] A construção do "artista-militante" se revelou lucrativa, embora sob uma ótica diversa do pragmatismo apolítico, igualmente lucrativo, adotado por nomes como Roberto Carlos. O argumento de "resistência cultural" consolidava a relação entre ser "intelectual socialmente reconhecido e ser de oposição".[1268]

Nesse sentido, relembra Bezerra,[1269] os artistas que "não se posicionaram o suficiente" encontraram problemas nos círculos de oposição ao regime. Foi o caso da cantora Elis Regina que, após se apresentar consecutivamente na Olimpíada do Exército e nas comemorações do governo pelos 150 anos de independência, passou a ser assombrada pela patrulha ideológica.[1270] Segundo Carlos Vereza, a contracultura, ou cultura antissistema, tornava-se marca registrada de esquerda e o jovem que não louvasse Cuba seria tratado como um "imbecil imperdoável".[1271]

Paradoxalmente, mais uma vez, esse estado de coisas foi impulsionado pela injeção de dinheiro público sem precedentes em iniciativas culturais, tais como o Plano de Ação Cultural (PAC) e a criação e reestruturação de agências como o Conselho Federal de Cultura (CFC), o Conselho Nacional de Direito Autoral (CNDA), o Conselho Nacional de Cinema (CONCINE), a Empresa Brasileira de Filmes (EMBRAFILME), o Serviço Nacional do Teatro (SNT), a Fundação Nacional de Arte (FUNARTE), a Campanha de Defesa do Folclore Brasileiro, a Empresa Brasileira de Comunicação (RADIOBRAS) e a reestruturação do Instituto Nacional do Livro (INL). Acerca das motivações dos militares para tamanho investimento, escreve Ramalho:

[1265] Ver Ramalho, 2022, p. 23.

[1266] Ver Ramalho, 2022, p. 28.

[1267] Ver Sander, 2018, p. 217 e p. 300.

[1268] Ver Napolitano, 2019, p. 205 e 211.

[1269] Ver Bezerra, 2019, p. 400.

[1270] Ver Bezerra, 2019, p. 401.

[1271] Citado por Moraes, 2011, p. 17.

Há quem diga que queriam diminuir a influência hollywoodiana no país; outros afirmam que intencionavam vender certa imagem do Brasil no mercado internacional, através das películas; alguns defendiam que a aliança era necessária para consolidar uma reserva de mercado.[1272]

O fato é que o crescimento na indústria cultural, em plenos anos de chumbo, foi sem precedentes, nos diz Marcos Napolitano.[1273] Tornar-se-ia célebre a constatação do crítico literário Roberto Schwarz, quando, no final da década de 1960, escreveu que a presença cultural da esquerda não foi liquidada pelo Regime Militar, mas, ao contrário: "de lá para cá não parou de crescer".[1274]

História "crítica" de um livro didático

Façamos um salto para a contemporaneidade. O ano é 2007 e um pesado livro de 840 páginas, de capa azul, é distribuído aos Ensinos Médios de escolas públicas. Trata-se da *Nova História Crítica*, do autor Mario Schmidt, distribuído pelo Ministério da Educação e Cultura (MEC).

Por meio desse livro, jovens de 15, 16 e 17 anos aprenderam sobre Guerra Fria e ditadura militar, moldando suas perspectivas acerca de nosso passado recente. Esses jovens não possuíam ainda subsídios para questionar a ilustração trazida na página 393, em que dois quadrinhos coloridos distinguem um mundo capitalista, cruel e trágico, do mundo socialista, alegre e próspero, nem o texto contido na página 542, segundo o qual o racismo é uma característica associada ao espectro político da direita.

É na página 744, enfim, que o autor de *História Crítica* tece seus elogios a participantes da luta armada de 1964,[1275] como Lamarca e Marighella — a quem chama de "amoroso, destemido, amante do samba e da ópera"; ou até mesmo ao alemão Arthur Ewert, um dos principais nomes por trás da Intentona de 1935, descrito aqui como "um idealista, corajoso e incansável que escolheu uma existência de luta sem tréguas pela vitória do socialismo e emancipação da humanidade". Ao se referir aos crimes cometidos pelas organizações da luta armada como VPR, POLOP e COLINA, o autor de *Nova História Crítica* conclui:

[1272] Ver Ramalho, 2022, p. 67.

[1273] Ver Napolitano, 2019, p. 173.

[1274] Ver Schwarz, 1978, p. 62.

[1275] Ver Schmidt, 2008, p. 744.

> Pessoas que dão a vida pelo ideal de libertação de seu povo não podem ser consideradas criminosas. Mesmo que a gente não concorde com os caminhos trilhados. Eles mataram? Certamente. Mas nunca torturaram. Nem enterraram suas vítimas em cemitérios clandestinos.[1276]

Segundo Schmidt, portanto, um homicídio pode ser relativizado desde que cometido pelo lado entendido como "certo" da história. Uma ideia curiosa, presente também nos escritos de nosso patrono da educação, segundo o qual "a revolução é biófila, é criadora de vida, ainda que, para criá-la, seja obrigada a deter vidas que proíbem a vida".[1277] Mas deixemos Paulo Freire, Schmidt e a *História Crítica* de lado, por um instante.

A desmoralização de referenciais históricos e símbolos militares constituiu uma das ferramentas de combate à ditadura, empreendida pelo mundo acadêmico. Essa é a constatação do historiador Francisco Doratioto ao analisar a reinterpretação da Guerra do Paraguai[1278] — por meio da qual o ditador paraguaio, Solano López, passou a ser apresentado como um líder anti-imperialista, vitimado injustamente pelo Exército de Caxias.

Na batalha pela história, o revisionismo — necessário à medida que surgem novas fontes e evidências — se tornou uma arma política. Assim, tornam-se frequente casos como o do governo do estado da Bahia, que, em 2014, alterou o nome do Colégio Presidente Médici para Colégio Carlos Mariguella.[1279] Em 2024, repetindo uma tendência, Médici teve seu título honoris causa cassado sob salva de palmas na Universidade Federal de Pelotas (UFPel).[1280]

Quanto à derrota na batalha travada por meio dos livros, o trabalho do professor de ciência política na Grove City College, Paul Kengor, indica que o Brasil não está sozinho. Nos Estados Unidos, livros didáticos retratam a experiência comunista, soviética ou chinesa, como marco dos direitos humanos.

> A incapacidade desses textos de mostrar o que foi o flagelo do comunismo contrasta totalmente com o tratamento dado por eles a eventos históricos como a Inquisição, as

---

[1276] Ver Schmidt, 2008, p. 745.

[1277] Ver Freire, 2022, p. 233.

[1278] Doratioto, 2002, p. 21.

[1279] Ver Machado, 2014.

[1280] Ver UFPel, 2024.

Cruzadas, a escravidão e outros episódios cujo número de vítimas foi infinitamente menor.[1281]

Decidido a confrontar a ignorância universitária, Kengor viajou por faculdades de todos os EUA a fim de expor dados acerca do genocídio comunista.[1282] A conclusão do professor, no entanto, é pessimista: a despeito da vitória geopolítica na Guerra Fria, os Estados Unidos também perderam a batalha ideológica dentro de seu próprio território.[1283]

Assim, para significativa parcela da população, convencida pela máquina editorial, o comunismo — o verdadeiro comunismo — nunca existiu, e o leninismo, stalinismo e maoismo, com toda censura, perseguição e mortes por trabalho forçado, foram oficialmente relegados a uma categoria à parte, desvinculada do projeto marxista. Sobre esse fenômeno, escreve Olavo de Carvalho:

> A Guerra Fria narrada ao nosso público não se travou entre duas potências mundiais, uma democrática, a outra totalitária, mas entre malvados imperialistas ianques e heróicos democratas brasileiros exatamente como a pintava, naquele tempo, a propaganda soviética. Hegemonia é isso.[1284]

Como isso foi possível? Para Kengor,[1285] as razões estão na tomada do aparato educacional por uma militância sensibilizada com o genocídio nazista, com a inquisição e com a gripe espanhola,[1286] mas não tanto com as mortes cometidas em nome do comunismo — embora tenham sido mais que o dobro de todas anteriores.

Seria exagero concluir que, a depender de nosso ensino formal, a geração nascida após a queda do muro de Berlim não ouvirá sobre a tragédia marxista do século XX. A história do livro didático de Mário Schmidt, tratada neste capítulo, teve um desfecho emblemático: após ser acusado de propaganda ideológica, o livro acabou vetado e, dois anos depois, recolhido — não sem antes alcançar cerca de 20 milhões de estudantes.[1287]

[1281] Ver Kengor, 2019, p. 320.

[1282] Relatório de outubro de 2016 da Fundação Memorial das Vítimas do Comunismo aponta que 68% dos entrevistados acreditavam que Hitler matou mais que Joseph Stalin. O relatório aponta ainda que para 32%, Stalin matou menos do que o ex-presidente George W. Bush (Kengor, 2019, p. 318).

[1283] Ver Kengor, 2019, p. 327.

[1284] Ver Carvalho, 2014, p. 171.

[1285] Ver Kengor, 2019, p. 203.

[1286] De acordo com Llorente (1823) *apud* Kengor (2019, p. 24 e p. 330), o nazismo causou cerca de 10 milhões de mortes e a Inquisição Espanhola matou 32.000 ao longo de 64 anos (1489–1545). Já a gripe espanhola — o maior impacto epidêmico já registrado — dizimou cerca de 20 milhões de pessoas em todo o mundo.

[1287] Ver Cafardo; Roxo, 2007.

E a Guerra Cultural de direita?

A recente ascensão da direita no Brasil inquietou muitos intelectuais, entre eles o professor João Cezar de Castro Rocha, considerado especialista no campo de estudo que vem sendo denominado de "Guerra Cultural de Extrema Direita". Segundo Rocha, essa guerra se baseia em discursos de ódio, na criação de inimigos imaginários — como ele considera ter sido o caso do comunismo — e tem suas raízes na Lei de Segurança Nacional do período militar, segundo o professor, revitalizada pelo bolsonarismo. Sob certa perspectiva, a teoria difundida por Rocha em obras como *Guerra Cultural e Retórica do Ódio* (2021) permite classificar, por exemplo, o presente trabalho como um caso de "desinformação", já que, aqui, abordo a hipótese de uma ameaça comunista concreta no contexto de 1964 — algo que, para Rocha, se enquadra no seu amplo conceito de Guerra Cultural de Extrema Direita.

Retornando ao Brasil da Guerra Fria, ainda que com resultados distintos, o fato é que nenhum dos lados do tabuleiro pode ser acusado de inépcia no que tange a Guerra Cultural. Assim, de acordo com Paola,

> É bem verdade que os governos militares tentaram fazer alguma coisa neste sentido, instituindo os cursos de Moral e Cívica com a intenção de despertar a consciência cívica da juventude e cultuar os valores cristãos e democráticos. Cedo, entretanto, os agentes gramscistas perceberam o filão que estes cursos representavam para a doutrinação e neles começaram a colocar como professores seus agentes de influência.[1288]

Com efeito, a preocupação militar com o que hoje denominamos Guerra Cultural pode ser identificada, ainda que de forma sutil, no crepúsculo da Guerra Fria, durante o governo de Eurico Gaspar Dutra, com a doutrina de defesa criada no seio da ESG. Foi lá que os aspectos culturais foram pela primeira vez apresentados como indissociáveis à defesa, transcendendo, portanto, as preocupações tipicamente militares, antes restritas aos aspectos de ordem bélica. Constatava-se, enfim, que esses aspectos não eram imunes à cultura.

Sendo a ESG, um terreno ideologicamente inspirado no National War College norte americano[1289] e no National Security Act, assinado pelo

---

[1288] Ver Paola, 2022, p. 127.

[1289] Ver Schwarcz; Starling, 2015, p. 440.

governo dos EUA em 1947,[1290] as ações "subversivas, que contrariassem os objetivos nacionais" — políticos, econômicos, ideológicos —, entraram na categoria das ameaças à nação. Assim, os altos estudos dos militares brasileiros passaram a se apoiar na concepção norte-americana e anticomunista de Segurança Nacional. Com a chegada desses militares ao poder, a doutrina se tornou lei.

De acordo com Ridenti,[1291] o lado ocidental, aqui representado por Brasil e EUA, não demorou a perceber sua desvantagem frente a criação soviética do Conselho Mundial da Paz, em 1948, tendo como embaixador o já mencionado escritor Jorge Amado. Foi nesse contexto que se criou, com o financiamento da CIA, a organização do Congresso pela Liberdade da Cultura, fundado em Berlim, em 1950, tendo entre seus impactos no Brasil a fundação da revista *Cadernos Brasileiros*, sediada no Rio de Janeiro, e vigente entre 1959 e 1970.

A revista, inicialmente pensada como uma iniciativa anticomunista, acabou reunindo não apena setores conservadores e liberais, mas também sociais-democratas e ex-trotskistas, abarcando temáticas plurais que englobaram catolicismo de esquerda, movimento estudantil, movimento negro e edições críticas aos militares, na medida em que, segundo Ridenti, o governo entrava em confronto ideológico com a classe artística.

Em 1961, em novo empreendimento, o presidente Kennedy criou a Aliança para o Progresso, um pacto de suporte ao desenvolvimento dos países latino-americanos, como forma de conter o alinhamento destes ao bloco soviético. O programa não obteve os resultados esperados e acabou extinto em 1969 pelo presidente Richard Nixon.

Enquanto a Aliança para o Progresso visava promover ajuda técnica e econômica, o IBAD e o IPES focavam em atividades políticas e de propaganda, contando, para isso, com financiamento da própria Aliança.

Assim, a difusão nos meios de comunicação possibilitou a organização de grupos menores que, orbitando em torno do IBAD e do IPES, constituíram uma longa lista de organizações minoritárias. Entre elas: Cruzada Brasileira Anticomunista, Sociedade Brasileira de Defesa da Tradição, Família e Propriedade (TFP), Liga de Defesa Nacional, Movimento por um Mundo Cristão, Liga Feminina Anticomunista, União Feminina Anticomunista, Centro Cívico do Brasil, Voluntários da Pátria para a

---

[1290] Ver Sant'Anna, 2019, v.18, p. 16.
[1291] Ver Ridenti, 2022.

Defesa do Brasil Cristão, Liga Cristã contra o Comunismo, Resistência Democrática dos Trabalhadores Livres, Cruzada Cristã Anticomunista, Centro Brasileiro da Europa Livre e Patrulha da Democracia.[1292]

De acordo com pesquisas do historiador uruguaio René Armand Dreifuss, milhares de dólares foram investidos pelo IBAD e pelo IPES na disseminação de ideais anticomunistas e favoráveis ao livre mercado.[1293] As candidaturas comprometidas com as pautas teriam acesso às cifras.

A despeito de todo o empreendimento, a eleição de 1962, marcada pelo maior investimento já feito pelo IBAD, não atingiu os resultados esperados. Os partidos herdeiros de Vargas, o PSD e o PTB, permaneciam na liderança, e o IBAD acabou fechado, por decreto presidencial, amparado em investigações de uma Comissão Parlamentar de Inquérito (CPI) que apurava denúncias de corrupção eleitoral no instituto.

Ridenti afirma que os EUA procuraram, ainda, influenciar na produção científica brasileira — incluindo no âmbito das Ciências Humanas — por meio de um convênio entre a Universidade Harvard e o empresariado multinacional, que resultou na criação da Associação Universitária Interamericana, a AUI. Contando com recursos da Agência dos Estados Unidos para o Desenvolvimento Internacional (Usaid), o convênio acadêmico, que vigorou de 1962 a 1971, promoveu o envio anual de cerca de 80 estudantes brasileiros, selecionados no âmbito nacional, para estudar em um curso de verão com professores renomados na Universidade Harvard. Os estudantes eram recebidos na Casa Branca pelo presidente John Kennedy e, após sua morte, por seu irmão, Robert Kennedy. Após o curso, viajavam para Nova York e Washington, a fim de serem "cativados pelo *American way of life*" em contraste com o totalitarismo de regimes de orientação marxista, como o cubano.

Embora tecnicamente tenha impulsionado carreiras, o fracasso do empreendimento como ferramenta de Guerra Cultural pode ser medido na menção, por Ridenti, do episódio em que estudantes de Porto Alegre, selecionados para o programa, participaram de uma manifestação estudantil em que foi queimada uma bandeira dos Estados Unidos. As autoridades norte-americanas desautorizaram o envio desses estudantes, mas um segundo protesto de desagravo à decisão "arbitrária" reverteu a situação, e todos os selecionados acabaram embarcando.

[1292] Ver Ferreira e Castro, 2014, p. 70.
[1293] Ver Ferreira e Castro, 2014, p. 122.

O QUE VOCÊ AINDA NÃO SABE SOBRE 1964: IDEOLOGIA & POLARIZAÇÃO NA GUERRA FRIA DO BRASIL

Ao que consta, a Guerra Cultural de direita foi ativa mas não produziu os resultados esperados. Então como o 31 de março de 1964 foi possível? Ou melhor, como ele foi possível com apoio popular? A pesquisa de Ângela Castro e Jorge Ferreira aponta que o radicalismo de esquerda foi, de fato, um significativo ativo da direita. Em outras palavras: as ações extremas da esquerda radical acabaram favorecendo a direita política.

A mobilização popular pela intervenção militar no março de 1964 pode ser atribuída, portanto, não exclusivamente aos êxitos de uma ofensiva cultural de direita, mas aos erros — já elencados na segunda parte do presente trabalho — de uma ala radical absolutamente confiante na revolução comunista do porvir.

É nesse contexto que se deve entender o papel da Marcha da Família com Deus pela Liberdade. Um fenômeno que antecipa, na história do Brasil, a capacidade de mobilização das direitas no campo da manifestação de ruas. A instauração do Regime Militar que se seguiu surpreendeu aos que se imaginavam diante da tão esperada revolução socialista.[1294] Era necessária uma revisão dos métodos. E foi isso que aconteceu.

Epílogo

"Muitos revolucionários percebem a prisão como uma escola, onde é preciso fazer política o tempo todo, unir interesse e promover ações conjuntas para forjar pequenas vitórias" — é o que diz Ayrton Centeno,[1295] autor de *Os vencedores: a volta por cima da geração esmagada pela ditadura de 1964*. Após essa temporada de política nas prisões, em mais um *plot twist* de nossa história, muitos desses revolucionários acabariam chefiando a política do país, e a narrativa de resistência democrática contra a ditadura acabou se tornando, segundo Bezerra,[1296] o grande "mito fundador da esquerda brasileira contemporânea".

Na campanha eleitoral de 1994, todos os candidatos à presidência — incluindo o vencedor, Fernando Henrique Cardoso, um social demo-

---

[1294] Testemunha dos eventos de 1964, o então aluno do curso de sociologia e militante na Ação Popular (AP) José Murilo de Carvalho confessa o estado de surpresa que o acometeu nos meses que sucederam março: "até aquele momento, acreditava-se que o socialismo estava ao alcance de nossas mãos". Ver Carvalho, 2019, p. 10.

[1295] Ver Centeno, 2014, p. 69.

[1296] Ver Bezerra, 2019, p. 821.

crata,[1297] — se comprometeram a remover quaisquer militares envolvidos com a repressão que ainda ocupassem postos de confiança no governo. Foi prometido também o "resgate da história" com a resolução das questões sobre o Regime Militar ainda tidas como pendentes.[1298]

Por outro lado, de acordo com Centeno,[1299] os mandatos de FHC contaram com uma série de nomes com passagem por grupos armados de esquerda, incluindo quatro ministros.[1300] A partir do governo Lula, eleito em 2002, o número de ex-integrantes da clandestinidade aumentaria para nove, sete deles com ligação direta com a luta armada e outros dois, assim como o próprio presidente, presos pelo envolvimento no comando de greves. Outros oito possuíam passagem pelos muitos grupos marxistas clandestinos vigentes durante o Regime Militar.

Segundo Mário Magalhães, dos 205 brasileiros relacionados pelo CIE por terem realizado treinamento em Cuba, ao menos sete se tornaram deputados, um se tornou senador e três chegaram a ser ministros do governo Lula. São eles José Dirceu, Franklin Martins e Carlos Minc.[1301]

Se o eleitorado brasileiro do início da Guerra Fria se viu tendo que escolher entre Gaspar Dutra e Eduardo Gomes, um general e um brigadeiro para a presidência da República, o Brasil de 2010 se deparou com a disputa entre um ex-integrante da Ação Popular (AP) e uma ex-integrante da VAR-Palmares: José Serra e Dilma Rousseff.

Ao longo dos mandatos de Dilma, ocupariam o comando de ministérios quatro nomes com passagem pela prisão e nove ex-integrantes de grupos clandestinos, entre eles Antonio Palocci e Aldo Rebello — escolhido para comandar o Ministério da Defesa.[1302]

"Pode-se dizer que a VAR acabou produzindo uma presidente da República", diz o ex-companheiro de armas Antonio Roberto Espinosa,

---

[1297] O conceito desta linha do marxismo defende que a transição para uma sociedade socialista deve ocorrer com uma revolução progressiva e não-violenta, utilizando-se dos meios políticos e legislativos para uma mudança gradual da sociedade e principalmente do sistema capitalista (Fonseca; Araújo, 2022, p. 62).

[1298] Como, por exemplo, a questão dos mortos e desaparecidos. Ver Ustra, 2007, p. 483.

[1299] Ver Centeno, 2014, p. 19.

[1300] Entre eles, Aloysio Nunes, outrora integrante da ALN e agora ministro da Justiça responsável por assinar a concessão de indenizações aos anistiados políticos. Ver Ustra, 2007. p. 161.

[1301] Ver Magalhães, 2012, p. 353.

[1302] Ver Centeno, 2014, p. 734.

ainda que reconheça o mérito do Partido dos Trabalhadores como o verdadeiro trunfo na jornada de Dilma.[1303]

Acusando seus ex-companheiros do PCB de conciliação com a burguesia, Carlos Prestes seria outro nome a vislumbrar no PT uma alternativa de socialismo possível. Morreria, no entanto, em 1990, aos 92 anos, antes de ver o partido chegar ao poder.[1304] Com a queda da URSS, o mais antigo partido brasileiro, o PCB, foi extinto em janeiro de 1992, sendo logo refundado sob o nome de Partido Popular Socialista (PPS).[1305] Como se sabe, o PCdoB, advogado dos crimes de Stalin, Fidel e Mao Tsé-tung, permanece vivo, tendo descoberto na União Nacional dos Estudantes (UNE) o caminho para a mudança revolucionária.[1306] Na prática, o partido arquiteto da Guerrilha do Araguaia se tornou uma entre as diversas linhas auxiliares do PT.

Em 1998, Leonel Brizola concorreu como vice-presidente de Lula, perdendo para a chapa composta por Fernando Henrique Cardoso e Marco Marciel. Três anos antes, o Governo Federal havia reconhecido responsabilidade das mortes e desaparecimentos, o que, na prática, por meio da Lei n° 9.410, abriu margem para revisão e correção dos processos de indenização que logo alcançaram também pessoas impedidas de exercer atividades econômicas, por motivações exclusivamente políticas, entre setembro de 1946 e outubro de 1988.[1307] De acordo com Napolitano: "Até 2009, dos 62 mil pedidos de revisão, 38 mil tinham sido julgados, 23 mil deferidos e 10 mil tiveram direito à reparação econômica. Não por acaso, a partir de então a batalha da memória se acirrou".[1308]

Em outubro de 2004 a pressão pela "liberação dos arquivos da ditadura" levou o Centro de Comunicação Social do Exército a se posicionar por meio de uma nota que acirrou ânimos políticos. No texto, o Exército reafirmava a contenção de uma ameaça comunista como norte do regime instaurado em 1964. Acrescentava que nenhum órgão fora designado herdeiro daquela estrutura e que, portanto, não havia documentos ou registros de mortes ocorridas durante as operações. Dizia ainda a nota que

---

[1303] Ver Centeno, 2014, p. 69.

[1304] Ver Bezerra, 2019, p. 357-358.

[1305] Ver Bezerra, 2019, p. 434 e Reis, 2014, p. 483.

[1306] Ver Bezerra, 2019, p. 465.

[1307] Ver Silveira; Carvalho, 2016, p. 121.

[1308] Ver Napolitano, 2019, p. 327.

> Os registros operacionais e da atividade de inteligência da época foram destruídos em virtude de determinação legal. Tal fato é amparado pela vigência, até 08 de janeiro de 1991, do antigo Regulamento para a Salvaguarda de Assuntos Sigilosos (RSAS), que permitia que qualquer documento sigiloso, após a acurada análise, fosse destruído por ordem da autoridade que o produzira, caso fosse julgado que já tinha cumprido sua finalidade.[1309]

O texto finaliza afirmando que o Exército "não mudara convicções nem posicionamento com relação ao período, mas que não estimularia discussões sobre conjunturas passadas". O tom da resposta deixou o novo chefe supremo das Forças Armadas incomodado. Segundo reportagem do jornal *Estadão*,[1310] o então presidente Lula teria considerado a nota "elogiosa ao golpe de 1964" e determinou uma retratação pública ao ministro da Defesa,[1311] cargo que, desde 2003, passou a ser ocupado por um civil. A nova publicação, escrita pelo comandante do Exército, Francisco Albuquerque, e, dessa vez, previamente aprovada pelo próprio presidente, colocava um ponto de final no assunto:

> Entendo que a forma pela qual esse assunto foi abordado não foi apropriada, e que somente a ausência de uma discussão interna mais profunda sobre o tema pôde fazer com que uma nota do Centro de Comunicação Social do Exército não condizente com o momento histórico atual fosse publicada. Reitero ao Senhor Presidente da República e ao Senhor Ministro da Defesa a convicção de que o Exército não foge aos seus compromissos de fortalecimento da democracia brasileira.

Entre 2011 e 2013, o governo determinou o fim das comemorações do 31 de março em quartéis[1312] e promoveu, junto ao Congresso, a devolução simbólica do mandato presidencial de João Goulart.[1313] É também desse período que, a exemplo de outros países da América Latina, iniciou no Brasil os trabalhos da Comissão da Verdade que, como o próprio nome já

[1309] Ver Folha de S. Paulo, 2004.

[1310] Ver Estadão, 2004. Disponível em: https://politica.estadao.com.br/noticias/geral,nota-do-exercito-sobre-herzog-desagrada-lula,20041018p37960. Acesso em: 26 out. 2022.

[1311] Ver Estadão. Lula enquadra comandante e Exército se retrata. São Paulo, 19 out. 2004. Disponível em: https://politica.estadao.com.br/noticias/geral,lula-enquadra-comandante-e-exercito-se-retrata,20041019p37974. Acesso em: 26 out. de 2022.

[1312] Ver Centeno, 2014, p. 20.

[1313] Ver Câmara dos Deputados, 2013.

diz, objetivava reconstruir e legitimar uma história oficial sobre o Regime Militar de 1964.[1314]

A comissão, instaurada na presidência de uma integrante da luta armada, constatou 191 mortos e 243 desaparecidos, totalizando 434 mortos e desaparecidos, *dentro e fora* do país, abrangendo o período de setembro de 1946 a outubro de 1988. Quando computado somente os 21 anos de Regime Militar (1964-1985) o número baixa para 379. A CNV deixa claro, em suas considerações iniciais, que esses números incluem ainda as mortes decorrentes de confrontos armados com agentes do poder público e suicídios decorrentes da *iminência* de prisão, tortura ou em decorrência de sequelas de tortura.[1315] Incluem-se nessa conta casos como o de Massafumi Yoshinaga, que se suicidou em julho de 1976, anos após ficar nacionalmente conhecido por renegar e repudiar as organizações clandestinas que havia integrado,[1316] ou casos como do dirigente do PCBR, Amaro Luiz de Carvalho, justiçado por companheiros em 22 de agosto de 1971, na Casa da Detenção em Recife.[1317] Curiosamente, a morte de Alberi Vieira Santos, ex-sargento da PM do Rio Grande do Sul que aderiu à Guerrilha de Três Passos e acabou servindo de isca para a prisão de membros, acabou fora da lista da CNV — ainda que torturado por militares. "Concluiu-se que ele era um traidor e decidiu-se por retirar seu nome da relação de vítimas da ditadura", escreve Bezerra.[1318]

A relação de mortos pela ditadura traz ainda nomes como Ishiro Nagami e Sérgio Corrêa — membros da ALN que protagonizaram o pouco falado "Riocentro[1319] de esquerda" — mortos, acidentalmente, ao transportar um veículo carregado de explosivos para a organização.[1320] O não mencionado saldo de 130 vitimados pelo terrorismo de esquerda, estimado

---

[1314] A Comissão Nacional da Verdade, instituída em 2012, visava apurar as violações de direitos humanos ocorridas entre 18 de setembro de 1946 e 5 de outubro de 1988.

[1315] Ver Brasil. Comissão Nacional da Verdade. Mortos e desaparecidos políticos. 2014, p. 26-27. Disponível em: https://apublica.org/wp-content/uploads/2020/01/relatorio-final-comissao-nacional-da-verdade.pdf. Acesso em: 1º de maio de 2023.

[1316] Ver Bezerra, 2019, p. 753.

[1317] Ver Bezerra, 2019, p. 749.

[1318] Ver Bezerra, 2019, p. 752.

[1319] Considerado pela historiografia como um exemplo do terrorismo de Estado, o atentado do Riocentro, ocorrido em 30 de abril de 1981 no Rio de Janeiro, foi arquitetado por militares visando incriminar uma esquerda armada que já não mais existia e, assim, retardar a abertura política. A explosão acidental levou a óbito um de seus idealizadores e a manipulação das investigações levou à divisão das Forças Armadas.

[1320] Ver Bezerra, 2019, p. 754.

entre 1965 e 1974, permanece lacuna de pleno desinteresse das entidades que ainda lutam pela abertura dos arquivos da repressão.[1321]

O relatório final da CNV trouxe, ainda, 29 recomendações, entre elas: que as Forças Armadas reconheçam a responsabilidade institucional pela ocorrência das violações de direitos humanos, bem como responsabilize seus agentes, e que o Governo Federal promova "reformas constitucionais como a desmilitarização das Polícias Militares".[1322]

Segundo Villas-Boas, a restrição da Comissão aos militares foi entendida por parte da caserna como uma oportunidade perdida no sentido de colocar fim às discussões em torno dos crimes cometidos na luta entre Estado e organizações clandestinas. Entre os fatores elencados pelo general como problemáticos estão a metodologia empregada pela CNV, com carência de critérios técnicos e sem estabelecimento de direito ao contraditório, além do desinteresse na averiguação das mortes provocadas pela esquerda armada — incluindo "militares, civis e até entre eles próprios".[1323]

Sobre o assunto, argumenta o advogado Paulo Abrão, presidente da Comissão de Anistia: os crimes cometidos pela esquerda não seriam objeto de averiguação tendo em vista que estes lutavam pela democracia e contra o Estado opressor.[1324] Curiosamente, Aarão Reis, ex-integrante do MR-8 e futuro professor de História da UFF, afirma que foi precisamente durante a campanha pela anistia que a esquerda efetivou a metamorfose de seu projeto, originalmente ofensivo e ditatorial, para a "resistência democrática".[1325] Assim, para Bezerra,[1326] a Comissão Nacional da Verdade (que o autor chama de *omissão* da verdade), possui o papel de consolidar, no Brasil, a inversão da lógica segundo a qual "a história é escrita pelos vencedores".

Esboçando uma autocrítica sobre a ineficiência da resposta militar no campo da Guerra Cultural, o general Del Nero reflete: "mesmo que

---

[1321] Ver Bezerra, 2019, p. 33, 748 e 769.

[1322] Ver Victor, 2022, p. 29.

[1323] Ver Castro, 2021, p. 158.

[1324] Junto ao mencionado advogado, Silveira e Carvalho (2016, p. 125-128) nos trazem a colocação do diplomata Paulo Sérgio Pinheiro, terceiro coordenador da Comissão Nacional da Verdade, segundo o qual: "O único lado é o das vítimas, o lado das pessoas que sofreram violações de direitos humanos. [...] Nenhuma comissão da verdade teve ou tem essa bobagem de dois lados, de representantes dos perpetradores dos crimes e das vítimas. Isso não existe".

[1325] Ver Gaspari, 2016, p. 376.

[1326] Ver Bezerra, 2019, p. 763.

tivéssemos a força de choque psicológica, como anular os quadros mentais, forjados em anos de propaganda ideológica trabalhada persistentemente por milhares de propagandistas e doutrinadores?".[1327]

A batalha travada nos livros, em todo caso, não foi exatamente subestimada pelos militares, mas ao contrário: alguns até tentaram empreendê-la. O projeto nasceu nos círculos da inteligência e resultou em um arquivo de quase mil páginas que, tendo sua publicação proibida pelo presidente José Sarney, acabaria circulando de forma clandestina para só em meados dos anos 2000 ser disponibilizado na internet. O *Orvil* ("livro" ao contrário), foi uma tentativa de resposta ao Projeto Brasil: Nunca Mais, cujas vítimas retratadas, observou o ministro do Exército, general Leônidas, incluíam guerrilheiros treinados em Pequim, Moscou e Havana.[1328]

Coube ao chefe da seção de informações do CIE, Agnaldo Del Nero Augusto, a coordenação dos 30 oficiais designados pelo general Leônidas ao projeto. Funcionalmente detentor de vasto acervo sobre o tema, Del Nero supervisionou os trabalhos por quase três anos, até a conclusão em 1987, quando o *Orvil* foi imediatamente engavetado. Em seu conteúdo final, o trabalho compilou dados e crimes cometidos por cerca de 50 organizações clandestinas, além de citar e enumerar, de forma até então inédita, uma lista de quase cem vítimas da esquerda armada.

Embora questionado por muitos historiadores, a veracidade do *Orvil* pode ser medida pela surpresa de nomes como Frei Oswaldo quando, em contato com o manuscrito, descobriu que o Exército tinha informações minuciosas de sua reunião em Roma, em 1971, com membros da ALN. "Só faltou dizer qual era a cor das nossas camisas", disse um dos sequestradores de Charles Elbrick ao se deparar com detalhes como a cor dos veículos e as senhas utilizadas pelo grupo.

Não obstante, O *Orvil* revelou segredos antes negados pelo Exército à Justiça, como a confirmação de mortes antes tratadas como desaparecimentos. Para Del Nero, o engavetamento da obra deixou o campo livre para a predominância da narrativa antagônica, de forma que o Exército perdeu a oportunidade de oferecer subsídios para a historiografia justamente no momento mais importante.[1329]

[1327] Ver Augusto, 2001, p. 160.

[1328] Ver Figueiredo, 2013, p. 10 e 70.

[1329] Ver Figueiredo, 2013, p. 74, 78, 83, 109, 121, 129, 142, 146.

O maior best-seller sobre os 21 anos de governos militares é uma coletânea de cinco livros, muito bem escrita, pelo jornalista Elio Gaspari, ex-dirigente do PCB. Quanto aos dados apresentados, no entanto, muitos militares que testemunharam os eventos apontam contradições. Sobre os primeiros dias de abril de 1964, por exemplo, Gaspari apresenta uma versão segundo a qual um coronel aviador de nome Alfeu Monteiro, contrário à deposição de Jango, teria sido metralhado pelas costas com 18 tiros. O fato é desmentido por Jarbas Passarinho e por Del Nero,[1330] bem como nos depoimentos prestados ao Projeto de *História Oral do Exército*, por Ernesto Gomes Caruso (Tomo 11) e Raymundo Negrão Torres (Tomo 14).[1331]

Foi divulgando a obra de Gaspari, em entrevista concedida à editora Intrínseca, que um dos maiores opositores ao Regime Militar — e maior beneficiário dentre as indenizações já concedidas no pós-anistia[1332] — deixou escapar um dado inconveniente para a Guerra Cultural que circunda o 1964:

> Muita gente escreveu sobre o golpe, sobre a ditadura. Eu mesmo escrevi. Éramos panfletários, *chutávamos e às vezes inventávamos boatos... Eu não tinha condições de checar* o que os outro diziam, de maneira que os livros, não só o meu, mas todos [...] passaram a ser panfletários, tomaram partido, o que é uma deturpação do biógrafo e do verdadeiro historiador.[1333]

Não obstante, para além da literatura de ficção, as denúncias de Cony contra o recém-implantado regime o alçaram aos anais da história como "consagrador da memória social de 1964".[1334] De acordo com o próprio Cony, naqueles anos, os militares "perseguiram quem deveriam ajudar a reconstruir o Brasil, ou seja, os intelectuais, até então sócios do Estado nos projetos políticos nacionais".[1335]

[1330] Ver Augusto, 2011, p. 234-235.

[1331] A versão defendida é de que o coronel foi morto com um único tiro, após ter ferido com dois tiros o major-brigadeiro que fora à base assumir seu comando, em nome do novo governo.

[1332] De acordo com Silveira e Carvalho (2016, p. 140), a demissão do *Correio da Manhã* renderia ao jornalista, perante Comissão de Anistia do Ministério da Justiça, o valor de 1,5 milhão em luvas indenizatórias retroativas e uma pensão mensal de 19 mil reais — o que rendeu críticas até mesmo do ministro do Supremo Tribunal Federal Gilmar Mendes, que enxergou no caso uma forma de enriquecimento imoral. Sobre o assunto, consultar: https://www.conjur.com.br/2005-jan-13/ministro_stf_indenizacao_cony_estelionato. Acesso em: 26 de out. de 2022.

[1333] Ver Intrínseca, 2016. Grifo meu.

[1334] Ver Napolitano, 2019, p. 208.

[1335] Ver Napolitano, 2019, p. 209.

A fala destacada de Cony esboça o rancor pelo preterimento da classe intelectual, grupo que, segundo Olavo de Carvalho,[1336] se pretendia importante e que não estava preparado para deixar de sê-lo. Curiosamente, em 1964, a cassação dos direitos políticos de Cony foi negada pelo então presidente Castello Branco que teria dito: "Não vejo razão para cassar-lhe o mandato. É, às vezes, insolente e, quase sempre, mentiroso. [...] Em vez de retirar-lhe os direitos políticos, o que muito o valorizaria, prefiro deixá-lo com seus artigos. A revolução sairá ganhando".[1337] Definitivamente, Humberto de Alencar Castello, reconhecido estrategista e erudito, parece ter subestimado a tal Guerra Cultural.

[1336] Segundo Carvalho — que também chegou a integrar grupos clandestinos pró-comunismo — os intelectuais, "classe letrada e despejada no mercado desde a década de 50", não aceitaram o ostracismo que lhes seria imposto pelo Regime Militar. Esse grupo, não encontrando outra função no sistema, engrossaria as fileiras de teóricos da revolução, adentrando o ensino e submetendo disciplinas como História, Geografia e Matemática ao grande projeto pedagógico de formar "agentes da transformação social". Ver Carvalho, 2021, p. 114.

[1337] Ver Neto, 2019, p. 297.

CONSIDERAÇÕES FINAIS

*Surpreender-se, estranhar é começar a entender. Tudo no mundo é
estranho e maravilhoso para olhos bem abertos.
(José Ortega y Gasset)*[1338]

Os vetores em choque no Brasil da Guerra Fria possuem raízes temporais em comum: o mesmo ano de 1864 que inaugura a Guerra do Paraguai — marco da ascensão político-social do Exército — é também o ano da fundação da Primeira Internacional, em Genebra, Suíça, tendo o próprio Karl Marx como um de seus dirigentes. Em 1889, mesmo ano em que, no Brasil, os militares proclamaram a República, fundava-se, na Europa, a Segunda Internacional. Cem anos após o primeiro marco, herdeiros de ambas as vertentes, situados em lados opostos do tabuleiro, colidir-se-iam sob os ventos gélidos da Guerra Fria. A história de nosso Regime Militar pode ser interpretada, portanto, a partir do impacto de ideologias antagônicas, materializadas no choque entre herdeiros do positivismo e adeptos do marxismo. O nível de divisão da sociedade foi acentuado por um agravante decisivo: a polarização alcançou o interior dos quartéis.

A representatividade gradualmente adquirida pelo Exército forneceu as bases para as interpretações que, ao longo do século XX, sustentaram a hipótese de um poder moderador. O processo de desenvolvimento das Forças Armadas, com sua destinação constitucional de defender a pátria e garantir os poderes constitucionais, contrasta com a linha de expansão comunista então propagada por países como URSS, China e Cuba, onde, notadamente, a violação desses poderes constitucionais foi sistemática. Vale ressaltar que o mesmo ano de 1922, data de origem da Seção Brasileira da Internacional Comunista, também marca o primeiro ano de fundação da Seção Chinesa da Internacional Comunista. Enquanto a China se tornou oficialmente comunista, o Brasil, com seu conjunto de especificidades, resistiu às investidas.

A tentativa de infiltração nas Forças Armadas, assentada nas dire-trizes da III Internacional, de 1920, acabou por possibilitar a Intentona de 1935 e, por conseguinte, consolidar o viés anticomunista na doutrina

---

[1338] Gasset, 2006, p. 48.

militar, logo agravado pela Guerra Fria. Se a expulsão holandesa forneceu o mito da criação do Exército e a Guerra do Paraguai seus heróis, a Intentona Comunista engendrou o grande inimigo: o País Vermelho.

Por fim, os resquícios de uma doutrina positivista à brasileira, a criação da ESG e a propagação de uma escola econômica que apostava no militarismo dirigente de Estado são fatores que circundam o pensamento militar no contexto de 1964.

Os estudos de Rodrigo Patto Sá Motta apontam que os líderes do movimento de 1964 não utilizaram o anticomunismo como mera fachada para um golpe: o temor era efetivo e extensivo à sociedade civil. Nesse sentido, as investidas comunistas, protagonizadas no âmbito dos serviços de inteligência pela URSS via Tchecoslováquia e no âmbito bélico pelo apoio de Cuba, são aspectos que não podem ser ignorados.

Considerando as dificuldades de pesquisas, sintetizadas na afirmação de Gaspari[1339] de que, para cada dez livros de oposicionistas, publicou-se apenas um trazendo o lado dos militares, é possível concluir que, para além do aspecto econômico das conspirações empreendidas no IBAD e IPES, a ruptura institucional de 1964 — materializada pelo deslocamento de tropas em 31 de março, seguida da deposição de Jango pelo Congresso em 2 de abril — teve entre seus elementos a questão da Segurança Nacional.

Assim, deu-se a intervenção militar de maior impacto e mais traumática, aquela que Motta[1340] denominou de "mais grave do período republicano" e que, segundo Stepan,[1341] rompeu com o padrão moderador, por retirar as Forças Armadas dos bastidores para assumir a condução política do país.

Como resposta, diante dos planos frustrados, a esquerda armada maximizou sua aposta nas guerrilhas, retroalimentando a repressão do Estado, materializada em instrumentos de exceção como a Lei de Segurança Nacional, em especial a de 1969, bem como uma série de Atos Institucionais, com destaque ao AI-5.

O saldo jurídico dos 21 anos de Regime Militar inclui 17 Atos Institucionais e 104 Atos Complementares. O Congresso Nacional foi fechado por três vezes e houve a cassação de 177 deputados, 9 senadores e três ministros do STF. Além disso, 1.313 militares foram colocados na reserva.

[1339] Ver Gaspari, 2014a, p. 39.

[1340] Ver Motta, 2020, p. 306.

[1341] Ver Stepan, 1975, p. 93.

O QUE VOCÊ AINDA NÃO SABE SOBRE 1964: IDEOLOGIA & POLARIZAÇÃO NA GUERRA FRIA DO BRASIL

Vale ressaltar que o terrorismo não foi exclusividade da esquerda. Embora não tenha sido objeto deste estudo, figuram entre os casos associados à direita a bomba detonada na editora Civilização Brasileira (1976), no semanário *Opinião* (1976), na sede do Cebrap (1976), em bancas de jornal (1980), nas sedes da OAB (1980) e no show do 1º de Maio no Riocentro (1981).[1342]

Ao longo do Regime Militar, segundo o relatório da Comissão da Verdade, cerca de 379 pessoas morreram, em confronto ou sob a responsabilidade do Estado[1343] — o que, segundo a CNV, inclui não apenas as mortes ocorridas em conflitos armados contra agentes do poder público, mas também *suicídios* decorrentes da *iminência* de prisão ou cometidos em *decorrência* de sequelas de tortura.

A despeito das críticas dirigidas ao método de apuração, os dados apresentados pela CNV não são apenas expressivos, são inadmissíveis. Nenhuma morte deveria ter ocorrido sob a responsabilidade do Estado. O objetivo do presente trabalho, porém, é situar o saldo — inadmissível, repito — junto ao seu contexto, isto é, ao lado dos demais regimes, comunistas e anticomunistas, implantados à sombra da Guerra Fria. Nessa senda, cabe pontuar que, no âmbito da América Latina, nações menores em termos de área e população deixaram, ao longo do mesmo período, saldos significativamente superiores. É o caso do pequeno Paraguai, com aproximadamente 1.000 mortes,[1344] do Chile, com aproximadamente 2.279 mortes,[1345] da Argentina, com 21.000 mortes,[1346] e do Peru, com aproximadamente 30.000.[1347]

Quanto à Cuba de Fidel Castro, o projeto "Cuba Archive", coordenado por uma ONG de cubanos-americanos, computa 7.326 mortos e desaparecidos nas prisões cubanas, sendo 6.000 o número aproximado

---

[1342] Ver Figueiredo, 2013, p. 114.

[1343] A Comissão Nacional da Verdade constatou 191 mortos e 243 desaparecidos, totalizando 434 mortos e desaparecidos, *dentro e fora* do país, abrangendo o período de setembro de 1946 a outubro de 1988. Quando computado o período de 1964–1985 o número baixa para 379. A CNV deixa claro, em suas considerações iniciais, que esses números incluem ainda as mortes decorrentes de conflitos armados com agentes do poder público e suicídios decorrentes da *iminência* de prisão, tortura ou em decorrência de sequelas de tortura.

[1344] Ver D'Araujo; Castro, 2000, p. 305.

[1345] Ver Arbex Júnior, 2005, p. 84.

[1346] De acordo com órgãos argentinos de direitos humanos, como Las Madres de Plaza de Mayo e Abuelas, o número pode chegar a 30 mil. Ver D'Araujo; Castro, 2000, p. 22 e 296. Ver também Figueiredo, 2013, p. 51.

[1347] O relatório final da Comissão da Verdade instaurada no Peru estimou que o número total de pessoas que morreram durante o período de conflito está entre 61.007 e 77.552. Ver: https://www.usip.org/publications/2001/07/truth-commission-peru-01. Acesso em: 06 de dez de 2023.

de fuzilados ou assassinados extrajudicialmente. Nesse número não se incluem os afogados na tentativa de fuga da ilha.[1348]

Por fim, cabe ressaltar, o único país da América Latina cujo Estado se furtou ao combate à luta armada, a Colômbia, ultrapassa hoje o saldo de 260 mil mortos e 80 mil desaparecidos em 60 anos,[1349] enfrentando o drama de ter perdido 20% de seu território para o narcotráfico, já que o pequeno grupo de guerrilheiros, apoiado por brasileiros,[1350] expandiu-se a um nível de influência continental. Esse grupo é hoje mundialmente conhecido como Forças Armadas Revolucionárias da Colômbia, as FARC.[1351]

Seria injusto encerrarmos nossa jornada sem um último olhar no outro lado da Guerra Fria, isto é, o lado do comunismo prático, além das abstrações teóricas. Esses dados foram publicados em 1997 pela Harvard University Press, a partir de um trabalho desenvolvido por dissidentes do marxismo e batizado de *The Black Book of Communism*. Por meio dele, sabe-se que, entre fome, fuzilamento e trabalhos forçados, foram 20 milhões de mortes na União Soviética e 60 milhões na China,[1352] índices que problematizam a versão difundida de que o anticomunismo da Guerra Fria teria sido mero fruto de uma histeria coletiva, financiada por interesses capitalistas.

Como prometido na abertura do livro, a história aqui apresentada não anula, mas complementa a versão propagada sobre a ditadura militar. A reflexão que proponho ao leitor é: desconfiemos de uma história que recusa o contraditório. Todos podemos ser vilões em um determinado recorte histórico e a sua própria biografia, caro leitor, se narrada por um desafeto, expô-lo-ia a fatos diferentes, não necessariamente inverídicos, mas diferentes daqueles selecionados, por exemplo, por sua mãe.

A premissa de que não existe história imparcial — por muito tempo recusada, de forma talvez ingênua, por este que vos escreve — revela-se, na verdade, um alerta valioso: um mecanismo de defesa do consumidor e um lembrete de que uma fonte, sozinha, não traduz o todo, devendo, mais do que nunca, o conhecimento ser construído com ponderações.

[1348] Ver Gielow, 2016.

[1349] Ver Veja, 2018.

[1350] Ver Bezerra, 2019, p. 647.

[1351] Forças Armadas Revolucionárias da Colômbia.

[1352] Ver Courtois *et al.*, 2000, p. 6.

Enquanto escrevo estas palavras de encerramento, a história do Brasil parece sinalizar um novo descompasso. Os militares e guerrilheiros de 1964 não dispunham dos dados que aqui sintetizo, sob o olhar privilegiado — e, por vezes, anacrônico — do presente. Embora seja possível estabelecer conexões entre o trabalho apresentado e o Brasil atual, seria precipitado oferecer uma resposta para as erupções que o país enfrenta sem conhecer as subcamadas ainda ocultas nos bastidores. Este é, repito, um trabalho que caberá aos historiadores do futuro — ou, quem sabe, o tema de um próximo livro, se assim o leitor desejar.

O mais recente episódio na história do poder moderador ocorreu durante um seminário em Lisboa, no dia 16 de novembro de 2021. Na ocasião, o ministro da Suprema Corte, Dias Toffoli, ao comentar a política brasileira, afirmou: "Nós já temos um semipresidencialismo com um controle de poder moderador, que hoje é exercido pelo Supremo Tribunal Federal".[1353] A declaração não é isolada e se insere em um contexto marcado, de um lado, por críticas ao avivamento da participação militar na política e, de outro, pela extrapolação do STF quanto às suas competências.[1354] Ao que tudo indica, o mesmo tribunal que, de forma unânime, pôs fim a hipótese do poder moderador militar[1355] parece, em última instância, ter reivindicado essa função para si.

A história da Guerra Fria no Brasil — e de suas consequências — permanece um edifício em construção. Nessa senda, diante do universo de possibilidades narrativas, compartilho da estratégia apontada por Magnoli:[1356] a navegação, de olhos abertos, pelo oceano de perspectivas. Afinal, como nos lembra o filósofo espanhol Ortega y Gasset, tudo no mundo pode parecer estranho para olhos verdadeiramente abertos — e estranhar é começar a entender.[1357]

[1353] Ver Falcão Filho, 2021.

[1354] Ver Cantanhêde, 2021.

[1355] Ver Supremo Tribunal Federal, 2021.

[1356] Ver Magnoli, 2008, p. 22.

[1357] Ver Gasset, 2006, p. 48.

REFERÊNCIAS

ALVES PRESOT, Aline. **As Marchas da Família, com Deus pela Liberdade e o golpe de 1964.** Orientador: Carlos Fico. 2004. 150 p. Dissertação (Mestrado em História Social) — Universidade Federal do Rio de Janeiro, Rio de Janeiro, 2004. Disponível em: http://hdl.handle.net/11422/9817. Acesso em: 16 ago. 2022.

ALVARENGA, Flávia. Prova gera polêmica ao chamar funkeira de "pensadora contemporânea". **Jornal Hoje,** Brasília, 29 abr. 2014. Disponível em: https://g1.globo.com/jornal-hoje/noticia/2014/04/prova-gera-polemica-ao-chamar--funkeira-de-pensadora-contemporanea.html. Acesso em: 20 nov. 2024.

AMADO, Jorge. **O mundo da paz:** União Soviética e democracias populares. Rio de Janeiro: Vitória, 1952.

AMORIM, Carlos. **Comando Vermelho** – A história do crime organizado. Rio de Janeiro: BestBolso, 2011.

AQUINO, Rubim (org.). **Sociedade brasileira:** uma história através dos movimentos sociais. 9. ed. Rio de Janeiro: Record, 2000.

ARAGÃO, Campos de. **A intentona comunista de 1935.** Rio de Janeiro: Biblioteca do Exército, 1973.

ARBEX JÚNIOR, José. **Guerra Fria:** O Estado terrorista. São Paulo: Moderna, 2005.

ARENDT, Hannah. **Da revolução.** São Paulo: Ática, 1988.

ARON, Raymond. **O ópio dos intelectuais.** São Paulo: Três Estrelas, 2016.

ARQUIDIOCESE DE SÃO PAULO. **Brasil:** nunca mais. Petrópolis: Vozes, 2011

ASIMOV, Isaac. **Fantastic Voyage II:** Destination Brain. Londres: Grafton, 1988.

AUGUSTO, Agnaldo Del Nero. **A grande mentira.** Rio de Janeiro: Biblioteca do Exército, 2001.

AUGUSTO, Agnaldo Del Nero. **Médici:** A verdadeira história. Belo Horizonte: Artes Gráficas Formato Ltda, 2011.

BAHIANA, Ana Maria. **Almanaque 1964:** fatos, histórias e curiosidades de um ano que mudou tudo. São Paulo: Companhia das Letras, 2014.

BARROSO, Gustavo. **História Militar do Brasil**. Brasília: Senado Federal, 2019.

BEAUVOIR, Simone. **Balanço final**. Rio de Janeiro: Nova Fronteira, 1981.

BESSA, Jorge. **A contra-espionagem brasileira na Guerra Fria**. Brasília: Thesaurus, 2009.

BEZERRA, Gregório. **Memórias**. São Paulo: Boitempo, 2011.

BEZERRA, Gustavo Henrique Marques. **O livro negro do Comunismo no Brasil**. Rio de Janeiro: Jaguatirica, 2019.

BIBLIOTECA NACIONAL. Apoiamos o Congresso porque a causa de Cuba é a causa da América Latina. **O Semanário**, Rio de Janeiro, 28 mar. 1963. Disponível em: https://memoria.bn.gov.br/DocReader/Hotpage/HotpageBN.aspx?bib=149322&pagfis=4405. Acesso em: 16 nov. 2022.

BIBLIOTECA NACIONAL. Indivíduo que matou por causa do estado de sítio está preso em Jacarepaguá. **Jornal do Brasil**, Rio de Janeiro, 08 out. 1963. Disponível em: https://memoria.bn.br/DocReader/DocReader.aspx?bib=030015_08&pesq=Assun%C3%A7%C3%A3o%20Goitac%C3%A1s&pasta=ano%20196&hf=memoria.bn.br&pagfis=44927. Acesso em 18 de nov. de 2023.

BIBLIOTECA NACIONAL. Tenente Mendes é sepultado como um herói. **Jornal do Brasil**, Rio de Janeiro, 12 set. 1970. Disponível em: http://memoria.bn.br/docreader/DocReader.aspx?bib=030015_09&pagfis=194132. Acesso em: 13 de nov. de 2022.

BLANC, Claudio. **Primeira guerra mundial**: a guerra que acabaria com todas as guerras. Barueri: Camelot, 2019.

BLANC, Claudio. **Segunda guerra mundial**: a guerra mais sangrenta da história. Barueri: Camelot, 2020.

BLOCH, Marc. **Apologia da história, ou o ofício do historiador**. Rio de Janeiro: Jorge Zahar, 2002.

BOBBIO, Norberto. **Direita e esquerda**: razões e significados de uma distinção política. São Paulo: Editora Unesp, 2011.

BOBBIO, Norberto; MATTEUCCI, Nicola; PASQUINO, Gianfranco. **Dicionário de política**. v.1. Brasília: Editora Universidade de Brasília, 1993.

BOBBIO, Norberto; MATTEUCCI, Nicola; PASQUINO, Gianfranco. **Dicionário de política**. v.2. Brasília: Editora Universidade de Brasília, 1992.

BONAVIDES, Paulo. **Ciência Política**. 17. ed. São Paulo: Malheiros, 2010.

BONAVIDES, P. **Curso de Direito Constitucional**. 27. ed. São Paulo: Malheiros, 2012.

BOSI, Alfredo. **História concisa da literatura brasileira**. São Paulo: Cultrix, 2017.

BRASIL. **Ato Institucional nº 1, de 9 de abril de 1964**. Disponível em: https://www.planalto.gov.br/ccivil_03/ait/ait-01-64.htm. Acesso em: 18 ago. de 2024.

BRASIL. Comissão Nacional da Verdade. **Mortos e desaparecidos políticos**. Brasília: CNV, 2014. Disponível em: https://apublica.org/wp-content/uploads/2020/01/relatorio-final-comissao-nacional-da-verdade.pdf. Acesso em: 1º maio de 2023.

BRASIL. [Constituição (1934)]. **Constituição da República dos Estados Unidos do Brasil**. 1934. Disponível em: http://www.planalto.gov.br/ccivil_03/constituicao/constituicao34.htm. Acesso em: 19 nov. 2024.

BRASIL. [Constituição (1946)]. **Constituição da República dos Estados Unidos do Brasil**. 1946. Disponível em: http://www.planalto.gov.br/ccivil_03/constituicao/constituicao46.htm. Acesso em: 19 nov. 2024.

BRASIL. [Constituição (1988)]. **Constituição da República Federativa do Brasil**. 1988. Disponível em: https://www.planalto.gov.br/ccivil_03/constituicao/constituicao24.htm. Acesso em: 28 de maio de 2022.

BRASIL. **Decreto-Lei nº 898, de 29 de setembro de 1969**. Institui a Lei de Segurança Nacional. Brasília: Diário Oficial da União, [1969]. Disponível em: https://www2.camara.leg.br/legin/fed/declei/1960-1969/decreto-lei-898-29-setembro-1969-377568-publicacaooriginal-1-pe.html. Acesso em: 13 jan. 2023.

BRASIL. **Decreto-Lei nº 1.077, de 26 de janeiro de 1970**. Dispõe sobre os meios de comunicação e dá outras providências. Brasília: Presidência da República, [1970]. Disponível em: https://www.planalto.gov.br/ccivil_03/decreto-lei/1965-1988/del1077.htm. Acesso em: 22 de maio de 2023.

BRASIL. **Decreto nº 53.897, de 27 de abril de 1964**. Institui a Comissão Geral de Investigações. Brasília: Presidência da República, [1964]. Disponível em: https://

www2.camara.leg.br/legin/fed/decret/1960-1969/decreto-53897-27-abril--1964-394234-publicacaooriginal-1-pe.html. Acesso em: 10 jan. de 2023.

BRASIL. Exército Brasileiro. **4 de dezembro:** criação da Academia Real Militar – atual AMAN (1810). Departamento de Patrimônio Histórico e Cultural do Exército, 2023. Disponível em: https://www.dphcex.eb.mil.br/noticias/335-4-de--dezembro-criacao-da-academia-real-militar-atual-aman-1810#:~:text=A%20Escola%20foi%20instalada%20na,das%20Agulhas%20Negras%20(AMAN). Acesso em: 19 nov. 2024.

BRASIL. Exército Brasileiro. Ação integrada do Exército na crise de 1964. **A Defesa Nacional**, v. 879, 2016. Disponível em: http://www.ebrevistas.eb.mil.br/ADN/article/view/5937/5155. Acesso em: 19 nov. 2024.

BRASIL. Exército Brasileiro. **Histórico do 13º Batalhão de Infantaria Blindado.** Disponível em: https://13bib.eb.mil.br/index.php/historico. Acesso em: 19 nov. 2024.

BRASIL. Exército Brasileiro. Vítimas da Intentona Comunista de 1935 são rememoradas. TV CML, YouTube, 2019. Disponível em: https://www.youtube.com/watch?v=PuO1vgtLHW8. Acesso em: 19 nov. 2024.

BRASIL. **Lei nº 4.131, de 3 de setembro de 1962.** Dispõe sobre a remessa de valores para o exterior e dá outras providências. Brasília: Diário Oficial da União, 3 set. 1962. Disponível em: https://www.planalto.gov.br/ccivil_03/leis/l4131.htm. Acesso em: 19 nov. 2024.

BRASIL. **Lei nº 5.250, de 9 de fevereiro de 1967.** Regula a liberdade de manifestação de pensamento e de informação. Brasília: Diário Oficial da União, 9 fev. 1967. Disponível em: https://www2.camara.leg.br/legin/fed/lei/1960-1969/lei-5250-9-fevereiro-1967-359026-publicacaooriginal-1-pl.htm. Acesso em: 30 de nov. de 2022.

BRASIL. Supremo Tribunal Federal. Ação Direta de Inconstitucionalidade (ADI) 6457. Relator: Min. Luiz Fux. Disponível em: https://portal.stf.jus.br/processos/detalhe.asp?incidente=5934738. Acesso em: 15 de fev. 2023.

BRECHANI, C.E. **Marxismo:** na contramão do bom senso. 1. ed. São Paulo: Maquinaria Editorial, 2020.

BUENO, Eduardo. **Brasil:** uma história. Rio de Janeiro: Leya, 2010.

BURKE, Peter (org.). **A escrita da história:** novas perspectivas. São Paulo: Unesp, 1992.

CAFARDO, Renata; ROXO, Elisangela. 20 milhões utilizaram livro polêmico. **O Estado de S. Paulo,** São Paulo, 20 set. 2007. Disponível em: https://www.estadao.com.br/emais/20-milhoes-utilizaram-livro-polemico/?srsltid=AfmBOoo-dEXSyKaOjWOP2pUx8hnRxST9eZw0VFpBfy35n_qENbQVhH15. Acesso em: 19 nov. 2024.

CALDEIRA, Jorge. **Nem céu nem inferno:** ensaios para uma visão renovada de Brasil. São Paulo: Três Estrelas, 2015.

CALMON, Pedro. **História do Brasil:** século XVI – as origens. Campinas, SP: Kírion, 2023.

CÂMARA DOS DEPUTADOS. **Mandato presidencial de João Goulart é devolvido simbolicamente pelo Congresso.** Brasília: Câmara dos Deputados, 11 dez. 2013. Disponível em: https://www.camara.leg.br/tv/424047-mandato-presidencial-de-joao-goulart-e-devolvido-simbolicamente-pelo-congresso/. Acesso em: 19 nov. 2024.

CÂMARA DOS DEPUTADOS. **Parecer: interpretação do Art. 142 da Constituição Federal.** Brasília: Câmara dos Deputados, 3 jun. 2020. Disponível em: https://www.camara.ieg.br/midias/file/2020/06/parecer.pdf. Acesso em: 28 maio 2022.

CAMPOS, Leonildo Silveira. Os Mapas, Atores e Números da Diversidade Religiosa Cristã Brasileira: Católicos e Evangélicos entre 1940 e 2007. **Revista de Estudos da Religião – REVER,** São Paulo: PUC-SP, v. 4, n. 1, p. 9-47, 2008. Disponível em: https://www.pucsp.br/rever/rv4_2008/t_campos.pdf. Acesso em: 28 de maio de 2022.

CANTANHÊDE, Eliane. STF precisa baixar a bola e evitar excessos que alimentem os inimigos do Estado de Direito. **Estadão,** São Paulo, 21 nov. 2021. Disponível em: https://www.estadao.com.br/politica/eliane-cantanhede/stf-precisa-baixar-a-bola-e-evitar-excessos-que-alimentem-os-inimigos-do-estado-de-direito/. Acesso em: 23 nov. 2024.

CARNEIRO, Glauco. **História das revoluções brasileiras.** Rio de Janeiro: Record, 1989.

CARVALHO, Affonso. **Caxias.** Rio de Janeiro: Biblioteca do Exército, 1976.

CARVALHO, José Murilo de. **Forças Armadas e política no Brasil**. São Paulo: Todavia, 2019.

CARVALHO, Ferdinando de. **Lembrai-vos de 35!**. Rio de Janeiro: Biblioteca do Exército, 1981.

CARVALHO, Olavo de. **A Nova Era e a Revolução Cultural**: Fritjof Capra & Antonio Gramsci. Campinas, SP: VIDE Editorial, 2014.

CARVALHO, Olavo. **O imbecil coletivo**: atualidades inculturais brasileiras. Campinas, SP: Vide Editorial, 2021.

CASTRO, Celso. **A invenção do Exército brasileiro** (Descobrindo o Brasil). Rio de Janeiro: Zahar, 2002.

CASTRO, Celso (org.). **General Villas Bôas**: conversa com o comandante. Rio de Janeiro: Editora FGV, 2021.

CAZES, Leonardo. A insurreição de 1935: nem intentona, muito menos comunista. **O Globo**, Rio de Janeiro, 2016. Disponível em: https://oglobo.globo.com/cultura/livros/a-insurreicao-de-1935-nem-intentona-muito-menos-comunista-18436022. Acesso em: 15 out. 2023.

CENTENO, Ayrton. **Os vencedores**: a volta por cima da geração esmagada pela ditadura de 1964. São Paulo: Geração Editorial, 2014.

CHURCHILL, Winston. Discurso na Universidade de Fulton, no Missouri, em 5.3.1946. *In*: MORRAY, J. P. **Origens da Guerra Fria**. Rio de janeiro: Zahar, 1961, p.64.

CNN BRASIL. Moraes chama ideia de intervenção militar nos três poderes de interpretação golpista. **CNN Brasil**, 19 nov. 2024. Disponível em: https://www.cnnbrasil.com.br/politica/moraes-chama-ideia-de-intervencao-militar-nos-tres-poderes-de-interpretacao-golpista/. Acesso em: 19 nov. 2024.

CONJUR. Gilmar Mendes diz que indenização a Cony é estelionato. **Consultor Jurídico**, São Paulo, 13 jan. 2005. Disponível em: https://www.conjur.com.br/2005-jan-13/ministro_stf_indenizacao_cony_estelionato. Acesso em: 26 out. 2022.

CORRÊA, Arsenio E. **A ingerência militar na República e o positivismo**. Rio de Janeiro: Expressão e Cultura, 1997.

COSTA, Maria Cristina Castilho. **Sociologia**: introdução à ciência da sociedade. São Paulo: Moderna, 2005.

COURTOIS, Stéphane *et al*. **O Livro negro do comunismo:** crimes, terror e repressão. Rio de Janeiro: Bertrand Brasil, 2000.

COUTO, Renato Costa. **História indiscreta da ditadura e da abertura** – Brasil: 1964-1985. Rio de Janeiro: Record, 1999.

COUTO, Renato Costa. **Memória viva do Regime Militar** – Brasil: 1964-1985. Rio de Janeiro: Record, 1999.

CUNHA, Paulo Ribeiro da. Comunismo e Forças Armadas: uma relação dialeticamente conflituosa. **Mouro: Revista Marxista**, v. 5, n. 3, p. 105-116, 2011. Disponível em: https://repositorio.unesp.br/handle/11449/115331. Acesso em: 6 jan. 2025.

CUNHA, Paulo Ribeiro da. Nelson Werneck Sodré e o clube militar: militância à esquerda. *In:* NAPOLITANO, Marcos; CZAJKA, Rodrigo (org.). **Comunistas brasileiros**: cultura política e produção cultural. Belo Horizonte: Editora UFMG, 2013. p. 207-229.

CZAJKA, Rodrigo. "A luta pela cultura": intelectuais comunistas e o IPM do PCB. *In:* NAPOLITANO, Marcos; CZAJKA, Rodrigo (org.). **Comunistas brasileiros**: cultura política e produção cultural. Belo Horizonte: Editora UFMG, 2013. p. 231-250.

D'ARAUJO, Maria Celina; CASTRO, Celso (org.). **Democracia e Forças Armadas no Cone Sul**. Rio de Janeiro: Editora FGV, 2000.

D'ARAUJO, Maria Celina; CASTRO, Celso (org.). **Ernesto Geisel**. Rio de Janeiro: Editora FGV, 1997.

DENYS, Odylio. **Ciclo revolucionário brasileiro**. Rio de Janeiro: Bibliex, 1993.

DIACON, Todd. **Rondon:** o marechal da floresta. São Paulo: Companhia das Letras, 2006.

DORATIOTO, Francisco. **Maldita Guerra:** Nova história da Guerra do Paraguai. São Paulo: Companhia das Letras, 2002.

ESTADÃO. Nota do Exército sobre Herzog desagrada Lula. São Paulo, 18 out. 2004. Disponível em: https://politica.estadao.com.br/noticias/geral,nota-do-exercito-sobre-herzog-desagrada-lula,20041018p37960. Acesso em: 26 out. 2022.

ESTADÃO. Lula enquadra comandante e Exército se retrata. São Paulo, 19 out. 2004. Disponível em: https://politica.estadao.com.br/noticias/geral,lula-enquadra-comandante-e-exercito-se-retrata,20041019p37974. Acesso em: 26 out. 2022.

ESTADÃO. O que se sabe sobre o envolvimento do PCC e do Comando Vermelho com o crime organizado e o poder público. São Paulo, 15 dez. 2023. Disponível em: https://www.estadao.com.br/politica/o-que-se-sabe-envolvimento-pcc- -primeiro-comando-capital-cv-comando-vermelho-crime-organizado-poder- -publico-nprp. Acesso em: 03 de abril de 2024.

FALCÃO FILHO, Aluízio. Toffoli acha que o STF é um poder moderador. É isso mesmo?. **Exame**, São Paulo, 18 nov. 2021. Disponível em: https://exame.com/ colunistas/money-report-aluizio-falcao-filho/toffoli-acha-que-o-stf-e-um-po- der-moderador-e-isso-mesmo/. Acesso em: 23 nov. 2024.

FAORO, Raymundo. **Os donos do poder**: formação do patronato político bra- sileiro. São Paulo: Globo, 2001.

FARIA, Durland Puppin de (org.). **Introdução à história militar brasileira.** Resende: Academia Militar das Agulhas Negras, 2015.

FARIA, Ricardo de Moura; MIRANDA, Mônica Liz. **Da Guerra Fria à Nova Ordem Mundial.** São Paulo: Contexto, 2022.

FAUSTO, Boris. **Getúlio Vargas:** o poder e o sorriso. São Paulo: Companhia das Letras, 2006.

FAUSTO, Boris. **História do Brasil**. 13. ed. São Paulo: Editora da Universidade de São Paulo, 2008.

FERREIRA, Dirceu Franco. **Fernando Henrique Cardoso:** o Plano Real e o fim da inflação. São Paulo: Folha de S.Paulo, 2019.

FERREIRA, Jorge. **Prisioneiros do mito** – Cultura e imaginário político dos comunistas no Brasil (1930-1956). Rio de Janeiro: EDUFF/Mauad, 2002.

FERREIRA, Jorge; GOMES, Ângela de castro. **1964** – O golpe que derrubou um presidente, pôs fim ao regime democrático e instituiu a ditadura no Brasil. Rio de Janeiro: Civilização Brasileira, 2014.

FIGUEIREDO, Lucas. **Olho por olho:** os livros secretos da ditadura. Rio de Janeiro: Record, 2013.

FITZPATRICK, Sheila. **A revolução russa.** São Paulo: Todavia, 2017.

FOLHA DE S. PAULO. Íntegra da nota divulgada pelo Exército. **Folha de S.Paulo**, São Paulo, 19 out. 2004. Disponível em: https://www1.folha.uol.com.br/fsp/ brasil/fc1910200417.htm. Acesso em: 26 out. 2022.

FOLHA DE S. PAULO. Lula evoca frase de general da ditadura ao falar de democracia relativa. **Folha de S.Paulo**, São Paulo, 30 jun. 2023. Disponível em: https://www1.folha.uol.com.br/mundo/2023/06/lula-evoca-frase-de-general-da-ditadura-ao-falar-de-democracia-relativa.shtml. Acesso em: 24 nov. 2024.

FOLHA DE S. PAULO. Quem quebrou o Brasil foi o Geisel, afirma Delfim. **Folha de S.Paulo**, São Paulo, 15 abr. 2014. Disponível em: https://m.folha.uol.com.br/poder/2014/04/1436007-quem-quebrou-o-brasil-foi-o-geisel-aforma-delfim.shtml. Acesso em 05 de set. de 2023.

FOLHA; UOL. Gabeira fala a verdade sobre a guerrilha pela ditadura do proletariado. YouTube, 2013. Disponível em: https://www.youtube.com/watch?v=-cP5PGY08vbs. Acesso em: 24 de out. de 2022.

FONSECA; ARAÚJO. **As bases revolucionárias da política moderna**. Campinas, SP: PHVox, 2022.

FONTOVA, Humberto. **Exposing the Real Che Guevara**: and the useful idiots who idolize him. New York: Sentinel, 2007.

FREIRE, Paulo. **Pedagogia do oprimido**. Rio de Janeiro: Paz e Terra, 2022.

FREIXINHO, Nilton. **Instituições em crise**: Dutra e Góes Monteiro, duas vidas paralelas. Rio de Janeiro: Biblioteca do Exército, 1997.

FREYRE, Gilberto. **Nação e Exército**. Rio de Janeiro: Biblioteca do Exército, 2019.

FROTA, Sylvio. **Ideais Traídos**. Rio de Janeiro: Zahar, 2006.

FUNARI, Pedro Paulo A.; SILVA, Glaydson José da. **Teoria da história**. São Paulo: Brasiliense, 2008.

FUNDAÇÃO GETULIO VARGAS. Serviço Nacional de Informação (SNI). *In:* Centro de Pesquisa e Documentação de História Contemporânea do Brasil. **Dicionário histórico-biográfico brasileiro**, s.d. Disponível em: http://www.fgv.br/cpdoc/acervo/dicionarios/verbete-tematico/servico-nacional-de-informacao-sni. Acesso em: 26 jun. 2022.

GANDRA, Ives. Cabe às Forças Armadas moderar os conflitos entre os Poderes. **Consultor Jurídico**, 28 maio 2020. Disponível em: https://www.conjur.com.br/2020-mai-28/ives-gandra-artigo-142-constituicao-brasileira/. Acesso em: 19 nov. 2024.

GARSCHAGEN, Bruno. **O mínimo sobre conservadorismo.** Campinas, SP: O Mínimo, 2023.

GASPARI, Elio. **A ditadura envergonhada.** Rio de Janeiro: Intrínseca, 2014a.

GASPARI, Elio. **A ditadura escancarada.** Rio de Janeiro: Intrínseca, 2014b.

GASPARI, Elio. **A ditadura derrotada.** Rio de Janeiro: Intrínseca, 2014c.

GASPARI, Elio. **A ditadura encurralada.** Rio de Janeiro: Intrínseca, 2014d.

GASPARI, Elio. **A ditadura acabada.** Rio de Janeiro: Intrínseca, 2016.

GAUCHAZH. Documentos apontam que CIA via em Brizola a principal ameaça à ditadura. **Zero Hora**, Porto Alegre, 13 maio 2013. Disponível em: https://gauchazh. clicrbs.com.br/geral/noticia/2013/05/documentos-apontam-que-cia-via-em- -brizola-a-principal-ameaca-a-ditadura-4127255.html. Acesso em: 19 nov. 2024.

GAZETA DO POVO. Excessos do STF provocam erosão democrática. **Gazeta do Povo**, Curitiba, 9 nov. 2021. Disponível em: https://www.gazetadopovo.com. br/opiniao/artigos/excessos-stf-provocam-erosao-democratica/. Acesso em: 23 nov. 2024.

GAZETA DO POVO. Toffoli diz que Brasil vive semipresidencialismo com STF como poder moderador. **Gazeta do Povo**, Curitiba, 17 nov. 2021. Disponível em: https://www.gazetadopovo.com.br/republica/breves/toffoli-diz-que-brasil- -vive-semipresidencialismo-com-stf-como-poder-moderador/. Acesso em: 23 nov. 2024.

GIANNATTASIO, Gabriel (org.). **O livro proibido:** totalitarismo, intolerância e pensamento único na Universidade. Londrina, PR. Editora E.D.A. – Educação, Direito e Alta Cultura, 2022.

GIELOW, Igor. Ditadura cubana é a mais letal das Américas. **Folha de S.Paulo**, São Paulo, 01 dez. 2016. Disponível em: https://www1.folha.uol.com.br/mun- do/2016/12/1837361-ditadura-cubana-e-a-mais-letal-das-americas.shtml. Acesso em: 04 ago. 2023.

GILBERT, Martin. **A história do século XX.** 2. ed. São Paulo: Editora Planeta do Brasil, 2016.

GORENDER, Jacob. **Combate nas trevas.** A esquerda brasileira: das ilusões perdida à luta armada. São Paulo: Expressão Popular, 2014.

GORDON, Flávio. **A corrupção da inteligência**: intelectuais e poder no Brasil. 10. ed. Rio de Janeiro: Record, 2019.

HARARI, Yuval. **Sapiens**: uma breve história da humanidade. São Paulo: Companhia das Letras, 2020.

HOBSBAWM, Eric. **A Era dos Extremos** – O Breve Século XX (1914-1991). São Paulo: Companhia das Letras, 1995.

HOLANDA, Sérgio Buarque de. **Raízes do Brasil**. São Paulo: Companhia das Letras, 1995.

INTRÍNSECA. A ditadura derrotada, de Elio Gaspari. YouTube, 16 mai. 2016. Disponível em: https://www.youtube.com/watch?v=1wrIZATcY98. Acesso em: 26 out. 2022

INSTITUTO HUMANITAS UNISINOS. Áudio reunião AI-5. YouTube, 2018. Disponível em: https://www.youtube.com/watch?v=3sHMZq8kzGc&t=2s. Acesso em: 15 nov. 2022.

INSTITUTO HUMANITAS UNISINOS. Porecatu: a guerrilha esquecida. Entrevista com Marcelo Oikawa. 08 jul. 2011. Disponível em: https://www.ihu.unisinos.br/categorias/159-entrevistas/45021-porecatu-a-guerrilha-esquecida-entrevista-especial-com-marcelo-oikawa. Acesso em: 19 nov. 2024.

JORGE, Eduardo. Lutávamos por uma ditadura comunista, YouTube, 2014. Disponível em: https://www.youtube.com/watch?v=H5h4xW558hk. Acesso em: 26 de out. de 2022.

JOSÉ, Emiliano; MIRANDA, Oldack. **Lamarca, o capitão da guerrilha**. São Paulo: Global Editora, 1980.

JINKINGS, Ivana; SADER, Emir (org.). **As armas da crítica**: antologia do pensamento de esquerda. São Paulo: Boitempo, 2012.

KAREPOVS, Dainis; NETO, José Castilho Marques. Os trotskistas brasileiros e suas organizações políticas (1930-1966). *In:* RIDENTI, Marcelo; REIS Filho, Daniel Aarão (org.). **História do Marxismo no Brasil**: Partidos e organizações dos anos 20 aos 60. Campinas: Unicamp, 2002. p. 103-156.

KATAOKA, Carlos (ed.). **Comunismo e Guerra Fria**: conflitos & revelações. São Paulo: Discovery, 2012.

KENGOR, Paul. **Manual politicamente incorreto do comunismo**. Campinas, SP: Vide Editorial, 2019.

KRAENSKI, Mauro Abranches; PETRILAK, Vladimir. **1964 – O Elo Perdido**: O Brasil nos Arquivos do Serviço Secreto Comunista. Campinas, SP: Vide Editorial, 2017.

KOLAKOWSKI, Leszek. **Principais correntes do marxismo**: colapso. Campinas, SP: Vide Editorial, 2022.

KONDER, Leandro. **História das ideias socialistas no Brasil**. São Paulo: Expressão Popular, 2003.

KOSHIBA, Luiz; PEREIRA, Denise Manzi Frayze. **História do Brasil**: no contexto da história ocidental. 8. ed. rev. atual. e aum. São Paulo: Atual, 2003.

LAJE, Agustín. **A guerra cultural**: Reflexões para uma Nova Direita. Campinas, SP: Vide Editorial, 2023.

LÊNIN, Vladimir Ilitch. **O Estado e a revolução**. Campinas, SP: Unicamp, 2011.

LIMA, Rodrigo. Os Ventos Do Leste Movem Moinhos: O Impulso Revolucionário De 1917 Na Criação Do PCB. **Fronteiras: Revista Catarinense de História**, n. 30, p. 48-61, 11 jun. 2018. Disponível em: https://periodicos.uffs.edu.br/index.php/FRCH/article/view/8189/5339. Acesso em: 15 de nov. de 2022.

LOBATO, Eliane. **Castello Branco:** os militares no poder. São Paulo: Folha de S.Paulo, 2019.

LOBATO, Eliane. **João Goulart:** o último civil. São Paulo: Folha de S.Paulo, 2019.

LOBO, Andréa; SANTOS, Eucléia. **Teoria da História**. Curitiba: IESDE Brasil, 2019.

LOCKE, John. **Segundo Tratado sobre o governo civil**: ensaio sobre a origem, os limites e os fins verdadeiros do governo civil. Petrópolis, RJ: Vozes, 1994.

LUXEMBURGO, Rosa. **A revolução Russa**. São Paulo: Fundação Rosa Luxemburgo, 2017.

MACHADO, Ingrid Maria. Governo muda oficialmente nome de colégio de Médici para Marighella. **Portal G1 Bahia**, Salvador, 17 fev. 2014. Disponível em: https://g1.globo.com/bahia/noticia/2014/02/governo-muda-oficialmente-nome-de--colegio-de-medici-para-marighella.html. Acesso em: 03 jan. 2023.

MAGALHÃES, Mário. **Marighella**: o guerrilheiro que incendiou o mundo. São Paulo: Companhia das Letras, 2012.

MAGALHÃES, Vera Silvia. Memória política. TV Câmara, YouTube, 2017. Disponível em: https://www.youtube.com/watch?v=8gXE_-rNoSE Acesso em: 26 de out. de 2022.

MAGNOLI, Demétrio. **O mundo contemporâneo**. São Paulo: Atual, 2008.

MANCHETE. **Edição histórica, abril de 1964.** Rio de Janeiro: Bloch Editores, 1964.

MARCONDES, Danilo. **Iniciação à história da filosofia**: dos pré-socráticos a Wittgenstein. Rio de Janeiro: Zahar, 2007.

MARIGHELLA, Carlos. A crise brasileira [1966]. *In*: MARIGHELLA, Carlos. **Escritos de Carlos Marighella**. São Paulo: Editorial Livramento, 1979. p. 49-97. Disponível em: https://www.marxists.org/portugues/marighella/1966/mes/crise.htm. Acesso em: 01 de ago. de 2023.

MARIGHELLA, Carlos. **Mini-manual do guerrilheiro urbano**. [*S. l.*]: Edições Prestes Acontecer, 2010.

MARINHO, Rodrigo Saraiva. **A história do Brasil pelas suas constituições**. São Paulo: LVM Editora, 2023.

MARX, Karl. **A guerra civil na França**. São Paulo: Boitempo, 2011.

MARX; ENGELS. **A ideologia Alemã**. São Paulo: Martins Fontes, 1998.

MARX; ENGELS. **Manifesto do Partido Comunista**. São Paulo: Companhia das Letras, 2012.

MARKUN, Paulo. **Meu querido Vlado** – A história de Vladimir Herzog e do sonho de uma geração. Rio de Janeiro: Objetiva, 2005.

MARKUN, Paulo. **Na lei ou na marra, 1964-1968.** São Paulo: Benvirá, 2014.

MAUÉS, Flamarion. **Livros contra a ditadura**: editoras de oposição no Brasil, 1975-1984. São Paulo: Publisher Brasil, 2013.

MINISTÉRIO PÚBLICO FEDERAL. **Brasil: Nunca Mais Digital.** Disponível em: https://bnmdigital.mpf.mp.br/pt-br/. Acesso em: 19 nov. 2024.

MOCELLIN, Renato. **As reações armadas ao regime de 64**: Guerrilha ou terror?. São Paulo: Editora do Brasil, 1999.

MONTESQUIEU. **O espírito das leis**. São Paulo: Martins Fontes, 1996.

MORAES, Dênis de. **A esquerda e o golpe de 64**. São Paulo: Expressão Popular, 2011.

MORAES, João Quartim de. **A esquerda militar no Brasil**: da conspiração republicana à guerrilha dos tenentes. São Paulo: Siciliano, 1991.

MORAIS, Clodomir Santos de. **História das Ligas Camponesas do Brasil**. Brasília: Lattermund, 1997.

MORAIS, Taís; SILVA, Eumano. **Operação Araguaia**: os arquivos secretos da guerrilha. São Paulo: Geração Editorial, 2005.

Morray, J. P. **Origens da Guerra Fria**. Rio de janeiro: Zahar, 1961.

MOREL, Cristina Massadar. **Almanaque Histórico Rondon**: a construção do Brasil e a causa indígena. Brasília: Abravideo, 2009.

MOTTA, Aricildes de Moraes (org.). **1964 – 31 de março:** o movimento revolucionário e a sua história. Tomo 5. Rio de Janeiro: Biblioteca do Exército Editora, 2003.

MOTTA, Rodrigo Patto Sá. A cultura política comunista. *In:* NAPOLITANO, Marcos; CZAJKA, Rodrigo (org.). **Comunistas brasileiros**: cultura política e produção cultural. Belo Horizonte: Editora UFMG, 2013. p. 15-37.

MOTTA, Rodrigo Patto Sá. **Em guarda contra o perigo vermelho**: o anticomunismo no Brasil (1917-1964). Niterói: Eduff, 2020.

MOTTA, Rodrigo Patto Sá. **As universidades e o Regime Militar**. Rio de Janeiro: Zahar, 2014.

MOURA, Karen; RODRIGUES, Kemily. **O mínimo sobre fascismo**. Campinas, SP: O Mínimo, 2023.

NAPOLITANO, Marcos. "A estranha derrota": os comunistas e a resistência cultural ao Regime Militar (1964-1968). *In:* NAPOLITANO, Marcos; CZAJKA, Rodrigo (org.). **Comunistas brasileiros**: cultura política e produção cultural. Belo Horizonte: Editora UFMG, 2013. p. 317-338.

NAPOLITANO, Marcos. **1964**: história do Regime Militar brasileiro. São Paulo: Editora Contexto, 2019.

NETO, Lira. **Castello:** a marcha para a ditadura. São Paulo: Companhia das Letras, 2019.

NETO, Lira. **Getúlio Vargas e Eurico Dutra:** Estado Novo e suicídio. São Paulo: Folha de S.Paulo, 2019

NETO, Manoel Soriano. A revolução de 31 de março de 1964: Uma análise sumária de suas causas. **Revista Aeronáutica**, Rio de Janeiro, ed. 286, p. 10-16, 2014. Disponível em: http://www.caer.org.br/downloads/revistas/revista286/revcaer286.pdf. Acesso em: 4 jan. 2023.

O ESTADO DE S. PAULO. Está entre nós a guerra pelo controle de opinião. **O Estado de S. Paulo**, São Paulo, 24 mar. 1979. Disponível em: https://acervo.estadao.com.br/pagina/#!/19790324-31909-nac-0002-999-2-not. Acesso em: 19 jul. 2023.

O ESTADO DE S. PAULO. Revelado o plano comunista de tomar o poder no Sul. **O Estado de S. Paulo**, São Paulo, 23 jan. 1964, p. 4. Disponível em: https://acervo.estadao.com.br/pagina/#!/19640123-27225-nac-0004-999-4-not. Acesso em: 09 de nov. de 2022.

O GLOBO. Do YouTube a Chomsky: como Felipe Neto se transformou no mais novo intelectual da internet. **O Globo**, Rio de Janeiro, 28 out. 2020. Disponível em: https://oglobo.globo.com/cultura/do-youtube-chomsky-como-felipe-neto-se-transformou-no-mais-novo-intelectual-da-internet-25088222. Acesso em: 20 nov. 2024.

O GLOBO. Datafolha: 65% acham que invasão das sedes dos poderes em 8 de janeiro foi vandalismo, para 30% foi tentativa de golpe. **O Globo**, Rio de Janeiro, 29 mar. 2024. Disponível em: https://oglobo.globo.com/politica/noticia/2024/03/29/datafolha-65percent-acham-que-invasao-das-sedes-dos-poderes-em-8-de-janeiro-foi-vandalismo-para-30percent-foi-tentativa-de-golpe.ghtm. Acesso em: 19 nov. 2024.

O GLOBO. Morreu um senador, baleado na câmara alta em plena sessão. **O Globo**, Rio de Janeiro, 5 dez. 1963. Disponível em: https://oglobo.globo.com/acervo/. Acesso em: 19. nov. 2024.

OIKAWA, Marcelo Eiji. **Porecatu:** a guerrilha que os comunistas esqueceram. São Paulo: Expressão Popular, 2011.

OLIVEIRA, Eduardo da Cruz. **A influência da doutrina norte-americana na ESAO.** 2017. Dissertação (Mestrado) — Escola de Comando e Estado-Maior do Exército, Rio de Janeiro, 2017. Disponível em: https://bdex.eb.mil.br/jspui/bitstream/1/1095/1/Mest_Cruz_Esao.pdf. Acesso em: 19 nov. 2024.

OLIVEIRA, Eliézer Rizzo. O exército e o positivismo: identidade e autonomia política. **Pro-Posições**, Campinas, v. 1, n. 2, p. 22–29, 1990.

OLIVEIRA, Natalia Vial de. A intentona comunista na Bibliex: em guarda contra o comunismo. **Encontro regional da ANPUH-Rio**: memória e patrimônio, Rio de Janeiro, 2010. Disponível em: http://www.encontro2010.rj.anpuh.org/resources/anais/8/1276732226_ARQUIVO_AIntento naComunistanaBibliex.pdf. Acesso em: 25 jun. 2022.

OLIVEIRA, Plínio Corrêa de. **Revolução e contra-revolução**. São Paulo, SP: Editora PHVox, 2022.

OPERA MUNDI. Marcelo Ridenti: O que é guerra cultural? – 20 Minutos Entrevista. 10 out. 2022. YouTube. Disponível em: https://youtu.be/QyhYrO57eTs. Acesso em: 28 jul. 2024.

ORTEGA Y GASSET, José. **A rebelião das massas**. Rio de Janeiro: Biblioteca do Exército, 2006.

PARANÁ. Secretaria de Estado da Educação. **História: Golpe Civil-Militar de 1964** – Educação e Direitos Humanos. Maio de 2013. Disponível em: http://www.historia.seed.pr.gov.br/modules/noticias/article.php?storyid=562. Acesso em: 19 nov. 2024.

PARTIDO COMUNISTA BRASILEIRO. 80 anos da insurreição comunista de 1935. **Site do PCB**, 11 nov. 2015. Disponível em: https://pcb.org.br/portal2/9846. Acesso em: 30 de out. de 2022.

PAOLA, Heitor de. **O Eixo do Mal Latino-Americano e a Nova Ordem Mundial**. Campinas, SP: PHVox, 2022.

PINHEIRO, E. Sizenando (org.). **A revolução de 1964 e a legislação institucional editada no país**. Brasília, DF: Ministério do Tribunal de Contas da União, 1977.

PERICAS, Luiz Bernardo (org.). **Caminhos da revolução brasileira**. São Paulo: Boitempo, 2019.

PICCHIO, Luciana Stegagno. **História da Literatura Brasileira**. Campinas, SP: Editora Sétimo Selo, 2024.

PILLAR, Olyntho. **Os patronos das Forças Armadas**. Rio de Janeiro: Biblioteca do Exército, 1981.

PIPES, Richard. **O Comunismo**. Rio de Janeiro: Biblioteca do Exército, 2014.

POLÍCIA MILITAR DE SÃO PAULO. **Alberto Mendes Júnior**. Disponível em: https://www.policiamilitar.sp.gov.br/unidades/ccomsoc/avisos/cap-mendes.html. Acesso em: 19 nov. 2024.

PORTO, Ermerson. **A cruzada e o golpe**. Maringá: Viseu, 2022.

POSADAS. J. **A função histórica das internacionais**. Brasília: Kaco Editoração Eletrônica, 2013.

PRADO, Maria Ligia; PELLEGRINO, Gabriela. **História da América Latina**. São Paulo: Contexto, 2021.

PRESTES, Luís Carlos. **PCB: Manifesto de agosto de 1950**. 24 ago. 2020. Disponível em: https://www.novacultura.info/post/2020/08/24/pcb-manifesto-de-agosto-de-1950. Acesso em: 19 nov. 2024.

QUEIROZ, Rachel; QUEIROZ, Maria Luíza de. **Tantos anos** – uma biografia. São Paulo: Arx, 2004.

RAMALHO, Rodorval. **O mito da censura no Regime Militar**: ensaios de contra-história. Aracaju: Criação Editora, 2022.

RANGEL, Arthur Nadú. **O poder moderador no Estado brasileiro**: e artigos complementares. São Paulo: Editora Dialética, 2023.

REIS Filho, Daniel Aarão. **A revolução faltou ao encontro** – os comunistas no Brasil. São Paulo: Brasiliense, 1989.

REIS Filho, Daniel Aarão. Entre reforma e revolução: a trajetória do Partido Comunista no Brasil entre 1943 e 1964. *In*: RIDENTI, Marcelo; REIS Filho, Daniel Aarão Reis (org.). **História do Marxismo no Brasil**: Partidos e organizações dos anos 20 aos 60. Campinas: Unicamp, 2002. p. 69-102.

REIS Filho, Daniel Aarão; SÁ, Jair Ferreira de (org.). **Imagens da Revolução**: documentos políticos das organizações clandestinas de esquerda dos anos 1961-1971. Rio de Janeiro: Marco Zero, 1985.

REIS Filho, Daniel Aarão. **Luís Carlos Prestes**: um revolucionário entre dois mundos. São Paulo: Companhia das Letras, 2014.

REZENDE, Antonio Paulo. **Uma trama revolucionária?**: do Tenentismo à Revolução de 30. São Paulo: Atual, 1990.

RIBEIRO, Darcy. **O povo brasileiro**: a formação e o sentido do Brasil. São Paulo: Global Editora, 2022.

RICCITELLI, Antônio. **Direito Constitucional**: Teoria do Estado e da Constituição. Barueri, SP: Manole, 2007.

RIDENTI, Marcelo. Ação popular: cristianismo e marxismo. *In:* RIDENTI, Marcelo; REIS Filho, Daniel Aarão (org.). **História do Marxismo no Brasil**: Partidos e organizações dos anos 20 aos 60. Campinas: Unicamp, 2002. p. 213-267.

RIDENTI, Marcelo. A luta por corações e mentes na Guerra Fria. **Revista Pesquisa FAPESP**, 1º Set. 2022. Disponível em: https://revistapesquisa.fapesp.br/marcelo-ridenti-a-luta-por-coracoes-e-mentes-na-guerra-fria/. Acesso em: 29 jul. 2024.

RIDENTI, Marcelo. **O fantasma da revolução brasileira**. São Paulo: Editora UNESP, 2010.

RIDENTI, Marcelo. **O segredo das senhoras americanas**: intelectuais, internacionalização e financiamento na Guerra Fria cultural. São Paulo: Editora Unesp, 2022.

ROCHA, Davi Rolim Esmeraldo. **Art.142/CF**: a verdade sobre o mito. São Paulo: Editora Dialética, 2023.

ROCHA, João Cezar de Castro. **Guerra cultural e retórica do ódio**: crônicas de um Brasil pós-político. São Paulo: Estação Liberdade, 2021.

RODRIGUES, Henelice. O intelectual no campo cultural francês: Do caso Dreyfus aos tempos atuais. **Varia História**, Belo Horizonte. v. 21, n. 34, p. 395-413, jul. 2005. Disponível em: https://www.scielo.br/pdf/vh/v21n34/a08.pdf. Acesso em 19 abr. 2024.

RODRIGUEZ, Ricardo Vélez. Castilhismo: uma filosofia da República – atualidade da doutrina de Julio de Castilhos, no centenário da sua morte. *In:* AXT, Gunter (org.). **Júlio de Castilhos e o paradoxo republicano**. Porto Alegre: Nova Prova, 2005.

ROMERO, Sílvio. **Doutrina contra doutrina**: o evolucionismo e o positivismo no Brasil. Rio de Janeiro: J.B Nunes, 1894. Disponível em: https://www.literaturabrasileira.ufsc.br/documentos/?id=143227. Acesso em: 22 de jun. de 2024.

ROIO, Marcos Del. Os comunistas, a luta social e o marxismo (1920-1940). *In:* RIDENTI, Marcelo; REIS Filho, Daniel Aarão (org.). **História do Marxismo no Brasil**: Partidos e organizações dos anos 20 aos 60. Campinas: Unicamp, 2002. p. 11-68.

ROLLEMBERG, Denise. O bem-amado e a censura. *In:* NAPOLITANO, Marcos; CZAJKA, Rodrigo (org.). **Comunistas brasileiros**: cultura política e produção cultural. Belo Horizonte: Editora UFMG, 2013. p. 63-84.

ROLLEMBERG, Denise. **O Apoio de Cuba à Luta Armada no Brasil**: o Treinamento Guerrilheiro. Rio de Janeiro: Mauad X, 2009.

ROSSI, Clóvis. **A contra-revolução na américa latina**. Campinas, SP: Unicamp, 1987.

ROUSSEAU, Jean-Jacques. **Do Contrato Social**. São Paulo: Martins Fontes, 996.

ROXO, Marco; MOURÃO, Mônica. Jornalismo, memória e clientelismo: o pacto entre comunistas e imprensa conservadora no Brasil. *In:* NAPOLITANO, Marcos; CZAJKA, Rodrigo (org.). **Comunistas brasileiros**: cultura política e produção cultural. Belo Horizonte: Editora UFMG, 2013. p. 251-270.

SAAD, Amauri. **O Art. 142 da constituição de 1988**: ensaio sobre a sua interpretação e aplicação. Londrina, PR: Editora E.D.A., 2021.

SADER, Emir (org.). **Gramsci**: poder, política e partido. São Paulo: Editora Expressão Popular, 2005.

SADER, Emir; JINKINGS, Ivana (org.). **As armas da crítica**: antologia do pensamento de esquerda. São Paulo, SP: Boitempo, 2012.

SALES, Jean Rodrigues. **A luta armada contra a ditadura militar**: a esquerda brasileira e a influência da Revolução Cubana. São Paulo: Editora Fundação Perseu Abramo, 2007.

SANDER, Roberto. **1968**: quando a terra tremeu. São Paulo: Vestígio, 2018.

SANT'ANNA, Pietro. **Hermes da Fonseca**: um mandato, duas revoltas. São Paulo: Folha de S.Paulo, 2019.

SANT'ANNA, Pietro. **Costa e Silva e a junta militar.** São Paulo: Folha de S.Paulo, 2019.

SANTOS, Thomas Giulliano. **Desconstruindo Paulo Freire**. São Paulo: Expressa, 2020.

SARTRE, Jean-Paul. **Em defesa dos intelectuais**. São Paulo: Ática, 1994.

SATHLER, André; SATHLER, Malena. **150 termos para entender política**. Brasília: Edições Câmara, 2021.

SCHMIDT, Mario Furley. **Nova História Crítica**. São Paulo: Nova Geração, 2008.

SCHWARCZ, Lilia Moritz; STARLING, Heloisa Murgel. **Brasil: uma biografia**. São Paulo: Companhia das Letras, 2018.

SCHWARCZ, Lilia Moritz. **Sobre o autoritarismo brasileiro**. São Paulo: Companhia das Letras, 2019.

SCHWARCZ, Roberto. **O Pai de família e outros estudos**. Rio de Janeiro: Paz e Terra, 1978.

SERVICE, Robert. **Camaradas:** uma história do comunismo mundial. 6ª ed. Rio de Janeiro: DIFEL, 2021.

SEVERIANO, Mylton. **A ditadura militar no Brasil**: a história em cima dos fatos. São Paulo: Editora Casa Amarela, 2007.

SILVA, Hélio. **1964:** Golpe ou contragolpe?. Porto Alegre, RS: L&PM, 2014.

SILVA, Hélio. **A ameaça vermelha**: o Plano Cohen. Porto Alegre, RS: L&PM, 1980.

SILVA, Hélio. **General Olympio Mourão Filho – Memórias**: a verdade de um revolucionário. Porto Alegre, RS: L&PM, 1978.

SILVA, Hélio. **O poder militar**. Porto Alegre: L&PM, 1987.

SILVEIRA, Itamar Flávio da; CARVALHO, Suelem. **Golpe de 1964**: o que os livros de história não contaram. São Paulo: Editora Peixoto Neto, 2016.

SKIDMORE, Thomas. **Brasil: de Getúlio a Castelo**. São Paulo: Paz e Terra, 1982.

SKIDMORE, Thomas. **Brasil: de Castelo a Tancredo**. São Paulo: Paz e Terra, 1988.

SKIDMORE, Thomas. **Uma história do Brasil**. São Paulo: Paz e Terra, 1998

SMALLMAN, Shawn. A profissionalização da violência extralegal das Forças Armadas no Brasil (1945-64). *In*: CASTRO, Celso *et al.* (org.) **Nova história militar brasileira**. Rio de Janeiro: Editora FGV, 2004. p. 389-408.

SOARES, Mozart Pereira. **O positivismo no Brasil**: 200 anos de Augusto Comte. Porto Alegre: AGE: Editora da Universidade, 1998.

SOUZA, Paulino José Soares de. **Ensaio sobre o direito administrativo**. 1862. Disponível em: https://bibliotecadigital.stf.jus.br/xmlui/handle/123456789/346. Acesso em: 19 nov. 2024.

SODRÉ, Nelson Werneck. **História Militar do Brasil**. Rio de Janeiro: Civilização Brasileira, 1965.

SOUZA, Herbert de. **No fio da navalha**. Rio de Janeiro: Revan, 1996.

SUPREMO TRiBUNAL FEDERAL. **Por unanimidade, ministros do STF rejeitam tese de poder moderador das Forças Armadas**. Supremo Tribunal Federal, 16 nov. 2021. Disponível em: https://portal.stf.jus.br/noticias/verNoticiaDetalhe. asp?idConteudo=531731&ori=1. Acesso em: 23 nov. 2024.

STEPAN, Alfred. **Os militares na Política**. Rio de Janeiro: Editora Artenova, 1975.

STUDART, Hugo. **Borboletas e lobisomens**: vidas, sonhos e mortes dos guerrilheiros do Araguaia. Rio de Janeiro: Francisco Alves, 2018.

TAVARES, Flávio. **Memórias do esquecimento**. São Paulo: Globo, 1999.

TEIXEIRA, Mauro Eustáquio Costa. Em nome da ordem: a cultura política anticomunista nas Forças Armadas brasileiras: 1935-1985. **Mediações – Revista de Ciências Sociais**, Londrina, v. 19, n. 1, p. 151–169, 2014. Disponível em: https://www.uel.br/revistas/uel/index.php/mediacoes/article/view/19861. Acesso em: 12 de jul.de 2022.

TORRES, João Camilo de Oliveira. **A ideia revolucionária no Brasil**. Brasília: Edições Câmara, 2018.

TORRES, João Camilo de Oliveira. **Interpretações da Realidade Brasileira**. Brasília: Edições Câmara, 2017.

TORRES, João Camilo de Oliveira. **O presidencialismo no Brasil.** Brasília: Edições Câmara, 2018.

TORRES, João Camilo de Oliveira. **O positivismo no Brasil.** Brasília: Edições Câmara, 2018.

TORRES, Raymundo Negrão. **O fascínio dos "Anos de Chumbo":** o "golpe" de 31 de março de 1964 e os "porões da ditadura" 40 anos depois. Curitiba: Editora do Chain, 2004.

TRESPACH, Rodrigo. **Histórias não (ou mal) contadas:** revoltas, golpes e revoluções no Brasil. Rio de Janeiro: Harper Colins, 2017.

TROTSKI, Leon. **A revolução permanente**. São Paulo: Expressão Popular, 2007.

UNICAMP. O Golpe que deu Ibope. **Jornal da Unicamp**, Campinas, 2003. Disponível em: https://unicamp.br/unicamp/unicamp_hoje/ju/fevereiro2003/ju204g03.htm. Acesso em: 28 de mar. de 2024.

UNITED STATES INSTITUTE OF PEACE. Truth Commission for Peru. 2001. Disponível em: https://www.usip.org/publications/2001/07/truth-commission-peru-01. Acesso em: 19 nov. 2024.

UNIVERSIDADE FEDERAL DE PELOTAS. **Consun escolhe pela cassação de títulos de honoris causa a Médici e Passarinho**, 5 mar. 2024. Disponível em: https://ccs2.ufpel.edu.br/wp/2024/03/05/consun-escolhe-pela-cassacao-de--titulos-de-honoris-causa-a-medici-e-passarinho. Acesso em: 19 nov. 2024.

USTRA, Carlos Alberto Brilhante. **A verdade sufocada**: a história que a esquerda não quer que o Brasil conheça. Brasília: Editora Ser, 2007.

VALLADARES, Eduardo; BERBEL, Márcia. **Revoluções do Século XX**. São Paulo: Scipione, 1994.

VEIGA, David. **Reflexões sociológicas, devaneios e impressões**. São Paulo: Fontenele Publicações, 2017.

VEJA. Conflito colombiano deixou mais de 260.000 mortos em 60 anos. **Veja**, 02 ago. 2018. Disponível em: https://veja.abril.com.br/mundo/conflito-colombiano--deixou-mais-de-260-000-mortos-em-60-anos. Acesso em 06 de dez de 2023.

VENERAL, Débora Cristina (org.). **Teoria da Constituição e do Estado e Direitos e Garantias Fundamentais**. Curitiba: InterSaberes, 2014.

VERMELHO, Seminário debate os 80 anos da Insurreição Comunista de 1935, **Portal Vermelho**, 4 nov. 2015. Disponível em: https://vermelho.org.br/2015/11/04/seminario-debate-os-80-anos-da-insurreicao-comunista-de-1935/. Acesso em: 16 de nov. de 2024.

VIANNA, Marly de Almeida Gomes. **Revolucionários de 35**. São Paulo: Companhia das Letras, 1992.

VICENTINO, Cláudio; DORIGO, Gianpaolo. **História do Brasil**. 2ª ed. atual. São Paulo: Scipione, 1997.

VICTOR, Fabio. **Poder camuflado**: os militares e a política, do fim da ditadura à aliança com Bolsonaro. São Paulo: Companhia das Letras, 2022.

VILLA, Marco Antonio. **Ditadura à brasileira:** 1964-1985 a democracia golpeada à esquerda e à direita. Rio de Janeiro: Leya, 2014.

VILLA, Marco Antonio. Golpe à brasileira. **Revista Aeronáutica**, Rio de Janeiro, ed. 286, p. 24-25, 2014. Disponível em: http://www.caer.org.br/downloads/revistas/revista286/revcaer286.pdf. Acesso em: 4 jan. 2023.

VILLA, Marco Antonio. **Jango:** um perfil (1945-1964). São Paulo: Globo, 2004.

VILLA, Marco Antônio. **A história das constituições brasileiras**: 200 anos de luta contra o arbítrio. São Paulo: Leya, 2011.

VIVEIROS, Esther Maria. **Rondon conta sua vida**. Rio de Janeiro: Biblioteca do Exército, 2010.

WAACK, William. **Camaradas**: nos arquivos de Moscou: a história secreta da revolução brasileira de 1935. São Paulo: Companhia das Letras, 1993.

WAINER, Samuel. **Minha razão de viver** – Memórias de um repórter. Rio de Janeiro: Record, 2001.

WALKER, Thomas W. O Surgimento do Populismo no Brasil: Um Estudo do município de Ribeirão Preto. **Revista de Ciências Políticas**, Rio de Janeiro, nº 21, pp. 73-94, out./dez. 1978. Disponível em: https://periodicos.fgv.br/rcp/article/view/59848. Acesso em: 18 de ago. de 2024.

WILLIAM, Wagner. **O soldado absoluto:** uma biografia do marechal Henrique Lott. Rio de Janeiro: Record, 2005.

APÊNDICE

NARRATIVAS EM DISPUTA

> *A incompreensão do presente nasce fatalmente*
> *da ignorância do passado. [...] "De quem é a culpa ou mérito?", diz o*
> *juiz. O cientista contenta-se em perguntar "por quê?" e aceita que a*
> *resposta não seja simples.*
> *(Marc Bloch)[1358]*

Eram 8h15 da manhã de 12 de outubro de 1968 quando o capitão norte-americano Charles Rodney Chandler retirou o carro da garagem para se deslocar para a Escola de Sociologia e Política da Fundação Álvares Penteado, em São Paulo. Em meio ao turbilhão político do "ano da contracultura", o veterano da Guerra do Vietnã se pós-graduava como bolsista pela George Olmsted Foundation.

Naquela manhã, enquanto seu filho de nove anos abria o portão e a esposa aguardava para se despedir, um Volkswagen, roubado dias antes, surgiu, bloqueando a saída do veículo de Chandler. O primeiro dos três passageiros desceu, descarregando seis tiros de Taurus calibre .38. Em seguida, mais 14 disparos de uma rajada de metralhadora, portada pelo segundo passageiro. Cumpria-se a missão da VPR de assassinar "o militar representante do imperialismo americano". Antes do grupo ir embora, enquanto esposa e filho ainda gritavam, o motorista, Pedro Lobo, despejou panfletos sobre o cadáver, comunicando que o assassinato fora cometido *em nome da revolução brasileira e que o dever de todo revolucionário é fazer a revolução!*[1359]

Golpe e contragolpe

Façamos um último retorno ao passado, a fim de esclarecer alguns conceitos inerentes ao estudo de 1964. São eles: golpe, contragolpe, revolução e contrarrevolução.

[1358] Bloch, 2001, p. 65 e 157.

[1359] Ver Augusto, 2001, p. 268 e Gorender, 2014, p. 146.

Poucos elementos históricos soam mais irônicos do que o fato de que o Estado Moderno nasce de um golpe de Estado. De acordo com Magnoli,[1360] a Europa pós-medieval inventou o Estado sob a forma de monarquias absolutas. Para que esse processo fosse possível, empreendeu-se a unificação do poder político contra os interesses fragmentários e aristocráticos do feudalismo. Assim, a organização medieval foi dissolvida "sob os golpes centralistas da realeza", ideologicamente amparados por teóricos políticos como Nicolau Maquiavel, de Florença.

Conceito não unívoco entre historiadores, o golpe de Estado pode ser definido como a tentativa de conquista ou permanência no poder fora das vias institucionais. Entre os fatores que o favorecem estão as crises econômicas, as guerras e a instabilidade das instituições.[1361]

Embora seja encontrado na Roma Antiga, foi o alvorecer da era contemporânea, com a ascensão de Napoleão Bonaparte, que fez o golpe de Estado ser entendido como uma violação de princípios democráticos.[1362] Todavia, um olhar ao passado revela que o sentido original era outro. Publicado em 1694, o Dicionário da Academia Francesa, por exemplo, sintetizou o golpe de Estado como "aquilo que é útil para o Estado",[1363] acrescentando, em sua edição de 1823, a "associação de ações violentas, ocorridas fora das normas vigentes, mas às quais um governo recorre quando a segurança do Estado lhe parece comprometida".[1364]

No Brasil, um caso exemplar é o chamado golpe da maioridade, de 1840, que alçou D. Pedro II ao trono, a fim de estabilizar um país dividido por revoltas e insurreições. Nesse caso, o termo "golpe" foi utilizado para enfatizar que houve uma manobra política para contornar a menoridade do jovem de então 14 anos.

Dessa forma, para o francês Gabriel Naudé (1600–1653), a "legitimidade de um golpe" pode ser condicionada a necessidade política, de forma que "há golpes de Estado que visam o bem público, quando empregados em caráter defensivo".[1365]

[1360] Ver Magnoli, 2008, p. 35.

[1361] Ver Bignotto, 2021, p. 310.

[1362] Da política, o golpe de Estado seria também importado para a literatura por contemporâneos do bonapartismo como Victor Hugo (1802–1885) e Alexandre Dumas (1802–1870). Ver Bignotto (2021, p. 234).

[1363] Ver Bignotto, 2021, p. 123.

[1364] Ver Bignotto, 2021, p. 185.

[1365] Ver Bignotto, 2021, p. 104-105.

Esse poder de preservar o bem público, ao arrepio da própria lei, foi definido por John Locke, dois séculos antes, como "prerrogativa". Assim, para o pai do liberalismo político, seria impossível ter um provimento de leis que atendesse todas as contingências, razão pela qual o poder executivo deve ter certa liberdade para atos discricionários, não previstos na lei, que atendam ao interesse da comunidade.[1366] Newton Bignotto pontua, no entanto, que Locke não legitima os governantes a agirem fora da lei, salvo se for para "fazer o bem público".[1367]

Na disputa entre quem garante e quem toma o poder, surge um paradoxo: o chamado "golpe preventivo", adotado em reação à ameaça de um golpe de Estado, incorrendo justamente no que visa combater — a violação da lei sob o pretexto de protegê-la. Em um contexto de ruptura iminente ou já consumada da legalidade, esse contragolpe recorre à força, seja de forma preventiva, ao se antecipar a um golpe ainda em fase de conspiração, ou de maneira repressiva, ao reagir a um golpe já concretizado.

Eis a realidade do Brasil de 1964: não havia uma, nem duas, mas diversas hipóteses de golpes sendo discutidas, à esquerda e à direita, para todos os temperos e sabores, com e sem apoio estrangeiro, mas todos com praticamente algo em comum: a busca pelo apoio militar. O golpe vencedor foi uma combinação de forças políticas e militares, amparadas no apoio de setores da sociedade civil que, por sua vez, proveram esse amparo pelo temor às outras vertentes golpistas do tabuleiro.

Em plena Guerra Fria, com alternativas que apontavam, em maior ou menor grau, para o liberalismo norte-americano ou para o coletivismo — soviético, maoista ou cubano — tanto as correntes de esquerda quanto as de direita fizeram suas escolhas.

Para a maioria dos historiadores, o apoio de parte expressiva da opinião pública, bem como a mobilização de parcela da sociedade civil, faz da ruptura institucional de 1964 um golpe civil e militar.[1368] O golpe de 1964 teria ocorrido se não houvesse as demais hipóteses de golpes em andamento? Não é objeto de um historiador o campo da especulação. O fato é que, antecipando-se aos demais golpes, acabou por evitá-los. O que lhe acrescenta, portanto, um caráter de contragolpe, sem eximi-lo, no entanto, do conceito, puro e técnico, de golpe de Estado.

[1366] Ver Locke, 1994, p. 182.

[1367] Ver Bignotto, 2021, p. 118.

[1368] Ver Ferreira e Gomes, 2014, p. 9.

Independente da finalidade a que se destina, a ideia de golpe de Estado é hoje repudiada pela comunidade internacional, da qual se espera a adoção de medidas e sanções contra aqueles que o praticam. Com o descrédito da expressão, associada, em larga medida, a fins contrários ao bem comum,[1369] o termo passou a ser progressivamente preterido, no século XX, em especial nos países subdesenvolvidos, em que os idealizadores das mais variadas tentativas de rupturas, a fim de legitimar suas lutas, adotaram um termo carregado de maior capital simbólico: a revolução.

Revolução: história de uma ideia

"Discutir, defender e propagar a revolução brasileira já foi mais habitual do que se imagina", escreve Angélica Lovatto, na coletânea *Caminhos da Revolução Brasileira*, organizada por Luiz Bernardo Pericás. Para a doutora em ciências sociais, as novas gerações teriam sido "esterilizadas da proposta revolucionária" pelo autoritarismo dos militares.[1370]

Segundo Bonavides,[1371] a revolução não é acontecimento natural, mas efeito de ideias prévias, "trabalhadas na mente solitária dos pensadores, antes de descerem as massas e arrebatá-las para a ação". Para o jurista, quando a mudança promovida por um golpe de Estado atinge a constituição política e a forma de governo, já é possível falar em revolução política,[1372] não existindo, portanto, "revoluções legítimas, mas sim revoluções legitimadas" — que, por sua vez, se legitimam por meio do *poder constituinte*.[1373] Guarde esse importante termo, caro leitor; voltaremos a ele.

A revolução pode ser observada quando o golpe — sim, em linhas gerais, ela também começa com um golpe[1374] — visa *e concretiza* a transformação profunda da ordem política, social e econômica de um país, de forma a alterar a estrutura do Estado. Em outras palavras, enquanto

---

[1369] Ver Bonavides, 2010, p. 436.

[1370] A afirmação consta no texto de orelha do livro: PERICAS, Luiz Bernardo (org.). Caminhos da revolução brasileira. São Paulo: Boitempo, 2019.

[1371] Ver Bonavides, 2010, p. 437.

[1372] Ver Bonavides, 2010, p. 440.

[1373] Ver Bonavides, 2010, p. 442.

[1374] De acordo com Bignotto (2021, p. 31), ainda que muitos autores prefiram manter a distinção, não há impedimento para que um golpe de Estado venha a se transformar em revolução. Por outro lado, Hannah Arendt nos lembra de que não é qualquer golpe de Estado que pode ser apelidado de revolução: "somente onde a violência for utilizada para constituir uma forma de governo completamente diferente é que podemos falar de revolução" (Arendt, 1988, p. 28).

o golpe de Estado visa a posse das estruturas de poder já instaladas, a revolução visa a transformação.

De acordo com Hannah Arendt,[1375] o termo tem origem na astronomia, designando o "movimento integral de um corpo celeste". Na política, a expressão seria empregada, pela primeira vez, em 1688, referindo-se à restauração do poder monárquico e retorno a uma ordem anterior — significado, portanto, contrário ao entendimento contemporâneo que coloca a revolução como inauguradora de uma nova era.

Ainda que encontrada nos escritos de Maquiavel[1376] do século XV, foi com o iluminista Voltaire[1377] que a ideia foi concebida como "edificação de uma nova ordem social"; sinônimo de progresso, em vez de retorno. Essa perspectiva se consolidaria com as revoluções americana e francesa, ambas situadas no século XVIII.[1378]

Conhecida mais pelo lema "liberdade, igualdade e fraternidade" do que pelo rastro de mortes, a Revolução Francesa — que, como Saturno na mitologia, devorou seus próprios filhos[1379] — espalhou seus ideais pelo mundo, até alcançar um jovem economista cujas ideias teriam um impacto significativo nas Ciências Humanas. Foi escrevendo sobre a Revolução Francesa que Karl Marx[1380] desenvolveu, pela primeira vez, o conceito de luta de classes enquanto motor da história.[1381]

Essa força motriz, pensou Marx, continuaria em curso, conduzindo a humanidade a uma nova concepção de revolução. Quando, em março de 1871, a Comuna de Paris sacudiu uma França em crise, as previsões de Marx soaram como profecia. Para Hannah Arendt,[1382] todas as revoluções posteriores, incluindo a russa de 1917, foram orientadas segundo as regras e eventos da Revolução Francesa — uma ideia de continuidade que remete ao conceito de "revolução permanente", segundo o qual nunca houve

---

[1375] Ver Arendt, 1988, p. 34.

[1376] O "pai espiritual da revolução", no entendimento do jacobino Robespierre (Arendt, 1988, p. 30).

[1377] Ver Bonavides, 2010, p. 434.

[1378] Embora a segunda tenha se inspirado na primeira, é àquela, a francesa, que se deve toda a camada de novos significados exportadas para o vocabulário político, a partir da posição ocupada por jacobinos, à esquerda, e girondinos, à direita, da Assembleia Nacional. Ver Bignotto, 2021, p. 139; e Arendt, 1988, p. 23.

[1379] Em contraste com a única Constituição Americana já produzida, a França soma hoje mais de uma dezena de constituições, tendo sido a própria atual República Francesa inaugurada por meio de um golpe de Estado em 1958.

[1380] Ver Bignotto, 2021, p. 250.

[1381] "O 18 de Brumário de Luís Bonaparte", de 1852. Ver Sader; Jinkings, 2012, p. 58.

[1382] Ver Arendt, 1989, p. 41-42.

várias revoluções, mas apenas uma única e perpétua ainda em curso;[1383] uma revolução em que, segundo Leon Trotsky,[1384] cada etapa seguinte encontra suas raízes na anterior e que só termina com a liquidação total da sociedade de classes.

A influência da Revolução Francesa se fez presente, também, no ideal republicano que levou à proclamação da República no Brasil de 1889 — não por acaso, proclamada ao som da Marselhesa.[1385] "Todo governo legítimo é republicano", escreve Rousseau, expoente iluminista que, para muitos, ocupa o posto de pai do espectro político de esquerda.[1386] É essa desordem teórica — nascida na Revolução Francesa, remodelada por Marx, renascida com Lenin e incrementada por neomarxistas, frankfurtianos, gramscistas ou pertencentes à chamada Nova Esquerda Inglesa[1387] — que ocuparia parcela não apenas da intelectualidade brasileira, mas também de militares, antes e durante a Guerra Fria.

Revolução verde-oliva

Mas afinal, se os militares de 1964 chamavam o seu movimento de "revolução", qual era o projeto de revolução dos militares? Para responder essa pergunta, podemos retornar à concepção positivista, gestada pelo cofundador da república brasileira Benjamin Constant; uma concepção genérica, segundo a qual uma elite conduziria a sociedade rumo à ordem e progresso, por meio de uma ditadura técnico-científica. Não é exagero dizer que, no contexto da Guerra Fria brasileira, os militares se incumbiram dessa tarefa.

Sob uma perspectiva histórica, no que se refere às ações das Forças Armadas brasileiras, situadas no âmbito revolucionário — ou seja, ações estruturais objetivando alteração das ordens política, social ou econô-

---

[1383] Nas palavras de Arendt (1989, p. 41): "Desde a Revolução Francesa, tem sido comum Interpretar qualquer levante violento, seja ele revolucionário ou contra-revolucionário, em termos de uma continuação do movimento iniciado originalmente em 1789 como se os tempos de calma e restauração fossem somente as pausas em que a corrente imergiu no subsolo para acumular forças e irromper novamente na superfície". *Revolução Permanente* foi o título de um livro publicado por Leon Trotski, em que o rival de Stalin apresenta as bases do que ficou conhecido como trotskismo. Ver Sader e Jinkings, 2012, p. 205.

[1384] Ver Trotsky, 2007, p. 62.

[1385] Ver Trespach, 2017, p. 85.

[1386] Ver Rousseau, 1996, p. 48.

[1387] Movimento historiográfico que propôs a revisão do marxismo, por meio da revista britânica *New Left Review*. Entre seus principais nomes estão Hobsbawm e Edward Thompson. Ver Lobo e Santos, 2019, p. 100.

mica — citemos aquela que sabemos hoje ter sido a primeira, mas não última, intervenção cívico-militar da história brasileira: a Proclamação da República, ou, como muitos monarquistas preferem categorizar: o Golpe Republicano de 1889.

Para o cientista político Bruno Garschagen,[1388] a Proclamação da República derrubou a monarquia e implantou um "regime revolucionário republicano". Essa relação entre a república proclamada e o conceito de "revolução" é encontrada nos escritos de Benjamin Constant — como já vimos, o principal representante do positivismo militar e cofundador da república. Na ordem do dia, elaborada em junho de 1890 por ocasião de sua saída do Ministério da Guerra, escreveu Constant:

> Correspondendo às legítimas aspirações nacionais, (o exército) instalou e firmou para sempre em sólidas e largas bases a república no seio da pátria por meio de uma *revolução* eminentemente pacífica e humanitária [...] soube elevar-se nobremente à sublime missão social e política reservada aos exércitos modernos, que de acordo com os sãos preceitos da ciência real, que deve inspirar e guiar a sua conduta, mais pacífica do que guerreira, mais humanitária do que nacional.[1389]

Concretizados os objetivos ou não, o fato é que a república pôs fim a quase quatro séculos de monarquia, regime que, a despeito dos êxitos, vinha, naquele contexto, cada vez mais associado a uma política ultrapassada e batizada de "Antigo Regime".

Para Oliveira,[1390] a produção em série de repúblicas pelo mundo nada mais foi do que um fruto típico da marcha revolucionária mundial. Lembremos que, como mencionado no capítulo três, os próprios socialistas brasileiros entendiam a Proclamação da República como etapa prévia de um processo revolucionário em curso. Os eventos ligados ao tenentismo da década de 1920, embora não se enquadrem no conceito de revolução, carregavam em seu escopo uma proposta entendida pelos militares como revolucionária e que, mais tarde, acabaria por resultar em uma revolução de fato: a chamada Revolução Liberal de 1930 — um golpe de Estado que, por meio de uma aliança político-militar, depôs o presidente e promoveu transformações profundas no país.

[1388] Ver Garschagen, 2023, p. 91.

[1389] Ver Corrêa, 1997, p. 15, grifo meu.

[1390] Ver Oliveira, 2022, p. 49.

Quanto ao caráter revolucionário de 1930, o general Raymundo Negrão Torres[1391] discorda: uma revolução, diz o militar, que é membro da Academia Paranaense de Letras, enquanto "mudança radical econômica, política e social de um Estado e que acarreta modificação das instituições, costumes e ideologias dominantes, nunca a tivemos".

Estando o general certo ou errado, o fato é que muitos dos militares envolvidos no 31 de março de 1964 se enxergavam como herdeiros dos ideais entendidos como revolucionários, seja da República de 1889, seja dos tenentistas da década de 1920.

De acordo com Glauco Carneiro: "A revolução brasileira teve início em 1922, continuou em 1924, foi aparentemente vitoriosa em 1930, sendo essa vitória frustrada pelos políticos, para ser, com quase os mesmos homens e os mesmos ideais, concretizada em 1964".[1392]

Essa perspectiva que coloca o movimento tenentista como inaugurador de um ciclo militar revolucionário é repetidamente encontrada em escritos de importantes nomes ligados ao regime de 1964, como Sylvio Frota, em *Ideais Traídos*, e Odylio Denys, em *Ciclo revolucionário brasileiro*, em que o marechal, em uma mesma página (p. 60), chega a utilizar as expressões "golpe militar" e "contrarrevolução" para se referir ao movimento de 31 de março de 1964.

Crítico dos malabarismos teóricos que circundam o conceito de revolução,[1393] o historiador João Camilo de Oliveira Torres, defensor da confluência entre soluções socialistas e capitalistas,[1394] emite o seu parecer sobre 1964:

> a ação revolucionária não visava a destruir a ordem vigente, mas encaminhar a vida política e institucional para o rumo da ordem – pode ser considerada autêntica em si mesma, pois reconduziu o país a seus rumos naturais, mas não foi um processo destruidor, mas reconstrutor. Paradoxal como toda a história do Brasil, a revolução de 1964 não destruiu a

---

[1391] Ver Torres, 2004, p. 20.

[1392] Ver Carneiro, 1989, p. 491.

[1393] Em *A ideia revolucionária no Brasil*, João Camilo analisa cada ruptura, com seu ninho de paradoxos e soluções, de Dom Pedro a Castelo Branco. Nas palavras do historiador: "em geral, ou consideramos revoluções todos os movimentos subversivos, ou, apenas, reservamos o nome que, em nosso tempo, goza de especial prestígio, a certos tipos de movimentos, vamos dizer, aos que nos agradam" (Torres, 2018 p. 117).

[1394] Ver Torres, 2018, p. 217.

ordem jurídica vigente, mas deu início ao restabelecimento desta ordem, abalada em seus mais profundos alicerces.[1395]

O que João Camilo denomina por revolução de 1964, portanto, é não apenas a tentativa de reconstrução de um Estado em ruínas — que alçaria o Brasil à oitava economia mundial — mas, como aponta em *A ideia Revolucionária no Brasil* (2018), a inauguração de um Estado técnico, materializado nas reformas administrativas e de infraestrutura.[1396] Não esqueçamos, no entanto, que João Camilo faleceu em 1973, auge do milagre econômico propagado pelo Regime Militar, período em que — não são poucos os relatos — deu-se a transição de um estado semi-industrial para um estado industrial. Um período que veria seu declínio a partir da década seguinte.

Apesar das divergências conceituais e teóricas, é inegável que a visão revolucionária dos militares era distinta daquela dos insurgentes que pegaram em armas para combatê-la. No Brasil da Guerra Fria, dar-se-ia mais um choque ideológico: dessa vez, entre a concepção positivista e marxista de revolução.

Revolução vermelha

Quanto ao Brasil de 1964, se é verdade que havia diversos projetos golpistas em jogo, não é menos verdade que muitos desses projetos continham em seu escopo uma proposta revolucionária, em sua maioria, de caráter marxista — ideologia *non grata* nos quartéis desde a Intentona de 1935, quando a URSS patrocinou, com ajuda do capitão Prestes, uma tentativa de tomada de poder no Brasil.[1397] Mas como afinal definir o projeto revolucionário dos tantos grupos que pegaram em armas para impor concepções marxistas de mundo?

Segundo Pericás,[1398] esse projeto consistiu, com pequenas variações, em uma ruptura estrutural com o imperialismo, por meio de um empreendimento radical, desembocando, em última instância, no socialismo.

[1395] Ver Torres, 2018, p. 189.

[1396] Ver Torres, 2018, p. 110, p. 170 e p. 607.

[1397] Segundo José Murilo de Carvalho, a corrente marxista que até então prosperara nos quartéis seria extirpada a partir de 1935. Segundo Rodrigo Patto de Sá, antes de 1935, o "país vermelho" não figurava como hipótese de guerra nos treinamentos de nossas Forças Armadas, posição ocupada até então pelo país azul, a Argentina.

[1398] Ver Pericás, 2019, p. 9.

Como estudado no capítulo três, foi na luta de classes, seguida de uma concepção abstrata de ditadura do proletariado, teorizada por Marx e aprofundada por Lenin,[1399] que a esquerda armada enxergou o caminho para essa revolução. Os escritos produzidos no âmbito desses grupos indicam que, também para a esquerda, a década de 1920, com a fundação do PCB e o movimento tenentista, era interpretada como marco de uma revolução a caminho, já que "durante um período revolucionário, a história se acelera".[1400] Nesse sentido, a Revolução de 1930 seria uma atrasada versão brasileira das revoluções burguesas ocorridas na Europa, entre os séculos XVIII e XIX.

Na década de 1960, porém, a revolução não estava mais a caminho. Ela já havia chegado. O Partido Operário Trotskista diagnosticou a década como de "iminente situação pré-revolucionária". "Podia-se cheirar a Revolução... senti-la". Em junho de 1963, a situação "estava absolutamente madura para a tomada do poder".[1401] Nas palavras de Leonel Brizola, "só um inconsciente não vê que estamos vivendo o desenvolvimento de um processo revolucionário".[1402] O já exposto narcisismo revolucionário de Prestes daria sinais de flexibilização quando, em meados de janeiro de 1964, o ex-tenentista concordou com a hipótese de uma revolução chefiada por Leonel Brizola, logo acrescentando: "As condições brasileiras são tais que um homem que tenha visão política, que não esteja preso por interesses a grupos monopolistas estrangeiros e ao latifúndio, pode ser o chefe da revolução brasileira".[1403]

Com a resposta militar ao avanço terrorista, Marighella afirmaria que o país desfrutava de situação revolucionária semelhante à vivida por Cuba às vésperas de sua revolução.[1404]

É possível constatar que não apenas os aspectos ditatoriais presentes nas teorias de Marx e Comte mas também a concepção de revolução ou progresso embalou os antagonismos de 1964. É nesse contraste de concepções revolucionárias, marxistas ou de caráter positivista, que um conceito ganha espaço em nosso estudo: a ideia de contrarrevolução.

[1399] O conceito marxista de "ditadura do proletariado" seria aprofundado por Lenin em *A Revolução Proletária e o Renegado Kautsky*.

[1400] Ver Valladares; Berbel, 1994, p. 35.

[1401] Ver Bezerra, 2019, p. 496.

[1402] Transcrito por Ferreira e Castro, 2014, p. 136.

[1403] Citado por Moraes, 2011, p. 127.

[1404] Ver Bezerra, 2019, p. 659.

Contrarrevolução

Sérgio Buarque de Holanda nos diz que a história jamais nos deu exemplo de um movimento social que não contivesse os germes de sua negação.[1405] Se a Revolução Francesa produziu as bases da teoria revolucionária, ela também semeou sua própria antítese. É a partir da crítica de Edmund Burke à tirania e violência empregada nessa revolução[1406] — ainda que reconheça como virtuosos os seus fins — que o conservadorismo,[1407] enquanto doutrina política, tem origem.[1408]

Frente à experiência prática da chamada Revolução Bolchevique de 1917, um sentimento antirrevolucionário passou a se robustecer, em especial entre os países desenvolvidos, em que, segundo Bonavides, a revolução passou a ser entendida como um violento tributo a ser pago com o sangue e sacrifício de gerações inteiras.[1409]

De acordo com a australiana Sheila Fitzpatrick, historiadora e professora especializada na Revolução Russa:

> Os revolucionários são irrealistas e inexperientes em governar; suas instituições e procedimentos são improvisados. Eles têm a inebriante ilusão de personificar a vontade do povo, o que significa supor que o povo seja monolítico. São maniqueístas, dividindo o mundo em dois campos: luz e trevas, a revolução e seus inimigos. [...] Está na natureza das revoluções terminar em desilusão e desapontamento. [...] Fica evidente que a vontade do povo não é necessariamente monolítica e transparente.[1410]

Normalmente encabeçada por grupos conservadores — favoráveis à manutenção da ordem estabelecida —, a contrarrevolução ocorre com o objetivo de impedir que as mudanças revolucionárias, inclinadas ao radicalismo, sejam implementadas. Foi alinhado a essa perspectiva que, no Brasil, o advogado, escritor e líder católico Plínio Corrêa Oliveira

---

[1405] Ver Holanda, 1995, p. 180.

[1406] Encontrada em seu livro *Reflexões sobre a Revolução na França*.

[1407] Diferente do reacionário, o conservador defende a necessidade de mudanças, embora critique sua obtenção por meio de revoluções sangrentas.

[1408] A Revolução Inglesa, por outro lado, seria, para Burke, um exemplo positivo de como as mudanças políticas e sociais deveriam ser conduzidas: de forma gradual, pacífica e com base nas tradições e costumes já testados pelo tempo.

[1409] Ver Bonavides, 2010, p. 436.

[1410] Ver Fitzpatrick, 2017, p. 19.

(1908–1995) escreveu sobre a necessidade de uma reação igualmente ideológica contra a proposta revolucionária. Assim, para Oliveira,[1411] sendo a revolução a desordem, a contrarrevolução seria a restauração da ordem.

É possível afirmar que, no contexto de 1964, o projeto revolucionário de esquerda foi freado, ou pelo menos adiado, pelo projeto revolucionário dos militares. Sob essa ótica, o 31 de março se parece mais contrarrevolucionário do que revolucionário.

Essa constatação pode ser extraída de militares como o coronel Mariano Soriano Neto,[1412] ex-chefe do Centro de Documentação do Exército e um dos integrantes do Destacamento Tiradentes na noite de 31 de março, para quem o movimento foi "uma revolução oposta a outra revolução", uma reação, portanto, a uma iminente revolução comuno-sindicalista, que parecia em avançado andamento.

Esse caráter anticomunista do movimento militar vai ao encontro do que diz Rodrigo Patto Sá Motta, em seu estudo sobre a história do anticomunismo no Brasil: "O objetivo principal não era dar um golpe, mas combater os comunistas, a esquerda revolucionária e os movimentos sociais radicais. O recurso à solução autoritária era um meio para eliminar tais "ameaças", e não um fim".[1413]

Outro agente de 1964 a chancelar a perspectiva da contrarrevolução é ninguém menos que o ministro "linha dura" demitido por Ernesto Geisel, o general Sylvio Frota, que, em suas *Reflexões sobre o Movimento Militar de 31 de março de 1964*, defende que "revolução" era o que estava sendo preparada pelos marxistas, sendo o movimento militar, portanto, uma contrarrevolução.[1414] O general parafraseia Glauco Carneiro ao afirmar que o movimento de 64 se revelou uma confabulação ampla e espontânea, porém sem doutrina e sem a coordenação adequada. Ao decorrer de longas 653 páginas, Frota conclui ter sido o movimento de 64 um golpe de Estado que, vitorioso, "enroupou-se de revolução", tendo sua razão primeira de ser a luta contra o marxismo, ou seja, o impedimento de uma revolução de caráter comunista.[1415]

[1411] Ver Oliveira, 2022, p. 119.

[1412] Ver Neto, 2014, p. 12-13.

[1413] Ver Motta, 2020, p. 301.

[1414] Ver Frota, 2006, p. 72.

[1415] Ver Frota, 2006, p. 633-634.

Essa concepção de "golpe preventivo" vai ao encontro não somente do que apresenta o general Del Nero, quando afirma que, "sob o prejuízo da democracia, os militares de 1964 romperam um processo subversivo em curso",[1416] mas também do historiador marxista Jacob Gorender, ex-integrante do PCB, segundo o qual:

> Nos primeiros meses de 1964, esboçou-se uma situação pré-revolucionária e o golpe direitista se definiu, por isso mesmo, pelo caráter contrarrevolucionário preventivo. A classe dominante e o imperialismo tinham sobradas razões para agir antes que o caldo entornasse.[1417]

É curioso observar que o caráter ditatorial de uma contrarrevolução chegou a ser defendido por Plínio de Oliveira,[1418] para quem uma ditadura pode ser legítima, quando empregada em caráter contrarrevolucionário e norteada pelo desejo de ordem — o que para Oliveira se traduz na suspensão de direitos, não para subverter a ordem, mas para protegê-la. Teria sido esse o caso de 1964?

Veredicto: o caso de 1964

A revolução se distingue de outros movimentos armados pelo fato de que nela se traduz não o interesse e a vontade de um grupo, mas o interesse e a vontade da nação. A revolução vitoriosa se investe no exercício do Poder Constituinte. Este se manifesta pela eleição popular ou pela revolução. Esta é a forma mais expressiva e mais radical do Poder Constituinte. Assim, a revolução vitoriosa, como Poder Constituinte, se legitima por si mesma.[1419]

Assim se inicia o Ato Institucional que, em 9 de abril de 1964, apresentou à sociedade brasileira as intenções do regime instaurado, ou pelo menos a forma como ele pretendia ser reconhecido. Nesse parágrafo, duas expressões chamam atenção por serem citadas mais de uma vez em tão pouco tempo. São elas: "revolução" e "poder constituinte".

Dessa forma, o termo "revolução", amplamente citado nos documentos oficiais dos governos militares, nada mais expressa senão uma tentativa de associação com o conceito jurídico de poder constituinte

---

[1416] Ver Augusto, 2001, p. 141 e 2002.

[1417] Ver Gorender, 2014, p. 75.

[1418] Ver Oliveira, 2022, p. 53.

[1419] Disponível em: https://www.planalto.gov.br/ccivil_03/ait/ait-01-64.htm Acesso em: 06 de jan. de 2023.

originário. De acordo com o coronel Mariano Soriano Neto, o emprego da palavra teria, de fato, um aspecto estratégico que se explica na investida de institucionalizar e, portanto, legitimar o que, para todos os efeitos, deveria se consagrar uma ruptura institucional em defesa das instituições.

Nas palavras de Soriano Neto: "Houve necessidade de se caracterizar o Movimento como de natureza revolucionária (implantação de uma Nova Ordem), tendo em vista o imprescindível respaldo jurídico para a investidura no exercício do Poder Constitucional".[1420]

Ora, se não existem "revoluções legítimas, mas revoluções legitimadas" — o que, segundo Bonavides, acontece por meio do *poder constituinte*[1421] — sob uma ótica jurídica, o termo "revolução" continha a carga semântica adequada para legitimar as transformações pretendidas. Para entender melhor, façamos um passeio breve pelo Direito.

Segundo o mestre e doutor em Direito pela USP Antonio Riccitelli,[1422] os momentos de questionamento do status quo, político e social, fazem emergir um poder que institui todos os outros e por nenhum é instituído — o Poder Constituinte. Esse poder constituinte originário tem caráter ilimitado e autônomo, desvinculado, portanto, do direito anterior que não o restringe a seus limites.[1423] Eis suas principais características: "Edita nova Constituição derrogando total ou parcialmente a anterior ou organizando novo estado. [...] Por ser inicial, não necessita de precedente para dar-lhe fundamento, ao contrário, os outros poderes dele derivam".[1424]

Assim entende também Bonavides,[1425] quando nos diz que o Poder Constituinte originário "faz a Constituição e não se prende a limites formais: é essencialmente político ou, se quiserem, extrajurídico". Estudos acerca do Poder Constituinte podem ser encontrados entre obras destinadas a concursos, como *Direito Constitucional Esquematizado*, do professor Pedro Lenza,[1426] onde o Poder Constituinte originário é descrito como

---

[1420] Ver Neto, 2014, p. 13.

[1421] Ver Bonavides, 2010, p. 442.

[1422] Ver Riccitelli, 2007, p. 61-62.

[1423] É fundamentado em nomes como Santo Tomás de Aquino e John Locke que Riccitelli (2007, p. 63) discorre acerca do direito de revolução enquanto recurso extremo de resistência contra a opressão e desvios governamentais. Esses fundamentos, segundo o jurista, defendem a retomada do poder originário pela nação em momento histórico, por meio de movimento revolucionário, visando reconstruir o ordenamento jurídico estatal em novos conceitos.

[1424] Ver Riccitelli, 2007, p. 63.

[1425] Ver Bonavides, 2012, p. 146.

[1426] Ver Lenza, 2012, p. 185.

"aquele que instaura uma nova ordem jurídica, rompendo por completo a ordem jurídica precedente", podendo, por isso, ser também denominado poder inaugural. Na mesma linha, a coleção *Direito* da InterSaberes traz em sua *Teoria da Constituição e do Estado*[1427] que o Poder Constituinte originário se manifesta nos momentos de ruptura institucional, ou seja, "quando a ordem jurídica constitucional colocada não atende aos anseios da sociedade, que então rompe com as instituições estatais".

O conceito de revolução assim adentrou a ciência do Direito como uma entre as hipóteses para o poder constituinte: o poder de originar uma nova constituição e, portanto, reorganizar a sociedade.

Compreendida a relação entre revolução e poder constituinte, resta-nos refletir como se dará o processo de institucionalização, o "dia depois de amanhã" de um Estado erguido a partir do poder originário.

Para o cientista político Samuel Huntington, autor de *Ordem política nas sociedades em mudança*, a institucionalização é o processo pelo qual organizações e procedimentos adquirem valor e estabilidade. O nível de institucionalidade de um sistema político pode ser definido por parâmetros como a adaptabilidade, a autonomia e a coerência. É possível concluir, portanto, que a fraqueza desses parâmetros cria a instabilidade, tornando a desordem política o terreno fértil para golpes e revoluções.[1428] O nível de corrupção e a redução do nível de contenção oferecido pelo aparelho judicial também se mostraram como fatores em comum nas diferentes regiões que foram alvos de rupturas institucionais ao longo do século XX.[1429]

Trazendo para o caso de 1964, analisemos mais uma vez o parágrafo do primeiro Ato Institucional, assinado pelo autointitulado Comando Supremo da Revolução e que, em termos jurídicos, inaugura o Regime Militar brasileiro:

> A revolução vitoriosa se investe no exercício do Poder Constituinte. Este se manifesta pela eleição popular ou pela revolução. Esta é a forma mais expressiva e mais radical do Poder Constituinte. Assim, a revolução vitoriosa, como Poder Constituinte, se legitima por si mesma. Ela destitui o governo anterior e tem a capacidade de constituir o novo governo. Nela se contém a força normativa, inerente ao

---

[1427] Ver Veneral, 2014, p. 61.
[1428] Ver Bignotto, 2021, p. 333 e 338.
[1429] Ver Bignotto, 2021, p. 361.

> Poder Constituinte. Ela edita normas jurídicas sem que nisto seja limitada pela normatividade anterior à sua vitória.[1430]

O leitor atento acaba de testemunhar o esforço de legitimação da ruptura institucional de 1964, enquadrando-a no conceito jurídico de poder constituinte revolucionário. Essa tentativa não é isolada: ocorre concomitantemente à declaração, pelo Congresso, da vacância da presidência, com transferência de cargo ao sucessor,[1431] em rito testemunhado e protagonizado pelo Legislativo, com chancela do Supremo Tribunal Federal.

"Não existem revoluções legítimas, mas sim revoluções legitimadas", que se legitimam "por meio do poder constituinte" nos ensinou, parágrafos atrás, o cientista político Paulo Bonavides.[1432]

Analisemos, enfim, a polêmica questão: a deposição de João Goulart foi, afinal, um golpe de Estado, um contragolpe, uma revolução ou uma contrarrevolução?

Da análise de todas as peças que compõem a presente investigação, despido dos anacronismos e das paixões que circundam o tema, considerando que toda revolução começa com um golpe, mas nem todo golpe se concretiza revolução; considerando que o esforço de legitimar o regime teve como obstáculo "as violações do regime pelo próprio regime",[1433] considerando que no Brasil de 64 havia grupos à direita e à esquerda favoráveis à ideia de uma ruptura — cada qual em favor do seu próprio projeto político —, sou do parecer de que a existência de fatores como a Guerra Fria, a expansão comunista, o projeto guerrilheiro prévio a 1964, o caos econômico ou até mesmo o apoio político e civil não altera o fato de que, sim, a deposição de Jango, conduzida pelo Congresso às pressas na madrugada de 2 de abril, foi um golpe de Estado. Mas não apenas isso.

Com base nos autores estudados e em análise comparativa com eventos históricos tais como a Revolução Francesa, a Proclamação da República de 1889, a Revolução de 1930, o Golpe da Maioridade que colocou D. Pedro II no poder e até mesmo a Independência do Brasil, sim, é

[1430] Disponível em: https://www.planalto.gov.br/ccivil_03/ait/ait-01-64.htm Acesso em: 06 de jan. de 2023.

[1431] Na ocasião, o presidente do Senado, Auro de Moura Andrade, transmitiu a chefia da presidência ao sucessor legal do Presidente da República, o Presidente da Câmara dos Deputados, Ranieri Mazzilli. Essa sessão seria anulada quase 50 anos depois, com a devolução simbólica do cargo a João Goulart. Disponível em: https://www.camara.leg.br/noticias/429809-congresso-devolveu-simbolicamente-mandato-de-presidente-a-joao--goulart/ acesso em: 08 de jan. de 2023.

[1432] Ver Bonavides, 2010, p. 442.

[1433] Rever capítulo três.

possível afirmar que, tal como os eventos citados, o movimento de março de 1964 também se encaixa na definição de golpe de Estado. Todos esses exemplos, independentemente dos nomes que receberam nos livros de História, compartilham um ponto comum: a ruptura institucional. Em outras palavras, regras foram quebradas para que transformações ocorressem, não cabendo considerar aqui o quão valorosos eram os ideais simbólicos que inspiraram esses eventos.

No final das contas e ao seu próprio modo, o 31 de março também se insere no mito de Sísifo brasileiro:[1434] um episódio, entre tantos, de nossa longa trajetória de rupturas institucionais. Um golpe de Estado em antecipação a outro golpe, podendo ser, portanto, enquadrado no conceito de contragolpe. Um contragolpe que se pretendia mas não se concretizou revolução, ainda que tenha caminhado nessa direção até o advento da crise mundial do petróleo promovida pelos países árabes — quando, após alçar o Brasil à 8ª economia mundial, o Regime Militar encontrou seu declive econômico e perdeu popularidade. Entre os fatores que sabotaram a proposta revolucionária dos militares figuram questões internas e externas, tais como a aposta econômica do governo Geisel[1435] e o ajuste no calor da hora diante de uma guerra travada no âmbito da cultura e de que os militares, vitoriosos nas armas, subestimaram os impactos de longo prazo.

Ainda que historiadores como Glauco Carneiro e João Camilo, contemporâneos à ruptura de 1964, defendam, com bons argumentos, que os militares não apenas impediram uma revolução mas também fizeram outra, é possível constatar que mesmo a intencionalidade revolucionária de raízes tenentistas não foi capaz de impedir que o movimento de março de 1964 fosse reduzido, para além de suas próprias pretensões, a um contragolpe de caráter anticomunista e, portanto, contrarrevolucionário, tendo, nisso, encontrado sua razão de ser.

Ao diagnosticá-lo como "contrarrevolucionário", busca-se indicar que os militares desviaram o Brasil de rumos similares aos seguidos por países como Rússia, China, Coreia, Vietnã e Cuba. A despeito das condições materiais de que a esquerda armada efetivamente dispunha, o presente

---

[1434] Ensaio filosófico em que Albert Camus apresenta uma interpretação existencialista do mito de Sísifo, em que um rei é condenado a rolar, repetidamente, uma pedra montanha acima, apenas para vê-la cair novamente.

[1435] Folha de S. Paulo. Quem quebrou o Brasil foi o Geisel, afirma Delfim. Folha de S. Paulo, 8 abr. 2014. Disponível em: https://m.folha.uol.com.br/poder/2014/04/1436007-quem-quebrou-o-brasil-foi-o-geisel--aforma-delfim.shtml. Acesso em: 5 set. 2023.

trabalho demonstra que, para além das intenções, ações concretas foram desenvolvidas nesse sentido.

Foi frente a esse estado de coisas, impulsionado pela conjuntura política interna e externa, somada a fatores humanos — a grande variável da história[1436] — que uma parcela das Forças Armadas, em 1964, antecipando-se aos demais golpes em curso, empreendeu o que concluo ter sido um contragolpe, de caráter preventivo e contrarrevolucionário. Em suma, para o desagrado das paixões, contrárias e favoráveis: um golpe, um contragolpe e uma contrarrevolução.

[1436] Ver Bloch, 2002, p. 159.

AGRADECIMENTOS

Há sonhos que morrem na origem; felizmente, esse não foi meu infortúnio. Estamos rodeados de motivos para desistir antes de começar e aqueles com quem compartilhamos nossos anseios são variáveis importantes do percurso. Por isso, dedico o primeiro parágrafo destes agradecimentos à minha esposa, Andressa, que adentrou o Brasil de 1964 comigo, ouvindo minhas inquietações e apoiando minha busca por respostas. Foi ela quem me deu o maior presente: nossos filhos, Cecília e Ricardo, cujas brincadeiras trouxeram leveza à jornada de imersão em tão denso estudo.

Sou grato à Appris por acreditar no projeto e transformar minha ideia em realidade. Antes do envio à editora, porém, este livro passou por dez títulos diferentes, até que o Eder Soares sugerisse o nome final. O sargento Leonir Gorin gentilmente se dispôs a fazer a revisão gramatical, enquanto o Victor Gomes e o Marcelo Fiss revisaram e ofereceram apontamentos em suas respectivas áreas: História e Direito. O Guilherme Dutra elaborou o texto de orelha, que enriquece ainda mais esta edição. Sou grato a todos eles por suas valiosas contribuições.

Agradeço à minha mãe, Valéria, que eu sei, jamais deixou de rezar por mim após aquela despedida na rodoviária de Pelotas, em abril de 2012. Ao meu pai, Roberto, agradeço pela introdução à cultura, por meio de visitas à Feira do Livro — provavelmente o começo de tudo. Também sou grato ao professor Deomar que, com opiniões políticas diversas das minhas, sempre me proporcionou diálogos respeitosos e construtivos. Devo a ele o amor que hoje nutro pela mais fascinante de todas as ciências.

Não restrito a estudos formais, o conhecimento aqui condensado se conecta a momentos aparentemente desconexos, como o incentivo do Olivan Martins para que eu olhasse para o horizonte, a frase de meu tio Ricardo: "estudo é o melhor investimento", e os diálogos — convergentes e divergentes — com amigos que forneceram preciosos feedbacks sobre este trabalho. A todos eles, embora faltem linhas neste agradecimento, transborda minha gratidão. Aos companheiros com quem ombreei nos palcos, no 9º BIMtz, na Chevropeças, na ESA, no 6º GAC, no Brabat 23, no 12º RC Mec, no CAS e na EsCom, registro também o meu agradecimento.

Ciente dos riscos de não mencionar nomes que certamente deveriam estar aqui, agradeço, por fim, a todos os incentivadores estrategicamente posicionados por Deus ao longo do itinerário que me conduziu à concretização deste objetivo — amigos que me instigaram, motivaram e questionaram. Se você é uma dessas pessoas, receba minha profunda gratidão — sua contribuição é parte deste trabalho.